NJW Praxis

Im Einvernehmen mit den Herausgebern der NJW
herausgegeben von
Rechtsanwalt Felix Busse

Band 70

# Praxis des EU-Rechts

## Anwendung und Durchsetzung des Unionsrechts in der Bundesrepublik Deutschland

von

Dr. Ulrich Karpenstein

Rechtsanwalt in Berlin
und Brüssel

Verlag C. H. Beck München 2013

Zitierweise: Karpenstein, EU-Recht, 2. A.

**www.beck.de**

ISBN 978 3 406 62986 0



Wilhelmstraße 9, 80801 München
Druck: Druckhaus Nomos
In den Lissen 12, 76547 Sinzheim

Satz: Druckerei C. H. Beck Nördlingen
(Adresse wie Verlag)

Gedruckt auf säurefreiem, alterungsbeständigem Papier
(hergestellt aus chlorfrei gebleichtem Zellstoff)

# Vorwort zur 2. Auflage

Die 2. Auflage behält das Grundkonzept der Vorauflage bei. Einzuarbeiten waren die durch den Vertrag von Lissabon erfolgten Änderungen des materiellen Rechts und die seit 2006 ergangene Rechtsprechung des EuGH, des BVerfG und weiterer deutscher Bundesgerichte. Umfassend auf den letzten Stand gebracht wurde ferner das Schrifttum zu den prozessualen und materiellen Wirkungen des Unionsrechts. Für wesentliche Unterstützung bei der Aktualisierung danke ich Herrn Ass. iur. Philipp-Lennart Krüger (Berlin).

Berlin, im Oktober 2012 *Ulrich Karpenstein*

# Vorwort zur 1. Auflage

Das vorliegende Buch richtet sich an Juristen in Anwaltschaft, Verwaltung und Justiz. Es basiert auf der Erfahrung, dass es für die Lösung eines vom Gemeinschaftsrecht erfassten Rechtsstreits in erster Linie auf die vom Europäischen Gerichtshof entwickelten Grundsätze, nur sehr selten jedoch auf institutionelle Fragen und „Politiken" der Europäischen Union ankommt. Für den Praktiker ist regelmäßig nur die innerstaatliche Anwendung des Gemeinschaftsrechts, insbesondere die Durchsetzung vor Behörden und Gerichten von Interesse. Sie allein ist Gegenstand dieses Buches; auf Ziele und Befugnisse der Gemeinschaftsorgane wird nur insoweit eingegangen, als diese für die innerstaatliche Rechtspraxis bedeutsam sind.
Der Alltag des Gemeinschaftsrechts ist geprägt von der Rechtsprechung der Gemeinschaftsgerichte. In ihrer Rezeption durch die innerstaatlichen Gerichte und das Schrifttum bilden die hier entwickelten Grundsätze die eigentliche Grundlage der Europäischen Rechtsgemeinschaft und das Gegengewicht zu einem kaum mehr überschaubaren und sich täglich fortentwickelnden Regelungsdickicht des europäischen Primär- und Sekundärrechts. Das vorliegende Buch ist als Nachschlagewerk für diese Grundsätze konzipiert. Zahlreiche aktuelle Beispielsfälle aus der Rechtspraxis – auch aus der Praxis des Verfassers – dienen dem Verständnis und der Vertiefung. Ein Verzeichnis des einschlägigen Schrifttums ist den einzelnen Kapiteln vorangestellt, so dass auf ein Gesamtschrifttumsverzeichnis verzichtet werden konnte.
Zugleich richtet sich das Buch an Referendare zur Vertiefung ihrer Kenntnisse aus dem Studium. Anders als im Ersten Staatsexamen werden im Assessorexamen gemeinschaftsrechtlich geprägte Streitigkeiten aus der deutschen Anwalts- und Gerichtspraxis geprüft. Deshalb wurden für dieses Buch zahlreiche Beispielsfälle ausgewählt, die Gegenstand von Referendarsklausuren und Aktenvorträgen sind und waren.
Für ihre Mitwirkung bei der Zusammenstellung von Rechtsprechung und Literatur danke ich insbesondere den Herren Dr. Thilo Richter, Uli Witting und Dr. Raphael Oen, sowie Frau Kathrin Kuhnert. Mein ganz besonderer Dank gilt jedoch Herrn Prof. Dr. Konrad Redeker, der das Werk nicht nur angeregt und konzeptionell begleitet, sondern mit zahlreichen Ermunterungen und Ratschlägen zu seinem Gelingen beigetragen hat. Kritik und Anregungen erreichen den Verfasser unter karpenstein@redeker.de.

Berlin/Brüssel, im Januar 2006 *Ulrich Karpenstein*

# Inhaltsübersicht

# Inhaltsverzeichnis

# Abkürzungsverzeichnis

| | |
|---|---|
| a. A. | anderer Ansicht |
| a. a. O. | am angegebenen Ort |
| AbfAblV | Abfallablagerungsverordnung |
| AbfallR | Zeitschrift für das Recht der Abfallwirtschaft |
| ABl. | Amtsblatt |
| Abs. | Absatz |
| AEUV | Vertrag über die Arbeitsweise der Europäischen Union |
| a. F. | alte Fassung |
| AG | Amtsgericht, Ausführungsgesetz |
| a. M. | anderer Meinung |
| Anm. | Anmerkung |
| AnwBl. | Anwaltsblatt |
| AöR | Archiv des öffentlichen Rechts |
| Art. | Artikel |
| Aufl. | Auflage |
| AuslG | Ausländergesetz |
| AtDV | Atomrechtliche Deckungsvorsorge Verordnung |
| AtG | Atomgesetz |
| AWG | Außenwirtschaftsgesetz |
| AwVO | Außenwirtschaftsverordnung |
| Az. | Aktenzeichen |
| BAG | Bundesarbeitsgericht |
| BAGE | Entscheidung des Bundesarbeitsgerichts |
| BayLSG | Bayerisches Landessozialgericht |
| BayVBl. | Bayerische Verwaltungsblätter |
| BayVGH | Bayerischer Verwaltungsgerichtshof |
| BB | Betriebs-Berater |
| BBankG | Bundesbankgesetz |
| Bd. | Band |
| BFHE | Entscheidungssammlung des Bundesfinanzhofes |
| BGBl. | Bundesgesetzblatt |
| BGH | Bundesgerichtshof |
| BGHZ | Bundesgerichtshof, Entscheidung in Zivilsachen |
| BierStG | Biersteuergesetz |
| BImSchG | Bundesimmissionsschutzgesetz |
| BRAO | Bundesrechtsanwaltsordnung |
| BVerfG | Bundesverfassungsgericht |
| BVerfGE | Entscheidungssammlung des Bundesverfassungsgerichts |
| BVerwG | Bundesverwaltungsgericht |
| BVerwGE | Entscheidungssammlung des Bundesverwaltungsgerichts |
| CMLR | Common Market Law Reports |
| CMLRev | Common Market Law Review |
| DB | Der Betrieb |
| ders. | derselbe |
| DNotZ | Deutsche Notar-Zeitschrift |
| DÖV | Die öffentliche Verwaltung |
| DStR | Deutsches Steuerrecht |
| DVBl. | Deutsches Verwaltungsblatt |
| Ecolex | Fachzeitschrift für Wirtschaftsrecht |
| EG | Europäische Gemeinschaft(en) |
| EGMR | Europäischer Gerichtshof für Menschenrechte |

| | |
|---|---|
| EG-Vertrag/EGV | Vertrag zur Gründung der Europäischen Gemeinschaften |
| ELR | European Law Reporter |
| EMRK | Europäische Menschenrechtskonvention |
| endg. | endgültig |
| ESVGH | Entscheidungssammlung des Hessischen Verwaltungsgerichtshofes und des Verwaltungsgerichtshofes Baden-Württemberg mit Entscheidungen der Staatsgerichtshöfe beider Länder |
| EU | Europäische Union |
| EuG | Europäisches Gericht |
| EuGH | Europäischer Gerichtshof |
| EuGRZ | Europäische Grundrechte Zeitschrift |
| EuLF | The European Legal Forum |
| EuR | Europarecht (Zeitschrift) |
| EurUP | Zeitschrift für europäisches Umwelt- und Planungsrecht |
| EU-Vertrag/EUV | Vertrag über die Europäische Union |
| EuZW | Europäische Zeitschrift für Wirtschaftsrecht |
| EWG | Europäische Wirtschaftsgemeinschaft |
| EWG-Vertrag/EWGV | Vertrag zur Gründung der Europäischen Wirtschaftsgemeinschaft |
| EWiR | Entscheidungen zum Wirtschaftsrecht |
| EWS | Europäisches Wirtschafts- und Steuerrecht |
| FFH | Fauna-Flora-Habitat |
| FG | Finanzgericht |
| Fn. | Fußnote |
| FS | Festschrift |
| FStrG | Bundesfernstraßengesetz |
| GA | Generalanwalt |
| GASP | Gemeinsame Außen- und Sicherheitspolitik |
| GATT | General Agreement on Tariffs and Trade (Allgemeines Zoll- und Handelsabkommen) |
| GewArch | Gewerbearchiv |
| GG | Grundgesetz der Bundesrepublik Deutschland |
| ggf. | gegebenenfalls |
| GRuR Int. | Gewerblicher Rechtschutz und Urheberrecht International |
| GS | Gedächtnisschrift |
| HdB | Handbuch |
| Hinw. | Hinweis |
| h. L. | herrschende Lehre |
| Hrsg. | Herausgeber |
| HWG | Heilmittelwerbegesetz |
| InfAuslR | Informationsbrief Ausländerrecht |
| IP-Rax | Praxis des Internationalen Privat- und Verfahrensrechts |
| i. S. d. | im Sinne der/des |
| IStR | Internationales Steuerrecht, Zeitschrift für europäische und internationale Steuer- und Wirtschaftsberatung |
| JA | Juristische Arbeitsblätter |
| JR | Juristische Rundschau |
| Jura | Juristische Ausbildung (Zeitschrift) |
| JuS | Juristische Schulung |
| JZ | Juristenzeitung |
| KOM | Europäische Kommission (so zit. in ihren eigenen Dokumenten) |
| KommunalPraxis BY | Kommunalpraxis Bayern Plus (Zeitschrift) |
| krit. | kritisch |
| lit. | Buchstabe |
| LMBG | Gesetz über Verkehr mit Lebensmitteln, Tabakerzeugnissen, kosmetischen Mitteln und sonstigen Bedarfsgegenständen |
| LRE | Sammlung lebensmittelrechtlicher Entscheidungen |
| Ls. | Leitsatz |

LuftVG ............ Luftverkehrsgesetz
m. a. W. ............ mit anderen Worten
MDR ............... Monatsschrift für Deutsches Recht
m. w. N. ............ mit weiteren Nachweisen
n. F. ................ neue Fassung
NJ .................. Neue Justiz
NJW ................ Neue Juristische Wochenschrift
NordÖR ........... Zeitschrift für öffentliches Recht in Norddeutschland
NStZ ............... Neue Zeitschrift für Strafrecht
NuR ................ Natur und Recht
NVwZ ............. Neue Zeitschrift für Verwaltungsrecht
NVwZ-RR ........ Neue Zeitschrift für Verwaltungsrecht – Rechtsprechungsreport
NWVBl. ........... Nordrhein-Westfälische Verwaltungsblätter
NZA ............... Neue Zeitschrift für Arbeitsrecht
NZV ............... Neue Zeitschrift für Verkehrsrecht
o. g. ................ oben genannt
OLG ............... Oberlandesgericht
OVG ............... Oberverwaltungsgericht
PostG .............. Gesetz über das Postwesen
RabelsZ ............ Zeitschrift für ausländisches und internationales Privatrecht
RdJB ............... Recht der Jugend und des Bildungswesens, Zeitschrift für Schule, Berufsbildung und Jugenderziehung
Rn. .................. Randnummer(n)
RiA ................. Recht im Amt
RIW ................ Recht der Internationalen Wirtschaft
RL .................. Richtlinie
Rs. .................. Rechtssache
Rspr. ............... Rechtsprechung
s. a. ................. siehe auch
Sart. ................ Sartorius
Slg. ................. Sammlung
StoffR .............. Zeitschrift für Stoffrecht
str. .................. strittig
st. Rspr. ............ ständige Rechtsprechung
StRVert ............. Strafverteidiger, Zeitschrift
s. u. ................. siehe unten
StVj. ................ Steuerliche Vierteljahresschrift
teilw. ............... teilweise
u. .................... und/unter
u. a. ................. unter anderem/und andere
UPR ................ Umwelt- und Planungsrecht
Urt. ................. Urteil
UVP-Richtlinie ... Richtlinie über die Umweltverträglichkeitsprüfung
UWG .............. Gesetz gegen den unlauteren Wettbewerb
VBlBW ............ Verwaltungsblätter für Baden-Württemberg
verb. Rs. ........... verbundene Rechtssachen
VerwArch .......... Verwaltungsarchiv
VVdStRL .......... Veröffentlichungen der Vereinigung der Deutschen Strafrechtslehrer
VVE ................ Entwurf eines Vertrages über eine Verfassung für Europa
VwGO ............. Verwaltungsgerichtsordnung
VO ................. Verordnung
VwVfG ............ Verwaltungsverfahrensgesetz
VzA ................ Anordnung der sofortigen Vollziehung
WiVerw ............ Wirtschaft und Verwaltung
WM ................ Zeitschrift für Wirtschafts- und Bankrecht (Wertpapier-Mitteilungen)
WRP ............... Wettbewerb in Recht und Praxis
WTO ............... World Trade Organisation
WuW ............... Wirtschaft und Wettbewerb
ZAR ................ Zeitschrift für Ausländerrecht und Ausländerpolitik

ZEuP ............... Zeitschrift für Europäisches Privatrecht
ZEuS ............... Zeitschrift für Europarechtliche Studien
ZfSH/SGB ......... Zeitschrift für Sozialhilfe und Sozialgesetzbuch
ZfW ................ Zeitschrift für Wasserrecht
ZGR ................ Zeitschrift für Unternehmens- und Gesellschaftsrecht
ZIP ................. Zeitschrift für Wirtschaftsrecht, bis 1982: Zeitschrift für Wirtschaftsrecht und Insolvenzpraxis
ZLR ................ Zeitschrift für das gesamte Lebensmittelrecht
ZöR ................ Zeitschrift für öffentliches Recht
ZRP ................ Zeitschrift für Rechtspolitik
ZUM ............... Zeitschrift für Urheber- und Medienrecht/Film und Recht
ZUR ................ Zeitschrift für Umweltrecht
zust. ................ zustimmend

# Einleitung

## § 1 Unionsrecht in der Praxis

**Schrifttum:** *v. Danwitz,* Der Einfluss des nationalen Rechts und der Rechtsprechung der Gerichte der Mitgliedstaaten auf die Auslegung des Gemeinschaftsrechts, ZESAR 2008, 57; *Erichsen/Frenz,* Gemeinschaftsrecht vor deutschen Gerichten, Jura 1995, 422; *Hatje/Kindt,* Der Vertrag von Lissabon – Europa endlich in guter Verfassung?, NJW 2008, 1761; *Hirsch,* Kompetenzverteilung zwischen EuGH und nationaler Gerichtsbarkeit, NVwZ 1998, 907; *Huber,* Das europäisierte Grundgesetz, DVBl. 2009, 574; *Jarass,* Konflikte zwischen EG-Recht und nationalem Recht vor den Gerichten der Mitgliedstaaten, DVBl. 1995, 954; *Oppermann,* Die Europäische Union von Lissabon, DVBl. 2008, 473; *Pache/Rösch,* Der Vertrag von Lissabon, NVwZ 2008, 473; *Pache,* Das Ende der europäischen Integration? Das Urteil des Bundesverfassungsgerichts zum Vertrag von Lissabon, zur Zukunft Europas und zur Demokratie, EuGRZ 2009, 285; *Pötters/Christensen,* Das Unionsrecht als Hybridform zwischen case law und Gesetzesrecht, JZ 2012, 289; *Rabe,* Zur Metamorphose des Europäischen Verfassungsvertrags, NJW 2007, 3153; *Rodríguez Iglesias,* Gedanken zum Entstehen einer Europäischen Rechtsordnung, NJW 1999, 1; *Schwarze,* Das schwierige Geschäft mit Europa und seinem Recht, JZ 1998, 1077; *Veelken,* Die Bedeutung des EG-Rechts für die nationale Rechtsanwendung, JuS 1993, 265; *Weber,* Vom Verfassungsvertrag zum Vertrag von Lissabon, EuZW 2008, 7.

1 Viele Praktiker scheuen das EU-Recht. Die Rechtstexte erscheinen ihnen **wildwüchsig** und unzugänglich, die Entscheidungen des EuGH formelhaft, die Grundprinzipien fremd. Lange vor der Subsumtion beginnen für den Juristen die praktischen Schwierigkeiten:

- Woran erkennt er die unionsrechtliche Bedeutung eines Rechtsstreits (→ Rn. 2–7)?
- Wo findet und wie deutet er einschlägige Rechtstexte und Judikate (→ Rn. 8–12)?
- Welche innerstaatlichen Rechtswirkungen haben die einschlägigen Vorschriften der Europäischen Union (→ Rn. 13–15)?
- Worin unterscheidet sich das Unionsrecht vom deutschen und vom internationalen Recht (→ Rn. 16–22)?
- Wie lässt sich für ihn als Interessenvertreter das Unionsrecht taktisch sinnvoll einsetzen (→ Rn. 23–25)?

### I. Streitigkeiten mit unionsrechtlichem Hintergrund

2 Die **unionsrechtliche Bedeutung eines Rechtsstreites** wird häufig – allzu häufig – übersehen, zumindest aber unterschätzt. Längst jedoch prägt und beeinflusst das Recht der Europäischen Union mit seinen vielen tausend Verordnungen, Richtlinien und Beschlüssen (Sekundärrecht) und den Unionsverträgen selbst (Primärrecht) nahezu alle Rechtsgebiete. Vom allgemeinen Zivil- und Arbeitsrecht über das Sozialrecht, vom Steuerrecht über das Urheber- und Wettbewerbs- bis zum Datenschutzrecht; vom Ausländerrecht über das Umweltrecht bis hin zum Grundrechtsschutz: Kaum ein Rechtsgebiet bleibt unbeeinflusst von unionsrechtlichen Vorgaben, ohne dass es jemals gelingen könnte, die ungeheure Fülle dieser Rechtsordnung auch nur annähernd sinnvoll zu systematisieren und die Bedeutung eines jeden Rechtsaktes der Europäischen Union für die innerstaatliche Rechtsordnung herauszuarbeiten.

3 Es hilft dem Praktiker zunächst nur der – zugegebenermaßen abstrakte – Hinweis, dass sich seine Berührungspunkte mit dem Unionsrecht auf drei Regelungstypen beschränken werden, mit denen die Europäische Union ihre Ziele verfolgt: Es werden zum einen die

innerstaatlichen Bestimmungen, vorwiegend durch EU-Richtlinien, gelegentlich auch durch Verordnungen, einander angeglichen (Ziel der **Harmonisierung**). Es soll zum zweiten gewährleistet werden, dass eine in einem Mitgliedstaat getroffene Entscheidung in allen anderen Mitgliedstaaten Gültigkeit besitzt, so dass Waren, Personen und Dienstleistungen sich ungehindert in Europa bewegen können (Ziel der **gegenseitigen Anerkennung**). Drittens schließlich verlangt das Unionsrecht, wie z. B. im Kartell- und Beihilferecht, für bestimmte Verhaltensweisen eine Genehmigung der Europäischen Kommission (Ziel der **Wettbewerbskontrolle**). Diese drei Konzepte finden sich sowohl in den als „Primärrecht“ bezeichneten EU-Verträgen (EUV und Vertrag über die Arbeitsweise der Europäischen Union, AEUV) als auch in den als „Sekundärrecht“ bezeichneten Verordnungen, Richtlinien und Beschlüssen des Unionsgesetzgebers wieder.

4 Vergleichsweise einfach lässt sich die unionsrechtliche Bedeutung eines Rechtsstreites erkennen, wenn innerstaatliches Recht auf einer **EU-Richtlinie** basiert. In den Eingangshinweisen oder in Fußnoten enthalten die deutschen Gesetzestexte in diesen Fällen zumeist einen knappen Hinweis, dass die innerstaatliche(n) Vorschrift(en) zur Umsetzung einer Richtlinie ergangen sind. Da zahlreiche EU-Richtlinien nur unzureichend in nationales Recht umgesetzt werden, hat der Praktiker in solchen Fällen zu prüfen, ob der innerstaatliche Gesetzgeber den unionsrechtlichen Anforderungen vollauf nachgekommen ist und welche Rechtsfolgen sich aus etwaigen Normwidersprüchen ergeben (→ Rn. 56–86).

5 Soweit der Vertrag über die Arbeitsweise der Europäischen Union (AEUV) den Unionsorganen eigene Rechtsetzungs- und Überprüfungsbefugnisse für bestimmte **„Politiken“** eingeräumt hat, liegt eine sorgsame unionsrechtliche Prüfung ebenfalls nahe. Dies betrifft insbesondere die folgenden Rechtsgebiete:

| **Kompetenz der EU** | **Beispiele für Richtlinien und Verordnungen** |
|---|---|
| Arbeits- und Sozialrecht (Art. 45–48, Art. 151–166 AEUV) | z. B. Gleichberechtigungs-RL 76/207/EWG; VO 883/2004/EG zur Koordinierung der Systeme der sozialen Sicherheit; Arbeitnehmer-Freizügigkeit-VO 1612/68/EWG; Betriebsübergangs-RL 2001/23/EG |
| Umwelt- und Planungsrecht (Art. 191–193 AEUV) | z. B. UVP-RL 2011/92/EU; Umweltinformations-RL 2003/4/EG; FFH-RL 92/43/EWG; IVU-RL 2008/1/EG; Abfallrahmen-RL 2008/98/EG |
| Subventionsrecht (Art. 107–109 AEUV) | Beihilfeverfahrens-VO 659/99/EG |
| Steuerrecht (Art. 110–113 AEUV) | z. B. Mehrwertsteuer-RL 2006/112/EG; sog. Mutter-Tochter-RL 90/435/EWG; sog. Systemrichtlinie RL 92/12/EWG betreffend die Harmonisierung der Verbrauchssteuern |
| Außenwirtschafts- und Zollrecht (Art. 28–32, 206–207 AEUV) | z. B. Zollkodex-VO 2913/92/EWG; VO 2658/87/EWG über den Gemeinsamen Zolltarif; Antidumping-VO 384/96/EG; Dual-use-VO 428/2009/EG |
| Verbraucherschutz- und allgem. Zivilrecht (Art. 114, 169 AEUV) | z. B. Produkthaftungs-RL 85/374/EWG; Verbrauchsgüterkauf-RL 1999/482/EG; Haustürwiderrufs-RL 85/577/EWG; RL 93/13/EWG über missbräuchliche Klauseln in Verbraucherverträgen; Verbraucherkredit-RL 2008/48/EG |

| **Kompetenz der EU** | **Beispiele für Richtlinien und Verordnungen** |
|---|---|
| Wettbewerbsrecht (Art. 101–106 AEUV) | z. B. sog. Kartellverfahrens-VO 1/2003/EG; Fusionskontroll-VO 139/2004/EG |
| Agrarrecht (Art. 38– 44 AEUV) | Strukturfonds-VO 1083/2006/EG; VO 1257/1999/EG über die Förderung und Entwicklung des ländlichen Raumes; VO 2081/92/EWG zum Schutz von geographischen Angaben und Ursprungsbezeichnungen; BSE-VO 999/2001 |
| Handels- und Gesellschaftsrecht (Art. 49, 50 Abs. 2 lit. g, 54 AEUV) | Publizitäts-RL 68/151/EWG; Kapital-RL 77/91/EWG über die Gründung von Aktiengesellschaften sowie die Erhaltung und Änderung des Kapitals; Bilanz-RL 78/660/EWG; EWIV-VO 2137/85/EWG; Gesellschaftssteuer-RL 69/335/EWG |

**Abb.:** Materielle Schwerpunkte des EU-Rechts

Soweit allerdings das Unionsrecht nicht in innerstaatliches Recht transformiert werden 6
muss, oder der Unionsgesetzgeber auf der Grundlage politikübergreifender „Querschnittskompetenzen" (z. B. der Binnenmarktkompetenz, Art. 114 AEUV) tätig wurde, fällt die Identifizierung der unionsrechtlichen Bedeutung eines Rechtsstreits besonders schwer. Dass das einschlägige Unionsrecht der rechtlichen Bewertung eines Sachverhaltes eine andere Wendung gibt, wird bestenfalls zufällig oder erst in zweiter Instanz „entdeckt". Zur Vermeidung derartiger Überraschungen sollte der im Unionsrecht nicht beheimatete Jurist von den folgenden **Faustregeln** ausgehen:

- Eine nähere unionsrechtliche Prüfung liegt bei allen Sachverhalten mit tatsächlichen oder potenziell grenzüberschreitenden Bezügen nahe. Solche – tatsächlich oder potenziell – **grenzüberschreitende Sachverhalte** reichen vom elektronischen Geschäftsverkehr über internationale Investitionen bis hin zur Aufnahme oder zum Abschluss einer Tätigkeit in einem anderen EU-Mitgliedstaat.
- Mit besonderer Sorgfalt ist etwaigen unionsrechtlichen Implikationen ferner dann nachzugehen, wenn sich eine hoheitliche oder private Maßnahme dazu eignet, Personen oder Unternehmen aus anderen EU-Staaten schlechter zu stellen als eigene Staatsangehörige. Derartige **Diskriminierungen** treten selten offen auf; sie sind in aller Regel versteckt und mittelbar, indem sie z. B. eine Rechtsfolge an den Wohnsitz, die Geschäftsniederlassung oder an die Sprache knüpfen.

In beiden Fällen liegt die Annahme nahe, dass die in Rede stehende Maßnahme mit den 7
sog. **Grundfreiheiten des AEUV** oder ihren Ausführungsbestimmungen unvereinbar ist (→ Rn. 168–240).

## II. Die Suche nach Rechtstexten und Judikaten

Weitere praktische Probleme bereitet die **Suche nach den Rechtstexten.** Das gesamte 8
Unionsrecht wird zwar in den sog. Amtsblättern der EU (ABl.) veröffentlicht, deren Teil „L" *(legislation)* – ähnlich dem Bundesgesetzblatt – die rechtlich verbindlichen Texte enthält, wohingegen im Teil „C" *(communication)* – ähnlich den Parlamentsdrucksachen – unverbindliche Äußerungen wie z. B. Verordnungsvorschläge, Ausschreibungen oder Berichte aufgeführt sind. Längst haben jedoch die Amtsblätter einen Umfang angenommen, der die deutschen Gesetzesblätter und Parlamentsdrucksachen noch übersteigt. Von einer systematischen Konsultation der Amtsblätter muss dem Praktiker selbst dann abgeraten

werden, wenn er das sog. „Fundstellenregister" heranzieht, das alljährlich Auskunft über die umfangreiche Gesetzgebungstätigkeit der Europäischen Union gibt.

9 Als außerordentlich hilfreich – und für die praktische Arbeit mit dem Unionsrecht unabdingbar – erweisen sich die über das Internet zugänglichen **Datenbanken** der Europäischen Union. Einen praxisnahen Überblick über die EU-Tätigkeiten und Institutionen erhält man auf der Homepage der EU.[1] Sie führt unter der Rubrik „Amtliche Dokumente" direkt zur frei zugänglichen Datenbank „EUR-LEX", die sämtliche EU-Rechtstexte in allen Unionssprachen enthält.[2] Kommt man hier nicht weiter, so lassen sich über „PRELEX" die offiziellen Dokumente (Vorschläge, Empfehlungen, Mitteilungen) abrufen, die von der Kommission an den Rat und an das Parlament übermittelt werden.[3]

10 Die **Entscheidungen des Gerichtshofs der Europäischen Union** (EuGH) und des „Gerichts" (EuG) sind in der Amtlichen Sammlung („Slg.") des Gerichtshofes veröffentlicht. Rechtssachen („Rs.") des EuGH werden seit 1989 als „Rs. C" („Cour") gekennzeichnet und seit 1990 in Teil I der Amtlichen Sammlung veröffentlicht, Entscheidungen des EuG werden als „Rs. T" („Tribunal") abgekürzt und (ebenfalls seit 1990) unter Teil II publiziert. Die Ordnung ist jeweils streng chronologisch. Anhand des Datums lässt sich daher jede Entscheidung in der Amtlichen Sammlung auffinden. Ungeachtet ihrer knappen, bisweilen gar apodiktischen Begründungen kommt diesen Judikaten eine entscheidende Bedeutung für die Fortbildung, Systematisierung und Auslegung des Unionsrechts zu.

11 In **elektronischer Fassung** sind die aktuellen Entscheidungen des EuGH und des EuG auf der Homepage des EuGH abrufbar (seit einschließlich 1957). Die Suchmaske hat den praktischen Vorteil, dass nicht lediglich nach den Aktenzeichen bestimmter Judikate, sondern darüber hinaus auch anhand bestimmter Stichworte nach bislang unausgewerteten Entscheidungen gesucht werden kann.[4] Für die Suche nach den vor 1997 ergangenen Entscheidungen empfiehlt sich auch der kostenfreie Zugang über „EUR-LEX" (→ Rn. 9). In chronologischer Reihenfolge ihrer Registrierung sind sämtliche Rechtssachen einschließlich etwaiger Entscheidungsanmerkungen auf der Website des EuGH abrufbar.

12 Für die Arbeit mit dem Unionsrecht sind darüber hinaus die **Schlussanträge der Generalanwälte** beim EuGH von Bedeutung. Unter ausführlicher Auswertung der Rechtsprechung des EuGH enthalten sie aus erster Hand eine ausführliche und unabhängige Stellungnahme, die dem EuGH vor dessen Entscheidungsfindung unterbreitet wird. In der Amtlichen Sammlung des Gerichtshofes (Slg.) und in den vorerwähnten elektronischen Datenbanken werden sie zusammen mit den Entscheidungen des Gerichtshofes veröffentlicht.

## III. Überblick über die Rechtswirkungen des Unionsrechts

13 Nicht anders als die deutsche Staatsgewalt bedient sich auch die europäische öffentliche Gewalt verschiedener Rechts- und Handlungsformen. In ihrer Gesamtheit bilden diese Rechts- und Handlungsformen das **Recht der Europäischen Union (Unionsrecht).** Mit dem am 1.12.2009 in Kraft getretenen Vertrag von Lissabon wurde die bisherige „Säulenstruktur" der EU – getragen vor allem von der „supranationalen Säule" der Europäischen Gemeinschaft – aufgelöst. Der vormalige EG-Vertrag wurde – mit Änderungen und Ergänzungen – in den Vertrag über die Arbeitsweise der Europäischen Union (AEUV) umbenannt und die vormals intergouvernemental ausgestaltete Zusammenarbeit zu Fragen

---

[1] Abrufbar unter www.europa.eu.

[2] Abrufbar unter http://eur-lex.europa.eu/RECH_legislation.do?ihmlang=de.

[3] Abrufbar unter www.europa.eu/prelex/apcnet.cfm?CL=de.

[4] Abrufbar unter www.curia.eu.

der inneren Sicherheit und des Strafrechts in den AEUV integriert. EUV und AEUV bilden nach dem Vertrag von Lissabon eine einheitliche supranationale Rechtsordnung. Der EUV gibt einige allgemeine – für die innerstaatliche Rechtspraxis idR irrelevante – Grundsätze vor, der AEUV enthält wie vormals der E(W)G-Vertrag das eigentliche materielle Recht und das Verfahrensrecht der EU. Einzig verbleibendes „intergouvernementales“ Politikfeld ist die unter Titel V des EUV geregelte Gemeinsame Außen- und Sicherheitspolitik der EU. Die Europäische Atomgemeinschaft bleibt neben der EU als eigenständige supranationale Organisation bestehen. Die Charta der Grundrechte der Europäischen Union erhielt rechtsverbindlichen Status und ist nunmehr gleichrangiger Bestandteil des Unionsrechts neben EUV und AEUV. Die grundsätzlich nur völkerrechtlich verbindliche Europäische Menschenrechtskonvention (EMRK) ist für das Unionsrecht insofern von Bedeutung, als sie neben der Grundrechte-Charta eine Rechtsquelle für die Herleitung der Unionsgrundrechte darstellt.

| **Rechtsordnungen** | **Rechtsakte** | **Rechtswirkungen** |
|---|---|---|
| **Europäische Union** | EUV (inkl. Grundrechte-Charta, Art. 6 Abs. 1 EUV) | Grundsätze der EU, allgemeine Bestimmungen über die Organe und „intergouvernementale“ GASP |
| | AEUV | Zuständigkeitsabgrenzungen, Verfahrensrecht und materielles Recht (→ Rn. 48 ff.) |
| | EU-Verordnungen (Art. 288 Abs. 2 AEUV) | „EU-Gesetze“: unmittelbar verbindlich (→ Rn. 52 ff.) |
| | EU-Richtlinien (Art. 288 Abs. 3 AEUV) | „EU-Rahmengesetze“: grundsätzlich ist innerstaatliche Umsetzung erforderlich (→ Rn. 56 ff.) |
| | EU-Beschlüsse (Art. 288 Abs. 4 AEUV) | „EU-Verwaltungsakte“: verbindliche Einzelfallentscheidungen (→ Rn. 74 ff.) |
| | Völkerrechtliche Verträge, EU-Assoziierungs-abkommen (vgl. Art. 216 ff. AEUV) | „Integrierte Bestandteile“ des Unionsrechts (→ Rn. 76 ff.) |
| | Stellungnahmen und Empfehlungen (Art. 288 Abs. 5 AEUV) | Unverbindliche, aber zu „berücksichtigende“ Interpretationsmaximen (→ Rn. 334) |
| **Europarat** | Diverse Abkommen, v. a. die Europäische Menschenrechtskonvention (EMRK) | Kraft innerstaatlicher Umsetzung im Range einfachen Rechts verbindlich (Art. 59 Abs. 2 GG) |

**Abb.:** Überblick über das Unionsrecht

Das Recht der Europäischen Union besteht einerseits aus dem sog. „Primärrecht“, d. h. dem EUV und dem AEUV einschließlich der Grundrechte-Charta, sowie dem sog. „Sekundärrecht“, d. h. den nach Maßgabe des EUV/AEUV von den Organen der Europäischen Union erlassenen Rechtsakten. 14

15

| Rechtsquellengruppen in der Normenhierarchie | Rechtsquellen | Rechtswirkungen |
|---|---|---|
| **Primäres Unionsrecht** | EUV und AEUV /einschl. Anhänge und Protokolle | Kompetenzvorschriften und Normen, die Rechte und Pflichten für den Einzelnen begründen, wenn sie hinreichend bestimmt und inhaltlich unbedingt sind (→ Rn. 35 ff., 48 ff.) |
| | Grundrechte-Charta (Art. 6 Abs. 1 EUV) und ungeschriebene Rechtsgrundsätze (Art. 6 Abs. 3 EUV) | Binden EU-Organe und die mit der Durchführung des EU-Rechts betrauten staatlichen Organe (→ Rn. 225) |
| **Völkerrechtliche Verträge der EU** | Zahlreiche Verträge, insbes. Assoziierungsabkommen und GATT | In der Normenhierarchie zwischen Primär- und Sekundärrecht; unmittelbare innerstaatliche Wirkung möglich (→ Rn. 76 ff.) |
| **Sekundäres Unionsrecht** | – EU-Verordnungen (Art. 288 Abs. 2 AEUV) | Unmittelbar verbindlich für abstrakt bezeichneten Adressatenkreis (Mitgliedstaaten oder EU-Bürger → Rn. 52 ff.) |
| | – EU-Richtlinien (Art. 288 Abs. 3 AEUV) | Umsetzungsakt erforderlich; fehlt dieser, kann inhaltlich unbedingte und hinreichend bestimmte RL unmittelbar anwendbar sein (→ Rn. 56 ff.) |
| | – EU-Beschlüsse (Art. 288 Abs. 4 AEUV) | Verwaltungsakt-ähnliche Einzelfallentscheidungen (→ Rn. 74 ff.) |
| | – Rechtsakte im Rahmen der GASP (Art. 25 EUV) | Völkerrechtlich verbindlich (→ Rn. 91) |

**Abb.:** Hierarchie des Unionsrechts

## IV. Das Unionsrecht als autonome Rechtsordnung

16 Das Unionsrecht bildet eine **autonome Rechtsordnung:** Anwendung und Auslegung des Unionsrechts erfolgen grundsätzlich ohne Rücksicht auf die innerstaatlichen Rechtsordnungen oder die Grundsätze des Völkerrechts. Nach ständiger Rechtsprechung des Europäischen Gerichtshofes ist auf der Grundlage der Römischen und der nachfolgenden Verträge (Einheitliche Europäische Akte, Maastricht, Amsterdam, Nizza, Lissabon) eine „neue Rechtsordnung" geschaffen worden, „zu deren Gunsten die Staaten in immer weiteren Bereichen ihre Souveränitätsrechte eingeschränkt haben und deren Rechtssubjekte nicht nur die Mitgliedstaaten, sondern auch deren Bürger sind (...). Die wesentlichen Merkmale der so verfassten Rechtsordnung der Gemeinschaft sind ihr Vorrang vor dem Recht der Mitgliedstaaten und die unmittelbare Wirkung zahlreicher, für ihre Staatsangehörigen und für sie selbst geltender Bestimmungen".[5] Das „von der Gesetzgebung der

[5] EuGH Gutachten 1/91, *Europäischer Wirtschaftsraum I,* Slg. 1991, I-6079 Rn. 21 = EuR 1992, 163 = JZ 1992, 787.

Mitgliedstaaten unabhängige Gemeinschaftsrecht soll daher den Einzelnen, ebenso wie es ihnen Pflichten auferlegt, auch Rechte verleihen. Solche Rechte entstehen nicht nur, wenn der Vertrag dies ausdrücklich bestimmt, sondern auch auf Grund von eindeutigen Verpflichtungen, die der Vertrag den Einzelnen wie auch den Mitgliedstaaten und den Organen der Gemeinschaft auferlegt".[6]

**Beispiel:** Gem. Art. 56 Abs. 1 AEUV sind „Beschränkungen des freien Dienstleistungsverkehrs innerhalb der Union für Angehörige der Mitgliedstaaten ... nach Maßgabe der folgenden Bestimmungen verboten." Obwohl sich diese Bestimmung an die EU-Mitgliedstaaten richtet, können sich die Staatsangehörigen der EU-Staaten sowie die in der EU gegründeten juristischen Personen gegenüber innerstaatlichen Behörden und sogar gegenüber den Unionsorganen unmittelbar auf diese Grundfreiheit berufen und sie vor den Gerichten einklagen.[7]

Für die innerstaatliche Anwendung des Unionsrechts ist die so definierte Autonomie von grundlegender Bedeutung. Aus ihr folgt erstens, dass dem Recht der Europäischen Union „keine wie immer gearteten innerstaatlichen Rechtsvorschriften vorgehen können, wenn ihm nicht sein Charakter als Gemeinschaftsrecht aberkannt und wenn nicht die Rechtsgrundlage der Gemeinschaft selbst in Frage gestellt werden soll".[8] Dieser sog. **Anwendungsvorrang des Unionsrechts** gilt auch gegenüber den Verfassungen der Mitgliedstaaten (→ Rn. 87 ff.). Jedes innerstaatliche Organ – gleichviel ob Gericht oder Behörde – hat „sein innerstaatliches Recht kritisch zu würdigen, um sich vor dessen Anwendung zu vergewissern, dass es mit dem Gemeinschaftsrecht vereinbar ist. Hält es eine mit dem Gemeinschaftsrecht vereinbare Auslegung seines innerstaatlichen Rechts nicht für möglich, so hat es dessen Anwendung auszuschließen und sogar an Stelle seines innerstaatlichen Rechts im Wege einer Normensubstitution die Bestimmungen des Gemeinschaftsrechts anzuwenden ...".[9] 17

**Beispiel:** Ein in Italien ansässiger Möbelhersteller beruft sich vor deutschen Gerichten auf sein grundrechtlich geschütztes geistiges Eigentum (Art. 14 GG), obwohl Art. 19 Abs. 3 GG die Anwendbarkeit der Grundrechte auf „inländische" juristische Personen beschränkt. Diese „Anwendungserweiterung des deutschen Grundrechtsschutzes" ist nach der Rechtsprechung des BVerfG unmittelbar aufgrund des Anwendungsvorrangs der EU-Grundfreiheiten und des allgemeinen Diskriminierungsverbots (Art. 18 AEUV) geboten.[10]

Aus der Eigenständigkeit des Unionsrechts folgt zweitens, dass nicht die nationalen Rechtsordnungen, sondern die Union selbst bestimmt, wem im Einzelfall Rechte oder Pflichten auferlegt werden sollen. Die Bestimmungen des Unionsrechts „sind somit unmittelbare Quelle von Rechten und Pflichten für alle diejenigen, die sie betreffen, einerlei, ob es sich um die Mitgliedstaaten oder um solche Einzelpersonen handelt, die an Rechtsverhältnissen beteiligt sind, welche dem Gemeinschaftsrecht unterliegen".[11] Sind die Vorschriften des Unionsrechts „unbedingt und hinreichend genau", so können sie nicht nur den mitgliedstaatlichen Organen einschließlich der Gerichte, sondern auch den Einzelnen Verpflichtungen auferlegen (sog. **unmittelbare Anwendbarkeit des Unionsrechts**).[12] 18

---

[6] EuGH Rs. 26/62, *van Gend & Loos,* Slg. 1963, 1 Rn. 10 = NJW 1963, 1751.

[7] St. Rspr. seit EuGH Rs. 33/74, *van Binsbergen,* Slg. 1974, 1299 Rn. 22 = NJW 1975, 1095.

[8] EuGH Rs. 6/64, *Costa/E. N. E. L.,* Slg. 1964, 1141 Rn. 12 = DVBl. 1964, 990 = NJW 1964, 2371.

[9] Schlussanträge GA *Léger* in der EuGH Rs. C-224/01, *Köbler,* Slg. 2003, I-10 239 Rn. 59 m. w. N. Rn. 96 ff.

[10] BVerfG NJW 2011, 3428; *Huber* DVBl. 2009, 574, 576 f. Zur Vereinbarkeit der „Deutschengrundrechte" mit EU-Recht siehe *Bauer/Kahl* JZ 1995, 1077; *Störmer* AöR 1998, 541; kritisch noch BVerfG (unveröffentlichter) Beschl. v. 22.7.1978 (hiergegen schon *P. Karpenstein,* in: von der Groeben u. a. [Hrsg.], Kommentar zum EWG-Vertrag, 3. Aufl. 1983, Art. 48 Rn. 28) u. BVerfG NJW 2005, 2289 unter Hinweis auf eine „substanzielle Entwertung der deutschen Staatsangehörigkeit".

[11] EuGH Rs. 106/77, *Simmenthal II,* Slg. 1978, 629 Rn. 14/16 = JuS 1980, 140 = NJW 1978, 1741.

[12] Rn. 35 ff.

19 Die Autonomie des Unionsrechts verlangt drittens, dass dieses nach seinen eigenen Regeln ausgelegt, angewendet und überprüft werden muss. Der Rechtsanwender muss sich demzufolge das Unionsrecht anhand der diesem eigenen Auslegungs- und Überprüfungsregeln erschließen. Er darf bei dessen Anwendung nicht kurzerhand auf die ihm bekannten Maximen und Grundsätze des nationalen Rechts zurückgreifen **(autonome Interpretation und Anwendung des Unionsrechts).**[13] Nach ständiger Rspr. des Gerichtshofs müssen daher „die Begriffe einer Vorschrift des Unionsrechts, die für die Ermittlung ihres Sinns und ihrer Tragweite nicht ausdrücklich auf das Recht der Mitgliedstaaten verweist, in der Regel in der gesamten Union eine autonome und einheitliche Auslegung erhalten".[14]

**Beispiel:** Eine deutsche Behörde möchte osteuropäische Prostituierte aus Gründen der öffentlichen Sicherheit und Ordnung des Landes verweisen. Sie beruft sich darauf, dass Einschränkungen der Freizügigkeitsregeln gem. dem AEUV mit osteuropäischen Drittstaaten aus „Gründen der öffentlichen Ordnung, Sicherheit oder Gesundheit" gerechtfertigt sind. Obwohl diese Ausnahmetatbestände den Generalklauseln des deutschen Ausländer- und Gefahrenabwehrrechts ähneln, reicht unionsrechtlich nicht jeder Verstoß gegen die deutsche Rechtsordnung oder gegen Rechte Dritter für eine Freiheits- oder Aufenthaltsbeschränkung aus. Vielmehr ist in jedem Einzelfall zu prüfen, ob ohne die Beschränkung eine hinreichend schwere Gefährdung für ein nicht-wirtschaftliches Grundinteresse der Bevölkerung droht.[15] Wenn – wie in der Bundesrepublik – die Prostitution innerstaatlich nicht wirksam oder inkohärent unterbunden wird, kann hiervon kaum ausgegangen werden.[16]

20 Die vorerwähnten Grundsätze finden auf das **primäre** und das **sekundäre Unionsrecht** Anwendung. Zum primären Unionsrecht gehören die von den Mitgliedstaaten der Europäischen Union ratifizierten Gründungs- und Änderungsverträge, einschließlich der dazugehörigen Anlagen und Protokolle sowie die diversen Beitrittsverträge. Sekundäres Unionsrecht ist das von den Organen der Europäischen Union nach Maßgabe des Primärrechts erlassene Recht. Zum Sekundärrecht gehören insbesondere die von den Unionsorganen erlassenen Verordnungen, Richtlinien und Beschlüsse (vgl. Art. 288 AEUV).

21 Nach dem Stufenaufbau des Unionsrechts müssen sich alle diese Rechtsakte an den formellen und den materiellen Anforderungen messen lassen, die das Primärrecht einschließlich seiner ungeschriebenen Grundsätze (Art. 6 Abs. 3 EUV) an den Erlass von Sekundärrecht stellt. Verstößt eine Vorschrift des sekundären Unionsrechts gegen das europäische Primärrecht, so obliegt es ausschließlich dem EuGH, diese Bestimmung aufzuheben (sog. **Verwerfungsmonopol**). Den Grundsätzen der Autonomie und der einheitlichen Anwendung des Unionsrechts würde es widersprechen, wenn den Gerichten oder Behörden der Mitgliedstaaten eine eigene Verwerfungskompetenz zukommen würde.[17]

---

[13] Rn. 104 ff.

[14] EuGH verb. Rs. C-424/10 u. C-425/10, *Ziolkowsky,* noch nicht in d. amtl. Slg., Rn. 32 = NVwZ-RR 2012, 121; EuGH Rs. C-201/02 Slg. 2004, I-723 Rn. 37 = DVBl. 2004, 370 = NVwZ 2004, 593 = EWS 2004, 232; EuG Rs. *Wells* T-41/89, *Schwedler/Parlament,* Slg. 1990, II-79 Rn. 27; s. a. EuGH Rs. 75/63, *Unger,* Slg. 1964, 379, 396; EuGH Rs. 53/81, *Levin,* Slg. 1982, 1045 Rn. 11 = NJW 1983, 1249.

[15] Vgl. EuGH Rs. C-54/99, *Scientology,* Slg. 2000, I-1335 Rn. 17 ff.; EuGH Rs. C-349/06, *Polat,* Slg. 2007, I-8167 Rn. 34 = NVwZ 2008, 59, 61; s. a. EuGH Rs. 36/75, *Rutili,* Slg. 1975, 1219 Rn. 28; EuGH Rs. C-348/96, *Calfa,* Slg. 1999, I-11 Rn. 21; Schlussanträge GA *Kokott* in der EuGH Rs. C-503/03, *Kommission/Spanien,* Slg. 2006, I-1097 Rn. 36 ff.; *Wölker/Grill,* in: von der Groeben/Schwarze (Hrsg.), Vertrag über die Europäische Union und Vertrag über die Europäische Gemeinschaft, Kommentar, 4 Bde., 6. Aufl. 2003, Art. 39 EGV Rn. 118 ff.; *Karpenstein,* in: Schwarze (Hrsg.), EU-Kommentar, 3. Aufl. 2012 Art. 347 AEUV Rn. 12.

[16] EuGH Rs. C-268/99, *Jany,* Slg. 2001, I-8615 Rn. 59 ff. = EuZW 2002, 120 m. Anm. *Huber.* S. ferner BVerwG DVBl. 2002, 54; VGH Mannheim NVwZ 2000, 1070; VG Karlsruhe Urt. v. 21.6.1999, Az. 12 K 871/99.

[17] EuGH Rs. 314/85, *Foto Frost,* Slg. 1987, 4199 Rn. 15–17 = NJW 1988, 1451; EuGH Rs. 66/80, *International Chemical Corporation,* Slg. 1981, 1191 Rn. 11 = NJW 1982, 1205; s. a. BVerfGE 37, 271, 278; BVerfGE 75, 223, 234; *Hatje,* Die gemeinschaftsrechtliche Steuerung der Wirtschaftsverwaltung,

Ausnahmen anerkennt der EuGH nur im Verfahren des vorläufigen Rechtsschutzes (→ Rn. 343 ff.).

**Beispiel:** Ein Verwaltungsgericht bezweifelt, ob eine EU-Verordnung, auf deren Grundlage ein Importverbot für Bananen erlassen wurde, mit allgemeinen Grundsätzen des Unionsrechts (z. B. dem Grundsatz des Vertrauensschutzes) vereinbar ist. Ungeachtet seiner Zweifel muss das Verwaltungsgericht die Verordnung anwenden. Vorläufigen Rechtsschutz darf es dem Betroffenen nur unter engen Voraussetzungen gewähren, nämlich dann, wenn es (1) erhebliche Zweifel an der Gültigkeit der Verordnung hat, (2) der EuGH mit diesen Zweifeln noch nicht befasst war, (3) dem EuGH die Frage nach der Gültigkeit der Verordnung vorgelegt wird, (4) ohne den vorläufigen Rechtsschutz dem Antragsteller ein schwerer und nicht wieder gutzumachender Schaden droht und wenn dabei (5) die Interessen der Europäischen Union angemessen berücksichtigt werden.[18]

Keine Anwendung finden die vorerwähnten Grundsätze auf das nach dem Lissabon-Vertrag einzig verbleibende „intergouvernementale“ Politikfeld der **Gemeinsamen Außen- und Sicherheitspolitik** (sog. GASP). Zwar darf der (aus den nationalen Regierungsvertretern zusammengesetzte) Rat der Europäischen Union („Ministerrat“) zur Durchführung dieses Politikfelds auch rechtsverbindliche Maßnahmen erlassen.[19] In den Grenzen des innerstaatlichen Rechts muss sich deshalb der Einzelne auf GASP-Rahmenbeschlüsse berufen können, „um vor den Gerichten der Mitgliedstaaten eine gemeinschaftsrechtskonforme Auslegung des nationalen Rechts zu erreichen“.[20] Im Gegensatz zum supranationalen Unionsrecht bindet jedoch das im Rahmen der GASP erlassene Sekundärrecht grundsätzlich nur die Mitgliedstaaten;[21] unmittelbare Wirkungen der im Rahmen der GASP beschlossenen Maßnahmen kommen weder zu Gunsten noch zu Lasten des Einzelnen in Betracht (→ Rn. 91); die Vorschriften des EUV ermächtigen „nicht zu Maßnahmen der Union mit Durchgriffswirkung auf den Grundrechtsträger im Hoheitsbereich der Mitgliedstaaten“,[22] sondern stellen eine dem Völkerrecht zuzuordnende „Teilrechtsordnung“ dar.[23] 22

## V. Der taktisch sinnvolle Einsatz des Unionsrechts

Taktisch sinnvoll lässt sich das Unionsrecht nur einsetzen, wenn man sich auf die **Grundkonstellationen** besinnt, um die es in einem unionsrechtlich geprägten Rechtsstreit in aller Regel gehen wird: 23

- die eine Partei wird sich auf die Verletzung des Unionsrechts berufen, d. h. darauf, dass die (ordnungsgemäße) Anwendung des Unionsrechts eine andere Rechtsfolge gebiete als eine Subsumtion des Sachverhaltes unter rein innerstaatliches Recht; diese Partei wird sich etwa auf den weiten Anwendungsbereich einer Richtlinie, auf eine der Grundfreiheiten oder auf die spezifischen Wirkungs- und Auslegungsprinzipien (z. B. den Grundsatz des „effet utile“) des EU-Rechts berufen;

---

1998, S. 84 ff.; a. A. *Jarass,* Die innerstaatliche Bedeutung des EG-Rechts, 1994, S. 102 f. m. w. N., der ein behördliches Verwerfungsrecht bei „gravierenden Rechtsmängeln“ des Sekundärrechts annimmt.

[18] EuGH Rs. C-465/93, *Atlanta,* Slg. 1995, I-3761 Rn. 22 ff.; EuGH verb. Rs. C-143/88 u. C-92/89, *Zuckerfabrik Süderdithmarschen,* Slg. 1991, I-415 Rn. 22 ff. = DVBl. 1991, 480 = EuZW 1991, 313.

[19] Z. B. „Gemeinsame Standpunkte“ nach Art. 29 EUV; „Gemeinsame Aktionen“ nach Art. 28 Abs. 1 EUV.

[20] EuGH Rs. C-105/03, *Pupino,* Slg. 2005, I-5285 Rn. 38 = NJW 2005, 2839 = EuZW 2005, 433 m. Anm. *Herrmann* EuZW 2005, 436 u. *Hillgruber* JZ 2005, 841; *Fetzer/Groß* EuZW 2005, 426; *Adam* EuZW 2005, 558; s. a. *Egger* EuZW 2005, 652; *Wehnert* NJW 2005, 3760.

[21] BVerfG NJW 2005, 2289 = EuGRZ 2005, 387; dazu *Tomuschat* EuGRZ 2005, 453; *Vogel* JZ 2005, 801; *Baddenhausen/Pietsch* DVBl. 2005, 1562; *Böhm* NJW 2005, 2588; *Karpenstein* AnwBl. 2005, 561.

[22] BVerfGE 89, 155, 175–177 = NJW 1993, 3047; BVerfG NJW 2009, 2261, 2285 f.

[23] BVerfG NJW 2005, 2289.

- die gegnerische Partei wird die Überlagerung des Sachverhalts durch das Unionsrecht aus rechtlichen oder tatsächlichen Gründen bestreiten; der Interessenvertreter dieser Partei wird etwa einwenden, dass die geltend gemachten Bestimmungen des EU-Rechts innerstaatlich nicht unmittelbar anwendbar („self executing") seien, das innerstaatliche Recht dem Unionsrecht ohnehin bereits entspreche oder die jeweilige Unionsvorschrift wegen Kompetenzüberschreitung nicht wirksam sei.

Dem deutschen Juristen, der sich an den Vorrang des Bundesrechts (Art. 31 GG) oder die uneingeschränkte Grundrechtsbindung aller Organe (Art. 1 Abs. 3 GG) längst gewöhnt hat, ist diese Konstellation keineswegs fremd.

24 Freilich: Nach aller Erfahrung scheuen häufig auch die innerstaatlichen **Gerichte** das Unionsrecht. Statt Schneisen in das europäische Regelungsdickicht zu schlagen, neigen nicht nur die unteren Instanzen dazu, die als plausibel erachteten Ergebnisse auf den ausgetretenen und überschaubaren Pfaden des innerstaatlichen Rechts zu suchen. Für den sich auf das Unionsrecht berufenden Prozess- und Interessenvertreter folgt hieraus zweierlei:

- eine detaillierte und dogmatisch saubere schriftsätzliche Aufarbeitung des Unionsrechts unter Heranziehung des *case law* des EuGH ist für eine erfolgversprechende Rechtsdurchsetzung unabdingbar;
- die Berufung auf Unionsrecht sollte nicht die einzige, sondern möglichst nur die stützende Begründung für die geltend gemachten Rechtsfolgen sein; stets sollte dem Gericht ein Weg gewiesen werden, wie das unionsrechtlich begründete Ergebnis auch aus dem innerstaatlichen Recht abgeleitet werden kann.

25 Überwinden lässt sich die Scheu vor der konsequenten Anwendung des Unionsrechts häufig nur mit Hilfe einer Vorlage an den Europäischen Gerichtshof (Art. 267 AEUV). Selbst bei gravierenden Zweifeln an der Vereinbarkeit des innerstaatlichen Rechts mit Unionsrecht besteht zwar vor den Instanzgerichten auf ein solches **Vorabentscheidungsverfahren** grundsätzlich kein Anspruch (→ Rn. 378 ff.). Sieht indes eine Partei das Unionsrecht auf ihrer Seite, so tut sie gut daran, eine Aussetzung des Verfahrens und eine Vorlage an den EuGH anzuregen; anders als die innerstaatlichen Gerichte legt der EuGH das EU-Recht erfahrungsgemäß sehr extensiv aus. Kommt das letztinstanzliche innerstaatliche Gericht seiner Vorlagepflicht nicht nach, so kann hiergegen wegen Entzug des gesetzlichen Richters (Art. 101 Abs. 1 S. 2 GG) Verfassungsbeschwerde angedroht und eingelegt (→ Rn. 386 ff.) und sogar Schadensersatz begehrt werden (→ Rn. 443). Eine direkte Anrufung des EuGH wegen legislativer, behördlicher oder judikativer Unionsrechtsverletzungen durch nationale Organe sieht der AEUV hingegen nicht vor (→ Rn. 416).

# 1. Teil. Die innerstaatlichen Wirkungen des Unionsrechts

## § 2 Wozu verpflichtet das Unionsrecht?

**Schrifttum:** *Anweiler,* Die Auslegungsmethoden des Gerichtshofs der Europäischen Gemeinschaften, 1996; *Epiney,* Unmittelbare Anwendbarkeit und objektive Wirkung von Richtlinien, DVBl. 1996, 409; *dies.*, Zur Stellung des Völkerrechts in der EU, EuZW 1999, 5; *Ehlers/Eggert,* Zur Zulässigkeit einer zeitlich begrenzten weiteren Anwendung gemeinschaftswidrigen nationalen Rechts, JZ 2008, 585; *Fisahn/Mushoff,* Vorwirkung und unmittelbare Wirkung Europäischer Richtlinien, EuR 2005, 222; *Gellermann,* Auflösung von Normwidersprüchen zwischen europäischem und nationalem Recht, DÖV 1996, 433; *Frenz,* Das Quelle-Urteil des BGH: Richtlinienkonforme Rechtsfortbildung – Auslegung contra legem?, EWS 2009, 222; *ders.*, Verpflichtungen Privater durch Richtlinien und Grundfreiheiten, EWS 2005, 104; *Gänswein,* Die richtlinienkonforme Auslegung vor Ablauf der Umsetzungsfrist, ELR 2006, 438; *Gebauer,* Umsetzungsprobleme von EG-Richtlinien und ihre Lösung, AnwBl 2007, 314; *Götz,* Rechtsstaatliche Grundsätze des Gemeinschaftsrechts als Grund und Grenze der innerstaatlichen Anwendung von EG-Richtlinien; in: Festschrift für Ress, 2005, S. 485; *Grundmann,* Die Auslegung des Gemeinschaftsrechts durch den Europäischen Gerichtshof, 1997; *Gundel,* Neue Grenzlinien für die Drittwirkung nicht umgesetzter EG-Richtlinien unter Privaten – Zur Unanwendbarkeit richtlinienwidriger nationaler Verbotsgesetze im Konflikt unter Privaten, EuZW 2001, 143; *Hatje,* Europäische Rechtseinheit durch einheitliche Rechtsdurchsetzung, EuR-Beiheft 1/1998, 7; *Jarass/Belijn,* Unmittelbare Anwendung des EG-Rechts und EG-rechtskonforme Auslegung, JZ 2003, 768; *Karpenstein,* Rechtsfolgen der Aufhebung von EG-Recht für die nationalen (Umsetzungs-)Maßnahmen, in: FS Sellner, 2010, S. 125; *Kohler-Gerig,* Gemeinschaftsrecht und nationales Recht – Auslegung und Rechtsfortbildung, JA 1998, 807; *Kühling,* Vorwirkungen von EG-Richtlinien bei der Anwendung nationalen Rechts – Interpretationsfreiheit für Judikative und Exekutive? DVBl 2006, 857; *Leisner,* Die subjektiv-historische Auslegung des Gemeinschaftsrechts, EuR 2007, 689; *Mörsdorf,* Unmittelbare Anwendung von EG-Richtlinien zwischen Privaten in der Rechtsprechung des EuGH, EuR 2009, 219; *Müggenborg/Duikers,* Die Direktwirkung von Richtlinien der EU im Immissionsschutzrecht, NVwZ 2007, 623; *Müller/Christensen,* Juristische Methodik, Band II, Europarecht, 2003; *Neumann,* Die gemeinschaftsrechtliche Prüfungskompetenz des Bundespräsidenten, DVBl 2007, 1335; *Öhlinger/Potacs,* EU-Recht und staatliches Recht, 4. Aufl. 2011; *Öhlinger/Potacs,* Gemeinschaftsrecht und staatliches Recht, 4. Aufl. 2011; *Potacs,* Effet utile als Auslegungsgrundsatz, EuR 2009, 465; *Pötters/Christensen,* Richtlinienkonforme Rechtsfortbildung und Wortlautgrenze, JZ 2011. 387; *Roth,* Die richtlinienkonforme Auslegung, EWS 2005, 385; *Sauer,* Kompetenz- und Identitätskontrolle von Europarecht nach dem Lissabon-Urteil, ZRP 2009, 195; *Schinkels,* Richtlinienkonforme Rechtsfortbildung als Haftung Privater für Legislativunrecht, JZ 2011, 394; *Schliesky,* Die Vorwirkung von gemeinschaftsrechtlichen Richtlinien, DVBl. 2003, 631; *Schroeder,* Die Auslegung des EU-Rechts, JuS 2004, 180; *Schwarze,* Soft Law im Recht der Europäischen Union, EuR 2011, 3; *Schürnbrand,* Die Grenzen richtlinienkonformer Rechtsfortbildung im Privatrecht, JZ 2007, 910; *Stadie,* Unmittelbare Wirkungen von EG-Richtlinien und Bestandskraft von Verwaltungsakten, NVwZ 1994, 435; *Sydow,* Die Richtlinie als Instrument zur Entlastung des europäischen Gesetzgebers, JZ 2009, 373; *Thüsing,* Richtlinienkonforme Auslegung und unmittelbare Geltung von EG-Richtlinien im Anti-Diskriminierungsrecht, NJW 2003, 3441; *v. Danwitz,* Der Einfluss nationalen Rechts und der Rechtsprechung der Gerichte der Mitgliedstaaten auf die Auslegung des Gemeinschaftsrechts, ZESAR 2008, 57; *v. Danwitz,* Rechtswirkungen von Richtlinien in der neueren Rechtsprechung des EuGH, JZ 2007, 697; *v. Unger,* Pupino: Der EuGH vergemeinschaftet das intergouvernementale Recht, NVwZ 2006, 46; *Voßkuhle,* Der europäische Verfassungsgerichtsverbund, NVwZ 2010, 1; *Wieland,* Der EuGH im Spannungsverhältnis zwischen Rechtsanwendung und Rechtsgestaltung, NJW 2009, 1841; *Wölker,* Die Normenhierarchie im Unionsrecht in der Praxis, EuR 2007, 32.

## I. Die fünf leitenden Pflichten des Unionsrechts

26 Die sachgerechte **Befassung mit** dem **Unionsrecht** (vormals: „Gemeinschaftsrecht“) verlangt vom deutschen Juristen mehr als Rechtskenntnis, Phantasie und Judiz. Sie erfordert die Bereitschaft, sich auf eine ihm fremde – „autonome“ – Rechtsordnung einzulassen, eine Rechtsordnung, die – bei vielen Gemeinsamkeiten – gelegentlich anderen als den überkommenen innerstaatlichen Regeln gehorcht und bei der die feststehenden Begrifflichkeiten des nationalen Rechts häufig eine andere Bedeutung haben.

27 Dies hat einen einfachen Grund: Ungeachtet vieler gemeinsamer Rechtstraditionen entspringt das Recht der Europäischen Union den unterschiedlichsten Quellen, Erfahrungen und Überzeugungen einzelner oder mehrerer Mitgliedstaaten. Sowohl in seiner Entstehung als auch in seiner praktischen Anwendung bildet das Unionsrecht eine bunte **Zusammenschau aus divergierenden Willensbildungen,** die allein überwölbt werden von dem politischen und wirtschaftlichen Erfordernis, die Ziele der Union im Zweifel auch gegen den Willen widerstrebender nationaler Organe durchzusetzen.

28 Aus diesen häufig widerstreitenden Interessen erklären sich **zahllose Konflikte** zwischen Unionsrecht und nationalem Recht. Zur Lösung solcher „direkten“ und „indirekten“ Kollisionslagen hat die Rechtsprechung **fünf grundlegende Verpflichtungen** entwickelt, die bei der Anwendung des Unionsrechts durch Parlamente, Behörden und Gerichte zu beachten sind. Es handelt sich um:

- die Pflicht, das Unionsrecht in allen Mitgliedstaaten effektiv und einheitlich durchzusetzen;
- die Pflicht, das sich zur unmittelbaren Anwendung eignende Unionsrecht in jedem Einzelfall zu Grunde zu legen;
- die Pflicht, das innerstaatliche Recht unionsrechtskonform auszulegen;
- die Pflicht, widerstreitendes innerstaatliches Recht unangewendet zu lassen;
- die Pflicht, das Unionsrecht autonom auszulegen.

29 Hat es der Praktiker mit Unionsrecht (z. B. mit einer EU-Richtlinie) oder einem grenzüberschreitenden Sachverhalt (z. B. einem transnationalen Investitionsvorhaben) zu tun, untersucht er unter **Beachtung der autonomen Auslegung** zunächst, ob die in Betracht kommende Unionsvorschrift seinen Rechtsstreit beeinflussen könnte (→ Rn. 108 ff.). Bei genauer Prüfung wird er häufig feststellen, dass das innerstaatliche Recht oder seine Anwendung im Einzelfall den Anforderungen des Unionsrechts nicht genügt. Es ist dann in einem zweiten Schritt zu prüfen, ob das ggf. entgegenstehende innerstaatliche Recht **unionsrechtskonform,** d. h. in Übereinstimmung mit primärem und sekundärem Unionsrecht **ausgelegt** werden kann (→ Rn. 79 ff.). Hilft auch eine unionsrechtskonforme Auslegung nicht weiter, so muss der Praktiker in einem dritten Schritt die **unmittelbare Anwendbarkeit** der betreffenden unionsrechtlichen Vorschrift prüfen; er muss untersuchen, ob die Vorschrift nach Inhalt und Formulierung geeignet ist, auch ohne einen innerstaatlichen Umsetzungsakt dem Rechtsstreit zu Grunde gelegt zu werden (→ Rn. 35 ff.). Steht nationales Recht einer solchen Auslegung oder Anwendung im Wege, so ist – in einem vierten Schritt – zu untersuchen, ob dieses gemäß dem **Grundsatz des Anwendungsvorrangs** im konkreten Fall außer Acht zu lassen ist (→ Rn. 87 ff.). Dies alles lässt sich begründen mit dem unangefochtenen Dogma von der **effektiven und einheitlichen Anwendung** des Unionsrechts (→ Rn. 30 ff.).

## II. Die Pflicht zur effektiven und einheitlichen Durchsetzung des Unionsrechts

Tragendes Prinzip des Unionsrechts ist dessen **einheitliche und effektive Anwendung** in allen Mitgliedstaaten. Dieses Prinzip ist kein Selbstzweck, sondern für die Funktionsfähigkeit der europäischen Rechtsgemeinschaft schlechthin konstituierend.[24] Die Union könnte ihre Aufgaben nicht erfüllen, wenn ihre Rechtsordnung zur Disposition der Mitgliedstaaten stünde. Für den EuGH ist deshalb auszuschließen, „dass Vorschriften des nationalen Rechts, auch wenn sie Verfassungsrang haben, die einheitliche Geltung und die Wirksamkeit des Unionsrechts beeinträchtigen."[24a] Vielmehr muss das Unionsrecht „in allen Mitgliedstaaten einheitlich angewendet werden und im gesamten Gebiet der Gemeinschaft so weit wie möglich die gleiche Wirkung entfalten."[25] Kein Mitgliedstaat kann sich auch „auf Bestimmungen, Übungen oder Umstände seiner internen Rechtsordnung berufen, um die Nichtbeachtung der Verpflichtungen und Fristen zu rechtfertigen, die sich aus den Normen des Gemeinschaftsrechts ergeben."[26] 30

**Beispiel:** Eine deutsche Behörde muss eine gegen das Beihilfenverbot (Art. 107 Abs. 1, Art. 108 Abs. 3 AEUV) verstoßende Subvention zurückverlangen. Obwohl die Jahresfrist des § 48 Abs. 4 VwVfG das Vertrauen des betroffenen Unternehmens geschützt hätte, ist die Behörde grundsätzlich verpflichtet, diese Bestimmung außer Acht zu lassen. Die einheitliche und effektive Anwendung des Unionsrechts wäre sonst in Frage gestellt.[27]

Desgleichen ist es den Mitgliedstaaten untersagt, die Verwirklichung des Unionsrechts praktisch unmöglich zu machen oder wesentlich zu erschweren (sog. Effektivitätsgrundsatz bzw. Vereitelungsverbot). Dieses Gebot wird aus dem in Art. 4 Abs. 3 S. 2 und 3 EUV verankerten **Loyalitätsgebot** abgeleitet („Grundsatz der Unionstreue"). Nach dieser Bestimmung treffen die Mitgliedstaaten „alle geeigneten Maßnahmen allgemeiner oder besonderer Art zur Erfüllung der Verpflichtungen, die sich aus den Verträgen oder den Handlungen der Organe der Union ergeben. Die Mitgliedstaaten unterstützen die Union bei der Erfüllung ihrer Aufgabe und unterlassen alle Maßnahmen, die die Verwirklichung der Ziele der Union gefährden könnten." 31

**Beispiel:** Aus der Handlungspflicht des Art. 4 Abs. 3 S. 2 und 3 EUV leitet der EuGH u. a. die Pflicht der Mitgliedstaaten ab, die Einhaltung des Unionsrechts ggf. auch durch angemessene und abschreckende Sanktionsvorschriften sicherzustellen.[28] Aus der Unterlassungspflicht (Art. 4 Abs. 3 S. 3 a. F. EUV) folgt u. a., dass schon unmittelbar nach Erlass einer Richtlinie keine staatlichen Maßnahmen ergriffen werden dürfen, die deren Verwirklichung nach Ablauf der Umsetzungsfrist ernsthaft in Frage stellen könnten.[29]

---

[24] Vgl. dazu allgemein *Hatje* EuR-Beiheft 1/1998, 7; *Nettesheim,* in: Gedächtnisschrift Grabitz, 1995, S. 447 ff.

[24a] EuGH Rs. C-409/06, *Winner Wetten,* Slg. 2010, I-8015 Rn. 61 = NVwZ 2010, 1419.

[25] EuGH Rs. 819/79, *Deutschland/Kommission,* Slg. 1981, 21 Rn. 10; s. a. EuGH Rs. C-36/97, *Kellinghusen,* Slg. 1988, I-6349 Rn. 16; EuGH Rs. C-290/91, *Peter,* Slg. 1993, I-2981 Rn. 8.

[26] EuGH Rs. 254/83, *Kommission/Italien,* Slg. 1984, 3395 Rn. 5. Weitere Nachw. bei *Karpenstein,* in: G/H/N (Hrsg.), Das Recht der Europäischen Union, Stand: 2011, Art. 258 AEUV Rn. 64; *Borchardt,* in: Lenz/Borchardt (Hrsg.), EU-Verträge, 5. Aufl. 2010, Art. 258 AEUV Rn. 31.

[27] Vgl. BVerfG NJW 2000, 2015 mit Anm. *Nicolaysen* NJW 2001, 1233; BVerwGE 106, 328 = NJW 1998, 3728 = EuZW 1998, 730; BVerwGE 92, 81 = NJW 1993, 2764; weitere Nachw. bei *Karpenstein/Klein,* Münchener Kommentar zum deutschen und europäischen Wettbewerbsrecht, Bd. 3, 2010, nach Art. 14 BVVO (Beihilfenrückforderung), Rn. 36 ff. Unzutreffend BVerwG NVwZ 2011, 1198.

[28] EuGH Rs. 50/76, *Amsterdam Bulb,* Slg. 1977, 137 Rn. 32.

[29] EuGH Rs. C-129/96, *Inter-Environnement Wallonie,* Slg. 1997, I-7411 Rn. 45 = EuZW 1998, 167 = NVwZ 1998, 385.

32 Der **Effektivitätsgrundsatz** verlangt zweierlei. Zum einen setzt er voraus, dass die mit einer unionsrechtlichen Bestimmung befassten Organe (z. B. Behörden, Gerichte u. a.) diese Norm dergestalt auslegen, dass diese **größtmögliche Wirksamkeit** erlangt („effet utile"). Unter mehreren Auslegungsvarianten ist also diejenige Interpretation zu wählen, die die Durchsetzung des Unionsrechts am ehesten erwarten lässt (→ Rn. 120 ff.).[30] Zum anderen untersagt der Effektivitätsgrundsatz den Mitgliedstaaten, die praktische Verwirklichung einer Bestimmung des Unionsrechts durch wie immer geartete Hindernisse zu unterbinden oder wesentlich zu erschweren. Insbesondere darf die Anwendung des innerstaatlichen Rechts nicht darauf hinauslaufen, dass die Verwirklichung der Unionsregelung **„praktisch unmöglich** wird."[31]

33 Die Anwendung des EU-Rechts leidet häufig an der Fehlvorstellung, dass die jeweilige innerstaatliche Rechtsmaterie in Ermangelung einer Harmonisierung nicht vom Unionsrecht erfasst sei oder es sich aus sonstigen Gründen um eine **„Bereichsausnahme"** handele, auf die das EU-Recht keine Anwendung finde. Unstreitig ist indes, dass die Geltung des Unionsrechts „nicht davon abhängen kann, auf welchem Gebiet des innerstaatlichen Rechts es seine Wirkungen zeitigt."[32]

**Beispiel:** Auf dem Gebiet des Staatsangehörigkeitsrechts haben die Mitgliedstaaten eine ausschließliche Regelungszuständigkeit.[33] Bei der Ausübung dieser Zuständigkeit haben die Mitgliedstaaten allerdings, wie der EuGH mehrfach festgestellt hat, „das Unionsrecht zu beachten."[34] So dürften die Grundfreiheiten des AEUV einer Ausbürgerung entgegenstehen, die an die „Steuerflucht" in einen anderen Mitgliedstaat anknüpft.[35] Erst recht ist es den Behörden untersagt, die Zugehörigkeit eines Unionsbürgers zu einem anderen Mitgliedstaat wegen dessen doppelter Staatsangehörigkeit außer Acht zu lassen.[36]

34 Die effektive und einheitliche Anwendung des Unionsrechts obliegt grundsätzlich **allen Trägern der öffentlichen Gewalt** (→ Rn. 131 ff.). Adressaten der vorgenannten Pflichten sind demnach nicht nur die Parlamente und Gerichte der Mitgliedstaaten, sondern alle mit der Ausübung öffentlicher Gewalt betrauten Organe, ohne Rücksicht darauf, ob es sich z. B. um „solche der staatlichen Zentralgewalt, eines Gliedstaats oder sonstiger Gebietskörperschaften" handelt.[37] Im Rahmen ihrer Befugnisse hat jede Behörde und jedes Gericht für die effektive und einheitliche Anwendung und Durchsetzung des Unionsrechts zu sorgen.[38] Dementsprechend obliegt auch die Verpflichtung der Mitgliedstaaten, das in einer Richtlinie vorgesehene Ziel zu erreichen, sowie die allgemeine Pflicht der Mitgliedstaaten, alle zur Erfüllung dieser Verpflichtung geeigneten Maßnahmen allgemeiner oder

---

[30] Dies ausdrücklich „hinnehmend" BVerfG NJW 2009, 2267, 2281; kritisch hingegen *Wieland* NJW 2009, 1841, 1843 ff.

[31] Zusammenfassend: EuGH verb. Rs. 205 bis 215/82, *Milchkontor,* Slg. 1983, 2633 Rn. 19 = NJW 1984, 2024; s. dazu u. Rn. 242 ff.

[32] EuGH Rs. C-20/92, *Hubbard,* Slg. 1993, I-3777 Rn. 19; EuGH Rs. 82/71, *Sail,* Slg. 1972, 119 Rn. 5; s. a. *Streinz* DVBl. 2000, 585, 588; *Jarass* EuR 2000, 705, 707 u. eingehend *Kanitz/Steinberg* EuR 2003, 1035.

[33] BVerfG NJW 2005, 2289.

[34] EuGH Rs. C-135/08, *Rottmann,* Slg. 2010, I-1449 Rn. 45; EuGH Rs. C-192/99, *Kaur,* Slg. 2001, I-1197 Rn. 19; EuGH Rs. C-179/98, *Mesbah,* Slg. 1999, I-7955 Rn. 29; EuGH Rs. C-369/90, *Micheletti,* Slg. 1992, I-4239 Rn. 10.

[35] Vgl. *Sauerwald,* Unionsbürgerschaft u. Staatsangehörigkeitsrecht, 1996, S. 105 ff.; *Zimmermann* EuR 1995, 54 (59 ff.); *Kotalikidis,* Von der nationalen Staatsangehörigkeit zur Unionsbürgerschaft, 2000, S. 305 ff.

[36] EuGH Rs. C-369/90, *Micheletti,* Slg. 1992, I-4239 Rn. 10 f.

[37] EuGH Rs. C-8/88, *Deutschland/Kommission,* Slg. 1990, I-2321 Rn. 13.

[38] EuGH Rs. C-72/95, *Kraaijeveld,* Slg. 1996, I-5403 Rn. 55 = DVBl. 1997, 40; s. hierzu *Wegener* NVwZ 1997, 462; EuGH Rs. 79/83, *Harz,* Slg. 1984, 1921 Ls. 1 = EuGRZ 1984, 217; EuGH Rs. C-106/89, *Marleasing,* Slg. 1990, I-4135 Ls. 1.

besonderer Art zu treffen, „allen Trägern öffentlicher Gewalt in den Mitgliedstaaten, und zwar im Rahmen ihrer Zuständigkeiten auch den Gerichten."[39]

## III. Die Pflicht zur unmittelbaren Anwendung des Unionsrechts

### 1. Allgemeine Voraussetzungen und Folgen der unmittelbaren Wirkung

#### a) Definition der unmittelbaren Anwendung

Ungezählte Bestimmungen des Unionsrechts sind unmittelbar anwendbar. Dies bedeutet, dass die jeweiligen Regelungen **unmittelbare Grundlage behördlicher** oder **gerichtlicher Entscheidungen** bilden können, ohne dass es dafür eines innerstaatlichen Transformationsaktes (z. B. eines Gesetzes, einer Verwaltungsrichtlinie etc.) bedarf. Solche Bestimmungen „sind somit unmittelbare Quelle von Rechten und Pflichten für alle diejenigen, die sie betreffen, einerlei, ob es sich um die Mitgliedstaaten oder um solche Einzelpersonen handelt, die an dem Unionsrecht unterliegenden Rechtsverhältnissen beteiligt sind."[40] In der Praxis stellt sich die Frage nach der unmittelbaren Anwendbarkeit (bzw. „unmittelbaren Wirkung" o. „Direktwirkung") des Unionsrechts namentlich dann, wenn das innerstaatliche Recht für denselben Sachverhalt eine dem Unionsrecht widersprechende Rechtsfolge vorsieht, die auch mit Hilfe einer unionsrechtskonformen Auslegung des nationalen Rechts nicht behoben werden kann. Der Rechtsanwender muss dann prüfen, ob die in Betracht kommende Bestimmung des Unionsrechts geeignet ist, dem von ihm zu beurteilenden Sachverhalt unmittelbar zu Grunde gelegt zu werden. Die Reichweite dieses unmittelbaren Geltungsanspruchs wird in der deutschen Rechtspraxis häufig verkannt.[41] 35

**Beispiel:** Richtet die EU-Kommission an die Bundesrepublik Deutschland einen Beschluss, Subventionen im Wege der sofortigen Vollziehung zurückzufordern, so haben die zuständigen Behörden den entsprechenden Betrag unmittelbar auf der Grundlage dieses Beschlusses per Bescheid und VzA zurückzufordern. Auf entgegenstehende (oder fehlende) deutsche Rechtsvorschriften kommt es ebenso wenig an, wie auf die zum deutschen Subventionsrecht entwickelten Lehren (z. B. die sog. „Kehrseitentheorie").[42]

Der AEUV sieht zwar in Art. 288 gewichtige Unterschiede hinsichtlich der einzelnen Handlungsformen der Union vor. Insbesondere sind nach dem Wortlaut des Art. 288 Abs. 2 AEUV nur EU-Verordnungen unmittelbar verbindlich (→ Rn. 52 ff.). Nach ständiger Rechtsprechung sind jedoch im Verhältnis des Einzelnen zum Staat grundsätzlich alle diejenigen Bestimmungen des Unionsrechts unmittelbar anwendbar, die **hinreichend bestimmt** und **inhaltlich unbedingt** formuliert sind. Es trifft unter diesen Voraussetzungen alle Träger der öffentlichen Gewalt einschließlich der Gerichte die Pflicht, diesen Regelungen effektive und einheitliche Geltung im konkreten Fall zu verschaffen. Das nationale Recht, von internen Verwaltungsvorschriften bis hin zur Verfassung, ist ggf. außer Betracht zu lassen. Praktisch bedeutsam ist dies besonders für Richtlinien und Beschlüsse, 36

---

[39] EuGH Rs. C-106/89, *Marleasing*, Slg. 1990, I-4135 Rn. 8.

[40] EuGH Rs. C-409/06, *Winner Wetten*, Slg. 2010, I-8015 Rn. 54 = NVwZ 2010, 1419; DVBl. 2010, 442; EuGH Rs. 106/77, *Simmenthal II*, Slg. 1978, 629 Rn. 14/16 = JuS 1980, 140 f. = NJW 1978, 1741 f.

[41] So auch *Jarass* NJW 1990, 2420, 2425; *Gellermann*, Beeinflussung des bundesdeutschen Rechts durch Richtlinien der EG, 1994, S. 132 f.

[42] Vgl. OVG Berlin-Brandenburg NVwZ 2006, 104; *Öhlinger/Potacs*, Gemeinschaftsrecht u. staatliches Recht, 4. Aufl. 2011, S. 68; *Karpenstein/Klein*, in Münchener Kommentar zum Deutschen und Europäischen Wettbewerbsrecht, Bd. 3, 2011, Anh. zu Art. 14 BVVO Rn. 32.

die nicht oder noch nicht innerhalb der gesetzten Frist in nationales Recht umgesetzt worden sind (→ Rn. 58 ff.).

### b) Unbedingtheit der unionsrechtlichen Vorschrift

37 Eine Regelung des Unionsrechts ist **unbedingt,** „wenn sie eine Verpflichtung normiert, die an keine Bedingung geknüpft ist und zu ihrer Durchführung oder Wirksamkeit auch keiner weiteren Maßnahme der Unionsorgane oder der Mitgliedstaaten bedarf.“[43] Mit den Mitteln autonomer Auslegung hat der Jurist demnach in erster Linie zu prüfen, ob eine unionsrechtliche Vorschrift nach ihrem Inhalt (und nicht etwa nach ihrer Rechtsgrundlage[44]) einen staatlichen Umsetzungsakt notwendig erfordert oder nicht. Dies ist dann der Fall, wenn die unionsrechtliche Regelung den Mitgliedstaaten **keinen eigenen Gestaltungsspielraum** belässt.[45] Belässt eine Vorschrift des Unionsrechts den Mitgliedstaaten einen Gestaltungsspielraum, so ist sie von einer Bedingung – der konkreten innerstaatlichen Umsetzung – abhängig, kann also nicht unmittelbar anwendbar sein. Ermächtigt eine Norm die Mitgliedstaaten, in Ausnahmefällen von der EU-Regelung abzuweichen, so ist diese dennoch unmittelbar anwendbar, solange von der Ausnahmevorschrift kein Gebrauch gemacht wurde[46] oder „die Inanspruchnahme der Abweichungsmöglichkeiten einer gerichtlichen Nachprüfung zugänglich ist“.[47] Anders ist es nur, wenn die Vorbehalte der Norm so weit gefasst sind, dass kein echtes Regel-Ausnahmeverhältnis mehr besteht. Dann bleibt kein unbedingter Regelungsgehalt mehr übrig.[48]

**Beispiel:** Art. 34 AEUV ist unmittelbar anwendbar, obwohl die Mitgliedstaaten die dort gewährleistete Warenverkehrsfreiheit – z. B. aus Gründen des Umwelt- oder Gesundheitsschutzes – beschränken dürfen. Es handelt sich hier um ein echtes Regel-Ausnahmeverhältnis.[49]

38 Gewährt eine unionsrechtliche Vorschrift den Mitgliedstaaten das Recht, „Bedingungen“ zu erlassen, mit denen die korrekte und einfache Anwendung in der Praxis garantiert werden soll, schließt dies die unmittelbare Wirkung nicht aus.[50] Normen des Unionsrechts können sogar dann unmittelbar anwendbar sein, wenn sie den staatlichen Gesetzgebern zwar einen eigenen Gestaltungsspielraum belassen, jedoch die **Ziele der Bestimmung unbedingt** formuliert sind, der Gesetzgeber von den Vorgaben des Unionsrechts also nicht abweichen darf.[51] In diesen Fällen ist zu beachten, dass sich die unmittelbare Wirkung auf die Verwirklichung der Ziele der entsprechenden Vorschriften beschränkt und nicht darüber hinausgeht.[52]

**Beispiel:** Nach Art. 5 einer Gleichbehandlungsrichtlinie treffen die Mitgliedstaaten „die notwendigen Maßnahmen“, um sicherzustellen, dass die mit dem Grundsatz der Gleichbehandlung unvereinbaren Rechts- und Verwaltungsvorschriften beseitigt werden. Dieser Formulierung ist nicht zu entnehmen,

---

[43] EuGH Rs. C-165/09 bis C-167/09, *Stichting Natur en Milieu,* noch nicht in der amtl. Slg., Rn. 95 = NuR 2011, 642; EuGH Rs. C-236/92, *Comitato di coordinamento per la difesa della Cava,* Slg. 1994, I-483 Rn. 9; ferner EuGH Rs. 28/67, *Molkerei-Zentrale Westfalen/Lippe,* Slg. 1968, 215.

[44] EuGH Rs. C-319/97, *Antoine Kortas,* Slg. 1999, I-3143 Rn. 22.

[45] EuGH Rs. 13/68, *Salgoil/Ital. Außenhandelsministerium,* Slg. 1968, 679, 692.

[46] EuGH verb. Rs. C-6/90 u. C-9/90, *Francovich,* Slg. 1991, I-5357 Rn. 20 = DVBl. 1992, 1017 = NJW 1992, 165.

[47] EuGH Rs. C-156/91, *Hansa Fleisch,* Slg. 1992, I-5567 Rn. 15 = EuZW 1993, 37 = NJW 1993, 315.

[48] *Jarass/Belijn* JZ 2003, 768, 770.

[49] *Becker,* in: Schwarze (Fn. 15), Art. 28 EGV Rn. 9 f.

[50] EuGH Rs. 8/81, *Becker,* Slg. 1982, 53 Rn. 31 ff.; EuGH verb. Rs. C-453/02 u. C-462/02, *Linneweber u. a.,* = EuZW 2005, 210; *Schroeder,* in: Streinz (Fn. 88), Art. 288 AEUV Rn. 109.

[51] EuGH Rs. 71/85, *Niederlande/Federatie,* Slg. 1986, 3855 Rn. 20; *Schmidt,* in: v. d. Groeben/Schwarze (Fn. 15), Art. 249 EGV Rn. 42.

[52] *Jarass* NJW 1990, 2420, 2424.

dass sie „Bedingungen aufstellt, denen das Diskriminierungsverbot unterliegt. Denn auch wenn Art. 5 den Mitgliedstaaten ein Ermessen in Bezug auf die Mittel einräumt, so schreibt er doch das Ziel vor, das mit diesen Mitteln erreicht werden muss … ."[53]

### c) Hinreichende Genauigkeit der unionsrechtlichen Vorschrift

Nach der Definition des Gerichtshofes ist eine Bestimmung „**hinreichend genau,** um von einem Einzelnen herangezogen und vom Gericht angewandt zu werden, wenn sie unzweideutig eine Verpflichtung begründet"[54]. Die Vorgaben müssen sowohl im Hinblick auf den erfassten Personenkreis als auch hinsichtlich ihres sachlichen Regelungsgehaltes „rechtlich vollkommen" sein.[55] Ihr muss mit anderen Worten für den individuellen Sachverhalt eine konkrete Regelungsvorgabe entnommen werden können.[56] Diese Regelungsvorgabe kann sowohl in einer **Handlungs-** als auch in einer **Unterlassungspflicht** bestehen.[57] Dabei darf der Rechtsanwender nicht allein am Wortlaut dieser Bestimmung verharren, sondern muss diese umfassend auslegen, insbesondere ihre Ziele und systematische Stellung beachten.[58] Generell legt der Gerichtshof dieses Kriterium sehr weitherzig aus.[59] In der Regel reicht es aus, wenn die betreffenden unionsrechtlichen Vorschriften allgemeine Handlungsvorgaben enthalten oder sich darauf beschränken, innerstaatliche Regelungen oder Maßnahmen eines bestimmten Inhalts zu untersagen.[60] 39

**Beispiel:** Nach Art. 98 Abs. 1 des Euratom-Vertrags treffen die Mitgliedstaaten „alle Maßnahmen", um den Betreibern von Kernanlagen den Abschluss von Versicherungsverträgen „zu erleichtern". Diese Regelung ist Teil des Kapitels über den Gemeinsamen Markt auf dem Gebiet der Kernenergie und der speziellen Grundfreiheiten des Euratom-Vertrags. Obwohl die nach Art. 98 Abs. 2 erforderlichen „Richtlinien für die Art und Weise der Anwendung dieses Artikels" bis heute nicht erlassen wurden, kann sich der Betreiber unmittelbar auf diese Vorschrift berufen und geltend machen, dass entgegenstehende nationale Bestimmungen – § 2 Abs. 1 Nr. 1 AtDV beschränkt z. B. den Abschluss von Verträgen auf inländische Versicherungen – außer Betracht zu bleiben haben.

Verwendet eine unionsrechtliche Regelung unbestimmte oder interpretationsbedürftige Begriffe, steht dies der unmittelbaren Wirkung dieser Norm nicht grundsätzlich entgegen. Nur wenn sich aus Inhalt, Zielen und Systematik ergibt, dass den Mitgliedstaaten ein **bloßer Gestaltungsauftrag** im Sinne eines vagen Programms anstelle einer Handlungsanweisung auferlegt worden ist, brauchen und dürfen sich Behörden und Gerichte nicht an die Stelle ihres Gesetzgebers stellen, um dem Unionsrecht unmittelbare Wirkung zu verschaffen. 40

**Beispiel:** Art. 1 Abs. 2 der Verpackungsrichtlinie 94/62/EG stellt nach seinem Wortlaut die „Hauptprinzipien" der Wiederverwendung und des Recycling gleichberechtigt nebeneinander. Diese ausdrücklich als bloßes „Ziel" bezeichnete Vorgabe ist zu unbestimmt, um vor Gericht hieraus unmittelbare Rechtsfolgen (z. B. im Sinne eines Förderungsverbots von Mehrwegverpackungen) ableiten zu

---

[53] EuGH Rs. 71/85, *Niederlande/Federatie,* Slg. 1986, 3855 Rn. 20.

[54] EuGH Rs. C-236/92, *Comitato di coordinamento per la difesa della Cava,* Slg. 1994 I-483 Rn. 10 u. Hinw. auf EuGH Rs. 152/84, *Marshall,* Slg. 1986, 723.

[55] Vgl. EuGH verb. Rs. 372/85, 373/85 u. 374/85, *Trän u. a.,* Slg. 1987, 2141 Rn. 25; Schlussanträge GA *Stix-Hackl* in der EuGH Rs. C-222/02, *Paul u. a.,* Slg. 2004, I-9425 Rn. 73.

[56] *Jarass* NJW 1990, 2420, 2424; *Gellermann* (Fn. 69), S. 166 ff.

[57] Vgl. EuGH Rs. 57/65, *Lütticke,* Slg. 1966, 257, 266; EuGH Rs. 8/81, *Becker,* Slg. 1982, 53 Rn. 24 f. = DVBl. 1982, 294 = NJW 1982, 499; EuGH Rs. 91/75, *Hauptzollamt Göttingen/Wolfgang Miritz GmbH & CO.,* Slg. 1976, 217; EuGH Rs. 59/75, *Manghera,* Slg. 1976, 91; Rs. 45/75, *Rewe/Hauptzollamt Landau/Pfalz,* Slg. 1976, 181; *Lenz* DVBl. 1990, 905, 906.

[58] Beispielhaft für die Dienstleistungsfreiheit: EuGH Rs. 33/74, *van Binsbergen,* Slg. 1974, 1299 Rn. 18 ff. = NJW 1975, 1095.

[59] *Jarass* NJW 1990, 2420, 2424 f.

[60] Vgl. etwa EuGH Rs. 130/85, *Wulro,* Slg. 1986, 2035; EuGH Rs. 195/84, *Denkavit,* 1985, 3181.

können.[61] Art. 13 der Abfall-Rahmenrichtlinie 2008/98/EG, der die Mitgliedstaaten verpflichtet, sicherzustellen, dass „die Abfallbewirtschaftung ohne Gefährdung der menschlichen Gesundheit oder Schädigung der Umwelt erfolgt", hat ebenfalls nur programmatischen Charakter und kann deshalb nicht unmittelbar angewandt werden.[62]

### d) „Subjektive" unmittelbare Wirkung

41 Für die Praxis ist zwischen zwei Ausprägungen der unmittelbaren Anwendbarkeit zu unterscheiden. Im Vordergrund steht die Möglichkeit des Einzelnen, sich im konkreten Rechtsstreit gegenüber dem Staat einschließlich aller Gebietskörperschaften und Gerichte auf unmittelbar anwendbare Regelungen des Unionsrechts zu berufen (sog. **„subjektive" unmittelbare Wirkung**). Dies ist dann möglich, wenn das unmittelbar anwendbare Unionsrecht – zumindest als Rechtsreflex – den Einzelnen zu begünstigen im Stande ist. Ein subjektiv-öffentliches Recht im Sinne der deutschen Schutznormtheorie braucht das Unionsrecht nicht zu vermitteln (→ Rn. 143 ff.).

**Beispiel:** Nach Art. 13 Teil B lit. f. der 6. Mehrwertsteuer-Richtlinie sind von der Umsatzsteuer befreit „Glücksspiele mit Geldeinsatz unter den Bedingungen und Beschränkungen, die von jedem Mitgliedstaat festgelegt werden." Nach Auffassung des EuGH kann sich ein Aufsteller von Glücksspielautomaten gegenüber den Finanzbehörden auf diese Bestimmung berufen.[63]

42 Entgegen einer früher vertretenen Auffassung[64] setzt die „subjektive" unmittelbare Wirkung nicht voraus, dass der Betroffene die ihn begünstigende Regelung im Einzelfall geltend macht.[65] Vielmehr ist das den Einzelnen begünstigende Unionsrecht **von Amts wegen** auch dann unmittelbar anzuwenden, sofern die Voraussetzungen der unmittelbaren Anwendbarkeit im konkreten Falle vorliegen. Dies gilt unabhängig davon, ob der jeweilige Rechtsstreit von einer (Bundes-, Landes- oder Kommunal-)Behörde, einem Gericht oder einem sonstigen Organ der öffentlichen Gewalt zu entscheiden ist und ohne Rücksicht, ob es sich um eine Richtlinie oder um sonstiges Unionsrecht handelt: Wenn die Voraussetzungen dafür erfüllt sind, „dass die Einzelnen sich vor den nationalen Gerichten auf die Bestimmungen einer Richtlinie berufen können, sind folglich alle Träger der Verwaltung einschließlich der Gemeinden und der sonstigen Gebietskörperschaften verpflichtet, diese Bestimmungen anzuwenden."[66] In diesem Sinne besteht eine **Normverwerfungsbefugnis der Verwaltung** bei entgegenstehendem Unionsrecht jedenfalls dann, wenn der Rechtsverstoß ins Auge fällt.[67] Sieht sich ein Gericht auf Grund einer innerstaatlichen Verfahrens- oder Präklusionsvorschrift an der amtswegigen Anwendung unmittelbar wirksamen Unionsrechts gehindert, so ist diese Vorschrift prinzipiell außer Betracht zu lassen.[68]

---

[61] Dies verkennt VG Stuttgart NVwZ 2002, 1296; s. dazu auch EuGH Rs. C-309/02, *Radlberger Pilsner,* Slg. 2004, I 11763 Rn. 37 = DVBl. 2005, 196.

[62] Vgl. zum gleichlautenden Art. 4 der Vorgängerrichtlinie 2006/12/EG EuGH Rs. C-236/92, *Comitato di coordinamento per la difesa della Cava,* Slg. 1994, I-483 Rn. 12.

[63] EuGH verb. Rs. C-453/02 u. C-462/02, *Linneweber u. a.,* Slg. 2005, 1131 Rn. 38 = EuZW 2005, 210 = DStR 2005, 371 m. Anm. *Zugmaier* 375 und *Thym* EuZW 2005, 212.

[64] Vgl. etwa FG München EuZW 1990, 582, 583 m. zust. Anm. *Spetzler;* OVG Münster, ZfW 1987, 49, 52; *Rupp* ZRP 1990, 3.

[65] EuGH Rs. 103/88, *Fratelli Costanzo,* Slg. 1989, 1839 Rn. 31 = DVBl. 1990, 689 = NVwZ 1990, 649; EuGH Rs. C-72/95, *Kraaijeveld,* Slg. 1996, I-5403 Rn. 58 = DVBl. 1997, 40; s. hierzu *Wegener* NVwZ 1997, 462; EuGH Rs. C-312/93, *Peterbroeck,* Slg. 1995, I-4599 Rn. 20 = DVBl. 1996, 249 f. = EuZW 1996, 636 f.; EuGH verb. Rs. C-430/93 u. C-431/93, *van Schijndel,* Slg. 1995, I-4705 Rn. 13 ff. = EuZW 1996, 542; *Fischer* EuZW 1991, 557, 559 f.

[66] EuGH Rs. 103/88, *Fratelli Costanzo,* Slg. 1990, 1839 Rn. 31 = DVBl. 1990, 689 = NVwZ 1990, 649.

[67] *Demleitner* NVwZ 2009, 1525, 1526 ff.; *v. Danwitz,* Verwaltungsrechtliches System und europäisches Integration, 1996, S. 210; *Semmroth* NVwZ 2006, 1378, 1380.

[68] EuGH Rs. C-312/93, *Peterbroeck,* Slg. 1995, I-4599 Rn. 20 = DVBl. 1996, 249 = EuZW 1996,

**Beispiel:** Zahlreiche Präklusionsvorschriften des deutschen Verwaltungsrechts (z. B. § 10 Abs. 3 S. 5 BImSchG; § 9b Abs. 5 AtG; § 17a Nr. 7 FStrG; § 10 Abs. 6 LuftVG) sehen im Anwendungsbereich des europäischen Umweltrechts – z. B. der FFH- oder der UVP-Richtlinie – einen Einwendungsausschluss der am Zulassungsverfahren beteiligten Öffentlichkeit vor. Sehen sich die Beteiligten in unmittelbar anwendbaren Richtlinienvorschriften verletzt, so können ihnen diese Präklusionsnormen grundsätzlich nicht entgegengehalten werden.[69]

### e) „Objektive" unmittelbare Wirkung

Unmittelbar anwendbar sind aber auch solche Bestimmungen, die den Einzelnen nicht begünstigen (sog. **„objektive" unmittelbare Wirkung**).[70] Dies bedeutet, dass Behörden und Gerichte eine hinreichend bestimmte und inhaltlich unbedingte Norm des Unionsrechts einem Sachverhalt auch dann zu Grunde legen müssen, wenn sie dem Einzelnen keine Rechte verschafft. Obwohl sie auf eine einheitliche innerstaatliche Umsetzung angelegt sind (Art. 288 Abs. 3 AEUV), kann eine solche Wirkung auch Richtlinien zukommen. Denn die Frage nach der unmittelbaren Anwendbarkeit hat, so der EuGH, „mit der – in der Rechtsprechung des Gerichtshofs anerkannten – Möglichkeit für den Einzelnen, sich gegenüber dem Staat unmittelbar auf unbedingte sowie hinreichend klare und genaue Vorschriften einer nicht umgesetzten Richtlinie zu berufen, nichts zu tun."[71] 43

**Beispiel:** Die aus Art. 2 UVP-Richtlinie folgende Verpflichtung zur Durchführung einer Umweltverträglichkeitsprüfung haben die deutschen Genehmigungsbehörden unabhängig davon zu beachten, ob sich die von den jeweiligen Projekten Betroffenen auf diese Richtlinie berufen können oder nicht.[72]

Praktisch bedeutsam wird die „objektive" unmittelbare Wirkung namentlich für **verfahrens- und produktrechtliche Unionsrichtlinien,** die dem Einzelnen keinerlei Rechte verschaffen. Behörden und Gerichte haben unmittelbar wirksame Vorschriften hiernach auch dann anzuwenden – und ggf. innerstaatliches Recht außer Acht zu lassen –, wenn der Mitgliedstaat bestimmten formellen Anforderungen des Unionsrechts nicht nachgekommen ist.[73] Zahlreiche Probleme wirft hier namentlich die Richtlinie 98/34/EG über ein Informationsverfahren auf dem Gebiet der technischen Normen und Vorschriften (sog. **Notifizierungsrichtlinie**) auf, nach der innerstaatliche technische Vorschriften und Spezifikationen nur in Kraft gesetzt werden dürfen, wenn diese zuvor der Kommission mitgeteilt worden sind.[74] Die Notifizierung soll der Kommission die Formulierung von Einwänden oder Harmonisierungsvorschlägen zur Gewährleistung des Binnenmarktes ermöglichen. Nach der Rechtsprechung sind nicht notifizierte technische Vorschriften 44

636; EuGH verb. Rs. C-430/93 u. C-431/93, *van Schijndel,* Slg. 1995 I-4705, Rn. 13 ff. = EuZW 1996, 542; s. dazu Anm. *Rainer* IStR 1996, 95; *Weymüller* RIW 1996, 347 u. *Cahn* ZEuP 1998, 974.

[69] Sehr str., vgl. dazu (kritisch) *v. Danwitz* UPR 1996, 323; *Mankowski,* in: R/M/G (Hrsg.), HdB des Rechtsschutzes in der EU, 2. Aufl. 2003, § 37 Rn. 90 f.; offen gelassen von BVerwGE 104, 337 = NVwZ 1998, 847 = DVBl. 1997, 1119 u. *Stelkens/Kallerhoff,* in: S/B/S (Hrsg.), VwVfG, 7. Aufl. 2008, § 31 Rn. 58. A. A. *Stüer/Rieder* EurUP 2004, 139, 144.

[70] Vgl. dazu *Albin* NuR 1997, 29; *Epiney* DVBl. 1996, 409; *Pechstein* EWS 1996, 262; *Klein,* in: FS für Everling, 1995, 641. Kritisch zur Unterscheidung *Ruffert,* in: Calliess/Ruffert, EUV/AEUV, 4. Aufl. 2011, Art. 288 AEUV Rn. 66 ff.

[71] EuGH Rs. C-431/92, *„Wärmekraftwerk Großkrotzenburg",* Slg. 1995, I-218 Rn. 24 = EuZW 1995, 743 = DVBl. 1996, 424.

[72] EuGH Rs. C-431/92, *„Wärmekraftwerk Großkrotzenburg",* Slg. 1995, I-218; s. a. *Calliess* NVwZ 1996, 339; *Gundel* EuZW 2001, 143.

[73] Vgl. *Sydow* EuZW 2009, 373, 376 ff.

[74] Vgl. dazu EuGH Rs. C-226/97, *Lemmens,* Slg. 1998, I-3711 Rn. 35; EuGH Rs C-194/94, *CIA Security,* Slg. 1996, I-2201 = EuZW 1996, 383; EuGH Rs. C-33/97, *Colim NV,* Slg. 1999, I-3175 = EuZW 1999, 464 m. Anm. *Reich;* EuGH Rs. C-145/97, *Kommission/Belgien,* Slg. 1998, I-2643; EuGH verb. Rs. C-425/97 u. C-426/97, *Albers u. a.,* Slg. 1999, I-2947; *Fronia* EuZW 1996, 101.

innerstaatlich unanwendbar, wenn „sie die Verwendung oder den Vertrieb eines mit diesen Vorschriften nicht konformen Produkts behindern."[75]

**Beispiel:** Ein Bundesland hat es versäumt, der Kommission Verwaltungsvorschriften zu notifizieren, die nur bestimmte Radarmessgeräte zur Geschwindigkeitskontrolle zulassen. Dieses Versäumnis möchte ein „geblitzter" Autofahrer einem Bußgeldbescheid entgegenhalten. Da Verwendung und Vertrieb der nach diesen Vorschriften zugelassenen Geräte nicht behindert werden, muss das Gericht einen auf diesen Vorschriften basierenden Bußgeldbescheid trotz versäumter Notifizierung nicht aufheben.[76]

### f) Verdrängungswirkung des nicht unmittelbar anwendbaren EU-Rechts?

45 Ist eine **unionsrechtliche Vorschrift nicht unmittelbar anwendbar,** so soll dies nach verbreiteter Auffassung nicht ausschließen, dass eine ihr widersprechende innerstaatliche Norm unangewendet bleibt (sog. **Ausschluss- bzw. Verdrängungswirkung**).[77] Insbesondere soll nach dieser Auffassung eine nationale Vorschrift immer dann unangewendet bleiben, wenn sie einer Richtlinie widerspricht, und zwar auch in jenen Fällen, in denen die jeweilige Richtlinienvorschrift nicht hinreichend bestimmt ist oder sie Verpflichtungen zu Lasten des Einzelnen enthält. Der Vorrang des Unionsrechts wird dahingehend verstanden, „dass nicht umgesetzte Richtlinien, sobald der Zeitpunkt für ihre Umsetzung in nationales Recht verstrichen ist, die Wirkung haben müssen, die Anwendung der abweichenden nationalen Vorschrift auszuschließen, und zwar selbst dann, wenn sie wegen fehlender Genauigkeit oder weil sie in horizontalen Beziehungen nicht unmittelbar wirksam sind, dem Einzelnen keine gerichtlich einforderbaren Rechte verleihen. Die ... Pflicht zur Zusammenarbeit, die jeder staatlichen Stelle im Rahmen ihrer Zuständigkeit obliegt, erlegt es den Gerichten und der Verwaltung auf, das abweichende nationale Gesetz sozusagen auszusondern."[78]

**Beispiel:** Die Deponierichtlinie gebietet jedem Mitgliedstaat, die unvorbehandelte Ablagerung von Siedlungsabfällen bis zum Jahre 2016 auf 35% der Gesamtmenge zu reduzieren. Obwohl diese Verpflichtung von jedem Mitgliedstaat eine „Gesamtstrategie" verlangt und schon deshalb nicht unmittelbar angewendet werden kann (→ Rn. 40), hat das VG Koblenz die – seines Erachtens richtlinienwidrigen – deutschen Umsetzungsvorschriften zu Gunsten des klagenden Deponiebetreibers ausgeschlossen.[79]

46 Die aus dieser Auffassung resultierende Befugnis zu einem allgemeinen **„legal review"** ist von erheblicher **praktischer Bedeutung.** Verstieße eine innerstaatliche Vorschrift gegen das Unionsrecht, so könnte jedermann die Unanwendbarkeit dieser Vorschrift geltend machen. Auf die unmittelbare Anwendbarkeit des Unionsrechts käme es nicht mehr an. Der allein aus dem Vorrang abgeleiteten Nichtanwendungspflicht soll eine Grenze nur dann gesetzt sein, wenn hierdurch ein „Rechtsvakuum" entstünde.[80]

**Beispiel:** Gesetzliche Anforderungen an Sicherheitstechniken hat ein Bundesland unter Verstoß gegen die in der RL 98/34/EG vorgesehene Notifizierungspflicht erlassen. Darauf beruft sich ein Unternehmen, das diese Anforderungen nicht einhalten möchte. Hingegen meint das Bundesland, im Bereich

[75] EuGH Rs. C-226/97, *Lemmens,* Slg. 1998, I-3711 Rn. 35, s. dazu *Kühne* JZ 1998, 1068; *Gleß* NStZ 1999, 141; *Satzger* StrVert 1999, 130; *Abele* EuZW 1998, 571; s. a. *Öhlinger/Potacs,* Gemeinschaftsrecht u. staatliches Recht, 4. Aufl. 2011, S. 42 ff.

[76] EuGH Rs. C-226/97, *Lemmens,* Slg. 1998, I-3711 Rn. 35; vgl. auch AG Bad Hersfeld NZV 1999, 349.

[77] GA *Léger,* Schlussanträge in der EuGH Rs. C-287/98, *Berthe Linster,* Slg. 2000, I-6917 Rn. 50 ff.; GA *Saggio,* Schlussanträge in der EuGH Rs. C-240/98, *Océano/Quintero,* Slg. 2000, I-4963 Rn. 30; *Jarass/Beljin* NVwZ 2004, 1, 5; *Bach* JZ 1990, 1108, 1113.

[78] GA *Saggio,* Schlussanträge in der EuGH Rs. C-240/98, *Océano/Quintero,* Slg. 2000, I-4963 Rn. 30.

[79] VG Koblenz Beschl. v. 4.12.2002, Az. 7 K 1389/01.

[80] *Jarass/Beljin* NVwZ 2004, 1, 5; *Szczekalla,* in: Rengeling u. a. (Fn. 69), § 11 Rn. 38.

der Sicherheit käme es zu inakzeptablen Regelungslücken, wenn Notifizierungsverstöße zur Unanwendbarkeit führten. Nach der Rechtsprechung des EuGH müssen die innerstaatlichen Behörden auf das in dieser Richtlinie vorgesehene Dringlichkeitsverfahren zurückgreifen. An eine unannehmbare Gesetzeslücke, die zum Ausschluss der Nichtanwendungspflicht führt, sind hohe Anforderungen zu stellen.[81]

Die **Rechtsprechung** ist **zurückhaltend.** Soweit der EuGH eine Ausschlusswirkung von EU-Richtlinien angenommen hat,[82] lagen stets die Voraussetzungen für deren unmittelbare Wirkung – Bestimmtheit und Unmittelbarkeit – vor.[83] In der Rs. *Arcaro* hat er dargelegt, „dass das Gemeinschaftsrecht keinen Mechanismus enthält, der es dem nationalen Gericht erlaubt, von einer Vorschrift einer nicht umgesetzten Richtlinie abweichende nationale Vorschriften zu eliminieren, wenn diese Richtlinienvorschrift nicht vor dem nationalen Gericht in Anspruch genommen werden kann."[84] Da sich die These von der Ausschlusswirkung mit der detaillierten Rechtsprechung zur unmittelbaren Wirkung von Unionsvorschriften kaum in Einklang bringen lässt und die Pflicht zur unionsrechtskonformen Auslegung im Einzelfall meist interessegerechte Lösungen ermöglicht, wird sie überwiegend abgelehnt.[85] 47

## 2. Unmittelbare Wirkungen des Primärrechts

Voraussetzungen und Rechtsfolgen der unmittelbaren Anwendbarkeit des Primärrechts (EUV, AEUV und Euratom-Vertrag einschließlich Protokolle) sind nach den oben genannten Kriterien zu beurteilen. Danach ist eine in Kraft getretene Bestimmung des Primärrechts unmittelbar wirksam, wenn sie den oben genannten Anforderungen genügt, wenn sie also **hinreichend bestimmend** und **inhaltlich unbedingt** ist. Die betreffende Bestimmung muss m. a. W. „vollständig, rechtlich vollkommen und infolgedessen geeignet [sein], unmittelbare Rechtswirkungen … zu erzeugen."[86] 48

Welche Regelungen des Primärrechts diesen Anforderungen **im Einzelnen** genügen, hat der EuGH in langjähriger Rechtsprechung klargestellt. Unmittelbar anwendbar sind insbesondere das allgemeine Diskriminierungsverbot des Art. 18 AEUV[87], **sämtliche Grundfreiheiten des AEUV,** d. h. die Warenverkehrsfreiheit (Art. 34 AEUV),[88] die Arbeitnehmerfreizügigkeit (mit Ausnahme des Verbleiberechts) und die Niederlassungsfreiheit für Selbstständige (Art. 45 AEUV[89] und Art. 49 AEUV[90]), die Dienstleistungsfreiheit (Art. 56 AEUV)[91] sowie die Freiheit des Kapitalverkehrs (Art. 63 AEUV).[92] 49

---

[81] EuGH Rs. C-194/94, *CIA Security u. a.,* Slg. 1996, I-2201 Rn. 52 f.

[82] Z. B. EuGH Rs. C-72/95, *Kraaijeveld u. a.,* Slg. 1996, I-5403 Rn. 56.

[83] Zutreffend *Schroeder,* in: Streinz (Hrsg.), EUV/AEUV, 2. Aufl. 2012, Art. 288 AEUV Rn. 124.

[84] EuGH Rs. C-168/95, *Arcaro,* Slg. 1996, I-4705 Rn. 43. Noch weitergehend BGH ZIP 2000, 426, 433: „Enthält das nationale Recht jedoch eine Bestimmung, die der Richtlinie zuwiderläuft und die nicht in einem Sinne ausgelegt werden kann, dass sie im Einklang mit der Richtlinie steht, ist der nationale Richter an diese Bestimmung gebunden" = JZ 2000, 465 = DB 2000, 465 m. Anm. *Berrisch/Nehl* ZIP 2000, 434, 436.

[85] *v. Danwitz* JZ 2007, 697, 700, 702 f.; *Scherzberg* Jura 1993, 225, 229; *Ruffert,* in: Calliess/Ruffert (Fn. 70), Art. 288 AEUV Rn. 72; *Schroeder,* in: Streinz (Fn. 83), Art. 288 AEUV Rn. 124; *Royla/Lackhoff* DVBl. 1998, 1116, 1120 f.; wohl auch VGH Mannheim VGH BW-Ls 95, Beilage 12.

[86] EuGH Rs. 57/65, *Lütticke,* Slg. 1966, 257, 266.

[87] EuGH verb. Rs. C-92/92 u. C-326/92, *Phil Collins,* Slg. 1993, I-5145 Rn. 34 f.; a. A. noch *Fastenrath* JZ 1987, 172.

[88] EuGH Rs. 13/68, *Salgoil,* Slg. 1968, 679.

[89] EuGH Rs. 13/76, *Dona/Mantero,* Slg. 1976, 1333 Rn. 20.

[90] EuGH Rs. 2/74, *Reyners,* Slg. 1974, 631 Rn. 24/28.

[91] EuGH Rs. 33/74, *van Binsbergen,* Slg. 1974, 1299 Rn. 18 ff. = NJW 1975, 1095.

[92] EuGH verb. Rs. C-163/94 u. a., *Santa de Lera,* Slg. 1995, I-4821, Rn. 48; anders noch für die alte Fassung des EWG-Vertrages EuGH Rs. 203/80, *Casati,* Slg. 1981, 2595, Rn. 8 ff.

**Beispiel:** Im Verbot der Einführung neuer Einfuhr- und Ausfuhrzölle (Art. 30 AEUV) sah der EuGH schon in der Rechtssache *van Gend & Loos* eine klare und uneingeschränkte Verpflichtung der Mitgliedstaaten. Er folgert daraus, dass sich dieses Verbot „seinem Wesen nach vorzüglich dazu eignet, unmittelbare Wirkungen in den Rechtsbeziehungen zwischen den Mitgliedstaaten und den ihrem Recht unterworfenen Einzelnen zu erzeugen."[93]

50 Unmittelbar anwendbar sind ferner das Kartellverbot in Art. 101 AEUV[94], das Verbot des Missbrauchs einer marktbeherrschenden Stellung (Art. 102 AEUV)[95], das Verbot höherer Abgaben für Waren aus anderen Mitgliedstaaten (Art. 110 AEUV)[96], das Gebot gleichen Entgelts für Männer und Frauen bei gleicher oder gleichwertiger Arbeit (Art. 157 AEUV)[97] sowie das Diskriminierungsverbot bei Handelsmonopolen (Art. 37 AEUV)[98]. Praktisch bedeutsam ist schließlich die unmittelbare Anwendbarkeit der **Meldepflicht für Beihilfen** (Art. 108 Abs. 3 AEUV). Wird eine staatliche Subvention der Kommission unter Verletzung des dort vorgesehenen Durchführungsverbots nicht angemeldet, so müssen die Gerichte und Behörden zu Gunsten der Konkurrenten, „die sich auf eine solche Verletzung berufen können, entsprechend ihrem nationalen Recht sämtliche Folgerungen sowohl bezüglich der Gültigkeit der Rechtsakte zur Durchführung der Beihilfemaßnahmen als auch bezüglich der Beitreibung der unter Verletzung dieser Bestimmung gewährten finanziellen Unterstützungen oder eventueller vorläufiger Maßnahmen ziehen".[99]

**Beispiel:** Einem Unternehmen ist eine der EU-Kommission nicht notifizierte Subvention gewährt worden. Lag dieser Subvention ein Vertrag zu Grunde (z. B. ein zu niedriger Kaufpreis), ist der gesamte Vertrag nichtig.[100] Der sich auf Grund dieser Beihilfe als benachteiligt empfindende Konkurrent kann unter Berufung auf die drittschützenden Wirkungen des Art. 108 Abs. 3 AEUV die Rückerstattung der jeweiligen Beihilfe beantragen.[101]

51 Die unmittelbare Wirkung aller dieser Bestimmungen hat in jedem Falle zur Folge, dass die **staatlichen Organe** einschließlich der Gerichte gehalten sind, die jeweiligen Vorschriften (ggf. unter Außerachtlassung des innerstaatlichen Rechts) den von ihnen zu beurteilenden Sachverhalten zu Grunde zu legen. Allerdings ist noch nicht abschließend geklärt, welche Vorschriften des Primärrechts unmittelbar zu Lasten des Einzelnen (sog. umgekehrte vertikale Wirkung) und im Verhältnis von Privaten untereinander gelten. Kasuistisch ist insbesondere die Rechtsprechung zur horizontalen Wirkung von Grundfreiheiten (→ Rn. 137 ff.).[102]

## 3. Unmittelbare Wirkungen von Verordnungen

52 Für EU-Verordnungen bestimmt der AEUV in Art. 288 Abs. 2, dass diese in allen ihren Teilen verbindlich sind und „unmittelbar in jedem Mitgliedstaat" gelten. Ähnlich **wie**

---

93 EuGH Rs. 26/62, *van Gend & Loos,* Slg. 1963, 1, 25 f. = NJW 1963, 1751.

94 EuGH verb. Rs. 56 u. 58/64, *Consten,* Slg. 1966, 321 Rn. 14.

95 EuGH Rs. 127/73, *Belgische Radio en Televisie u. Société belge des auteurs, compositeurs et éditeurs/SV/SABAM/u. NV Funior, BRT I,* Slg. 1974, 51, 62 = EuR 1974, 345.

96 EuGH Rs. 57/65, *Lütticke,* Slg. 1966, 257, 266 = NJW 1966, 1630.

97 EuGH Rs. 43/75, *Defrenne II,* Slg. 1976, 455 Rn. 21/24.

98 EuGH Rs. 91/78, *Hansen II,* Slg. 1979, 935 Rn. 16.

99 EuGH Rs. C-354/90, *Fédération nationale du commerce extérieur des produits alimentaires,* Slg. 1991, I-5505 Rn. 12.

100 BGH NVwZ 2004, 636 = EuZW 2004, 252; BGH EuZW 2003, 444 = WM 2003, 1491; dazu *Karpenstein/Klein,* in Münchener Kommentar (Fn. 42) Rn. 36 ff.; *Koenig* ZHR 169 (2005), 77; *Martin-Ehlers* WM 2003, 1598; *Pechstein* EuZW 2003, 447; *Heidenhain* EuZW 2005, 135.

101 St. Rspr. seit EuGH Rs. 120/73, *Lorenz,* Slg. 1973, 1471 Rn. 8 insoweit zutreffend BVerwGE 138, 322 = EuZW 2011, 269 m. Anm. *v. Donat* EuZW 2011, 274 und *Martin-Ehlers* EuZW 2011, 583.

102 Eingehend *Ganten,* Die Drittwirkung der Grundfreiheiten, 2000; *Jaensch,* Die unmittelbare Drittwirkung der Grundfreiheiten, 1997; *Streinz/Leible* EuZW 2000, 459; *Ehlers,* in: ders. (Hrsg.), Europäische Grundrechte u. Grundfreiheiten, 2. Aufl. 2005, § 7 Rn. 45 f.; *Frenz* EWS 2005, 104.

**innerstaatliche Gesetze** zeitigen sie „Rechtswirkungen für eine allgemein und abstrakt umrissene Personengruppe."[103] Schon nach ihrer Rechtsnatur erzeugt eine Verordnung also „unmittelbare Wirkungen und ist als solche geeignet, für die Einzelnen Rechte zu begründen, zu deren Schutz die Gerichte verpflichtet sind. Infolgedessen steht die Wirkung, die den Verordnungen … zukommt, der Anwendung aller – auch jüngerer – gesetzgeberischer Maßnahmen entgegen, die mit der Verordnung unvereinbar sind."[104]

Dies bedeutet nicht, dass jede Bestimmung einer Verordnung unmittelbare Wirkung zu 53
Gunsten oder zu Lasten des Einzelnen entfalten kann. Zahlreiche Einzelbestimmungen in Verordnungen sind unvollständig und müssen durch innerstaatliches Recht umgesetzt oder präzisiert werden (sog. **„hinkende Verordnungen"**). Anhand der o. g. Kriterien (→ Rn. 35 ff.) ist dann zu prüfen, ob diese „hinkenden" Vorschriften sich zur Anwendung für den konkreten Einzelfall eignen oder aber einer zusätzlichen – unionsrechtlichen oder innerstaatlichen Normsetzung – bedürfen.[105] Bei solchen hinkenden Verordnungen können sich die zuständigen innerstaatlichen Organe „nicht auf praktische Schwierigkeiten berufen, um ein Versäumnis bei der Einführung eines wirkungsvollen Kontrollmechanismus zu rechtfertigen." Vielmehr obliegt es den „mit der Durchführung von Unionsregelungen betrauten Mitgliedstaaten, diese Schwierigkeiten durch den Erlass geeigneter Maßnahmen zu überwinden."[106]

In der Praxis können die Reichweite der unmittelbaren Wirkung von Verordnungen 54
sowie die Befugnis zum **Erlass innerstaatlicher Durchführungs- und konkretisierender Vorschriften** Probleme aufwerfen. Generell gilt: Auch wenn die betreffende Regelung der Verordnung auf das innerstaatliche Recht verweist, darf die volle innerstaatliche Wirksamkeit („effet utile") weder durch Verwaltungsvorschriften noch durch andere innerstaatliche Maßnahmen beeinträchtigt werden: „Um der einheitlichen Anwendung des Gemeinschaftsrechts willen ist … der Rückgriff auf innerstaatliche Rechtsvorschriften nur in dem zum Vollzug der Verordnung notwendigen Umfang zulässig."[107] Bei der unmittelbaren Anwendung von Verordnungen dürfen die zuständigen innerstaatlichen Organe keinerlei Maßnahmen ergreifen, „die eine Änderung ihrer Tragweite oder eine Ergänzung ihrer Vorschriften zum Inhalt haben."[108]

**Beispiel:** Nach Art. 11 der sog. Dual-use-Verordnung Nr. 428/2009 berücksichtigen die innerstaatlichen Behörden bei der Erteilung einer Exportgenehmigung für militärisch verwendbare Güter „alle sachdienlichen Erwägungen" und zwar unter anderem "… Überlegungen der nationalen Außen- und Sicherheitspolitik". Es ist zweifelhaft, ob es die – zweifelsohne erforderliche – Präzisierung dieses Genehmigungskriteriums erfordert, neben außen- und sicherheitspolitischen Interessen auch die betriebswirtschaftlichen Interessen des betroffenen Exporteurs in die Gewichtung miteinzustellen.[109]

Verordnungen können – wie nationale Gesetze – dem Einzelnen nicht nur **Rechte** 55
**verleihen,** sondern auch zu seinen Lasten **Pflichten begründen.** Dies gilt auch im Verhältnis von Privaten untereinander. Als Adressaten dieser Rechte und Pflichten kommen

---

103 EuGH Rs. 101/76, *Koninklijke Scholten Honig,* Slg. 1977, 797 Rn. 20/22.

104 EuGH Rs. 43/71, *Politi,* Slg. 1971, 1039 Rn. 9.

105 *Biervert,* in: Schwarze (Fn. 15), Art. 288 AEUV Rn. 21; *Kadelbach,* Allgemeines Verwaltungsrecht unter europäischem Einfluß, 2000, S. 71.

106 EuGH Rs. C-52/95, *Kommission/Frankreich,* Slg. 1995, I-4443 Rn. 28; s. a. EuGH Rs. C-54/91, *Deutschland/Kommission,* Slg. 1993, I-3399 Rn. 38.

107 EuGH Rs. 39/70, *Fleischkontor,* Slg. 1971, 49 Rn. 4.

108 EuGH Rs. 40/69, *Bollmann,* Slg. 1970, 69 Rn. 4. S. hierzu *Deringer* NJW 1970, 2149; ähnlich EuGH verb. Rs. 146, 192 u. 193/81, *BayWA,* Slg. 1982, 1503 Ls. 3.

109 Vgl. VG Frankfurt a. M. AW-Prax 1997, 201; ferner VG Frankfurt a. M. Urt. v. 8.5.2003, Az. 1 E 3273/02; *Karpenstein,* in: GH II/Krenzler, Das Recht der Europäischen Union, Außenwirtschaftsrecht, E 16, Art. 8 Rn. 1 f. Auch das EG-Agrarrecht enthält zahlreiche „hinkende Verordnungen", vgl. etwa VG Braunschweig Urt. v. 5.4.1995, Az. 9 A 9292/94 zu den Ausgleichszahlungen für Getreide.

sowohl die Mitgliedstaaten als auch die Unionsbürger (selbstverständlich einschließlich der Unternehmen) oder Drittstaatsangehörige in Betracht.[110]

**Beispiel:** Art. 7 Abs. 4 der Freizügigkeitsverordnung 1612/68 ordnet an, dass Bestimmungen in Tarif- oder Einzelarbeitsverträgen nichtig sind, wenn sie Staatsangehörige anderer Mitgliedstaaten in Bezug auf ihre Beschäftigung oder Entlohnung diskriminieren. Dies gilt völlig unabhängig davon, ob an diesen Verträgen staatliche, quasi-staatliche oder private Unternehmen beteiligt sind.

## 4. Unmittelbare Wirkungen von Richtlinien

56 Die unmittelbaren Wirkungen von EU-Richtlinien bereiten in der Praxis die meisten Schwierigkeiten.[111] Richtlinien sind **auf innerstaatliche Umsetzung angelegt,** nicht auf unmittelbare Wirkung. Nach Art. 288 Abs. 3 AEUV ist eine Richtlinie für den Mitgliedstaat „hinsichtlich des zu erreichenden Ziels verbindlich, überlässt jedoch den innerstaatlichen Stellen die Wahl der Form und der Mittel". Die Umsetzung obliegt also zunächst nicht den Gerichten oder Behörden, sondern den innerstaatlichen Verfassungsorganen, die ihrerseits die grundgesetzliche Kompetenzverteilung zwischen Bund und Ländern (Art. 70 ff. GG) und andere verfassungsrechtliche Anforderungen (Parlamentsvorbehalt, Wesentlichkeitstheorie, Art. 80 Abs. 1 GG) zu wahren haben.[112] Denn es steht jedem Mitgliedstaat prinzipiell frei, „die Kompetenzen innerstaatlich so zu verteilen, wie er es für zweckmäßig hält."[113]

57 Dennoch entspricht es ständiger – und vom BVerfG anerkannter[114] – Rechtsprechung,[115] dass auch Richtlinien unter bestimmten **Voraussetzungen** unmittelbar angewendet werden müssen. Dies ist der Fall, wenn (1) der Mitgliedstaat „die Richtlinie nicht fristgemäß oder nur unzulänglich in nationales Recht umgesetzt hat", (2) die „Bestimmungen einer Richtlinie inhaltlich als unbedingt und hinreichend genau erscheinen",[116] um einer Anwendung im Einzelfall zugänglich zu sein, (3) diese „Richtlinie nicht selbst Verpflichtungen für einen Einzelnen begründet"[117] und (4) die den Mitgliedstaaten in der Richtlinie gesetzte Frist für die Umsetzung abgelaufen ist.[118] Denn es soll ein „Mitgliedstaat, der die in der Richtlinie vorgeschriebenen Durchführungsmaßnahmen nicht fristgemäß erlassen hat, den Einzelnen nicht entgegenhalten, dass er – der Staat – die aus dieser Richtlinie erwachsenden Verpflichtungen nicht erfüllt hat".[119] Da das Unionsrecht jeden Mitglied-

---

[110] Vgl. *Biervert,* in: Schwarze (Fn. 15), Art. 288 AEUV Rn. 22; *Lenz* DVBl. 1990, 903, 908.

[111] Vgl. etwa *Albin* NuR 1997, 29; *Epiney* DVBl. 1996, 409; *Calliess* NVwZ 1996, 339; *Classen* EuZW 1993, 83; *Gundel* EuZW 2001, 143; *Jarass/Beljin* EuR 2004, 714; *Haneklaus* DVBl. 1993, 129; *Langenfeld* DÖV 1992, 955; *Neßler* RIW 1993, 206; *Papier* DVBl. 1993, 809; *Ruffert* ZUR 1996, 235; *Stadie* NVwZ 1994, 435; *Ukrow* NJW 1994, 2469; *Winter* ZUR 2002, 313; *Zuleeg* NJW 1993, 31, 36 ff.

[112] BVerwG NVwZ 2005, 337, 338; BVerwG NVwZ 2005, 1178, 1183 f.

[113] EuGH Rs. C-131/88, *Kommission/Deutschland,* Slg. 1991, I-825 Rn. 71 = DVBl. 1991, 863 ff. = NVwZ 1991, 973 ff.

[114] BVerfG NJW 2010, 3422, 3426; BVerfGE 75, 223 = EuR 1987, 333, 341. Anders noch BFHE 133, 470, 471; BFHE 143, 383, 388 = NJW 1985, 2103; dazu *Meier* BB 1981, 1883; *Seidel* NJW 1985, 517; *Tomuschat* EuR 1985, 346; *Magiera* DÖV 1985, 937.

[115] St. Rspr. seit EuGH Rs. 41/74, *van Duyn,* Slg. 1974, 1337 Rn. 12; Rs. 148/78, *Ratti,* Slg. 1979, 1629 Rn. 23 = NJW 1979, 1764; Rs. 8/81, *Becker,* Slg. 1982, 53 Rn. 25 = DVBl. 1982, 294 = NJW 1982, 499; EuGH Rs. 103/88, *Fratelli Costanzo,* Slg. 1989, 1839 Rn. 29 = DVBl. 1990, 689 = NVwZ 1990, 649; Rs. C-193/91, *Mohsche,* Slg. 1993, I-2615 Rn. 17 = EuZW 1993, 482.

[116] EuGH Rs. 103/88, *Fratelli Costanzo,* Slg. 1989, 1839 Rn. 29 = DVBl. 1990, 689 = NVwZ 1990, 649; *Nettesheim,* in: G/H/N (Fn. 26), Stand: 2002, Art. 249 EGV Rn. 159.

[117] EuGH Rs. 80/86, *Kolpinghuis Nijmegen,* Slg. 1987, 3969 Rn. 9 = EuR 1988, 391.

[118] EuGH Rs. 148/78, *Ratti,* Slg. 1979, 1629 Rn. 22 = NJW 1979, 1764; EuGH Rs. C-138/07, *Cobelfret,* Slg. 2009, I-731 Rn. 58; GA *Jacobs,* Schlussanträge in der EuGH Rs. C-156/91, *Mundt,* Slg. 1992, I-5567 Rn. 19; *Nettesheim,* in: G/H/N (Fn. 26), Stand: 2002, Art. 249 EGV Rn. 158.

[119] EuGH Rs. 148/78, *Ratti,* Slg. 1979, 1629 Rn. 23 = NJW 1979, 1764.

staat als Einheit betrachtet („funktioneller Staatsbegriff"), spielt es insoweit keine Rolle, ob die von der Richtlinie verpflichtete Körperschaft den richtlinienwidrigen Zustand zu verantworten hat, oder ob sie hoheitlich oder privatwirtschaftlich handelt (→ Rn. 131 f.).

**Beispiel:** Den Ausschluss einer Bewerberin rechtfertigt eine Polizeisondereinheit u. a. damit, dass die Gleichberechtigungsrichtlinie auf den Abschluss ihrer Arbeitsverträge keine Anwendung finden könne. Dem hält der EuGH entgegen, „dass sich der Einzelne gegenüber einer Einrichtung des Staates auf die Richtlinie berufen kann, ohne dass es darauf ankommt, ob diese Einrichtung als Arbeitgeber oder als Hoheitsträger handelt."[120]

### a) Verstoß gegen die Umsetzungspflicht

Hat es der Rechtsanwender mit einer EU-Richtlinie zu tun, so muss er zunächst prüfen, ob der Mitgliedstaat alle erforderlichen Maßnahmen ergriffen hat, „um die **vollständige Wirksamkeit der Richtlinie** entsprechend ihrer Zielsetzung zu gewährleisten".[121] Die Mitgliedstaaten können sich nicht „auf Bestimmungen, Übungen oder Umstände ihrer internen Rechtsordnungen ... berufen, um damit die Nichtbeachtung der Verpflichtungen und Fristen zu rechtfertigen, die in den Richtlinien der Gemeinschaft festgelegt sind".[122] Die formellen und materiellen Anforderungen an eine ordnungsgemäße Richtlinienumsetzung orientieren sich am Effektivitätsgedanken (→ Rn. 30 ff.): Zumindest müssen die innerstaatlichen Vorschriften (1) veröffentlicht werden und rechtsverbindliche Außenwirkung entfalten (→ Rn. 59 ff.), (2) vor den innerstaatlichen Behörden und Gerichten durchgesetzt werden können (→ Rn. 63) und (3) sanktionsbewehrt sein (→ Rn. 64).[123] 58

Die Mitgliedstaaten müssen zunächst, „um die vollständige Anwendung der Richtlinie in rechtlicher und nicht nur in tatsächlicher Hinsicht zu gewährleisten, einen **eindeutigen gesetzlichen Rahmen** auf dem betreffenden Gebiet schaffen".[124] Die „Grundsätze der Rechtssicherheit und des Vertrauensschutzes ... müssen bei der Ausübung der Befugnisse, die ihnen die Gemeinschaftsrichtlinien übertragen, beachtet werden."[125] Interne Verwaltungsvorschriften oder bloße Rundschreiben reichen dazu nicht aus,[126] ebenso wenig – es sei denn, aus der Richtlinie ergibt sich etwas anderes – der Abschluss von verwaltungsrechtlichen Verträgen oder Selbstverpflichtungserklärungen.[127] Auch die Übereinstimmung einer **Verwaltungspraxis** mit den unionsrechtlichen Vorgaben kann „kein Grund dafür sein ..., diese Richtlinie nicht durch Bestimmungen in die innerstaatliche Rechtsordnung umzusetzen, die so bestimmt, klar und transparent sind, dass der Einzelne wissen kann, welche Rechte und Pflichten er hat."[128] 59

---

[120] EuGH Rs. 222/84, *Johnston,* Slg. 1986, 1651 Rn. 56 = DVBl. 1987, 227.

[121] EuGH Rs. 14/83, *von Colson u. Kamann,* Slg. 1984, 1891 Rn. 15 = NJW 1984, 2021; vgl. zum Wertungsspielraum der Mitgliedstaaten bei der Umsetzung von Richtlinien mit mehreren Zielsetzungen EuGH Rs. C-491/06, *Danske Svineproducenter,* Slg. 2008, I-3339 Rn. 30 f.

[122] EuGH Rs. 79/72, *Kommission/Italien,* Slg. 1973, 667, 672; *U. Karpenstein,* in: G/H/N (Fn. 26), Stand: 2011, Art. 258 AEUV Rn. 64.

[123] Vgl. im Einzelnen *Schroeder,* in: Streinz (Fn. 88), Art. 288 AEUV Rn. 91 ff.; *Nettesheim,* in: G/H/N (Fn. 26), Stand: 2002, Art. 249 EGV Rn. 134 ff.; *Götz* NJW 1992, 1849.

[124] EuGH Rs. C-340/96, *Kommission/Vereinigtes Königreich,* Slg. 1999, I-2023 Rn. 19; EuGH Rs. C-360/87, *Kommission/Italien,* Slg. 1991, I-791 Rn. 13.

[125] EuGH Rs. C-201/08, *Plantanol GmbH,* Slg. 2009, I-8343 Rn. 43.

[126] EuGH Rs. 239/85, *„Giftmüll",* Slg. 1986, 3645; EuGH Rs. C-315/98, *Kommission/Italien,* Slg. 1999, I-8001 Ls. 1; vgl. auch *Saurer* JZ 2007, 1073.

[127] *Jarass/Belijn* NVwZ 2004, 1, 8; s. a. EuGH Rs. C-340/96, *Kommission/Vereinigtes Königreich,* Slg. 1999, I-2023 Rn. 27.

[128] EuGH Rs. C-221/94, *Kommission/Luxemburg,* Slg. 1996, I-5669 Rn. 22; ferner EuGH Rs. C-361/88, *Kommission/Deutschland,* Slg. 1991, I-2567 Rn. 24 = DVBl. 1991, 869 = EuZW 1991, 440 mit kritischer Anm. *Rupp* JZ 1991, 1034.

**Beispiel:** In der Bundesrepublik Deutschland wurden Teile der Vergaberichtlinie zunächst als bloße Verwaltungsanweisungen in die Verdingungsordnung für Bauleistungen, Teil A („VOB/A"), integriert. Da die Vergaberichtlinien „den Bieter vor Willkür des öffentlichen Auftraggebers schützen sollen" und „ein solcher Schutz ... nicht wirksam werden (kann), wenn der Bieter sich nicht gegenüber dem Auftraggeber auf diese Vorschriften berufen und gegebenenfalls deren Verletzung vor den nationalen Gerichten geltend machen kann", handelte es sich um eine fehlerhafte Richtlinienumsetzung.[129]

60 Zahlreiche Richtlinien oder Entscheidungen sehen Notifizierungsverpflichtungen[130] oder Zitiergebote vor (sog. **Umsetzungshinweise**).[131] Werden diese missachtet, so begründet dies zwar einen objektiven Vertragsverstoß;[132] dieser förmliche Verstoß kann sogar zum Anknüpfungspunkt für finanzielle Sanktionen gegen die Mitgliedstaaten gemacht werden (Art. 260 Abs. 3 AEUV). Die Unanwendbarkeit der innerstaatlichen Vorschriften kann daraus jedoch nicht abgeleitet werden (→ Rn. 153).

**Beispiel:** Die AbfAblV enthält entgegen Art. 18 Abs. 1 S. 2 der EU-Deponierichtlinie keine Bezugnahme auf diese Richtlinie. Dieser formale Mangel führt nicht zur Unanwendbarkeit der AbfAblV, sondern „bedeutet lediglich, dass *insoweit* die Umsetzungspflicht nicht erfüllt worden ist, was in einem Vertragsverletzungsverfahren vor dem Europäischen Gerichtshof festgestellt werden kann. Gegenteiliges folgt auch nicht aus der ... Rechtsprechung des Europäischen Gerichtshofs zum Verstoß gegen Notifizierungspflichten, die sich aus [der EU-Notifizierungsrichtlinie 98/34/EG] ergeben. Anders als ein Zitiergebot dient die ... zu Grunde liegende Notifizierungspflicht dazu, der Europäischen Kommission einen präventiven Schutz gegen Behinderungen der Warenverkehrsfreiheit durch nationale technische Normen zu ermöglichen. Nur aus diesem Zweck leitete der Europäische Gerichtshof indessen die Unanwendbarkeit der unter Verstoß gegen die Notifizierungspflicht erlassenen technischen Normen ab."[133]

61 In **rechtstechnischer Hinsicht** hat der Mitgliedstaat eine gewisse **Wahlfreiheit.** Sind in einer „Richtlinie die Form und die Mittel für die Erreichung eines bestimmten Ziels nicht vorgegeben ..., (bleibt) die Handlungsfreiheit der Mitgliedstaaten bei der Wahl der für die Erreichung dieses Ziels geeigneten Formen und Mittel grundsätzlich unbeschränkt (...). Die Mitgliedstaaten sind jedoch im Rahmen der ihnen ... zuerkannten Freiheit verpflichtet, diejenigen Formen und Mittel zu wählen, die für die Gewährleistung der praktischen Wirksamkeit der Richtlinien am geeignetsten sind."[134] Ein bloßer Unterschied bei der Formulierung des innerstaatlichen Rechts, „der sich ... in keiner Weise auf die Durchführung der Verpflichtungen auf Grund der Gemeinschaftsregelung auswirken kann" ist unproblematisch.[135] Welche Gebietskörperschaften (Bund, Länder, Gemeinden) zur Umsetzung verpflichtet sind, bestimmt sich nach nationalem (Verfassungs-)Recht, grundsätzlich auch die Frage, welchen Rang (Parlamentsgesetz, Rechtsverordnung etc.) das umgesetzte Recht haben muss.[136] Desgleichen kann es ein Mitgliedstaat „den Sozialpartnern

---

[129] EuGH Rs. C-433/93, *Kommission/Deutschland,* Slg. 1995, I-2303 Rn. 19 = EuZW 1995, 635 = NJW 1996, 1402. S. hierzu *Pietzcker* NVwZ 1996, 313.

[130] Z. B. „Die Mitgliedstaaten setzen die Rechts- u. Verwaltungsvorschriften in Kraft, die erforderlich sind, um dieser Richtlinie spätestens ab ... nachzukommen. Sie setzen die Kommission unverzüglich davon in Kenntnis."

[131] Z. B. „Wenn die Mitgliedstaaten diese Vorschriften erlassen, nehmen sie in den Vorschriften selbst oder durch einen Hinweis bei der amtlichen Veröffentlichung auf diese Richtlinie Bezug." S. dazu *Schroeder,* in: Streinz (Fn. 83), Art. 288 AEUV Rn. 92.

[132] EuGH Rs. C-361/95, *Kommission/Spanien,* Slg. 1997, I-7351 Rn. 15.

[133] OVG Koblenz, NVwZ 2004, 363, 365; ebenso EuGH Rs. 380/87, *Enichem Base,* Slg. 1989, 2491. S. aber auch VG Darmstadt Urt. v. 8.4.2004, Az. 3 E 1764/01; *Saurer* JZ 2007, 1073, 1075 u. *Nierhaus,* in: Bonner Kommentar zum GG, Art. 80 Rn. 327, die entgegen BVerwGE 118, 70 = DVBl. 2003, 731 u. BVerwG NVwZ 2005, 337 einen Verstoß gegen Art. 80 Abs. 1 S. 3 GG für möglich halten.

[134] EuG T-183/07, *Polen/Kommission,* Slg. 2009, II-3395 Rn. 82.

[135] EuGH Rs. 363/85, *Kommission/Italien,* Slg. 1987, 1740 Rn. 15; *Schroeder,* in: Streinz (Fn. 83), Art. 288 AEUV Rn. 89.

[136] EuGH Rs. 29/84, *Kommission/Deutschland,* Slg. 1985, 1661 Rn. 23; *Nettesheim,* in: G/H/N (Fn. 26), Stand: 2002, Art. 249 EGV Rn. 152.

überlassen, die mit den EU-Richtlinien verfolgten Ziele auf dem Weg über **Tarifverträge** zu verwirklichen, wobei der Staat jedoch stets gehalten bleibt, seine Verpflichtung, die vollständige Umsetzung der Richtlinien sicherzustellen, dadurch zu erfüllen, dass er gegebenenfalls geeignete Maßnahmen erlässt".[137] Steht allerdings die Unvereinbarkeit des (bisherigen) nationalen Rechts mit der Richtlinie fest, so lässt sich dieser Verstoß gegen Unionsvorschriften, „auch soweit diese unmittelbar anwendbar sind, letztlich nur durch verbindliche nationale Bestimmungen ausräumen ..., die **denselben rechtlichen Rang** haben wie die zu ändernden Bestimmungen".[138]

62 Die Umsetzung einer EU-Richtlinie in innerstaatliches Recht verlangt nicht notwendigerweise, dass ihre Bestimmungen förmlich oder wörtlich in einer ausdrücklichen besonderen Gesetzesvorschrift wiedergegeben werden; je nach Inhalt der Richtlinie kann vielmehr „ein **allgemeiner rechtlicher Rahmen genügen,** wenn er tatsächlich die vollständige Anwendung der Richtlinie in so klarer und bestimmter Weise gewährleistet, dass – soweit die Richtlinie Ansprüche des Einzelnen begründen soll – die Begünstigten in der Lage sind, von allen ihren Rechten Kenntnis zu erlangen und diese gegebenenfalls vor den nationalen Gerichten geltend zu machen".[139]

**Beispiel:** Verschiedene Richtlinien setzen Immissionsgrenzwerte für Luftschadstoffe. Die Bundesrepublik Deutschland gewährleistete deren Einhaltung durch das BImSchG und die zu dessen Durchführung ergangene „TA Luft". Da in der deutschen Rechtsprechung technischen Verwaltungsvorschriften wie der TA Luft kein „zwingender Charakter zuerkannt wird ... lässt sich ... nicht sagen, dass der Einzelne Gewissheit über den Umfang seiner Rechte haben kann, um sie gegebenenfalls vor den nationalen Gerichten geltend machen zu können. Somit ist nicht nachgewiesen, dass die Durchführung ... der Richtlinie mit unbestreitbarer Verbindlichkeit und mit der Konkretheit, Bestimmtheit und Klarheit erfolgt ist, die nach der Rechtsprechung ... notwendig sind, um dem Erfordernis der Rechtssicherheit zu genügen".[140]

63 Mit der ordnungsgemäßen Umsetzung einer Richtlinie sind deren Wirkungen nicht erschöpft. Die Mitgliedstaaten müssen – „unter strenger Beachtung des Grundsatzes der Verhältnismäßigkeit"[141] – auch nach Erlass richtlinienkonformer Rechtsvorschriften die vollständige und **effektive Anwendung durch die Verwaltung** gewährleisten. Daher kann sich der Einzelne gegenüber dem Staat immer dann auf die inhaltlich unbedingten und hinreichend genauen Bestimmungen einer Richtlinie berufen, „wenn ihre vollständige Anwendung nicht tatsächlich gewährleistet ist, d. h. nicht nur im Fall der unterbliebenen oder unzureichenden Umsetzung der Richtlinie, sondern auch dann, wenn die nationalen Maßnahmen, mit denen die Richtlinie ordnungsgemäß umgesetzt wird, nicht so angewandt werden, dass das mit der Richtlinie verfolgte Ziel erreicht wird".[142]

64 Eine unzureichende Richtlinienumsetzung liegt schließlich auch dann vor, wenn das innerstaatliche Recht keine **wirksamen Sanktionen** für Verstöße gegen das umgesetzte

---

[137] EuGH Rs. C-234/97, *Bobadilla,* Slg. 1999, I-4773 Rn. 19; s. a. EuGH Rs. 143/83, *Kommission/Dänemark,* Slg. 1985, 427 Rn. 8 f.

[138] EuGH Rs. C-207/96, *Kommission/Italien,* Slg. 1997, I-6869 Rn. 26 = EWS 1998, 181 unter Hinweis auf EuGH Rs. C-315/98, *Kommission/Italien,* Slg. 1999, I-8001 Rn. 10; EuGH Rs. C-254/00, *Kommission/Niederlande,* Slg. 2001, I-7567 Rn. 7; EuGH Rs. C-394/00, *Kommission/Irland,* Slg. 2002, I-581 Rn. 10 f.

[139] EuGH Rs. C-361/88, *Kommission/Deutschland,* Slg. 1991, I-2567 Rn. 15 = DVBl. 1991, 869 = EuZW 1991, 440; EuGH Rs. C-197/96, *Kommission/Frankreich,* Slg. 1997, I-1489 Rn. 14 f.; EuGH Rs. C-6/04, *Kommission/Vereinigtes Königreich,* Slg. 2005, I-9017 Rn. 21. Eingehend *Siems* ZEuP 2002, 747.

[140] EuGH Rs. C-361/88, *Kommission/Deutschland,* Slg. 1991, I-2567 Rn. 20 f. = DVBl. 1991, 869 = EuZW 1991, 440.

[141] EuGH Rs. C-491/06, *Danske Svineproducenter,* Slg. 2008, I-3339 Rn. 31 = EuZW 2008, 411.

[142] EuGH Rs. C-430/04, *Feuerbestattungsverein Halle,* Slg. 2006, I-5001 Rn. 29; EuGH Rs. C-62/00, *Marks & Spencer,* Slg. 2002, I-6325 Rn. 28.

Recht enthält.[143] Nach ständiger Rechtsprechung sind solche Sanktionsvorschriften auch dann erforderlich, wenn die jeweilige Richtlinie für den Fall ihrer Verletzung keine eigene Sanktionsbestimmung enthält oder insoweit auf die nationalen Rechts- und Verwaltungsvorschriften verweist. Dabei müssen die Mitgliedstaaten, „denen allerdings die Wahl der Sanktion verbleibt, namentlich darauf achten, dass Verstöße gegen das Gemeinschaftsrecht nach ähnlichen sachlichen und verfahrensrechtlichen Regeln geahndet werden wie nach Art und Schwere gleiche Verstöße gegen nationales Recht, wobei die Sanktion jedenfalls wirksam, verhältnismäßig und abschreckend sein muss".[144]

### b) Inhaltliche Unbedingtheit und hinreichende Bestimmtheit

65 Der Rechtsanwender muss – zweitens – untersuchen, ob die jeweilige Richtlinienbestimmung geeignet ist, unmittelbare Rechtswirkungen zu entfalten, weil sie inhaltlich unbedingt und hinreichend bestimmt ist. Er kann dazu auf die in Rn. 36 ff. entwickelten Kriterien zurückgreifen. In jedem Falle ist darauf zu achten, dass eine **Ermessen gewährende Richtlinienvorschrift** zumindest insoweit der unmittelbaren Wirkung fähig ist, als sie den Mitgliedstaaten für die konkret zu treffende Entscheidung hinreichend genaue Grenzen setzt.[145]

### c) Keine Begründung von Verpflichtungen zu Lasten des Einzelnen

66 Die unmittelbare Wirkung von Richtlinien unterliegt allerdings – drittens – **wichtigen Einschränkungen.** Da diese Grenzen noch nicht in jeder Hinsicht geklärt sind, bieten sie dem Rechtsanwender gewisse Argumentationsspielräume. Dies betrifft namentlich die Frage, ob eine nicht vollständig umgesetzte Richtlinie auch dann unmittelbar anzuwenden ist, wenn dies die Interessen eines Dritten – z. B. eines Vorhabenträgers – tangieren könnte (→ Rn. 70 f.).[146]

**Beispiel:** Nach der Umweltinformationsrichtlinie kann von den Behörden umfassende Auskunft zu den vorhandenen Verfahrensakten – z. B. zu Altlasten – begehrt werden. Es stellt sich die Frage, ob und in welchem Umfang der unmittelbar aus der Richtlinie abgeleitete Informationsanspruch zu Lasten Dritter – z. B. des Grundstückeigentümers – geltend gemacht werden kann.[147]

67 Fest steht, dass Richtlinien **dem Einzelnen keine unmittelbaren Verpflichtungen** auferlegen dürfen. Da Art. 288 Abs. 3 AEUV den verbindlichen Charakter der Richtlinie nur für „jeden Mitgliedstaat, an den sie gerichtet wird" anordnet und der Staat aus ihrer fehlerhaften Umsetzung keinen Nutzen ziehen darf, kann „eine Richtlinie nicht selbst Verpflichtungen für einen Einzelnen begründen … und als solche vor einem innerstaatli-

[143] Dazu *Öhlinger/Potacs* (Fn. 42), S. 110 f. Zum Begriff der Sanktion EuGH Rs. C-240/90, *Deutschland/Kommission,* Slg. 1992, I-5402 Rn. 12.

[144] EuGH Rs. C-167/01, *Inspire Art,* Slg. 2003, I-10155 Rn. 62 = NJW 2003, 3331; EuGH Rs. 68/88, *Kommission/Griechenland,* Slg. 1989, 2965 Rn. 23 f.; EuGH Rs. C-326/88, *Hansen,* Slg. 1990, I-2911 Rn. 17; EuGH Rs. C-36/94, *Siesse,* Slg. 1995, I-3573 Rn. 20; EuGH Rs. C-177/95, *Ebony Maritime u. Loten Navigation,* Slg. 1997, I-1111 Rn. 35; EuGH Rs. C-383/92, *Kommission/Großbritannien,* Slg. 1994, I-2479 Rn. 40; *Schroeder,* in: Streinz (Fn. 83), Art. 288 AEUV Rn. 100.

[145] Vgl. EuGH Rs. 88/79, *Grunert,* Slg. 1980, 1827 Rn. 14 f.; EuGH Rs. 71/85, *Nederlandse Vakbeweging,* Slg. 1986, 3855 Rn. 25; EuGH Rs. C-72/95 *Kraaijeveld,* Slg. 1996 I-5403 Rn. 58 = DVBl. 1997, 40; EuGH Rs. C-287/98, *Linster,* Slg. 2000, I-6917 Rn. 37.

[146] Eingehend *Jarass/Beljin* EuR 2004, 714, 725 ff.

[147] Zur unmittelbaren Wirkung der Umweltinformationsrichtlinie vgl. BVerwG NVwZ 1990, 913 = NuR 2000, 509 m. Anm. *Murswieck* JuS 2001, 89 sowie BVerwGE 102, 282 = NJW 1997, 753 = JuS 1998, 87 m. Anm. *Gielen* JR 1997, 143; VGH Kassel NVwZ 2006, 951; VG Stuttgart NVwZ-RR 2006, 392; *Große* ZUR 2006, 585; *Röger* DVBl. 1997, 885; *Hendler* JZ 1998, 245.

chen Gericht nicht gegenüber einer derartigen Person in Anspruch genommen werden."[148] Die unmittelbare Wirkung einer Richtlinienbestimmung ist demnach ausgeschlossen, wenn diese dem Einzelnen eine Pflicht auferlegt oder seinen Pflichtenkreis erweitert **(keine sog. umgekehrt vertikale Wirkung).**

**Beispiel:** Anders als nach § 335 HGB (a. F.) hat nach der Publizitätsrichtlinie jedermann einen Anspruch darauf, dass das Registergericht eine säumige Gesellschaft zur Offenlegung ihrer Bilanzen mittels Ordnungsgeldern anhält. Dies bedeutet jedoch lediglich, dass der Gesetzgeber eine umfassende Antragsbefugnis vorsehen muss. Da „eine Richtlinie nicht selbst Verpflichtungen für einen Einzelnen begründen kann, so dass ihm gegenüber eine Berufung auf die Richtlinie als solche nicht möglich ist", soll nach der Rechtsprechung der Einzelne die Offenlegung der Bilanzen nicht – auch nicht über das zwischengeschaltete Registergericht – einfordern dürfen.[149]

Nach ständiger – allerdings umstrittener[150] – Rechtsprechung steht weiterhin fest, dass Richtlinien auch unter Privaten keine unmittelbaren Wirkungen entfalten können **(keine sog. horizontale Direktwirkung).**[151] Auf die Frage „nach den Wirkungen einer nicht umgesetzten Richtlinie auf die Rechtsverhältnisse Privater, auch horizontale Wirkung genannt, gibt es unter Anwendung der bisherigen und ständigen Rechtsprechung nur eine knappe und klare Antwort: Eine Richtlinie kann nicht selbst Verpflichtungen für einen Einzelnen begründen."[152] Demzufolge kann z. B. eine nicht umgesetzte Richtlinienvorschrift kein innerstaatliches Rücktrittsrecht begründen.[153] Ebenso wenig kann sich eine Partei, die gegen innerstaatliche Vorschriften verstoßen hat, im Zivilrechtsstreit gegenüber einem Rechtssubjekt des Privatrechts darauf berufen, dass diese Vorschriften richtlinienwidrig und deshalb unanwendbar seien.[154] Unanwendbar dürften innerstaatliche Rechtsvorschriften im Zivilrechtsstreit nur dann sein, wenn sie unter Verstoß gegen eine formelle Richtlinienverpflichtung erlassen wurden, „die weder Rechte noch Pflichten für Einzelne begründet", m. a. W. nicht „den materiellen Inhalt der Rechtsnorm fest(legt), auf deren Grundlage das nationale Gericht den bei ihm anhängigen Rechtsstreit zu entscheiden hat."[155] 68

**Beispiel:** Ein Großeinkäufer verweigert gegenüber der Fa. Unilever die Abnahme des gekauften Olivenöls, da dieses nicht ordnungsgemäß etikettiert sei. Unilever macht geltend, die Etikettierungsvorschriften seien unanwendbar, weil diese (1) gegen Etikettierungsrichtlinien verstießen und (2) vor Ablauf der in der Notifizierungsrichtlinie 98/34/EG (→ Rn. 44) enthaltenen „stand-still-Frist" in Kraft getreten waren. Zwar können die Etikettierungsrichtlinien der EU „weder Rechte noch Pflichten für

[148] EuGH Rs. 80/86, *Kolpinghuis Nijmegen,* Slg. 1987, 3969 Rn. 9 = EuR 1988, 391; vgl. auch VG Köln, Urt. v. 16.3.2005, 21 K 5212/03; a. A. *Richter* EuR 1988, 394, 403 ff.

[149] EuGH Rs. C-97/96, *Daihatsu Deutschland,* Slg. 1997, I-6843 Rn. 24 = EuZW 1998, 45 = JZ 1998, 193 mit Anm. *Luttermann* EuZW 1998, 264. S. dazu auch OLG Rostock BB (Beilage) 2000, 20 u. LG Berlin EuZW 2001, 511 = DB 2002, 258 mit Anm. *Thietz-Bartram* DB 2002, 260; *Leible* EWS 2001, 653 u. *Hirte* ZIP 2001, 1638.

[150] GA *Lenz,* Schlussanträge in der EuGH Rs. C-91/92, *Faccini Dori,* Slg. 1994, I-3325 Rn. 40 ff.; GA *Jacobs,* Schlussanträge in der EuGH Rs. C-316/93, *Vaneetveld,* Slg. 1994, I-763 Rn. 16.

[151] EuGH Rs. 152/84, *Marshall,* Slg. 1986, 723 Rn. 48; EuGH Rs. C-192/94, *El Corte Inglés,* Slg. 1996, I-1281 Rn. 17 = EuZW 1996, 236 = NJW 1996, 1401; EuGH Rs. 14/86, *Pretore di Salò,* Slg. 1987, 2545 Rn. 19; EuGH Rs. C-443/98, *Unilever,* Slg. 2000, I-7535 Rn. 50 = EuR 2000, 968 = EuZW 2001, 153; EuGH Rs. C-397/01, *Pfeiffer* = EuZW 2004, 691 = NJW 2004, 3547 = DVBl. 2005, 35 mit Anm. *Frenz* DVBl. 2005, 40; EuGH Rs. C-80/06, *Carp,* Slg. 2007, I-4473, Rn. 21 ff.; EuGH Rs. C-282/10, *Dominguez,* noch nicht in d. amtl. Slg., Rn. 37; vgl. auch VG Köln, Urt. v. 3.11.2005, 1 K 3291/03.

[152] GA *Lenz,* Schlussanträge in der EuGH Rs. C-91/92, *Faccini Dori,* Slg. 1994, I-3325 Rn. 42.

[153] EuGH Rs. C-91/92, *Faccini Dori,* Slg. 1994, I-3325 Rn. 22 ff. = EuZW 1994, 498 = NJW 1994, 2473 mit Anm. *Heß* JZ 1995, 150.

[154] *Nettesheim,* in: G/H/N (Fn. 26), Stand: 2002, Art. 249 EGV Rn. 176 f. S. auch *Jarass/Beljin* EuR 2004, 714, 718 ff.

[155] EuGH Rs. C-443/98, *Unilever,* Slg. 2000, I-7535, Ls. 2.

den Einzelnen" begründen, weshalb sich Unilever gegenüber dem Großeinkäufer auf diese nicht berufen kann. Allerdings ziehe die Nichtbeachtung der „stand-still-Frist" die Unanwendbarkeit der staatlichen Etikettierungsvorschriften in jedem Rechtsstreit, auch in einem Zivilrechtsstreit, nach sich.[156]

69 Das Verbot einer horizontalen Direktwirkung von Richtlinien gilt auch im Verhältnis zu einem privaten Arbeitgeber und in vergleichbaren **Über-Unterordnungsverhältnissen.** Selbst eine „genaue und unbedingte Richtlinienbestimmung, mit der dem Einzelnen Rechte gewährt oder Verpflichtungen auferlegt werden sollen, (kann) im Rahmen eines Rechtsstreits, in dem sich ausschließlich Private gegenüberstehen, nicht als solche Anwendung finden."[157] Allerdings ist in solchen Fällen unter voller Ausschöpfung sämtlicher Interpretationsmaximen des innerstaatlichen Rechts (einschließlich der Bildung von Analogien) eine richtlinienkonforme Auslegung geboten (→ Rn. 79 ff.).

**Beispiel:** Gegenüber dem Deutschen Roten Kreuz e. V. beruft sich ein Rettungssanitäter auf eine Richtlinie, die die Wochenarbeitszeit für alle privaten und öffentlichen Tätigkeiten auf 48 Stunden beschränkt. Da sich vor dem Arbeitsgericht Private gegenüberstehen, findet die Richtlinie zwar keine unmittelbare Anwendung. Das Arbeitsgericht muss jedoch bei der Auslegung des innerstaatlichen Rechts „alles tun, was in seiner Zuständigkeit liegt, um die Überschreitung der wöchentlichen Höchstarbeitszeit zu verhindern."[158]

70 „Beachtliche Verwirrung und Unklarheit"[159] stiftet die unmittelbare Wirkung von Richtlinien, wenn ihre Anwendung im Dreiecksverhältnis eine Partei begünstigen, die andere Partei jedoch, jedenfalls mittelbar, belasten würde **(Richtlinien mit Doppelwirkungen).**[160] Solche Vorschriften finden sich insbesondere im Umwelt- und Vergaberecht, aber auch in zahlreichen anderen Richtlinien. Die unmittelbare Anwendung dieser Richtlinienbestimmungen durch eine Behörde oder ein Gericht würde in diesen Fällen dazu führen, dass den Belastungen der einen Seite (z. B. eines Anlagenbetreibers) spiegelbildliche Begünstigungen der anderen Seite (z. B. der Nachbarn) gegenüberstünden. Im Schrifttum wird insoweit zwischen begünstigenden Richtlinien mit drittbelastender Wirkung und belastenden Richtlinien mit drittbegünstigenden Wirkungen unterschieden.[161] Während gewichtige Stimmen – u. a. unter Hinweis auf die „objektive unmittelbare Wirkung" von Richtlinien (→ Rn. 43 f.) – meinen, dass die unmittelbare Anwendung in derartigen Fällen nicht verweigert werden könne,[162] meinen andere, der Rechtsprechung ein allgemeines Verbot der unmittelbaren Richtlinienwirkung zu Lasten Dritter entnehmen zu können.[163]

71 Der EuGH hat sich einer vermittelnden Auffassung angeschlossen.[164] Danach kann sich der Einzelne gegenüber dem säumigen Mitgliedstaat zwar nicht auf eine Richtlinie berufen, „wenn es sich um eine Verpflichtung des Staates handelt, die unmittelbar im Zusam-

---

[156] EuGH Rs. C-443/98, *Unilever,* Slg. 2000, I-7535 Rn. 23 ff. = EuZW 2001, 153 = EuR 2000, 542 mit (z. T. kritischer) Anm. *Streinz* JuS 2001, 809; *Abele* EWS 2000, 546; *Gundel* EuZW 2001, 153; ferner *Nettesheim,* in: G/H/N (Fn. 26), Stand: 2002, Art. 249 EGV Rn. 177 ff.

[157] EuGH Rs. C-397/01, *Pfeiffer,* Slg. 2004, I-8835 Rn. 109 = EuZW 2004, 691 = NJW 2004, 3547.

[158] EuGH Rs. C-397/01, *Pfeiffer,* Slg. 2004, I-8835 m. Anm. *Frenz* DVBl. 2005, 40.

[159] So treffend *Papier* DVBl. 1993, 809, 810.

[160] Dazu *Pernice* NVwZ 1990, 414, 425 f.; *Jarass* NJW 1991, 2665, 2667 f.; *Albin* NuR 1997, 29; *Royla/Lackhoff* DVBl. 1998, 1116; *Fischer* NVwZ 1992, 635, 638; *Ruffert,* in: Calliess/Ruffert (Fn. 70), Art. 288 AEUV Rn. 63 ff.; *Wegener,* Rechte des Einzelnen, 1998, S. 240 f.

[161] *Jarass,* Grundfragen der innerstaatlichen Bedeutung des EG-Rechts, 1994, S. 83 ff.; *Kadelbach* (Fn. 105), S. 88 ff.

[162] *Albin* NuR 1997, 29, 31 ff.; *Pieper* DVBl. 1990, 684, 686; *Jarass* NJW 1991, 2665, 2668; *Winter* NuR 1991, 453.

[163] *Royla/Lackhoff* DVBl. 1998, 1116, 1120 f.; *Papier* DVBl. 1993, 809, 811; *Haneklaus* DVBl. 1993, 129, 133 f.; *Classen* EuZW 1993, 83, 84 f.; *Breuer* WiVerw 1990, 79, 96 f.

[164] Vgl. schon EuGH Rs. 103/88, *Fratelli Costanzo,* Slg. 1989, 1839 = DVBl. 1990, 689 = NVwZ 1990, 649; EuGH Rs. C-221/88, *Busseni,* Slg. 1990, I-495 = EuZW 1991, 26 = NJW 1991, 1409.

menhang mit der Erfüllung einer anderen Verpflichtung steht, die auf Grund dieser Richtlinie einem Dritten obliegt (...). Dagegen rechtfertigen **bloße negative Auswirkungen auf die Rechte Dritter,** selbst wenn sie gewiss sind, es nicht, dem Einzelnen das Recht auf Berufung auf die Bestimmungen einer Richtlinie gegenüber dem betreffenden Mitgliedstaat zu versagen".[165] Eine unmittelbare Wirkung kommt also in Betracht, sofern es um die Erfüllung von Verpflichtungen geht, die nach der jeweiligen Richtlinienvorschrift nicht dem Einzelnen, sondern den Behörden obliegt.[166]

**Beispiel:** Vor der Vergabe eines öffentlichen Auftrages stellt sich heraus, dass eine der einschlägigen EU-Richtlinien nur unzureichend umgesetzt ist. Die Behörde ist zur unmittelbaren Anwendung dieser Richtlinienbestimmung verpflichtet, auch wenn dadurch ein Mitbewerber benachteiligt wird.[167]

### d) Ablauf der Umsetzungsfrist

Da jede Richtlinie den Mitgliedstaaten einen Umsetzungszeitraum (zumeist 18 Monate 72
bis 3 Jahre) vorgibt, kommt die unmittelbare Anwendung ihrer Vorschriften grundsätzlich erst nach dem Ablauf dieser **Umsetzungsfrist** in Betracht.[168] Da diese Frist den Mitgliedstaaten die für den Erlass der Umsetzungsmaßnahmen erforderliche Zeit geben soll, kann ihnen kein Vorwurf gemacht werden, wenn sie die Richtlinie nicht vor Ablauf dieser Frist in ihre Rechtsordnung umsetzen.[169] Gewähren einzelne Richtlinienbestimmungen den Mitgliedstaaten eine längere Umsetzungsfrist oder wurde einem Mitgliedstaat im Einklang mit der Richtlinie rechtzeitig eine Fristverlängerung gewährt, so ist allein diese Spezialfrist entscheidend.

**Beispiel:** Nach Ablauf der Umsetzungsfrist beruft sich eine Arbeitnehmerin gegenüber ihrem öffentlichen Arbeitgeber auf den in der sog. EU-Teilzeitrichtlinie festgelegten Grundsatz der „freiwilligen" Teilzeitarbeit. Nach Art. 2 Abs. 1 S. 3 dieser Richtlinie konnten jedoch die Mitgliedstaaten „bei besonderen Umsetzungsschwierigkeiten" Fristverlängerung beantragen. Da die Bundesregierung bei der EU-Kommission einen solchen Antrag gestellt hat, scheidet eine unmittelbare Anwendung der Richtlinie aus.[170]

Vor dem Ablauf der Umsetzungsfrist kommt eine unmittelbare Anwendung von Richt- 73
linienvorschriften nicht in Betracht. Nur im Ausnahmefall, und zwar dann, wenn der Umsetzungsverstoß bereits konkret absehbar ist, können aus der allgemeinen Loyalitätspflicht gewisse **Vorwirkungen von Richtlinien** abgeleitet werden.[171] Während des Ablaufs der Umsetzungsfrist ist der Erlass von Vorschriften zu unterlassen, „die geeignet sind, das in dieser Richtlinie vorgeschriebene Ziel ernstlich in Frage zu stellen".[172] Eine

---

165 EuGH Rs. C-201/02, *Wells,* Slg. 2004, I-723 Rn. 57 = DVBl. 2004, 370 = NVwZ 2004, 593 = EWS 2004, 232 m. Anm. *Fischer* EWS 2004, 236; EuGH verb. Rs. C-152/07 bis C-154/07, *Arcor,* Slg. 2008, I-5959 Rn. 35 ff.

166 *Fischer* EWS 2004, 236, 237.

167 Vgl. EuGH Rs. 103/88, *Fratelli Costanzo,* Slg. 1989, 1839 Rn. 30 ff. = DVBl. 1990, 689 = NVwZ 1990, 649 f.

168 EuGH Rs. 148/78, *Ratti,* Slg. 1979, 1629 Rn. 23 = NJW 1979, 1764; *Nettesheim,* in: G/H/N (Fn. 26), Stand: 2002, Art. 249 EGV Rn. 158; bedenklich deshalb EuGH Rs. C-144/04, *Mangold,* Slg. 2005, I-9981 Rn. 660 f. = NJW 2005, 3695; dazu kritisch BVerfG NJW 2010, 3422, 3426.

169 EuGH Rs. C-129/96, *Inter-Environnement Wallonie,* Slg. 1997, I-7411 Rn. 43 = EuZW 1998, 167 = NVwZ 1998, 385 m. Anm. *Weiß* DVBl. 1998, 568 u. (kritisch) *Gaßner* NVwZ 1998, 1148.

170 BAGE 105, 123, 130.

171 BVerwGE 102, 140; BVerwG NVwZ 1992, 1093; VGH Mannheim DVBl. 2005, 1219; OVG Lüneburg NuR 2006, 115; *Frenz* ZNER 2011, 23; *Gänswein* ELR 2006, 438; *Schliesky* DVBl. 2003, 631; *Fisahn/Mushoff* EuR 2005, 222, 227 ff.; *Bühring/Lang* ZEuP 2005, 88; *Ehricke* ZIP 2001, 1311; vgl. zur möglichen Vorwirkung von Verordnungen *Saxinger* EuZW 2009, 449, 451 f.

172 EuGH Rs. C-144/04, *Mangold,* Slg. 2005, I-9981 Rn. 67; EuGH Rs. C-129/96, *Inter-Environnement Wallonie,* Slg. 1997, I-7411 Rn. 45.

solche Vorwirkung ist namentlich dann zu vermuten, wenn der Gesetz- oder Verordnungsgeber meinte, die Richtlinie bereits ausreichend umgesetzt zu haben.[173] Gleichwohl sind die Gerichte in Verfahren, „in denen sich ein Einzelner auf die unmittelbare Wirkung einer Richtlinie beruft, erst nach Ablauf ihrer Umsetzungsfrist gehalten, bestehende nationale Vorschriften, die gegen diese Richtlinie verstoßen, nicht mehr anzuwenden."[174] Ebenso wenig kommt eine Vorwirkung in Betracht, sofern eine Richtlinie zeitlich gestufte Ausnahmevorschriften vorsieht. Bei der Gestaltung dieser Übergangsphase wird den Mitgliedstaaten ein Spielraum zugestanden.[175] Nur wenn im Ausnahmefall die Ziele der Richtlinie nachweislich nicht mehr erreicht werden könnten, lässt sich eine unmittelbare Anwendung vor Ablauf der Umsetzungsfrist erwägen.[176]

**Beispiel:** Die Flora-Fauna-Habitat-(FFH-)Richtlinie weist besondere Gebiete zu einem europaweiten ökologischen Schutznetz aus. Das BVerwG erkennt schon „potenzielle" FFH-Gebiete an: Auch wenn ein kohärentes Schutzsystem für das fragliche Gebiet noch nicht konkret zu bestimmen ist, könne ein solches anzunehmen sein, „wenn es die sachlichen Kriterien nach Art. 4 I FFH-RL erfüllt, die Aufnahme in ein kohärentes ökologisches Netz nahe liegt und der Mitgliedstaat die Richtlinie nicht umgesetzt oder eine Liste nach Art. 4 UA II FFH-RL der Kommission zugeleitet hat".[177]

Vorwirkungen können sich – folgt man einigen Judikaten des EuGH – aus Richtlinien auch insoweit ergeben, als **bereits bestehende nationale Vorschriften,** die in den Anwendungsbereich der Richtlinie fallen und den Zeitraum zwischen Inkrafttreten der Richtlinie und Ablauf der Umsetzungsfrist betreffen, ab Inkrafttreten der Richtlinie unmittelbar von den Unionsgrundrechten verdrängt werden (sog. „negative Wirkung" von Richtlinien).[178] Diese Rechtsprechung ist zu Recht auf Kritik gestoßen.[179] Seit dem Vertrag von Lissabon verletzt sie jedenfalls Art. 51 Abs. 1 S. 1 der Grundrechte-Charta, wonach die darin gewährleisteten Grundrechte nur bei der „Durchführung" des Unionsrechts zur Anwendung kommen. Nationale Rechtsvorschriften, die bereits vor dem Inkrafttreten einer Richtlinie bestanden, sind keine Vorschriften, die der „Durchführung" des Unionsrechts dienen.

## 5. Unmittelbare Wirkungen von Beschlüssen

74 Anwendungsprobleme mit Beschlüssen stellen sich nur selten. Nach Art. 288 Abs. 4 AEUV, der auch diese Handlungsform definiert, sind Beschlüsse „in allen ihren Teilen verbindlich. Sind sie an bestimmte Adressaten gerichtet, so sind sie nur für diese verbindlich." Hieraus ergibt sich eine grundsätzliche Differenzierung zwischen Beschlüssen mit individueller Geltung und adressatenlosen Beschlüssen. **Adressatenlose Beschlüsse** sind insbesondere von Bedeutung im unionialen Organisationsrecht (etwa der Schaffung von Einrichtungen) oder auch beim Abschluss internationaler Übereinkünfte nach Art. 216 AEUV.[180] Der **Beschluss mit individuellem Adressatenkreis** ersetzt die vormalige Entscheidung (Art. 249 Abs. 4 EGV). Anders als die Verordnung beansprucht er

[173] EuGH Rs. C-129/96, *Inter-Environnement Wallonie,* Slg. 1997, I-7411 Rn. 48.

[174] EuGH Rs. C-157/02, *Rieser/Asfinag,* Slg. 2004, I-1477 Rn. 67 = EuZW 2004, 279.

[175] Vgl. EuGH Rs. C-443/02, *Schreiber* Slg. 2004, I-7297 = EuZW 2004, 601; hierzu *Walter* ELR 2004, 362, 365.

[176] BVerwGE 102, 140; VGH Mannheim DVBl. 2005, 1219; *Koller,* Die Bedeutung von EG-Richtlinien im Zeitraum vor Ablauf der Umsetzungsfrist, 2003, S. 142 ff.; *Kühling* DVBl. 2006, 857, 860 ff.

[177] BVerwGE 107, 1, 2 = NVwZ 1998, 961; ferner BVerwG 112, 140, 156 f.; BVerwG NVwZ 2002, 1103, 1105 ff.; dazu *Zeichner* NVwZ 1999, 32; *Stüber* NuR 1998, 531; *Fisahn/Mushoff* EuR 2005, 222, 228 f.

[178] EuGH Rs. C-144/04, *Mangold,* Slg. 2005, I-9981 Rn. 55 ff. = NJW 2005, 3695; EuGH Rs. C-246/06, *Velasco Navarro,* Slg. 2008, I-105 Rn. 31 ff.

[179] BVerfG JZ 2010, 1177, 1180 f.; *Gas* EuZW 2007, 713; *Streinz/Herrmann* RdA 2007, 165.

[180] *Schroeder,* in: Streinz (Fn. 83), Art. 288 AEUV Rn. 135.

keine allgemeine, sondern individuelle Geltung. Der individualisierbare Adressatenkreis (z. B. Mitgliedstaaten, bestimmte Unternehmen) muss sich zumindest konkludent aus der Regelung ergeben, ansonsten handelt es sich in Wahrheit um eine Verordnung.[181]

Richtet sich ein Beschluss an einen Mitgliedstaat, so ist auch hier „in jedem einzelnen Fall zu prüfen, ob die Bestimmung, um die es geht, nach Rechtsnatur, Systematik und Wortlaut geeignet ist, unmittelbare Wirkungen in den Rechtsbeziehungen zwischen dem Adressaten der Handlung und Dritten zu begründen".[182] Wie bei sonstigen Unionsvorschriften, kann allein der Umstand, dass ein Beschluss „es den Mitgliedstaaten, an die [er] gerichtet ist, erlaubt, von klaren und genauen Bestimmungen [dieses Beschlusses] abzuweichen, ... diesen Bestimmungen nicht die unmittelbare Wirkung nehmen, ... wenn die Inanspruchnahme der insoweit eingeräumten **Abweichungsmöglichkeiten einer gerichtlichen Nachprüfung** zugänglich ist".[183] Zwar finden die zu Richtlinien entwickelten Grenzen – insbesondere das Verbot belastender Drittwirkungen (→ Rn. 67) – schon deshalb keine Anwendung, weil sich die Mitgliedstaaten in derartigen Fällen nicht ihr eigenes Fehlverhalten zunutze machen[184]; eine unmittelbare Anwendung kommt jedoch regelmäßig erst nach Ablauf der im Beschluss gesetzten Frist in Betracht.[185] 75

**Beispiel:** In einem an die Bundesrepublik Deutschland gerichteten Beschluss verlangt die Kommission, dass die einmal zugeteilten Emissionszertifikate nach Beginn des Emissionshandels nicht mehr widerrufen werden dürfen (Verbot von sog. „Ex-post-Anpassungen nach unten").[186] Dieser Beschluss ist zwar hinreichend klar und genau; er wurde allerdings bewusst nicht mit einer Frist versehen, so dass sich die von einem Widerruf betroffenen Anlagenbetreiber hierauf wohl nicht berufen können.[187]

## 6. Unmittelbare Wirkungen völkerrechtlicher Verträge der EU

Unmittelbar anzuwenden sind auch zahlreiche völkerrechtliche Abkommen, die die Europäische Union mit anderen Völkerrechtssubjekten – z. B. assoziierten Staaten – geschlossen hat. Mit ihrem Inkrafttreten werden solche Abkommen und Beschlüsse „integraler **Bestandteil**"[188] **des Unionsrechts.** Wegen ihres „unionsrechtlichen Charakters" können diese Verträge innerhalb der Union „keine unterschiedlichen Rechtswirkungen entfalten, je nachdem, ob sie in der Praxis von den Unionsorganen oder von den Mitgliedstaaten anzuwenden sind und im letztgenannten Fall je nachdem, welche Wirkungen das Recht des jeweiligen Mitgliedstaats den von diesem abgeschlossenen internationalen Abkommen innerhalb der innerstaatlichen Rechtsordnung zuerkennt."[189] 76

Soweit sie „unter Berücksichtigung ihres Wortlauts und im Hinblick auf den Sinn und Zweck des Abkommens eine **klare und eindeutige Verpflichtung** enthalten, deren Erfül- 77

---

181 EuG Rs. T-2/93, *Air France/Kommission,* Slg. 1994, II-323 Rn. 42 ff.

182 EuGH Rs. 9/70, *Leberpfennig,* Slg. 1970, 825 Rn. 6 = DÖV 1971, 310 = EuR 1971, 31.

183 EuGH Rs. C-156/91, *Hansa Fleisch,* Slg. 1992, I-5567 Rn. 15 = EuZW 1993, 37 = NJW 1993, 315.

184 Vgl. EuGH Rs. 249/85, *Albako,* Slg. 1987, 2345 Rn. 10 ff., 17 f.

185 *Schroeder,* in: Streinz (Fn. 83), Art. 288 AEUV Rn. 138.

186 Entscheidung v. 7.7.2004, K (2004) 2515/2 endg. Siehe dazu EuG Rs. T-374/04, *Bundesrepublik Deutschland/Kommission,* Slg. 2004, II-4431.

187 Auch auf eine beihilfenrechtliche Negativentscheidung dürften sich Wettbewerber des Beihilfenempfängers erst nach Ablauf der in ihr gesetzten (4-Monats-)Frist berufen, vgl. *Karpenstein/Klein,* in Münchener Kommentar (Fn. 42), Rn. 112.

188 EuGH Rs. 181/73, *Haegemann,* Slg. 1974, 449 Rn. 5; EuGH Rs. 12/86, *Demirel,* Slg. 1987, 3747 Rn. 7; ferner EuGH Gutachten 1/91, *Europäischer Wirtschaftsraum I,* Slg. 1991, I-6079 Rn. 37 = EuR 1992, 163 = JZ 1992, 787; EuGH Rs. C-344/04, *International Air Transport Association,* Slg. 2006, I-403 Rn. 35.

189 EuGH Rs. 104/81, *Kupferberg,* Slg. 1982, 3641 Rn. 14.

lung oder deren Wirkungen nicht vom Erlass eines weiteren Aktes abhängen",[190] können nach ständiger Rechtsprechung deshalb auch völkerrechtliche Abkommen und Beschlüsse unabhängig von ihrer Rechtsform unmittelbar anwendbar sein.[191] Für die Arbeitnehmer-, Freizügigkeits- und Sozialversicherungsrechte von Staatsangehörigen der mit der Europäischen Union assoziierten Länder, insbesondere der Türkei, hat diese Rechtsprechung erhebliche Bedeutung erlangt.[192]

**Beispiel:** Unter Berufung auf das im Assoziationsratsbeschluss EWG/Türkei gewährleistete Recht, sich unter gewissen Bedingungen auf ein Stellenangebot zu bewerben, begehrte der wegen Straffälligkeit in die Türkei ausgewiesene Jugendliche M. eine Aufenthaltserlaubnis für Deutschland. Da Stellenbewerbungen nach st. Rspr. ein – unmittelbar anwendbares – Aufenthaltsrecht voraussetzen,[193] generalpräventive Gründe eine Ausweisung nicht rechtfertigen können[194] und die Ausländerbehörde die unionsrechtlich erforderliche konkrete Gefahr für ein Grundinteresse der Gesellschaft nicht nachweisen konnte, war M. die Aufenthaltserlaubnis zu erteilen.[195]

78 Umstritten sind die **unmittelbaren Wirkungen des GATT** und weiterer Abkommen der Welthandelshandelsorganisation (WTO)[196] sowie die damit zusammenhängende Frage, ob die Geschädigten eines internationalen Handelskonflikts (z. B. des „Hormon"- und des „Bananenstreits") von der EU oder den Mitgliedstaaten Ersatz verlangen können.[197] Die Rechtsprechung verfolgt hier eine sehr restriktive Linie. Nach Auffassung des EuGH ist das WTO-Recht „samt seiner Anhänge nicht so angelegt, dass es unmittelbar von den Rechtsprechungsorganen der Gemeinschaft und der Mitgliedstaaten angeführt werden kann".[198] Soweit etwa das TRIPS-Übereinkommen über handelsbezogene Rechte am geistigen Eigentum Vorschriften enthält, die sich auch im Unionsrecht selbst wiederfinden, ist letzteres zwar so weit wie möglich völkerrechtskonform auszulegen, „ohne das der fraglichen Bestimmung des Übereinkommens jedoch eine unmittelbare Wirkung zuerkannt werden könnte."[199]

---

[190] EuGH Rs. C-192/89, *Sevince*, Slg. 1990, I-3461 Rn. 15 unter Hinweis auf EuGH Rs. 12/86, *Demirel*, Slg. 1987, 3719 Rn. 14 ff.; ähnlich EuGH Rs. C-277/94, *Taflan-Met*, Slg. 1996, I-4085 Rn. 24 mit Anm. *Zuleeg* ZAR 1997, 170; EuGH Rs. C-161/96, *Racke*, Slg. 1998, I-3655 Rn. 31; ferner EuGH Rs. C-308/06, *The International Association of Independent Tanker Owners u. a.*, Slg. 2008, I-4057 Rn. 54 ff.

[191] St. Rspr. seit EuGH Rs. 21–24/73, *Kortner*, Slg. 1974, 177 Ls. 3.

[192] Vgl. dazu *Forsthoff*, in: G/H/N (Fn. 26), Stand: 2010, Art. 45 AEUV Rn. 36 ff.; *Gutmann*, NJW 2010, 1862; *Fehrenbacher* ZAR 2008, 335; *Dörig* DVBl. 2005, 1221.

[193] EuGH Rs. C-237/91, *Kus*, Slg. I-1992, 6781 Rn. 35 = NVwZ 1993, 258 = EuZW 1993, 96 = DVBl. 1993, 307 m. Anm. *Huber* NVwZ 1993, 246 u. *Rumpf* NVwZ 1994, 1189; EuGH Rs. C-355/93, *Eroglu*, Slg. I-1994, 5113 Ls. 2 = NVwZ 1995, 53 = DVBl. 1994, 1402 m. Anm. *Nachbaur* NVwZ 1995, 344 u. *Rumpf* RIW 1995, 764.

[194] EuGH Rs. C-340/97, *Nazli*, Slg. I-2000, 957 Rn. 59 = NVwZ 2000, 1029 = EuZW 2000, 219 = NJW 2000, 2807 (Ls.) m. Anm. *Weber* ZAR 2000, 134. Zur analogen Anwendung der RL 64/221/EWG EuGH Rs. C-136/03, *Dörr u. Ünal*, Slg. 2005, I-4759 Rn. 65 ff. = EuZW 2005, 475; VGH Mannheim DVBl 2006, 376, 378.

[195] BVerwGE 116, 378 = NVwZ 2003, 217 = DVBl. 2003, 76; BayVGH DVBl. 2002, 56. Zum Fall *„Mehmet"* zuvor schon BayVGH NVwZ 2000, 191.

[196] Vgl. *Steinbach* EuZW 2005, 331; *Neugärtner/Puth* JuS 2000, 640; *Hilf/Schorkopf* EuR 2000, 74; *Becker-Celik* EWS 1997, 12; *Ott*, GATT u. WTO im Gemeinschaftsrecht, 1996; *Rosas* CMLRev 2000, 797; *Petersmann* EuZW 1997, 325. Zum Rechtsschutz Privater in der WTO vgl. auch *Hörmann/Neugärtner*, in: Hilf/Oeter (Hrsg.), WTO-Recht, 2005 § 28 sowie *Oen*, Internationale Streitbeilegung im Kontext gemischter Verträge der Gemeinschaft und ihrer Mitgliedstaaten, 2005.

[197] *Weiß* EuR 2005, 277; *Schoißwohl* ZEuS 2001, 690; *Reinisch* EuZW 2000, 42; *Lavranos* EWS 2004, 292.

[198] EuGH Rs. C-149/96, *Portugal/Rat*, Slg. 1999, I-8395 Rn. 48 = EuZW 2000, 276 = EuR 2000, 62; s. a. EuGH Rs. 70/87, *Fediol III*, Slg. 1989, 1781 Rn. 19; EuGH Rs. C-280/93, *Deutschland/Rat*, Slg. 1994, I-4973 Rn. 110; EuGH Rs. C-469/93, *„Chiquita"*, Slg. 1995, I-4533 Rn. 37; EuG Rs. T-174/00, *Biret*, Slg. 2002, II-17.

[199] EuGH Rs. C-431/05, *Merck Genéricos*, Slg. 2007, I-7001 Rdnr. 35.

## IV. Die Pflicht zur unionsrechtskonformen Auslegung

### 1. Voraussetzungen und Grenzen der unionsrechtskonformen Auslegung

#### a) Vorrang der unionsrechtskonformen Auslegung

Der einheitlichen und effektiven Durchsetzung des Unionsrechts dient auch die unionsrechtskonforme, insbesondere die **richtlinienkonforme Auslegung.**[200] Das Gebot der unionsrechtskonformen Auslegung des nationalen Rechts „ist dem System des AEUV immanent, da den nationalen Gerichten dadurch ermöglicht wird, im Rahmen ihrer Zuständigkeit die volle Wirksamkeit des Unionsrechts sicherzustellen, wenn sie über die bei ihnen anhängigen Rechtsstreitigkeiten entscheiden".[201] Jedes staatliche Organ (z. B. Behörde, Gericht) hat hiernach „das innerstaatliche Recht, das es anzuwenden hat, so weit wie möglich in Übereinstimmung mit den Anforderungen des Unionsrechts"[202] auszulegen; im Falle der richtlinienkonformen Auslegung muss das nationale Gericht seine Auslegung „so weit wie möglich am Wortlaut und Zweck der Richtlinie ausrichten"[203]. Nur wenn eine solche unionsrechtskonforme Auslegung nicht möglich ist, dürfen entgegenstehende innerstaatliche Vorschriften nicht angewendet werden.[204] Die Pflicht zur unionsrechtskonformen Auslegung gilt unabhängig davon, ob die betreffende EU-Vorschrift unmittelbar anwendbar ist oder den nationalen Parlamenten einen Gestaltungsspielraum belässt, der eben diese unmittelbaren Wirkungen ausschließt.[205] In beiden Fällen müssen alle Träger der öffentlichen Gewalt einschließlich der Gerichte das innerstaatliche Recht „so weit wie möglich anhand des Wortlauts und des Zweckes dieser Richtlinie auslegen, um das in ihr festgelegte Ergebnis zu erreichen".[206] Dabei ist selbstverständlich auf Entscheidungen Bedacht zu nehmen, in denen der EuGH zu den jeweiligen Unionsvorschriften judiziert hat.[207] 79

**Beispiel:** Art. 7 der EU-Richtlinie über Pauschalreisen bezweckt nach der EuGH-Rechtsprechung den Schutz der Verbraucher gegen Risiken, die sich aus dem Konkurs des Reiseveranstalters ergeben. Dieses Ziel schließt das Recht des Verbrauchers ein, dass die Erstattung sämtlicher von ihm gezahlter

---

[200] Vgl. allgemein *Roth* EWS 2005, 385; *Riesenhuber/Domröse* RIW 2005, 47; *Jarass* EuR 1991, 211; *Ress* DÖV 1994, 489; *Heukels* ZEuS 1999, 313; *Ehricke* EuZW 1999, 553; *ders.* RabelsZ 1995, 598; eingehend *Brechmann,* Die richtlinienkonforme Auslegung. Zugleich ein Beitrag zur Dogmatik der EG-Richtlinie, 1994; ablehnend *Dänzer-Vanotti* RIW 1991, 754 u. *Di Fabio* NJW 1990, 947.

[201] EuGH Rs. C-282/10, *Dominguez,* noch nicht in d. amtl. Slg., Rn. 24 = EWS 2012, 51 ff.; EuGH Rs. C-555/07, *Kücükdeveci,* Slg. 2010, I-365 Rn. 48; EuGH Rs. C-397/01, *Pfeiffer,* Slg. 2004, I-8835 Rn. 114 = EuZW 2004, 691 = NJW 2004, 3547 unter Hinweis auf EuGH Rs. C-160/01, *Mau,* Slg. 2003, I-4791 Rn. 34.

[202] EuGH Rs. C-188/10, *Melki,* Slg. 2010, I-5665 Rn. 51.

[203] EuGH Rs. C-334/92, *Wagner Miret,* Slg. 1993, I-6911 Rn. 20.

[204] EuGH Rs. 157/86, *Murphy,* Slg. 1988, 673 Rn. 11. Zur Subsidiarität der Doktrin von der unmittelbaren Anwendbarkeit s. a. EuGH Rs. 222/84, *Johnston,* Slg. 1986, 1651 Rn. 53 f. = DVBl. 1987, 227; unklar insoweit EuGH Rs. C-334/92, *Miret,* Slg. 1993, I-6911 = EuZW 1994, 182 = NJW 1994, 921 u. EuGH Rs. C-91/92, *Faccini Dori,* Slg. 1994, I-3325 = EuZW 1994, 498 = NJW 1994, 2473 m. Anm. *Heß* JZ 1995, 150.

[205] *Ruffert,* in: Calliess/Ruffert (Fn. 70), Art. 288 AEUV Rn. 81; *Jarass* EuR 1991, 211, 222; **a. A.** *Di Fabio* NJW 1990, 947, 955; *Scherzberg* Jura 1993, 225, 232.

[206] EuGH Rs. C-397/01, *Pfeiffer,* Slg. 2004, I-8835 Rn. 113 = EuZW 2004, 691 = NJW 2004, 3547; EuGH Rs. 14/83, *v. Colson u. Kamann,* Slg. 1984, 1891 Rn. 1 = EuGRZ 1984, 217 = NJW 1984, 2021 m. Anm. *Nicolaysen* EuR 1984, 380; EuGH Rs. C-63/97, *BMW,* Slg. 1999, I-905 Rn. 22; EuGH Rs. C-240/98 bis C-244/98, *Océano Grupo Editorial u. Salvat Editores,* Slg. 2000, I-4941 Rn. 30; EuGH Rs. C-408/01, *Adidas-Salomon u. Adidas Benelux,* Slg. 2003, I-12537 Rn. 21.

[207] Vgl. etwa BFH BB 1998, 1728 = EWS 1998, 354. Zur (nicht zwingenden) Berücksichtigung von Schlussanträgen der Generalanwälte vgl. BVerfG v. 28.10.2009, 2 BvR 2236/09 juris – Rn. 35; BGH RIW 2001, 781 = DVBl. 2001, 1607.

Beträge sowie seine Rückreise sichergestellt werden.[208] Soweit daher § 651k Abs. 1 Nr. 1 BGB „die Verpflichtung des Reiseveranstalters begründet, sicherzustellen, dass dem Reisenden der ‚gezahlte Reisepreis' unter den dort genannten Voraussetzungen erstattet wird", gilt das einschränkungslos für den gesamten Reisepreis, weil anderenfalls der vollständige Schutz des Reisenden nicht gewährleistet würde.[209]

### b) Zweck der unionsrechtskonformen Auslegung

80 Die unionsrechtskonforme Auslegung ist **kein Selbstzweck.** Aus Sicht des Unionsrechts ist sie nur dann erforderlich, wenn die effektive und einheitliche Durchsetzung des Unionsrechts in Ermangelung fristgerechter oder vollständiger Anpassungs- und Umsetzungsmaßnahmen anders nicht erreicht werden kann. Die unionsrechtskonforme Auslegung ermöglicht m. a. W. keinen absoluten Gleichklang von deutschem und europäischem Recht (z. B. von Legaldefinitionen etc.), sondern kommt nur dort in Betracht, wo Wortlaut und Ziele des EU-Rechts dies gebieten.[210] Richten sich allerdings deutsche Rechtsvorschriften zur **Regelung rein innerstaatlicher Sachverhalte** nach den im EU-Recht getroffenen Regelungen, z. B. um zu verhindern, dass es zu Inländerdiskriminierungen (→ Rn. 164 ff.) kommt, „so besteht ein klares Interesse der Gemeinschaft daran, dass die aus dem Gemeinschaftsrecht übernommenen Bestimmungen oder Begriffe unabhängig davon, unter welchen Voraussetzungen sie angewandt werden sollen, einheitlich ausgelegt werden, um künftige Auslegungsunterschiede zu verhindern".[211]

**Beispiel:** Eine Vorschrift des Einkommensteuergesetzes sieht Steuerersparnisse beim Austausch von Gesellschafteranteilen vor. Über eine EU-Richtlinie hinausgehend hat der Gesetzgeber diese Vorschrift auf rein nationale Sachverhalte ausgedehnt. In einem solchem Falle sollen zwar die dem Unionsrecht entnommenen Begriffe einheitlich ausgelegt werden. Allerdings bleibt es „Sache des nationalen Gerichts, die genaue Tragweite dieser Verweisung auf das Gemeinschaftsrecht zu beurteilen".[212]

### c) Grenzen der unionsrechtskonformen Auslegung

81 Die unionsrechtskonforme und vor allem ihre Ausprägung als richtlinienkonforme Auslegung unterliegt allerdings Einschränkungen. Voraussetzung einer jeden unionsrechtskonformen Auslegung des innerstaatlichen Rechts „ist dessen **Interpretationsfähigkeit**".[213] Eine Auslegung *contra legem* wird weder von der Verwaltung noch von den Gerichten erwartet,[214] wohl aber die Bildung von Analogien und eine vertretbare Rechtsfortbildung.[215] Die Entscheidung darüber, ob und inwieweit die innerstaatlichen Aus-

[208] EuGH Rs. C-364/96, *Verein für Konsumenteninformation,* Slg. 1998, I-2957 Rn. 18 = NJW 1998, 2201; s. a. EuGH Rs. C-140/97, *Rechberger u. a.,* Slg. 1999, I-3522 Rn. 61 = NJW 1999, 3181. Zur Pauschalreiserichtlinie vgl. *Tonner,* in: GH II/Wolf (Hrsg.), Das Recht der Europäischen Union, Verbraucher- u. Datenschutzrecht, A.12.

[209] BGH NJW 2001, 1934, 1935 = VersR 2001, 714.

[210] *V. Bogdandy/Schill,* in: G/H/N (Fn. 26), Stand: 2010, Art. 4 EUV Rn. 94.

[211] EuGH Rs. C-28/95, *Leur-Bloem,* Slg. 1997, I-4161 Rn. 32 = EuZW 1997, 658; s. *GA Léger,* Schlussanträge in der Rs. C-275/97, *DE + ES Bauunternehmung GmbH,* Slg. 1999, I-5331 Rn. 28 ff.

[212] EuGH Rs. C-28/95, *Leur-Bloem,* Slg. 1997, I-4161 Rn. 32 f. = EuZW 1997, 658.

[213] OVG Lüneburg NuR 2010, 290, 293; BAG EuR 1990, 362.

[214] EuGH Rs. C-212/04, *Adeneler,* Slg. 2006, I-6057 Rn. 110; BVerfG NJW 2012, 670, 671; vgl. auch *Mörsdorf* EuR 2009, 219, 230; *Höpfner* JZ 2009, 403, 404; *Herresthal* EuZW 2007, 396, 399; *Auer* NJW 2007, 1106; *Roth* EWS 2005, 385, 387 ff.; Gegenteiliges wird allerdings z. T. aus den Entscheidungen EuGH Rs. C-106/89, *Marleasing,* Slg. 1990, I-4135 u. EuGH Rs. C-177/88, *Dekker,* Slg. 1990, I-3941, abgeleitet. Für Rahmenbeschlüsse in der ehemaligen PJZS nach ex-Art. 34 Abs. 2 EUV ausdrücklich: EuGH Rs. C-105/03, *Pupino,* Slg. 2005, I-5285 Rn. 47 = NJW 2005, 2839.

[215] Vgl. BAG NZA 2009, 538 ff.; BGH JZ 2009, 518 ff.; BGH NJW 2001, 1934; *Jarass* (Fn. 18), S. 90; *Pötters/Christensen* JZ 2011, 387, 388 ff.

legungsregeln eine unionsrechtskonforme Interpretation gestatten, obliegt also in erster Linie dem – insoweit auch an das Grundgesetz gebundenen – nationalen Rechtsanwender,[216] und zwar „unter voller **Ausschöpfung des Beurteilungsspielraumes,** den ihm das nationale Recht einräumt".[217] Nur wenn es das deutsche Recht bei einem rein innerstaatlichen Sachverhalt nicht ermöglicht, „durch die Anwendung seiner Auslegungsmethoden eine innerstaatliche Bestimmung unter bestimmten Umständen so auszulegen, dass eine Kollision mit einer anderen Norm innerstaatlichen Rechts vermieden wird, oder die Reichweite dieser Bestimmung zu diesem Zweck einzuschränken und sie nur insoweit anzuwenden, als sie mit dieser Norm vereinbar ist", scheidet eine unionsrechtskonforme Auslegung aus.[218] Eine unionsrechtskonforme Auslegung kommt demnach etwa dann in Betracht, wenn es darum geht, „unbestimmte Rechtsbegriffe durch Inhalte oder Wertungen des EU-Rechts zu füllen, oder darum, Regelungslücken, die infolge einer planwidrigen Unvollständigkeit bestehen, im Wege einer **Analogie** zu schließen".[219] Sie soll auch dann zwingend sein, wenn sich die Mitgliedstaaten auf kollidierende völkerrechtliche Verpflichtungen berufen können.[220]

Die unionsrechtskonforme Auslegung findet eine weitere Grenze „in den allgemeinen Rechtsgrundsätzen, die Teil des Gemeinschaftsrechts sind, ... insbesondere in dem Grundsatz der **Rechtssicherheit** und im Rückwirkungsverbot".[221] Die unionsrechts- und speziell die richtlinienkonforme Interpretation darf also insbesondere nicht dazu führen, dass das Verbot rückwirkender oder strafverschärfender Gesetzesvorschriften umgangen wird.[222] 82

Praktische Probleme bereitet die Frage, ob einem Bürger oder Unternehmen mit Hilfe der **richtlinienkonformen Auslegung** Verpflichtungen auferlegt werden dürfen, denen er bei frist- oder ordnungsgemäßer Umsetzung nicht unterliegen würde. Das Verbot, aus Richtlinien unmittelbare Verpflichtungen des Einzelnen abzuleiten (→ Rn. 66 ff.) könnte damit umgangen werden und der Staat von seinem eigenen Fehlverhalten profitieren. Nach der Rechtsprechung findet die richtlinienkonforme Auslegung jedenfalls in jenen Fällen eine Grenze, in denen „die strafrechtliche Verantwortung derjenigen verschärft wird, die gegen die Richtlinienbestimmungen verstoßen".[223] 83

Die Pflicht zur richtlinienkonformen Auslegung umfasst jedoch nach ständiger Rechtsprechung alle horizontalen Rechtsverhältnisse, ist also auch im **Rechtsstreit zwischen Privaten** zu beachten.[224] Im Zivil- und Arbeitsrechtsstreit lässt sich deshalb das Verbot, 84

---

[216] BVerfG NJW 2012, 670, 671.

[217] EuGH Rs. 79/83, *Harz,* Slg. 1984, 1921 Rn. 28 = EuGRZ 1984, 217; s. a. EuGH Rs. 80/86, *Kolpinghuis Nijmegen,* Slg. 1987, 3969; EuGH Rs. C-12/08, *Mono Car Styling,* Slg. 2009, I-6653 Rn. 63; BVerfG NJW 2012, 669, 671; vgl. zur Wortlautgrenze bei der richtlinienkonformen Auslegung *Pötters/Christensen* JZ 2011, 387; *Frenz* EWS 2009, 222.

[218] EuGH Rs. C-397/01, *Pfeiffer,* Slg. 2004, I-8835 Rn. 116 = EuZW 2004, 691 = NJW 2004, 3547; a. A. dagegen GA *Colomer,* Schlussanträge in der Rs. C-397/01, *Pfeiffer,* Slg. 2004, I-8835 Rn. 15, 39 (Nichtanwendung der Umsetzungsregelung bei Unmöglichkeit richtlinienkonformer Rechtsfindung) sowie *Riesenhuber/Domröse* RIW 2005, 47, 51 f.

[219] BGHZ 149, 165, 174.

[220] *GA Tizzano,* Schlussanträge in der Rs. C-216/01, *Budejovický Budvar,* Slg. 2003, I-13617, Rn. 154 ff.

[221] EuGH Rs. 80/86, *Kolpinghuis Nijmegen,* Slg. 1987, 3969 Ls. 2 = EuR 1988, 391; EuGH Rs. C-286/06, *Impact/Minister for Agriculture and Food,* Slg. 2008, I-2483 Rn. 100 ff.; siehe auch BVerfG NJW 2012, 669, 671 f.; *Brechmann* (Fn. 204), S. 273 ff.

[222] EuGH Rs. 14/86, *Strafverfahren gegen X,* Slg. 1987, 2565 Rn. 20; *Wölker* EuR 2007, 32, 52 f.

[223] EuGH Rs. C-168/95, *Arcaro,* Slg. 1996, I-4705 Rn. 42 = EuZW 1997, 318; EuGH verb. Rs. C-387/02 u. a., *Berlusconi u. a.,* Slg. 2005, I-3565 Rn. 44 = EuZW 2005, 369 mit Anm. *Gross.* A. A. noch EuGH Rs. C-457/02, *Niselli,* Slg. 2004, I-10853 Rn. 30.

[224] EuGH Rs. 14/83, *von Colson u. Kamann,* Slg. 1984, 1891 Rn. 26 = EuGRZ 1984, 217 = NJW 1984, 2021 mit Anm. *v. Nicolaysen* EuR 1984, 380; EuGH Rs. C-91/92, *Faccini Dori,* Slg. 1994, I-3325 Rn. 23 f. = EuZW 1994, 498 = NJW 1994, 2473 f. mit Anm. *Heß* JZ 1995, 150; s. a. BAGE 66, 264; 105,

Richtlinien zwischen Privaten unmittelbar anzuwenden (→ Rn. 68), mit Leichtigkeit unterlaufen.[225]

## 2. Unionsrechtskonformität als Auslegungsmethode des deutschen Rechts

85 Neben die vorerwähnte unionsrechts- bzw. richtlinienkonforme Auslegung kraft EU-Rechts tritt die unionsrechts- (bzw. richtlinien-)konforme **Auslegung kraft nationalen Rechts.** Diese dient nicht der effektiven Durchsetzung des europäischen Rechts, sondern beruht auf der – vom EuGH ebenfalls geteilten[226] – Vermutung, dass sich der deutsche Gesetzgeber im Zweifel an die unionsrechtlichen Bestimmungen und die Urteile des EuGH halten möchte.[227] Betroffen sind deshalb in erster Linie Umsetzungsvorschriften, zu denen der nationale Gesetzgeber befugt, aber (noch) nicht verpflichtet war.

**Beispiel:** Nach § 51 Abs. 1 Nr. 4 PostG dürfen Postdienstleistungen genehmigt werden, „die von Universaldienstleistungen trennbar sind, besondere Leistungsmerkmale aufweisen und qualitativ höherwertig sind". Ausweislich der Gesetzesmaterialien wollte der Gesetzgeber damit der EuGH-Rechtsprechung Rechnung tragen, wonach nationale Postmonopole nicht gerechtfertigt sind, „wenn es sich um spezifische, von Dienstleistungen von allgemeinem Interesse trennbare Dienstleistungen handelt, die den besonderen Bedürfnissen von Wirtschaftsteilnehmern entsprechen und die bestimmte zusätzliche Leistungen erfordern, welche der herkömmliche Postdienst nicht anbietet…".[228] Mit Blick auf die bewusste Übernahme der EuGH-Judikatur muss § 51 PostG im Lichte der vom Gerichtshof entwickelten Marktabgrenzungskriterien ausgelegt werden.[229]

86 Auf die unionsrechtskonforme Auslegung „kraft nationalen Rechts" finden die vorerwähnten europarechtlichen Voraussetzungen und Grenzen der unionsrechts- (bzw. richtlinien)konformen Auslegung keine Anwendung. Es ist insbesondere eine **richtlinienkonforme Auslegung schon vor Ablauf der Umsetzungsfrist** möglich. Lässt sich Richtlinienkonformität „mittels einfacher Auslegung im nationalen Recht herstellen, so ist der Richter jedenfalls nach deutschem Rechtsverständnis befugt, sein bisheriges Auslegungsergebnis zu korrigieren (…). Dies gilt grundsätzlich auch für den Zeitraum vor Ablauf der Umsetzungsfrist."[230]

**Beispiel:** Die Richtlinie 97/55/EG hat die vergleichende Werbung unter gewissen Voraussetzungen zugelassen. Der BGH hielt es „für geboten, die Richtlinie 97/55/EG auch schon vor Ablauf der 30-monatigen Umsetzungsfrist zu berücksichtigen. (…) Die Bedenken, eine richtlinienkonforme Auslegung der nationalen Gesetze durch die Gerichte vor Ablauf der Umsetzungsfrist greife in die Kompetenzen des Gesetzgebers ein …, sind unbegründet, solange sich die Konformität mittels Auslegung im nationalen Recht – hier der Generalklausel des § 1 UWG – herstellen lässt und soweit dem Gesetzgeber ohnehin kein Spielraum bei der Umsetzung bleibt."[231]

---

32; BGH NJW 2005, 1045; OLG Stuttgart, Urteil v. 2 4. 2007, 6 U 226/06, Rn. 32; vgl. umfassend *Schürnbrand* JZ 2007, 910.

[225] Vgl. *Gebauer* AnwBl 2007, 314; *Frenz* EWS 2005, 104, 105; *Schinkels* JZ 2011, 394, 395 ff.; *Ress* DÖV 1994, 489, 492 ff.

[226] EuGH verb. Rs. C-397/01 bis C-403/01, *Pfeiffer u. a.*, Slg. 2004, I-8835 Rn. 112; *Mörsdorf* 2009, 219, 225 f., 227 f.; kritisch: *Höpfner* JZ 2009, 403, 404 f.

[227] Vgl. BGHZ 63, 261, 264 f.; BFHE 152, 556, 561; *Möllers/Möhring* JZ 2008, 919, 922 f.; *Jarass* (Fn. 18), S. 89 f.; *Scherzberg* Jura 1993, 225, 231; *Schwab* ZGR 2000, 446, 466.

[228] EuGH Rs. C-320/90, *Corbeau,* Slg. 1993, I-2533 Rn. 19.

[229] Insoweit zutreffend OVG Münster Beschl. v. 6.10.2003, Az. 13 A 711/02; ferner OLG Jena NJW 1999, 3053 mit Anm. *v. Danwitz* NJW 1999, 3025 u. *Stark* NJW 2000, 709; BeckPostG-Komm/*Herdegen,* 2. Aufl. 2004, § 51 Rn. 99 ff.; a. A. VG Köln NWVBl. 1999, 472 ff.

[230] BGHZ 138, 55, 63 = NJW 1998, 2208 = EuZW 1998, 474 = GRUR 1998, 824 = DB 1998, 2161 mit Anm. *Bayreuther* EuZW 1998, 478; *Leible* NJW 1998, 2507; s. a. *Lutter* JZ 1992, 593, 605; *Roth* ZIP 1992, 1054, 1056 f.; *Sack* WRP 1998, 241. Zur richtlinienkonformen Auslegung vor Ablauf der Umsetzungsfrist schon EuGH Rs. 80/86, *Kolpinghuis Nijmegen,* Slg. 1987, 3969 Rn. 15 f. = EuR 1988, 391; BAGE 105, 123, 130 f. Anders noch EuGH Rs. 148/78, *Ratti,* Slg. 1979, 1629 Rn. 24 = NJW 1979, 1764.

[231] BGHZ 138, 55, 63 = NJW 1998, 2208.

## V. Die Pflicht zur Außerachtlassung des nationalen Rechts (sog. Anwendungsvorrang)

### 1. Grundsatz

Ähnlich wie in einem föderalen Staat Bundesrecht das Landesrecht bricht (vgl. z. B. Art. 31 GG), geht das Unionsrecht dem innerstaatlichen Recht vor. Der Rechtsanwender hat das dem Unionsrecht widersprechende nationale Recht unangewendet zu lassen.[232] Nach dem grundlegenden Urteil des EuGH in der Rechtssache *Costa/E. N. E. L.* können nämlich dem Gemeinschaftsrecht (nunmehr Unionsrecht) „keine wie immer gearteten innerstaatlichen Rechtsvorschriften vorgehen ..., wenn ihm nicht sein Charakter als Gemeinschaftsrecht aberkannt und wenn nicht die Rechtsgrundlage der Gemeinschaft selbst in Frage gestellt werden soll".[233] Vorrang beansprucht das Unionsrecht **auch gegenüber Verfassungsrecht.** Es kann nach ständiger Rechtsprechung „die Gültigkeit einer Gemeinschaftshandlung oder deren Geltung in einem Mitgliedstaat nicht berühren, wenn geltend gemacht wird, die Grundrechte in der ihnen von der Verfassung dieses Staates gegebenen Gestalt oder die Strukturprinzipien der nationalen Verfassungen seien verletzt."[234] Die Aufstellung „besonderer, von der Gesetzgebung oder der Verfassungsordnung eines bestimmten Mitgliedstaates abhängiger Beurteilungskriterien würde die materielle Einheit und die Wirksamkeit des Gemeinschaftsrechts beeinträchtigen."[235] 87

Gestützt auf die **Integrationsermächtigungen des Grundgesetzes** (Art. 23 und 24 GG) hat das **BVerfG** in einer wechselvollen Judikatur (sog. „Solange"-Rechtsprechung) den Anwendungsvorrang im Prinzip auch gegenüber Verfassungsrecht anerkannt.[236] Die Artikel 23 und 24 GG haben es ermöglicht, „Verträgen, die Hoheitsrechte auf zwischenstaatliche Einrichtungen übertragen, und dem von solchen Einrichtungen gesetzten Recht Geltungs- und Anwendungsvorrang vor dem innerstaatlichen Recht ... beizulegen.[237] Denn „das Recht der Europäischen Union kann sich nur wirksam entfalten, wenn es entgegenstehendes mitgliedstaatliches Recht verdrängt."[238] 88

Aus dem Anwendungsvorrang des Unionsrechts vor Verfassungsrecht folgt zum einen, „dass Fachgerichte oder Behörden der Bundesrepublik Deutschland nicht befugt oder verpflichtet sind, Akte der Gemeinschaftsorgane auf ihre Vereinbarkeit mit den **Grundrechtsverbürgungen** des Grundgesetzes zu überprüfen".[239] Daraus folgt – zweitens –, dass innerstaatliches Recht nur insoweit am Maßstab des Grundgesetzes geprüft werden kann, als es unionsrechtlich nicht determiniert ist.[240] Folgt hingegen die innerstaatliche Normsetzung (incl. des Verwaltungsvollzugs) zwingend dem europäischen Recht – insbes. einer Richtlinie oder einem Beschluss –, „ist sie ebenso wie das sekundäre Gemeinschafts- 89

---

[232] EuGH Rs. 6/64, *Costa/E. N. E. L.,* Slg. 1964, 1251, 1270; EuGH Rs. 11/70, *Internationale Handelsgesellschaft,* Slg. 1970, 1125 Rn. 3 = NJW 1971, 343; EuGH Rs. C-473/93, *Kommission/ Luxemburg,* Slg. 1996, I-3207 Rdn 37 f. = EuZW 1996, 539 = NJW 1996, 3199; BVerfGE 31, 145, 173 ff.; BVerfGE 37, 271, 277; BVerfGE 73, 339, 366 ff. = NJW 1987, 577.

[233] EuGH Rs. 6/64, *Costa/E. N. E. L.,* Slg. 1964, 1251, 1270 = NJW 1964, 2371.

[234] EuGH Rs. 11/70, *Internationale Handelsgesellschaft,* Slg. 1970, 1125 Rn. 3 = DÖV 1971, 309 = NJW 1971, 343; ähnlich EuGH Rs. C-473/93, *Kommission/Luxemburg,* Slg. 1996, I-3207 Rn. 38.

[235] EuGH Rs. 44/79, *Hauer,* Slg. 1979, 3727 Rn. 14.

[236] Vgl. BVerfGE 37, 278 – „Solange I"; BVerfGE 73, 339 – „Solange II"; BVerfGE 89, 155 – „Maastricht"; BVerfGE 102, 147 – „Bananen"; BVerfG NJW 2009, 2267, 2284 f. – Lissabon.

[237] BVerfGE 31, 145, 174 = NJW 1971, 2122; BVerfGE 73, 339; 75, 223, 244; vgl. auch Hess. VGH NVwZ 1997, 784.

[238] BVerfG NJW 2010, 3422, 3423.

[239] BVerfG NJW 1987, 3077 = DB 1987, 1425 = EuGRZ 1987, 386.

[240] BVerfG NJW 1990, 974; BVerwG NVwZ 2005, 1178, 1181.

recht selbst nicht am Maßstab der deutschen Grundrechte durch das Bundesverfassungsgericht zu prüfen, sondern unterliegt dem auf Gemeinschaftsrechtsebene gewährleisteten Grundrechtsschutz."[241] Ist „unklar ... ob und inwieweit das Unionsrecht den Mitgliedstaaten einen Umsetzungsspielraum belässt", sind die deutschen Gerichte im Falle verfassungsrechtlicher Zweifel zur EuGH-Vorlage verpflichtet.[242] Hebt das (allein) zuständige Unionsorgan die betreffende EU-Vorschrift und mit ihr die „Grundrechtsimmunisierung" auf, wird die deutsche Umsetzungsvorschrift „nicht automatisch ebenfalls unbeachtlich"[243]; es ist vielmehr danach zu fragen, ob Ziele und Wirkungen dieser Aufhebung auch die innerstaatliche Vorschrift umfassen sollten.[244] Zum dritten weist das BVerfG – sofern es den Grundrechtsberechtigten nicht allein um eine BVerfG-Vorlage an den EuGH geht[245] – die gegen das Unionsrecht oder das darauf gestützte deutsche Umsetzungsrecht gerichteten **Verfassungsbeschwerden** oder **konkrete Normenkontrollen** als unzulässig ab, „solange die Europäische Union einen wirksamen Schutz der Grundrechte gegenüber der Hoheitsgewalt der Union generell gewährleistet, der dem vom Grundgesetz jeweils als unabdingbar gebotenen Grundrechtsschutz im Wesentlichen gleich zu achten ist, zumal den Wesensgehalt der Grundrechte generell verbürgt."[246]

90 Keinen unbedingten Vorrang genießen hingegen die **Europäische Menschenrechtskonvention** (EMRK) und die Entscheidungen des Europäischen Gerichtshofes für Menschenrechte (EGMR).[247] Diese bedürfen zwar „im Rahmen methodisch vertretbarer Gesetzesauslegung" der „Berücksichtigung" in dem Sinne, „dass die entsprechenden Texte und Judikate zur Kenntnis genommen werden und in den Willensbildungsprozess des zu einer Entscheidung berufenen Gerichts, der zuständigen Behörde oder des Gesetzgebers einfließen";[248] etwas anderes soll jedoch dann gelten, wenn die EMRK oder eine Entscheidung des EGMR „gegen eindeutig entgegenstehendes Gesetzesrecht oder deutsche Verfassungsbestimmungen, namentlich auch Grundrechte Dritter" verstößt.[249]

91 Keinen Vorrang genießt auch das **intergouvernementale Unionsrecht** (→ Rn. 22). Für grundrechtsrelevante Maßnahmen in den Bereichen der Außen- und Sicherheitspolitik ist Rechtsschutz durch den EuGH grundsätzlich nicht vorgesehen (Art. 24 Abs. 1 UAbs. 2 S. 6 EUV). Folglich bedarf es dazu in jedem Einzelfall „eines weiteren Zustimmungsgesetzes, das dann seinerseits auf etwaige Rechtsschutzlücken überprüft werden kann".[250]

---

[241] BVerfG NJW 2001, 1267, 1268 = EuZW 2001, 255 mit Anm. *Sensburg* NJW 2001, 1259; BVerfG JZ 2012, 511, 512; BVerfG NJW 2010, 833, 835; BVerfGE 118, 79, 95 f.; BVerwG NVwZ 2004, 1346; BVerwG NVwZ 2005, 1178, 1181; vgl. auch *Masing* NJW 2006, 264, 265 ff.

[242] BVerfG JZ 2012, 510, 513 mit krit. Anm. *Foerster* JZ 2012, 515.

[243] BVerfGE 118, 79, 97 f.; vgl. auch Art. 2 Abs. 2 S. 3 AEUV: „Die Mitgliedstaaten nehmen ihre Zuständigkeit erneut wahr, sofern und soweit die Union entschieden hat, ihre Zuständigkeit nicht mehr auszuüben".

[244] *Karpenstein,* in: Festschrift Sellner, 2010, S. 125, 126 ff.; *Payandeh,* DVBl. 2007, 741, 743 ff.

[245] In diesem Sinne BVerfG NJW 2010, 833, 842; *Westphal* EuZW 2010, 494, 497; *Bäcker* EuR 2011, 103, 105 ff.

[246] BVerfG JZ 2012, 511, 512; BVerfGE 118, 79, 95; BVerfGE 102, 147, 164 = NJW 2000, 3124 mit Anm. *Mayer* EuZW 2000, 685; *Classen* JZ 2000, 1157; *Petzold* NordÖR 2000, 502 und *Lorz* EWiR 2001, 323.

[247] Vgl. *Mayer,* in: Karpenstein/Mayer (Hrsg.), EMRK, 2012, Einl. Rn. 78 ff.; *Meyer-Ladewig* NJW 2005, 15; *Klein* JZ 2004, 1176; *Grupp/Stelkens* DVBl. 2005, 133; *Pache* EuR 2004, 393.

[248] BVerfG NJW 2004, 3407, 3408 = EuGRZ 2004, 198 ff.; BVerfG NJW 2005, 1765, 1766 = EuGRZ 2005, 268.

[249] BVerfG NJW 2004, 3407, 3408.

[250] BVerfGE 89, 155, 178 – „Maastricht"; vgl. zur ehemaligen „PJZS" BVerfGE 113, 273; hierzu auch *Mißling* EuR 2007, 261; *Gas* EuR 2006, 285.

## 2. Voraussetzungen und Grenzen des Anwendungsvorrangs

Die Frage nach dem Anwendungsvorrang des Unionsrechts stellt sich nur, wenn Vorschriften oder Grundsätze widersprüchlichen Inhalts unmittelbare Geltung im konkreten Fall beanspruchen. Daher ist, sofern man die „Theorie von der Ausschlusswirkung" ablehnt (→ Rn. 45 ff.), die erste Voraussetzung des Vorrangs einer Unionsrechtsnorm deren **unmittelbare Anwendbarkeit.**[251] Neben den erörterten Voraussetzungen der Unbedingtheit und Bestimmtheit (→ Rn. 35 ff.) setzt dies – zweitens – die **Wirksamkeit der EU-Vorschrift** voraus: Nur eine sich innerhalb der Regelungskompetenz der Europäischen Union bewegende Vorschrift, die den formellen und materiellen Anforderungen des Primärrechts entspricht, kann Anwendungsvorrang entfalten. 92

Auf Grund des **Verwerfungsmonopols des EuGH** (→ Rn. 21) sind allerdings nationale Behörden und Gerichte „nicht befugt, Handlungen der Gemeinschaftsorgane für ungültig zu erklären".[252] Rechtssicherheit und Einheit der Unionsrechtsordnung setzen vielmehr voraus, „dass die Befugnis zur Feststellung der Ungültigkeit dieser Handlung, wenn sie vor einem nationalen Gericht geltend gemacht wird, ebenfalls dem Gerichtshof vorbehalten bleibt".[253] Bei Zweifeln an der Wirksamkeit einer (Vorrang beanspruchenden) Unionsvorschrift muss deshalb die Frage dem EuGH vorgelegt werden (→ Rn. 384). 93

Der Anwendungsvorrang der Handlungen der Unionsorgane kann in der deutschen Rechtspraxis (allein) vom BVerfG unter zwei Gesichtspunkten infrage gestellt werden. Zum einen im Falle eines eindeutig gegen den Ermächtigungsrahmen der deutschen Zustimmungsgesetze zu den europäischen Verträgen ausbrechenden Sekundäraktes (sog. **„ausbrechender Hoheitsakt"**), der vom EuGH – nach entsprechender Vorlage durch das BVerfG – unbeanstandet geblieben ist. Dann sind nach der Rechtsprechung des BVerfG „die deutschen Staatsorgane aus verfassungsrechtlichen Gründen gehindert, diese Rechtsakte in Deutschland anzuwenden".[254] Dies allerdings setzt voraus, „dass das kompetenzwidrige Handeln der Unionsgewalt offensichtlich ist und der angegriffene Akt im Kompetenzgefüge zwischen Mitgliedstaaten und Union im Hinblick auf das Prinzip der begrenzten Einzelermächtigung und die rechtsstaatliche Gesetzesbindung erheblich ins Gewicht fällt."[255] Zu einer solchen „ultra-vires"-Beanstandung ist ausschließlich das BVerfG selbst berechtigt.[256] Zum anderen postuliert das BVerfG für sich eine praktisch bislang noch nicht zum Tragen gekommene „Reservekompetenz", sofern das Unionsrecht „eine Verletzung der durch Art. 79 Abs. 3 GG unverfügbaren und auch durch das europäische Vertragsrecht, namentlich Art. 4 Abs. 2 S. 1 EUV, geachteten Verfassungsidentität" zur Folge hat (sog. **Identitätskontrolle**).[257] Dies soll bei einer vollständigen Übertragung klassischer Staatsaufgaben auf die EU (z. B. innere Sicherheit, Budgetverantwortung, staatlicher Strafanspruch) sowie etwa dann der Fall sein, wenn EU-Rechtsakte additiv zu 94

---

[251] BVerfG NJW 2009, 2261, 2285; vgl. ferner EuGH Rs. 106/77, *Simmenthal II,* Slg. 1978, 629 Rn. 17 f. = NJW 1978, 1741 f.; *Zuleeg* VVdStRL 53 (1993), 163; *Veelken* JuS 1993, 265, 267.

[252] EuGH Rs. 314/85, *Foto-Frost,* Slg. 1987, 4199 Rn. 15/17 = NJW 1988, 1451; EuGH Rs. C-344/04, *International Air Transport Assocation,* Slg. 2006, I-403 Rn. 27.

[253] EuGH Rs. 314/85, *Foto-Frost,* Slg. 1987, 4199 Rn. 15/17.

[254] BVerfG NJW 2010, 3422, 3423 f.; BVerfGE 123, 267, 353 ff.; zuvor schon BVerfGE 75, 223, 242 und BverfGE 89, 155, 188 im Anschluss an *Kirchhof,* in: Isensee/Kirchhof (Hrsg.), HdB des StaatsR, Bd. VII (1992), § 183 Rn. 64 f. Kritisch zur ultra vires- und zur Identitätskontrole *Sauer* ZRP 2009, 195, 196 f.; *Frenz* EWS 2009, 297 ff.; *Bergmann/Karpenstein* ZEuS 2009, 521 ff.; *Mayer* EuZW 2000, 688; *Nicolaysen/Nowak* NJW 2001, 1236.

[255] BverfG NJW 2010, 3422, 3424 = JZ 2010, 1177, 1179.

[256] BVerfGE 123, 267, 335 = NJW 2009, 2261, 2284; *Bergmann/Karpenstein* ZEuS 2009, 521 ff.

[257] BVerfGE 123, 267, 353 f. = NJW 2009, 2267, 2285; zur „Identitätskontrolle" auch *Terchechte* EuZW 2009, 724, 729 f.; *Schorkopf* EuZW 2009, 718, 722; *Bergmann/Karpenstein* ZEuS 2009, 521 ff.; *Bäcker* EuR 2011, 103, 116 ff.; *Karpenstein* DVBl. 1998, 942, 946 f.

einer Vorratsspeicherung großer Datenmengen führen und damit das Recht auf informationelle Selbstbestimmung de facto leerlaufen würde.[258]

95 Anwendungsvorrang beansprucht das Unionsrecht – drittens – nur, wenn die innerstaatliche Vorschrift tatsächlich in einem **inhaltlichen Widerspruch** zur Unionsrechtsnorm steht. Da solche Kollisionen nur selten offen zu Tage treten, bereitet die Prüfung dieser Voraussetzung in der Praxis erhebliche Schwierigkeiten. Generell hat der Rechtsanwender zunächst zu prüfen, ob die möglicherweise entgegenstehende innerstaatliche Norm die effektive und einheitliche Durchsetzung des Unionsrechts behindert (→ Rn. 30 ff.). Unter Beachtung der autonomen Auslegung muss er dazu Wortlaut und Ziele der EU-Vorschrift mit den konkreten Wirkungen der innerstaatlichen Norm vergleichen (→ Rn. 108 ff.).

96 Sehen das Unionsrecht und der innerstaatliche Rechtsakt im konkreten Fall unterschiedliche Rechtsfolgen vor, so ist in einem vierten Schritt zu untersuchen, ob der nationale Gesetzgeber ausnahmsweise von den unmittelbar wirksamen Bestimmungen des Unionsrechts abweichen durfte, zum Beispiel weil ihm kraft Sekundärrechts oder nach Art. 193 AEUV bzw. Art. 114 Abs. 4 AEUV strengere Umwelt-, Gesundheits- oder Verbraucherschutzvorschriften gestattet sind. Diese Vorschriften gestatten den zuständigen innerstaatlichen Organen auch in abschließend harmonisierten Sachbereichen **strengere Schutzvorschriften** („nationale Alleingänge") unter der Voraussetzung, dass bestimmte materielle Erfordernisse beachtet (z. B. Verhältnismäßigkeitsgrundsatz) und formelle Voraussetzungen (z. B. Notifizierung) eingehalten wurden.[259] Ist eine Abweichung vom Unionsrecht nicht zulässig, so ist abschließend zu prüfen, ob der Widerspruch im Wege einer unionsrechtskonformen Auslegung des nationalen Rechts (→ Rn. 79 ff.) aufgelöst werden kann.[260] In diesem Sinne bildet die **Verdrängung der innerstaatlichen Norm die *ultima ratio*.**

97 Kollisionen zwischen Unionsrecht und nationalem Recht können auch in **nicht abschließend harmonisierten Sachbereichen** entstehen. Denkbar ist insbesondere der Fall, dass eine Richtlinie mehrere Zielsetzungen verfolgt, den Mitgliedstaaten bei der Umsetzung zum Zwecke der Erreichung dieser Ziele jedoch Gestaltungsspielräume überlässt. Nationale Schutzvorschriften zur Erreichung eines der Richtlinienziele, die über die in der Richtlinie festgelegten Mindeststandards hinausgehen, sind in diesen Konstellationen nur dann zulässig, wenn hierdurch die anderen Zielvorgaben der Richtlinie nicht in unverhältnismäßiger Weise beeinträchtigt werden.[261]

**Beispiel:** Tiertransporteure wenden sich gegen strenge innerstaatliche Schutzvorschriften unter Berufung auf eine Richtlinie über den Schutz von Tieren beim Transport. Diese legt die Ausmaße der Verschläge nicht exakt fest, sondern gewährt den Mitgliedstaaten zum Schutz des Binnenmarktes und der Tiere einen Gestaltungsspielraum. Nach Auffassung des EuGH sind strenge, über die Mindeststandards hinausgehende nationale Schutzvorschriften geeignet, Mehrkosten für einheimische Schweineproduzenten bei der Ausfuhr und Nachteile für ausländische Produzenten bei der Durchfuhr zu

---

[258] BVerfG NJW 2009, 2267, 2292 ff.; BVerfG NJW 2010, 833, 843.

[259] Vgl. dazu EuGH verb. Rs. C-439/05 u. C-454/05, *Land Oberösterreich/Kommission*, Slg. 2007, I-7141 Rn. 28 ff. = EuZW 2007, 672; EuG verb. Rs. T-366/03 u. T-235/04, *Land Oberösterreich/Kommission*, Slg. 2005, II-4005 Rn. 44 ff.; EuGH Rs. C-6/03, *Eiterköpfe*, Slg. 2005, I-2753 Rn. 27 ff. = NVwZ 2005, 794 u. EuGH Rs. C-3/00, *Kommission/Dänemark*, Slg. 2003, I-2643 Rn. 87; Rs. C-281/03, *Cind u Chemicals*, Slg. 2005, I-8069 Rn. 41, 47 ff. = EuZW 2005, 657. Siehe dazu *Rhiem* JZ 2006, 1035; *Albin/Bär* NuR 1999, 185; *Gundel* JuS 1999, 1171; *Tietje*, in: G/H/N (Fn. 26), Stand: 2011, Art. 114 AEUV Rn. 152 ff.; *Leible*, in: Streinz (Fn. 83), Art. 114 AEUV Rn. 85 ff.; eingehend auch *Burmeister* EuR 2009, 444; vgl. für weitere ausnahmsweise Durchbrechungen des Anwendungsvorrangs *Ehlers/Eggert* JZ 2008, 585 m. w. N.

[260] Vgl. EuGH Rs. 157/86, *Murphy*, Slg. 1988, 673 Rn. 11.

[261] EuGH Rs. C-491/06, *Danske Svineproducenter*, Slg. 2008, I-3339 Rn. 38 ff. = EuZW 2008, 411.

verursachen. Die Richtlinienziele seien deshalb im Lichte des Verhältnismäßigkeitsgrundsatzes zum Ausgleich zu bringen.[262]

## 3. Folgen des Anwendungsvorrangs

Die Unionsrechtswidrigkeit eines innerstaatlichen Rechtsaktes hat in der Bundesrepublik Deutschland eine bloße **„Verdrängungswirkung“,**[263] nicht aber deren Unwirksamkeit (Nichtigkeit) zur Folge.[264] Eine „rechtsvernichtende, derogierende Wirkung entfaltet das supranational begründete Recht nicht.“[265] Ebenso wenig führt die Unvereinbarkeit einer später ergangenen Vorschrift des innerstaatlichen Rechts mit dem Unionsrecht dazu, dass diese Vorschrift „inexistent“ ist.[266] 98

Nationale Rechtsakte können demnach trotz ihrer Unionsrechtswidrigkeit in jenen Fällen zur Anwendung kommen, in denen sie unionsrechtskonforme oder **unionsrechtlich nicht relevante Sachverhalte** regeln. Denn nach der EuGH-Rechtsprechung ist das mit unmittelbar anwendbaren EU-Vorschriften befasste Gericht – ebenso wie jedes andere Organ – nur gehalten, für die volle Wirksamkeit dieser Normen Sorge zu tragen, indem es erforderlichenfalls „jede – auch spätere – entgegenstehende Bestimmung des nationalen Rechts aus eigener Entscheidungsbefugnis unangewendet lässt, ohne dass es die vorherige Beseitigung dieser Bestimmung auf gesetzgeberischem Wege oder durch irgendein anderes verfassungsrechtliches Verfahren beantragen oder abwarten müsste“.[267] Der Vorrang des EU-Rechts wird auch nicht etwa dadurch relativiert oder suspendiert, dass das Bundesverfassungsgericht zum Ausschluss normativer Regelungslücken eine zeitlich begrenzte Fortgeltung einer unverhältnismäßigen oder aus anderen Gründen verfassungswidrigen Vorschrift ermöglicht.[268] 99

In welchem Umfang das innerstaatliche Recht außer Betracht zu lassen ist, bestimmt sich in erster Linie nach dem Grundsatz der **Erforderlichkeit.** Dies hat „zur Folge, dass die Normsetzungsautorität des nationalen Gesetzgebers durch das Gemeinschaftsrecht nur soweit eingeschränkt werden darf, wie es zur unverkürzten Durchsetzung des Gemeinschaftsrechts notwendig ist. Dazu genügt aber die Anerkennung eines Anwendungsvorrangs des Gemeinschaftsrechts gegenüber widersprechendem innerstaatlichem Recht“.[269] Nur für die Dauer und nur im Umfang eines tatsächlichen Widerspruchs verlangt deshalb das Unionsrecht die Nicht-Anwendung der innerstaatlichen Vorschriften.[270] 100

**Beispiel:** § 9 BierStG behält die Bezeichnung „Bier“ dem nach dem deutschen Reinheitsgebot gebrauten Bier vor. Dieses Verbot stellt eine durch zwingende Erfordernisse des Verbraucherschutzes nicht gerechtfertigte Behinderung des Warenverkehrs innerhalb der Union dar.[271] § 9 BierStG ist folglich im

---

[262] EuGH Rs. C-491/06, *Danske Svineproducenter,* Slg. 2008, I-3339 Rn. 38 ff. = EuZW 2008, 411.

[263] EuGH Rs. C-409/06, *Winner Wetten,* Slg. 2010, I-8015 Rn. 69 = NVwZ 2010, 1419.

[264] BVerfG NJW 2010, 3422, 3423; BVerwGE 87, 154, 158 ff. = NVwZ 1992, 783 unter Hinweis auf BVerfGE 31, 145, 174; BVerfGE 75, 223, 244.

[265] BVerfG NJW 2009, 2267, 2284.

[266] EuGH verb. Rs. C-10/97 bis 22/97, *IN. CO. GE.,* Slg. 1998, I-6307 Rn. 21 = NJW 1999, 201 = EuZW 1998, 719.

[267] EuGH Rs. 106/77, *Simmenthal II,* Slg. 1978, 629 Ls. 1. = NJW 1978, 1741.

[268] So aber OVG Münster DVBl 2006, 1462; mit krit. Anm. *Karpenstein/Kuhnert* DVBl. 2006, 1466; *Ehlers/Eggert* JZ 2008, 585; *Kruis* EuZW 2006, 606. Dagegen EuGH Rs. C-409/06, *Winner Wetten,* Slg. 2010, I-8015 Rn. 60 ff. = NVwZ 2010, 1419; dazu krit.: *Paulus* NJW 2011, 3686, 3688 f.

[269] BVerwGE 87, 154, 158. ähnlich BVerfG NJW 2009, 2267, 2284 f.

[270] Vgl. EuGH Rs. C-184/89, *Nimz,* Slg. 1991, I-297 Rn. 19 = EuZW 1991, 217 = NJW 1991, 2207; *v. Bogdandy/Nettesheim,* in: G/H/N (Fn. 26), Stand: 2010, Art. 1 AEUV Rn. 65 ff.; *Jarass,* in: ders./Pieroth, GG, 11. Aufl. 2011, Art. 23 Rn. 27; *Bergmann,* in: Bergmann/Kenntner (Hrsg.), Deutsches Verwaltungsrecht unter europäischem Einfluss, 2002, S. 15, 54.

[271] EuGH Rs. 178/84, *„Reinheitsgebot für Bier“,* Slg. 1987, 1262 Rn. 21 ff. = NJW 1987, 1133 mit Anm. *Moench* NJW 1987, 1109; *Zipfel* NJW 1987, 2113; *Meier* RIW 1987, 841 u. *Hohmann* JZ 1987, 959; s. a. BVerwG NJW 2005, 1736 mit Anm. *Schmidt* NJW 2005, 3617.

Warenverkehr zwischen den Mitgliedstaaten unanwendbar und darf ausländischen Brauereien oder Importeuren nicht entgegengehalten werden. Deutsche Brauereien sind hingegen dieser Regelung weiterhin unterworfen, soweit sie sich nicht auf die Warenverkehrsfreiheit oder die Grundrechte berufen können.

101 Nicht nur generell-abstrakte Normen, sondern auch **individuell-konkrete Verwaltungsentscheidungen** unterliegen dem Vorrang des Unionsrechts.[272] Es wäre nämlich nicht zu rechtfertigen, „wenn dem Einzelnen der Rechtsschutz, der sich für ihn aus der unmittelbaren Wirkung des Gemeinschaftsrechts ergibt und den die innerstaatlichen Gerichte zu gewährleisten haben ..., in einem Fall verweigert würde, in dem es um die Gültigkeit eines Verwaltungsakts geht. Dieser Rechtsschutz kann nicht von der Art der entgegenstehenden Bestimmung des innerstaatlichen Rechts abhängen".[273] Wenngleich noch ungeklärt ist, ob damit die innerstaatliche **Bestandskraft** oder aber nur die Tatbestandswirkung unionsrechtswidriger Verwaltungsakte entfällt,[274] bieten sich dem Praktiker aus dieser Rechtsprechung weitreichende Möglichkeiten: Die Versäumung von Widerspruchs- und Klagefristen (z. B. §§ 58, 70 VwGO) hat nicht zwangsläufig zur Folge, dass unionsrechtswidrige Einzelakte von den Betroffenen hingenommen werden müssen (→ Rn. 270 ff. u. 299 f.).

102 Zu besonderen Problemen kann der Anwendungsvorrang führen, wenn die Unanwendbarkeit einer innerstaatlichen Vorschrift zu einem **„Rechtsvakuum"** zu Lasten des sich auf das Unionsrecht berufenden Bürgers entsteht. In einer solchen Situation ist das nationale Gericht zwar verpflichtet, die nationale Vorschrift unangewendet zu lassen. Diese Verpflichtung beschränkt allerdings nicht die Befugnis der zuständigen Behörden und Gerichte, „unter mehreren nach der innerstaatlichen Rechtsordnung in Betracht kommenden Wegen diejenigen zu wählen, die zum Schutz der durch das Gemeinschaftsrecht gewährten individuellen Rechte geeignet erscheinen."[275]

103 Anwendungsvorrang und unionsrechtskonforme Auslegung stellen nur Mindestgarantien dar. Sie entbinden die innerstaatlichen Gesetzgebungsorgane nicht von ihren Pflichten, unionsrechtswidrige Rechtsvorschriften aufzuheben oder an das EU-Recht anzupassen **(Anpassungspflicht des Gesetzgebers).**[276] Denn die Beibehaltung einer unionsrechtswidrigen und daher unanwendbaren Norm führt „zu Unklarheiten tatsächlicher Art, weil die betroffenen Normadressaten bezüglich der ihnen eröffneten Möglichkeiten, sich auf das Gemeinschaftsrecht zu berufen, in einem Zustand der Ungewissheit gelassen werden".[277]

**Beispiel:** Unter unmittelbarer Berufung auf die in Art. 49 AEUV gewährleistete Niederlassungsfreiheit darf jeder Anwalt eine „Zweigstelle" in anderen EU-Staaten errichten.[278] Gleichwohl sah sich der deutsche Gesetzgeber gezwungen, das seinerzeitige „Zweigstellenverbot" (§ 28 BRAO) an die unionsrechtlichen Anforderungen anzupassen (vgl. § 29a BRAO).

104 Differenziert zu beurteilen sind die Auswirkungen des Anwendungsvorrangs auf die **Gültigkeit von Verträgen.** Verletzt eine vertragliche Vereinbarung die im jeweiligen Rechtsverhältnis anwendbare Unionsvorschrift, so ist der Vertrag nicht von vornherein

---

[272] EuGH Rs. C-224/97, *Ciola,* Slg. 1999, I-2517 Rn. 32 = EuZW 1999, 405 = NJW 1999, 2355 mit Anm. *Schilling* EuZW 1999, 407; *Streinz* JuS 1999, 1222 u. *Gundel* EuR 1999, 781.

[273] EuGH Rs. C-224/97, *Ciola,* Slg. 1999, I-2517 Rn. 33.

[274] Vgl. *Gundel* EuR 1999, 781, 787; *Frank* ZöR 2000, 55; *Potacs* EuR 2004, 595, 599.

[275] EuGH verb. Rs. C-10/97 bis C-22/97, *IN. CO. GE,* Slg. 1998, I-6307 Ls. 2 = NJW 1999, 201 = EuZW 1998, 719 mit Anm. *v. Danwitz* JZ 1999, 198.

[276] Vgl. *Ruffert,* in: Calliess/Ruffert (Fn. 70), Art. 288 AEUV Rn. 82; *Schroeder,* in: Streinz (Fn. 88), Art. 288 AEUV Rn. 62 ff.

[277] EuGH Rs. C-290/94, *Kommission/Griechenland,* Slg. 1996, I-3285 Rn. 29; Rs. 74/86, *Kommission/Deutschland,* 1988, 2139 Rn. 10.

[278] EuGH Rs. 107/83, *Klopp,* Slg. 1984, 2971 Rn. 18 f. = NJW 1985, 1275. S. hierzu *Schmidt am Busch* JA 1987, 50.

nichtig. Vielmehr kommt es darauf an, ob der Schutzzweck der verletzten Unionsrechtsvorschrift die Nichtigkeit (§ 134 BGB) oder die Teilnichtigkeit (§ 139 BGB) voraussetzt – dies ist etwa bei Verletzung des Durchführungsverbotes für Beihilfen der Fall – oder aber die bloße (Unions-)Rechtswidrigkeit genügt, um dem Vorrang des EU-Rechts genüge zu tun.[279]

**Beispiel:** Eine kommunal betriebene Therme erhebt höhere Preise für nicht ortsansässige Besucher als für Gemeindebewohner. Ein französischer Urlauber verlangt die teilweise Rückzahlung des von ihm entrichteten Einrittspreises, da das erhöhte Eintrittsgeld gegen Unionsrecht verstoße und der geschlossene Vertrag daher teilweise nichtig sei. Das OLG München bejahte zwar einen Verstoß gegen die Diskriminierungsverbote des Vertrages, deren Auslegung allerdings ergebe, dass es sich bei ihnen nicht um Verbotsgesetze im Sinne von § 134 BGB handele, zumal sie sich ohnehin nicht an die Vertragsparteien richteten.[280]

## 4. Adressaten des Anwendungsvorrangs

Adressaten des Anwendungsvorrangs sind zunächst die **Gerichte.** Diese haben sämtliche innerstaatlichen Normen oder Einzelakte unangewendet zu lassen, sofern diese mit Unionsrecht nicht vereinbar sind. Anders als dies z. B. Art. 100 Abs. 1 GG für das deutsche Verfassungsrecht vorsieht, braucht demnach eine für unionsrechtswidrig erachtete Vorschrift nicht dem EuGH vorgelegt zu werden, sondern muss vom entscheidenden Gericht – gleich welcher Instanz – unangewendet gelassen werden.[281] Eine analoge Anwendung des Art. 100 Abs. 1 GG kommt nicht in Betracht.[282] 105

Ebenso sind die **Verwaltungsbehörden** Adressaten des Anwendungsvorrangs.[283] Nach der Rechtsprechung des EuGH unterliegen nämlich „nicht nur die nationalen Gerichte, sondern auch alle Träger der Verwaltung einschließlich der Gemeinden und der sonstigen Gebietskörperschaften der Verpflichtung, jede entgegenstehende Bestimmung des nationalen Rechts unangewendet zu lassen."[284] Diese Pflicht gilt ohne Rücksicht auf den rechtlichen Charakter der Vorschriften. Insbesondere wäre es „widersprüchlich, zwar zu entscheiden, dass die Einzelnen sich vor nationalen Gerichten auf die Bestimmungen einer Richtlinie … berufen können, um das Verhalten der Behörden beanstanden zu lassen, trotzdem aber die Auffassung zu vertreten, dass die Verwaltung nicht verpflichtet ist, die Bestimmungen der Richtlinie dadurch einzuhalten, dass sie die Vorschriften des nationalen Rechts, die damit nicht im Einklang stehen, unangewendet lässt."[285] 106

Anders als im deutschen Recht – hier sind die Behörden zur Anwendung verfassungswidrigen Rechts verpflichtet, solange nicht das BVerfG es verworfen hat – ist demnach die **gesamte öffentliche Verwaltung** gehalten, die als unionsrechtswidrig angesehenen Bestimmungen des deutschen Rechts jedenfalls dann unangewendet zu lassen, wenn der 107

[279] OLG München EuZW 2008, 773; a. A. *Wiedmann* AnwBl 2007, 326, 327; *Ganten,* Die Drittwirkung der Grundfreiheiten, 2000, S. 199 ff.; *Fischer* EuZW 2009, 208 m. w. N.; zur Nichtigkeit einer beihilfenwidrigen Bürgschaft EuGH Rs. C-275/10, *Residex.* = EuZW 2012, 106.

[280] OLG München EuZW 2008, 773.

[281] Vgl. etwa EuGH Rs. 106/77, *Simmenthal II,* Slg. 1978, 629 Rn. 21 ff. = NJW 1978, 1741; EuGH Rs. C-213/89, *Factortame,* Slg. 1990, I-2433 Rn. 17 ff. = DVBl. 1991, 861 = NJW 1991, 2271.

[282] BVerfGE 31, 145, 174 f.; BVerfGE 82, 159, 191; kritisch *Pagenkopf* NVwZ 1993, 216, 223; *Hummel* NVwZ 2008, 36; *Wackerbarth/Kresse* EuZW 2010, 252.

[283] EuGH Rs. 103/88, *Fratelli Costanzo,* Slg. 1989, 1839, Rn. 28 ff. = NVwZ 1990, 649; EuGH Rs. C-224/97, *Ciola,* Slg. 1999, I-2517 Rn. 30 = EuZW 1999, 405 = NJW 1999, 2355 mit Anm. *Schilling* EuZW 1999, 407; OVG Münster Urt. v. 13.6.2001, Az. 17 A 5552/00; kritisch VG Saarland, Beschl. v. 12.9.2006, Az. 3 F 38/06, Rn. 47; umfassend *Demleitner* NVwZ 2009, 1525; vgl. auch *Streinz/Herrmann* EuZW 2006, 455, 458 sowie BayVBl 2008, 1; *Palm* GewArch 2011, 424, 426 ff.; *Semmroth* NVwZ 2006, 1378, 1380; *Martini* DVBl 2007, 10, 16 f.

[284] EuGH Rs. C-224/97, *Ciola,* Slg. 1999, I-2517 Rn. 30.

[285] EuGH Rs. 103/88, *Fratelli Costanzo,* Slg. 1989, 1839 Rn. 31.

Rechtsverstoß offenkundig ist.[286] Geht etwa aus der Entscheidung eines EU-Gerichts oder einer Stellungnahme der EU-Kommission klar hervor, dass eine deutsche Rechtsvorschrift oder Rechtspraxis EU-widrig ist, so dürfen den Betroffenen diese nicht entgegengehalten werden.[287] Ob auch dem **Bundespräsidenten** eine unionsrechtliche Prüfungskompetenz der von ihm auszufertigenden Gesetze obliegt, ist strittig.[288]

## VI. Die Pflicht zur autonomen Auslegung des Unionsrechts

### 1. Praktische Bedeutung

108 Das Recht der Europäischen Union ist „aus sich heraus", d. h. autonom auszulegen. Das **Erfordernis einer einheitlichen Anwendung** des Unionsrechts bringt es mit sich, „dass sich die in diesem Recht verwendeten Begriffe nicht nach Maßgabe der Besonderheiten des jeweiligen innerstaatlichen Rechts verändern dürfen, sondern dass sie auf objektiven Kriterien beruhen müssen, die in einem gemeinschaftlichen Rahmen festgelegt worden sind".[289] Selbst bei genauer Übereinstimmung der verschiedenen Sprachfassungen ist nämlich zu beachten, „dass das Gemeinschaftsrecht eine eigene, besondere Terminologie verwendet. Im Übrigen ist hervorzuheben, dass Rechtsbegriffe im Gemeinschaftsrecht und in den verschiedenen nationalen Rechten nicht unbedingt den gleichen Gehalt haben müssen".[290]

**Beispiel:** Die Reichweite vieler Freizügigkeits- und arbeitsrechtlicher Regeln knüpft am Begriff des „Arbeitnehmers" an. Deshalb darf z. B. einer britischen Staatsangehörigen die Zulassung zum Referendardienst nicht mit dem Hinweis verweigert werden, ein Beamter auf Widerruf sei kein Arbeitnehmer. Denn entscheidendes Merkmal ist nicht etwa „die Art des Rechtsverhältnisses ... – öffentlich-rechtlicher Status oder privatrechtlicher Vertrag –," sondern „dass jemand während einer bestimmten Zeit für einen anderen nach dessen Weisung Leistungen erbringt, für die er als Gegenleistung eine Vergütung erhält".[291]

109 Die sich aus der Pflicht zur autonomen Auslegung ergebenden **Konsequenzen und Möglichkeiten** werden weithin unterschätzt. Scheinbar unionsrechtskonforme innerstaatliche Vorschriften oder Gerichtsentscheidungen erweisen sich häufig erst bei näherer Prüfung als rechtswidrig, weil sie bestimmten unionsrechtlichen Erfordernissen und Auslegungsmaximen nicht ausreichend Rechnung getragen haben. So stellt sich oft erst Jahre nach Umsetzung einer Richtlinie heraus, dass das innerstaatliche Recht die Grundsätze der autonomen Auslegung nicht hinreichend berücksichtigt hat – mit allen haftungsrechtlichen Folgen, die sich aus einer fehlerhaften Umsetzung des Unionsrechts ergeben (→ Rn. 429 ff.).

---

[286] *Demleitner* NVwZ 2009, 1525, 1526 ff.; *Martini* DVBl. 2007, 10, 17; *Streinz/Hermann* EuZW 2006, 455, 458; s. a. *Mögele* BayVBl. 1993, 129, 131 f.; *Pernice* NVwZ 1990, 201 f.; kritisch *Papier* DVBl. 1993, 809, 813 f.; *Pagenkopf* NVwZ 1993, 216, 223; *Kadelbach* (Fn. 105), S. 157 ff.

[287] Vgl. EuGH Rs. 5/84, *Direct Cosmetics Ltd.,* Slg. 1985, 617 Rn. 37; *Demleitner* NVwZ 2009, 1525, 1529 f.

[288] Verneinend *Neumann* DVBl. 2007, 1335, 1336 ff.; bejahend *Sannwald,* in: Schmidt-Bleibtreu/Klein, GG, 13. Aufl. 2011, Art. 82 Rn. 17.

[289] EuGH Rs. 69/79, *Jordens-Vosters/Bedrijfsvereniging voor de Leder- en Lederverwerkende Industrie,* Slg. 1980, 75 Rn. 6; vgl. auch EuGH Rs. C-296/95, *EMU Tabac u. a.,* Slg. 1998, I-1605 Rn. 30 = EuZW 1998, 503; EuGH Rs. C-467/08, *SGAE,* noch nicht in d. amtl. Slg., Rn. 37.

[290] EuGH Rs. 283/81, *C. I. L. F. I. T.,* Slg. 1982, 3415 Rn. 19 = DVBl. 1983, 267 = NJW 1983, 1257.

[291] EuGH Rs. 66/85, *Lawrie-Blum,* Slg. 1986, 2121 Rn. 17; Rs. C-85/96, *Sala,* Slg. 1998, I-2691 Rn. 32 = EuGRZ 1998, 593 = EuZW 1998, 372; EuGH Rs. C-107/94, *Asscher,* Slg. 1996, I-3089 Rn. 25 = EuZW 1996, 502 = NJW 1996, 2921 mit Anm. *Kaefer* EWS 1996, 289.

## 2. Wortlautinterpretation und verschiedene Sprachfassungen

Wie auch im deutschen Recht reicht es grundsätzlich nicht aus, allein auf den **allgemeinen Sprachgebrauch** eines Begriffes abzustellen.[292] Dieser dient zwar als Ausgangspunkt der Interpretation; wie „der Gerichtshof jedoch in seiner Rechtsprechung betont hat, ist bei der Auslegung einer Gemeinschaftsvorschrift nicht nur ihr Wortlaut zu berücksichtigen, sondern auch ihr Zusammenhang und die Ziele, die mit der Regelung, zu der sie gehört, verfolgt werden".[293] Eine Interpretation anhand des Wortlauts und des gewöhnlichen Sprachgebrauchs reicht insbesondere dann nicht aus, wenn die Sprachfassungen voneinander abweichen oder aus anderen Gründen Interpretationsspielräume bleiben.[294] 110

In der Europäischen Union sind **alle Sprachen gleichberechtigt.** Die Heranziehung der deutschen Übersetzung sollte daher im Zweifel für die Bearbeitung eines unionsrechtlich geprägten Rechtsstreits nicht genügen. Es ist vielmehr „dem Umstand Rechnung zu tragen, dass die Vorschriften des Gemeinschaftsrechts in mehreren Sprachen abgefasst sind und dass die verschiedenen sprachlichen Fassungen gleichermaßen verbindlich sind; die Auslegung einer gemeinschaftsrechtlichen Vorschrift erfordert somit einen Vergleich ihrer sprachlichen Fassungen".[295] Dieses Erfordernis stellt an die Rechtspraxis erhebliche Anforderungen. Ihnen kann in der Praxis nur dadurch Rechnung getragen werden, dass in Zweifelsfällen auf die im „EUR-LEX" (→ Rn. 9) veröffentlichten weiteren Sprachfassungen rekurriert wird. 111

Führt der **Textvergleich** zu divergierenden Ergebnissen, so kann keine der Sprachfassungen Vorrang vor anderen sprachlichen Fassungen beanspruchen. Solch ein Vorrang wäre „mit dem Erfordernis einer einheitlichen Anwendung des Gemeinschaftsrechts unvereinbar. Wenn die sprachlichen Fassungen voneinander abweichen, muss die betreffende Vorschrift nach dem allgemeinen Aufbau und dem Zweck der Regelung ausgelegt werden, zu dem sie gehört".[296] 112

## 3. Systematik und enge Auslegung von Ausnahmen

Nach der systematischen Auslegungsmethode ist jede Vorschrift des Unionsrechts „in ihrem Zusammenhang zu sehen und im Lichte des gesamten Gemeinschaftsrechts, seiner Ziele und seines Entwicklungsstands zur Zeit der Anwendung der betreffenden Vorschrift auszulegen."[297] Weichen der Wortlaut einer Bestimmung und ihre **Überschrift** voneinander ab, so sind „beide so auszulegen, dass alle verwendeten Formulierungen Sinn erhalten".[298] 113

In ständiger Rechtsprechung hat der Gerichtshof den Grundsatz der **restriktiven Auslegung von Ausnahmebestimmungen** betont („singularia non sunt extenda").[299] Danach sind insbesondere die Ausnahmebestimmungen zu den grundlegenden Vertragsbestim- 114

[292] Vgl. *Müller/Christensen,* Juristische Methodik, Band II, Europarecht, 2003, S. 24 ff.; *Schroeder* JuS 2004, 180, 182.

[293] EuGH Rs. 292/82, *Merck/Hauptzollamt Hamburg-Jonas,* Slg. 1983, 3781 Rn. 12.

[294] EuGH Rs. C-185/89, *Velker,* Slg. 1990, I-2561 Rn. 16 f.

[295] EuGH Rs. 283/81, *C. I. L. F. I. T.,* Slg. 1982, 3415 Rn. 18 = DVBl. 1983, 267 = NJW 1983, 1257; s. a. EuGH Rs. 100/84, *Kommission/Vereinigtes Königreich,* Slg. 1985, 1169 Rn. 16; EuGH Rs. C-457/05, *Schutzverband der Spirituosen-Industrie,* Slg. 2007, I-8075 Rn. 17; *Schroeder* JuS 2004, 180, 184 f.

[296] EuGH Rs. C-149/97, *Institute of the Motor Industry,* Slg. 1998, I-7053 Rn. 16 = EuZW 1999, 55 = EWS 1998, 468; vgl. auch EuGH Rs. 9/79, *Koschniske/Raad van Arbeid,* Slg. 1979, 2717 Rn. 6; Rs. C-236/97, *Codan,* Slg. 1998, I-8679 Rn. 26 = EuZW 1999, 154; EuGH Rs. C-219/95 P, *Ferrière Nord/Kommission,* Slg. 1997, I-4411 Rn. 12 ff.; *Müller/Christensen* (Fn. 268), S. 205 ff.

[297] EuGH Rs. 283/81, *C. I. L. F. I. T.,* Slg. 1982, 3415 Rn. 20 = DVBl. 1983, 267 = NJW 1983, 1257.

[298] EuG Rs. T-143/99, *Hortiplant,* Slg. 2001, II-1665 Rn. 40.

[299] Dazu eingehend *Schilling* EuR 1996, 44; s. a. *Gornig/Trüe* JZ 2000, 395, 396.

mungen (z. B. Grundfreiheiten, Beihilfeverbot etc.) eng auszulegen.[300] Gleiches gilt für Ausnahmebestimmungen des Sekundärrechts.[301]

**Beispiel:** Die 6. Mehrwertsteuerrichtlinie enthält den Grundsatz, dass jede Dienstleistung der Umsatzsteuer unterliegt. Deshalb sind „Begriffe, mit denen die Steuerbefreiungen nach Artikel 13 der Sechsten Richtlinie umschrieben sind, eng auszulegen, da sie Ausnahmen vom allgemeinen Grundsatz darstellen, wonach jede Dienstleistung, die ein Steuerpflichtiger erbringt, der Umsatzsteuer unterliegt."[302]

## 4. Auslegung nach dem Willen des Unionsgesetzgebers

115 Anders als im deutschen Recht kommt der historischen Auslegung im Unionsrecht traditionell nur eine **untergeordnete Bedeutung** zu. Dies liegt vor allem daran, dass viele Gesetzesmaterialien (Ratsprotokolle, Vorschläge von Delegationen, Vorarbeiten der EU-Kommission etc.) i. d. R. nicht frei zugänglich sind.[303] Soweit die Materialien veröffentlicht sind, kann zwar auch auf die Entstehungsgeschichte einer Vorschrift zurückgegriffen werden.[304] Allerdings kann z. B. die Frage, ob sich der Unionsgesetzgeber auf eine ausreichende primärrechtliche Rechtsgrundlage gestützt hat (→ Rn. 243), nicht nach dem subjektiven Willen der Unionsorgane oder anhand interner Dokumente beurteilt werden. Im Rahmen des Zuständigkeitssystems der Union kann die **Wahl der Rechtsgrundlage** eines Rechtsaktes „nicht allein davon abhängen, welches nach der Überzeugung eines Organs das angestrebte Ziel ist, sondern muss sich auf objektive, gerichtlich nachprüfbare Umstände gründen".[305]

116 Rechtsakten des sekundären Unionsrechts (Verordnungen, Richtlinien und Entscheidungen) werden **Begründungserwägungen** vorangestellt (sog. *considérants*). Unstreitig ist bei „der Auslegung des verfügenden Teils einer Handlung die Begründung, die zu ihrem Erlass geführt hat, zu berücksichtigen."[306] Dennoch sollten die Begründungserwägungen nicht überbewertet werden.[307] Eine Begründungserwägung kann zwar „dazu beitragen, Aufschluss über die Auslegung einer Rechtsvorschrift zu geben, sie kann jedoch nicht selbst eine solche Vorschrift darstellen".[308]

117 Die einer Verordnung oder einer Richtlinie häufig beigefügten **Protokollerklärungen** sind von sehr begrenzter Bedeutung.[309] Dies gilt sowohl für Erklärungen der Unionsorgane als auch der nationalen Regierungen. So hat der Gerichtshof festgehalten, „dass eine Auslegung, die aus einer Erklärung des Rates hergeleitet wird, nicht zu einer anderen

[300] Vgl. schon EuGH Rs. 2 u. 3/62, *Kommission/Luxemburg u. Belgien,* Slg. 1962, 869, 881 u. EuGH Rs. 41/74, *van Duyn,* Slg. 1974, 1337 Rn. 8.

[301] EuGH Rs. C-135/93, *Spanien/Kommission,* Slg. 1995, I-1651 Rn. 37; Rs. C-450/93, *Kalanke,* Slg. 1995, I-3051 Rn. 21; EuGH Rs. C-476/01, *Kapper,* Slg. 2004, I-5205 Rn. 72; EuG Rs. T-105/95, *WWF UK/Kommission,* Slg. 1997, II-313 Rn. 56.

[302] EuGH Rs. 348/87, *Stichting,* Slg. 1989, 1737 Rn. 13; vgl. auch EuGH Rs. C-149/97, *Institute of the Motor Industry,* Slg. 1998, I-7053 Rn. 17 = EuZW 1999, 55 = EWS 1998, 468.

[303] *Anweiler,* Auslegungsmethoden des Gerichtshofs, S. 246 ff.; *Grundmann,* Die Auslegung des Gemeinschaftsrechts, S. 292; *Redeker/Karpenstein* NJW 2001, 2825, 2829; *Müller/Christensen* (Fn. 268), S. 256 f.

[304] Vgl. EuGH Rs. C-324/98, *Telekom Austria,* Slg. 2000, I-10745 Rn. 45 = EuR 2001, 266 = EuZW 2001, 90. Weitergehend *Leisner* EuR 2007, 689, 696 ff.

[305] EuGH Rs. 45/86, *APS I,* Slg. 1987, 1517 Rn. 11 = NJW 1987, 3073.

[306] EuG verb. Rs. T-244/93 u. T-486/93, *Textilwerke Deggendorf/Kommission,* Slg. 1995, II-2265 Rn. 46; ferner EuG verb. Rs. T-68/89, T-77/89 und T-78/89, *SIV u. a./Kommission,* Slg. 1992, II-1403, Rn. 320; EuGH Rs. 14/69, *Markus & Walsh/Hauptzollamt Hamburg,* Slg. 1969, 349, 356 f.; Rs. 34/70, *Syndicat National Céréales/Office National Céréales,* Slg. 1970 Rn. 6 ff.; EuGH Rs. 25/78, *Schouten,* Slg. 1978, 2543 Rn. 31/33.

[307] *Redeker/Karpenstein* NJW 2001, 2825, 2830.

[308] EuGH Rs. 215/88, *Casa Fleischhandel,* Slg. 1989, 2789 Rn. 31;

[309] *Pechstein* EuR 1990, 249.

Auslegung als der führen darf, die sich aus dem Wortlaut ... der Richtlinie selbst ergibt".[310] Erst recht können einzelstaatliche Erklärungen, auch wenn sie zu Protokoll gegeben sind, „nicht für die Auslegung eines Rechtsakts der Gemeinschaft herangezogen werden, da die allgemeine Geltung der von den Gemeinschaftsorganen erlassenen Normen nicht durch Vorbehalte oder Einwendungen der Mitgliedstaaten bei ihrer Ausarbeitung relativiert werden kann".[311]

Ebenso wenig kann eine **tatsächliche Rechtspraxis** der Unionsorgane oder der Mitgliedstaaten an einem bestimmten Auslegungsergebnis etwas ändern. Es kann, wie der Gerichtshof mehrfach betont hat, „jedenfalls eine schlichte Praxis die Vorschriften des EG-Vertrags nicht überspielen".[312] 118

Im Sinne einer **kontinuitätswahrenden Interpretation** ist die genetische Auslegung allerdings dann bedeutsam, wenn der Unionsgesetzgeber verschiedene Rechtsakte zusammenfügt („konsolidiert") oder Nachfolgeregelungen verabschiedet. Denn nach „einem den Rechtsordnungen der Mitgliedstaaten gemeinsamen, auf das römische Recht zurückgehenden Grundsatz ist bei Änderung der Gesetzgebung, soweit der Gesetzgeber nicht einen entgegenstehenden Willen zum Ausdruck gebracht hat, der Auslegung der Vorzug zu geben, welche die Kontinuität der Rechtsstrukturen gewährleistet".[313] 119

## 5. Teleologische Auslegung und „effet utile"

Für regelmäßige Überraschungen sorgt der dem Unionsrecht innewohnende Effektivitätsgrundsatz.[314] Zur Durchsetzung der Ziele der Unionsorgane ist hiernach im Zweifel diejenige Auslegung zu bevorzugen, die in den Mitgliedstaaten die volle – genannt auch „nützliche" bzw. „praktische" – Wirkung (**„effet utile"**) der in Rede stehenden Bestimmungen gewährleistet: Nach ständiger Rechtsprechung des Gerichtshofes ist bei verschiedenen möglichen Auslegungen einer unionsrechtlichen Vorschrift „derjenigen der Vorzug zu geben, die die praktische Wirksamkeit der Vorschrift zu wahren geeignet ist."[315] 120

**Beispiel:** Gestützt auf § 839 BGB i. V. m. Art. 34 GG klagt ein Unternehmen Schadensersatz für eine schriftlich zugesicherte, aber versehentlich von der Behörde nicht notifizierte Beihilfe ein. Obgleich staatliche Zahlungen auf Grund von Amtshaftungsansprüchen und staatliche Beihilfen wesensverschieden sind,[316] würde es dem Effektivitätsgebot widersprechen, wenn ein Gericht eine unionsrechtswidrige Beihilfe als Schadensersatzforderung gewähren würde. Bei „einem solchen Verständnis würde das Beihilferegime des Gemeinschaftsrechts völlig ausgehöhlt, da es jeder Mitgliedstaat – ob man es ihm nun unterstellt oder es halt passiert, sei dahingestellt – es durch sein Handeln in der Hand hätte, vom EG-Recht nicht mehr zu unterbindende Beihilfen zu gewähren".[317]

---

310 EuGH Rs. 429/85, *Kommission/Italien,* Slg. 1988, 843 Rn. 9.

311 EuGH Rs. 143/83, *Kommission/Dänemark,* Slg. 1985, 427 Rn. 13; ebenso EuGH Rs. 237/84, *Kommission/Belgien,* Slg. 1986, 1247 Rn. 18; EuGH Rs. C-292/89, *Antonissen,* Slg. 1991, I-745 Rn. 17 = EuZW 1991, 351.

312 EuGH Rs. C-327/91, *Frankreich/Kommission,* Slg. 1994, I-3641 Rn. 36 = EuZW 1994, 566 = EWS 1994, 310.

313 EuGH Rs. 23/68, *Klomp,* 1969, 43 Rn. 13; s. allerdings auch EuGH Rs. 15/60, *Simon,* Slg. 1961, 239, 261.

314 *Potacs* EuR 2009, 465, 466 ff.; *Streinz,* in: Festschrift Everling, 1995, S. 1507 ff.; *Seyr,* Der effet utile in der Rechtsprechung des EuGH, 2008, S. 14 ff. und passim.

315 EuGH Rs. C-403/99, *Italien/Kommission,* Slg. 2001, I-6883 Rn. 28, 31 f.; EuGH Rs. C-63/00, *Baden-Württemberg/Schilling,* Slg. 2002, I-4483 Rn. 24; EuGH Rs. C-434/97, *Frankreich/Kommission,* Slg. 2000, I-1129 Rn. 21 = EWS 2000, 175; EuGH Rs. 187/87, *Saarland/Ministerium für Post u. Fernmeldewesen u. Fremdenverkehr,* Slg. 1988, 5013 Rn. 19 = DVBl. 1989, 813 = NVwZ 1988, 1117. Im Einzelfall hat der Gerichtshof allerdings anerkannt, dass „der am wenigsten belastenden Auslegung der Vorzug zu geben (ist), wenn sie genügt, um die Ziele zu erreichen, denen die umstrittene Entscheidung dienen soll", so EuGH Rs. 29/69, *Stauder/Ulm,* Slg. 1969, 419 Rn. 4.

316 EuGH verb. Rs. 106 bis 120/87, *Astéris u. a.,* Slg. 1988, 5515 Rn. 21 ff.

317 LG Magdeburg Urt. v. 27.9.2002, Az. 10 O 499/02; ebenso LG Berlin Urt. v. 22.4.2008, Az. 9 O

121 Der Auslegungs- und Anwendungsmaßstab des „effet utile“ erklärt sich aus der Sorge um die bestmögliche **Sicherung der Funktionsfähigkeit** der EU: Als „Rechtsunion“ ohne eigene Zwangsmittel ist sie auf die substanzielle Mitwirkung der innerstaatlichen Behörden und Gerichte angewiesen. Es geht demnach nicht, wie das BVerfG dem EuGH unterstellt hat, um „eine größtmögliche Ausschöpfung der Gemeinschaftsbefugnisse“,[318] sondern darum, im konkreten Einzelfall Umgehungen des Unionsrechts zu verhindern und ihm in allen Mitgliedstaaten zur Durchsetzung zu verhelfen. (Nur) im Einzelfall kann dies eine **Rechtsfortbildung** rechtfertigen.[319]

**Beispiel:** Der unionsrechtliche Staatshaftungsanspruch (→ Rn. 429 ff.) wurde darauf gestützt, dass „die volle Wirksamkeit der gemeinschaftsrechtlichen Bestimmungen ... beeinträchtigt wäre, „wenn der Einzelne nicht die Möglichkeit hätte, für den Fall eine Entschädigung zu erlangen, dass seine Rechte durch einen Verstoß gegen das Gemeinschaftsrecht verletzt werden, der einem Mitgliedstaat zuzurechnen ist“.[320]

122 Der Grundsatz des „effet utile“ modifiziert zahlreiche deutsche **Auslegungs- und Anwendungsgrundsätze.** So sind z. B. die deutschen Gerichte zu einer teleologischen Reduktion des Unionsrechts grundsätzlich nicht berechtigt. Ebenso wenig ist eine staatliche Instanz (Behörde, Gericht) befugt, eine unionsrechtliche Vorschrift in einem Fall unangewendet zu lassen, „in dem sie meint, dass die Anwendung dieser Vorschrift zu einem Ergebnis führen würde, das der Verordnungsgeber erkennbar zu vermeiden gesucht hätte, wenn er beim Erlass der betreffenden Bestimmung an diesen Fall gedacht hätte“[321] (Verhinderung von Umgehungsgeschäften).

## 6. Primärrechts- und völkerrechtskonforme Auslegung

123 Ähnlich der „verfassungskonformen Auslegung“ des deutschen Rechts ist eine sekundärrechtliche Vorschrift „möglichst so auszulegen, dass sie mit dem EG-Vertrag und den **allgemeinen Grundsätzen des Gemeinschaftsrechts** und ... mit dem Grundsatz des Vertrauensschutzes ... vereinbar ist“.[322] Mit anderen Worten ist, „wenn eine Bestimmung des abgeleiteten Gemeinschaftsrechts mehr als eine Auslegung gestattet, die Auslegung, bei der die Bestimmung mit dem Vertrag vereinbar ist, derjenigen vorzuziehen, die zur Feststellung der Unvereinbarkeit mit dem Vertrag führt. Die Richtlinie darf daher nicht isoliert ausgelegt werden, sondern es muss geprüft werden, ob die streitigen Erfordernisse gegen die genannten Vertragsbestimmungen verstoßen. Das Ergebnis dieser Prüfung ist bei der Auslegung der Richtlinie heranzuziehen.“[323] Des Gleichen sind Durchführungsverordnungen der Unionsorgane und anderes „Tertiärrecht“ (z. B. die Durchführungsverord-

339/07 und LG Berlin Urt. v. 26.4.2007, Az. 9 O 514/06; *Karpenstein/Klein,* in: Münchener Kommentar zum Europäischen und Deutschen Wettbewerbsrecht, Bd. 3, 2011, VerfVO Anh. zu Art. 14 (Beihilfenrückforderung), Rn. 124 f.

[318] BVerfGE 89, 155, 210; s. a. BVerfG NJW 2009, 2267, 2283.

[319] Zu den Grenzen der Rechtsfortbildung BVerfG NJW 2010, 2433, 2435; *Möllers* EuR 1998, 20, 26 ff.; *Wolf,* Die Staatshaftung der Bundesrepublik Deutschland und der Französischen Republik für Verstöße gegen das Europäische Gemeinschaftsrecht, 1999, S. 71 ff.

[320] EuGH verb. Rs. C-6/90 u. C-9/90, *Francovich,* Slg. 1991, I-5357 Rn. 33 = DVBl. 1992, 1017 = NJW 1992, 165.

[321] EuGH Rs. 299/84, *Neumann,* Slg. 1985, 3663 Rn. 25 = DVBl. 1986, 342 = NJW 1986, 650.

[322] EuGH Rs. C-98/91, *Herbrink,* Slg. 1994, I-4661 Rn. 9; ebenso: EuGH Rs. C-135/93, *Spanien/Kommission,* Slg. 1995, I-1651 Rn. 37 = EuZW 1995, 579; EuGH Rs. C-314/89, *Rauh,* Slg. 1991, 1647 Rn. 17; EuGH Rs. C-457/05, *Schutzverband der Spirituosen-Industrie,* Slg. 2007, I-8075 Rn. 22; EuGH Rs. C-275/06, *Promusicae,* Slg. 2008, I-271 Rn. 68; *Schilling* EuGRZ 2000, 3, 30 ff.; *Schroeder* JuS 2004, 180, 182.

[323] EuGH Rs. 205/84, *Kommission/Deutschland,* Slg. 1986, 3755 Rn. 62 = JZ 1986, 345 = NJW 1987, 572; ebenso EuGH Rs. 218/82, *Kommission/Rat,* Slg. 1983, 4063 Rn. 15.

nung zum Zollkodex der Gemeinschaften) nach Möglichkeit so auszulegen, dass sie mit den Grundverordnungen (Sekundärrecht) in Einklang stehen.[324]

Auch die Gebote des Vertrauensschutzes und **der Rechtssicherheit** sind bei der Aus- 124
legung und der Anwendung des Unionsrechts zu berücksichtigen.[325] Der Grundsatz der Rechtssicherheit gebietet, „dass Rechtsvorschriften vor allem dann, wenn sie nachteilige Folgen für Einzelne und Unternehmen haben können, klar, bestimmt und in ihren Auswirkungen voraussehbar sind."[326] Das Gebot der Rechtssicherheit verbietet es grundsätzlich, den Beginn der Geltungsdauer eines Rechtsakts der Union auf einen Zeitpunkt vor dessen Veröffentlichung zu legen (Grundsatz des **tempus regit actum**).[327] Ausnahmsweise können Akte der Unionsorgane (explizit oder implizit) von diesem Grundsatz eine Ausnahme machen, „wenn das angestrebte Ziel es verlangt und das berechtigte Vertrauen der Betroffenen gebührend beachtet ist."[328] Es gilt bis zum Beweis des Gegenteils die Vermutung, dass das Datum der Veröffentlichung tatsächlich dasjenige ist, das auf der einzelnen Nummer des Amtsblatts erscheint.[329] Das Gebot der Rechtssicherheit verlangt, dass der Rechtsakt in der Amtssprache der jeweiligen Adressaten veröffentlicht ist, damit er diesen gegenüber Verpflichtungen begründen kann.[330]

Im Unionsrecht ist auch anerkannt die **grundrechtskonforme Auslegung.** Sie kommt 125
in zwei Fällen in Betracht. Zum einen ist, wenn eine Bestimmung des sekundären Unionsrechts mehr als eine Auslegung gestattet, jene Auslegung heranzuziehen, die mit den Grundrechten, wie sie nunmehr in der verbindlichen Grundrechte-Charta niedergelegt sind, vereinbar ist.[331] Zum anderen müssen – dem Grundsatz der Einheit der Unionsrechtsordnung folgend – grundrechtsrelevante oder in Umsetzung der EU-Grundrechte erlassenen EU-Vorschriften, wie z. B. die Datenschutzrichtlinie, die Urheberrechtsrichtlinie oder die EU-Asylvorschriften der objektiv-rechtlichen Schutzfunktion der Unionsgrundrechte Rechnung tragen.[332]

Ebenso wie das deutsche Recht ist auch das Unionsrecht im **Einklang mit interna-** 126
**tionalem Recht** auszulegen.[333] Da die Unionsorgane ihrerseits an das Völkerrecht – insbesondere an die von der Union geschlossenen völkerrechtlichen Verträge – gebunden

---

[324] EuGH Rs. C-90/92, *Dr. Tretter,* Slg. 1993, I-3569 Rn. 11; ferner EuGH Rs. C-103/96, *Directeur Général/Eridania Beghin Say,* Slg. 1997, I-1453 Rn. 20 ff.

[325] Vgl. EuGH Rs. C-355/88, *Roermond u. a.,* Slg. 1990, I-2753 Rn. 18, EuGH Rs. C-459/02, *Gerekens/Luxembourg,* Slg. 2004, I-7315 Rn. 28 ff. Zu den allgemeinen Voraussetzungen einer Berufung auf berechtigtes Vertrauen *Schwarze,* Europäisches Verwaltungsrecht, 2. erw. Aufl. 2005, S. LXXVII ff.; *Borchardt,* Der Grundsatz des Vertrauensschutzes im Europäischen Gemeinschaftsrecht, 1988, S. 76 ff., S. 99 u. S. 122 ff.; *Gornig/Trüe* JZ 2000, 501, 503 ff.; *Frenz* EuR 2008, 468.

[326] EuGH verb. Rs. C-72/10 und C-77/10, *Costa,* noch nicht in der amtl. Slg., Rn. 74.

[327] EuGH Rs. 98/78, *Racke,* Slg. 1979, 69 Rn. 20; EuGH Rs. 99/78, *Decker,* Slg. 1979, 101 Rn. 8; EuGH Rs. C-61/98, *De Haan,* Slg. 1999, I-5003 Rn. 13; eingehend *Heukels,* Intertemporales Gemeinschaftsrecht. Rückwirkung, Sofortwirkung und Rechtsschutz in der Rechtsprechung des Gerichtshofes der Europäischen Gemeinschaften, 1990, S. 42 ff., 50 ff., 134 ff. m. w. N.

[328] EuGH Rs. C-368/89, *Crispoltoni I,* Slg. 1991, I-3695 Rn. 17.

[329] EuG Rs. T-115/94, *Opel Austria gmbH/Rat,* Slg. 1997, II-39 Rn. 127 f. = EuZW 1997, 664 mit Anm. *Kahil* EuZW 1997, 671.

[330] EuGH Rs. C-161/06, *Skoma-Lux,* Slg. 2007, I-10841 Rn. 38 ff. = EWS 2008, 52, 54.

[331] Vgl. EuGH Rs. 5/88, *Wachauf,* Slg. 1989, 2609, Rn. 22; EuGH Rs. C-260/89, *ERT,* Slg. 1991, I-2925 Rn. 43 f.; *Streil* EuGRZ 1976, 115; EuGH Rs. C-400/10, *McB.,* noch nicht i. d. amtl Slg., Rn. 49 ff. = JZ 2011, 145, 147 m. Anm. *Thym* JZ 2011, 148; EuGH Rs. C-411/10, N. S./Sacretary of State, noch nicht in der amtl. Slg., Rn. 77 = NVwZ 2012, 417. Schlussanträge GA Trstenjak, EuGH Rs. C-316/09, *MSD,* noch nicht in der amtl. Slg., Rn. 65, 73 m. w. N.

[332] Vgl. etwa EuGH verb. Rs. C-465/00, C-138/01 u. C-139/01, *ORF,* Slg. 2003, I-4949 Rn. 69; dazu *Siemen* EuR 2004, 306, 312 f.; *Ruffert* EuGRZ 2003, 466, 470; *Scheuing* EuR 2005, 162, 170 ff.; *Britz* EuGRZ 2009, 1, 4; s. a. EuGH Rs. C-274/99 P, *Connolly/Kommission,* Slg. 2001, I-1611 Rn. 37.

[333] Vgl. etwa EuGH Rs. 41/74, *van Duyn,* Slg. 1974, 1337 Rn. 21/23; EuGH Rs. C-61/94, *Kommission/Deutschland,* Slg. 1996, I-4006 Rn. 52.

sind, hat „die Auslegung des Gemeinschaftsrechts und die Umschreibung ihres Anwendungsbereichs im Licht der einschlägigen Regeln des Völkerrechts zu erfolgen."[334] Gestattet andererseits das Völkerrecht einem Mitgliedstaat eine unionsrechtswidrige Maßnahme zu treffen, ohne ihn dazu zu verpflichten, „so muss der Mitgliedstaat vom Erlass einer solchen Maßnahme absehen."[335]

### 7. Allgemeine Rechtsfindungsmethoden

127 Weitere Argumentationsfiguren sind dem Unionsrecht nicht fremd, werden aber in der Praxis des EuGH zurückhaltend verwendet. Dies betrifft z. B. Erst-Recht-Schlüsse[336] oder die Bildung von **Analogien,**[337] die nach der Rechtsprechung lediglich in „bestimmten Ausnahmefällen" in Betracht kommt. Beispielsweise können sich Wirtschaftsteilnehmer nur dann mit Erfolg auf eine entsprechende Anwendung einer Verordnung berufen, „wenn sie dartun, dass die für sie geltende Regelung zum einen der Regelung, auf deren analoge Anwendung sie sich berufen, weitgehend entspricht, und zum anderen eine Lücke enthält, die mit einem allgemeinen Grundsatz des Gemeinschaftsrechts unvereinbar ist und die durch entsprechende Anwendung geschlossen werden kann".[338] Ein Analogieverbot gilt für Sanktionen i. w. S. (z. B. Kautionsregelungen, Bußgelder), da Analogien keine „klare und unzweideutige Grundlage für die Verhängung einer Sanktion" bilden können.[339]

## § 3 Wen verpflichtet das Unionsrecht?

**Schrifttum:** *Birkemeyer,* Die unmittelbare Drittwirkung der Grundfreiheiten, EuR 2010, 662; *Bühring/Lang,* Vorwirkung von EG-Richtlinien gegenüber staatlich kontrollierten Unternehmen des Privatrechts, ZEuP 2005, 88; *Burgi,* Mitgliedstaatliche Garantenpflicht statt unmittelbare Drittwirkung der Grundfreiheiten, EWS 1999, 327; *Forsthoff,* Drittwirkung der Grundfreiheiten: Das Angonese-Urteil, EWS 2000, 389; *Frenz,* Verpflichtungen Privater durch Richtlinien und Grundfreiheiten, EWS 2005, 104; *Ganten,* Die Drittwirkung der Grundfreiheiten, 2000; *Jaensch,* Die unmittelbare Drittwirkung der Grundfreiheiten, 1997; *Jarass/Belijn,* Grenzen der Privatbelastung durch unmittelbar wirkende Richtlinien, EuR 2004, 714; *Martiny,* Ausländerdiskriminierung und Vertragsabschluss, ZeuP 2001, 563; *Öhlinger/Potacs,* EU-Recht und staatliches Recht, 4. Aufl. 2011; *Röthel,* Grundfreiheiten und private Normgebung, EuR 2001, 908; *Scheffer,* Die Marktfreiheit des EG-Vertrages als Ermessensgrenze des Gemeinschaftsgesetzgebers, 1997; *Szczekalla,* Grundfreiheitliche Schutzpflichten – eine neue Funktion der Grundfreiheiten des Gemeinschaftsrechts, DVBl. 1998, 219; *Trüe,* Auswirkungen der Bundesstaatlichkeit Deutschlands auf die Umsetzung von EG-Richtlinien und ihren Vollzug, EuR 1996, 179; *Wollenschläger,* Der Begriff des „öffentlichen Auftraggebers" im Lichte der neuesten Rechtsprechung des EuGH, EWS 2005, 343.

128 In der Praxis besteht häufig **Unsicherheit über den Umfang** der unionsrechtlichen Bindungen. In Verkennung der Autonomie des Unionsrechts (→ Rn. 16 bis 22) scheitert die vollständige Anwendung und Umsetzung des Unionsrechts immer wieder daran, dass

---

[334] EuG Rs. T-306/01, *Yusuf u. a. /Rat u. Kommission,* Slg. 2005, II-3533 Rn. 246 = EuGRZ 2005, 592; EuGH Rs. C-335/05, *Řízení Letového Provozu,* Slg. 2007, I-4307 Rn. 16 = EWS 2007, 334.

[335] EuGH Rs. C-124/95, *Centro-Com,* Slg. 1997, I-81 Rn. 60; siehe dazu *Kokott,* in: Streinz (Fn. 83), Art. 351 AEUV Rn. 7 ff.

[336] Vgl. EuGH Rs. 41 bis 44/70, *International Fruit Company,* Slg. 1974, 411 Rn. 62/65.

[337] Vgl. *Bultmann* JZ 2004, 1100, 1101 ff.; *Gornig/Trüe* JZ 2000, 395, 397.

[338] EuGH Rs. 165/84, *Krohn,* Slg. 1985, 3997 Rn. 14 m. w. N. zur Rechtsprechung. Ebenfalls den mutmaßlichen Willen des Gemeinschaftsgesetzgebers einschränkend EuGH Rs. 21/64, *Dalmas e Figli,* Slg. 1965, 241, 262.

[339] EuGH Rs. 117/83, *Koennecke,* Slg. 1984, 3291 Rn. 16.

bestimmte Behörden, Gebietskörperschaften oder private Organisationen sich selbst an unionsrechtliche Verpflichtungen nicht gebunden sehen.

**Beispiel:** Mehrere Richtlinien verpflichten „die Mitgliedstaaten" zur Einhaltung bestimmter Immissionsschutzgrenzwerte. Im Rahmen der ihr obliegenden Bauleitplanung kann sich eine Gemeinde ihren aus dieser Richtlinie erwachsenden Verpflichtungen – und sei es auch nur für einzelne Straßenzüge – nicht etwa dadurch entziehen, dass sie die unionsrechtlich festgelegten Grenzwerte in die nach § 1 BauGB erforderliche Abwägung mit einstellt und damit „wegwägt".[340]

## I. Mitgliedstaaten

Verpflichtete des Unionsrechts sind in erster Linie die Mitgliedstaaten. **Explizit** sind die Mitgliedstaaten etwa Adressaten von EU-Richtlinien (vgl. Art. 288 Abs. 3 AEUV), der Grundfreiheiten (vgl. z. B. Art. 34 AEUV) oder von Feststellungsurteilen des EuGH im Vertragsverletzungsverfahren (Art. 260 Abs. 1 AEUV). Solche ausdrücklichen Verpflichtungen sind der Regelfall. 129

**Implizite Verpflichtungen** der Mitgliedstaaten können sich ausnahmsweise aus dem unionsrechtlichen Effektivitätsgrundsatz ergeben (→ Rn. 30 ff.). Dieser Grundsatz führt nicht nur zu einer umfassenden Bindung aller staatlichen und staatsähnlichen Gewalt an das Unionsrecht; er sorgt auch dafür, dass Pflichten, die sich – wie z. B. das Kartellverbot – nur an Private richten, auch von staatlichen Stellen zu beachten sind, sofern andernfalls die „praktische Wirksamkeit" („effet utile") dieser Verpflichtungen leer zu laufen droht. 130

**Beispiel:** Die Abfallgesetze räumen den Kommunalen Entsorgungsunternehmen eine marktbeherrschende Stellung mit Hilfe von Abfall-Überlassungspflichten ein. Obgleich sich das Verbot des Missbrauchs einer marktbeherrschenden Stellung (Art. 102 AEUV) nur an Unternehmen wendet, begründet das Missbrauchsverbot „auch für die Mitgliedstaaten die Verpflichtung, keine Maßnahmen zu treffen oder beizubehalten, die die praktische Wirksamkeit dieser Bestimmung ausschalten könnte".[341] Deshalb dürften staatlich begründete Entsorgungsmonopole gegen Art. 102 AEUV (i. V. m. Art. 4 Abs. 3 EUV) verstoßen, soweit sie den Entsorgungsträger in eine Lage versetzen, in denen dieser zwangsläufig gegen Wettbewerbsrecht verstößt, z. B. weil ihm ein Entsorgungsmarkt für bestimmte Abfälle vorbehalten wird, den er nicht bedient.[342]

Ist der Mitgliedstaat Adressat einer Verpflichtung, so ist er umfassend gebunden. Das bedeutet zunächst, dass **alle Träger öffentlicher Gewalt** von der Legislative über alle Formen der Exekutive bis hin zur Judikative an die unionsrechtlichen Verpflichtungen gebunden sind.[343] Unerheblich ist, welcher Hoheitsträger (Bund, Länder, Kommunen) mit der Umsetzung des Unionsrechts betraut ist oder welcher Handlungsformen sich der Hoheitsträger üblicherweise bedient. So hat der EuGH entschieden, „dass sich der Einzelne gegenüber einer Einrichtung des Staates auf die Richtlinie berufen kann, ohne dass es darauf ankommt, ob diese Einrichtung als Arbeitgeber oder als Hoheitsträger handelt".[344] Grundsätzlich ist von einem **weiten und funktionalen Staatsbegriff** auszugehen. 131

[340] So aber offenbar VGH München NVwZ 1996, 284; s. a. OVG Münster NVwZ-RR 2002, 831. Zutreffend aber BverwG NJW 2007, 3591.

[341] EuGH Rs. C-41/90, *Höfner u. Elser,* Slg. 1991, I-2010 Rn. 26 = EuZW 1991, 349 = NJW 1991, 2891 mit Anm. *Speyer* EuZW 1991, 399 u. *Eichenhofer* NJW 1991, 2857.

[342] Vgl. *Karpenstein,* Haushaltsabfälle zwischen Privatisierung und Kommunalisierung, 2009, S. 78 ff.; *ders./Schink* AbfallR 2011, 222, 224 ff.; *Frenz* EWS 2012, 310, 318 f.; VG Hamburg, Urt. v. 9.8.2012, Az. 4 K 1905/10.

[343] EuGH Rs. 14/83, *von Colson u. Kamann,* Slg. 1984, 1891 Rn. 26 = EuGRZ 1984, 217 = NJW 1984, 2021 mit Anm. *Nicolaysen* EuR 1984, 380; EuGH Rs. C-91/92, *Faccini Dori,* Slg. 1994, I-3325 Rn. 26 = EuZW 1994, 498.

[344] EuGH Rs. 222/84, *Johnston,* Slg. 1986, 1651 Rn. 56 = DVBl. 1987, 227; EuGH Rs. C-282/10, *Dominguez,* noch nicht in d. amtl. Slg., Rn. 35.

**Beispiel:** Die Vergaberichtlinien verpflichten die Mitgliedstaaten zur Ausschreibung öffentlicher Projekte. Der in diesen Richtlinien „verwendete Begriff des Staates ist im funktionellen Sinne zu verstehen. Das Ziel der Richtlinie, die die tatsächliche Verwirklichung der Niederlassungsfreiheit und des freien Dienstleistungsverkehrs auf dem Gebiet der öffentlichen Bauaufträge anstrebt, wäre gefährdet, wenn sie allein deswegen unanwendbar wäre, weil ein öffentlicher Bauauftrag von einer Einrichtung vergeben wird, die geschaffen wurde, um ihr durch Gesetz zugewiesene Aufgaben zu erfüllen, die jedoch nicht förmlich in die staatliche Verwaltung eingegliedert ist".[345]

132 Gebunden ist hiernach „jedenfalls jede Einrichtung, die **unabhängig von ihrer Rechtsform** kraft staatlichen Rechtsaktes unter **staatlicher Aufsicht** eine Dienstleistung im öffentlichen Interesse zu erbringen hat und die hierzu mit besonderen Rechten ausgestattet ist, die über die Beziehungen zwischen Privatpersonen geltenden Vorschriften hinausgehen".[346] Hierzu gehören z. B. die Standesorganisationen (Kammern)[347]

**Beispiel:** Bei der Entscheidung über die Zulassung eines Unionsbürgers zum Anwaltsberuf „haben die zuständigen öffentliche Stellen – einschließlich der gesetzlich anerkannten Organisationen des Berufsstandes – sicherzustellen, dass [die Standesvorschriften] in einer den Zielen der Vertragsbestimmungen über die Niederlassungsfreiheit entsprechenden Weise angewendet werden".[348]

oder die **im öffentlichen Interesse tätigen juristischen Personen** des Privatrechts, sofern der Staat Einfluss auf deren Geschäftspolitik nimmt.

**Beispiel:** Eine privatwirtschaftlich betriebene und finanzierte aber staatlich beaufsichtigte GmbH vergibt Gütesiegel (nur) für inländische Qualitätsprodukte. Nach Auffassung des EuGH kann eine solche GmbH, „die durch ein innerstaatliches Gesetz eines Mitgliedstaats geschaffen worden ist und durch einen von den Erzeugern zu entrichtenden Beitrag finanziert wird, ... nach dem Gemeinschaftsrecht nicht dieselbe Freiheit hinsichtlich der Förderung der inländischen Erzeugung genießen wie die Erzeuger selbst oder wie freiwillige Erzeugergemeinschaften".[349]

133 Ohne Bedeutung ist auch der föderative Staatsaufbau der Bundesrepublik Deutschland. Nach Maßgabe der innerstaatlichen Zuständigkeitsverteilung sind sowohl der Bund als auch die Länder zur Umsetzung und Durchsetzung des Unionsrechts verpflichtet. Selbstverständlich sind auch (→ Rn. 39, 105–107) „alle Träger der Verwaltung einschließlich der **Gemeinden** und der **sonstigen Gebietskörperschaften** verpflichtet, die Bestimmungen des Gemeinschaftsrechts anzuwenden".[350] In diesem Sinne ist die EU „bundesstaatsblind".

134 Äußerungen eines Beamten oder Politikers – etwa in Fernsehsendungen – „sind dem Staat zurechenbar, wenn aufgrund ihrer Form und der Umstände ... der Eindruck erweckt wird, dass es sich um offizielle staatliche Verlautbarungen und nicht um die private Meinung ... handelt."[351] Letzteres kann etwa dann der Fall sein, wenn ein Beamter für den

---

[345] EuGH Rs. 31/87, *Beentjes,* Slg. 1988, 4635 Rn. 11 = NVwZ 1990, 353; dazu etwa *Benedict* NJW 2001, 947; eingehend *Wollenschläger* EWS 2005, 343; vgl. zur RL 92/50/EWG auch EuGH Rs. C-337/06, *Bayerischer Rundfunk,* Slg. 2007, I-11173 Rn. 32 ff. = EuZW 2008, 80, 82 ff.

[346] EuGH Rs. C-282/10, *Dominguez,* noch nicht in der amtl. Slg., Rn. 39 = EWS 2012, 51; EuGH Rs. C-188/89, *Foster u. a.,* Slg. 1990, I-3313 Rn. 20 = EuZW 1990, 424 = NJW 1991, 3086. S. a. *Bühring/Ferry* ZEuP 2005, 88, 92 ff.

[347] EuGH verb. Rs. 266 u. 267/87, *Royal Pharmaceutical Society,* Slg. 1989, 1295 Rn. 15 f. = NJW 1990, 2305; EuGH Rs. C-292/92, *Hünermund,* Slg. 1993, I-6787, Rn. 22 = DVBl. 1994, 745 = NJW 1994, 781.

[348] EuGH Rs. 71/76, *Thieffry,* Slg. 1977, 765 Rn. 15/18 mit Anm. *Nicolaysen* EuR 1977, 288.

[349] EuGH Rs. C-325/00, *CMA,* Slg. 2002, I-9977 Rn. 18 = DVBl. 2003, 128 = NJW 2002, 3609; dazu *Korte/Oschmann* NJW 2003, 1766; *Leible* EuZW 2003, 25; *Karpenstein/Werres,* Staatliche Unterstützung für regionale Produkte, 2004, S. 39.

[350] EuGH Rs. 103/88, *Fratelli Costanzo,* Slg. 1990, 1839 Rn. 31 = NVwZ 1990, 649; EuGH Rs. C-72/95, *Kraaijeveld,* Slg. 1996, I-5403 Rn. 58 = DVBl. 1997, 40; EuGH Rs. C-312/93, *Peterbroeck,* Slg. 1995, I-4599 Rn. 20 = DVBl. 1996, 249 = EuZW 1996, 636; EuGH verb. Rs. C-430/93 u. C-431/93, *van Schijndel,* Slg. 1995, I-4705 Rn. 13 ff. = EuZW 1996, 542.

[351] EuGH Rs. C-470/03, *A. G. M.-COS.MET,* Slg. 2007, I-2749, Ls. 1.

betreffenden Bereich überhaupt nicht zuständig ist oder die zuständigen staatlichen Stellen unverzügliche Schritte unternehmen, um den Eindruck zu zerstreuen, dass die jeweilige Person mit Amtsautorität gehandelt hat.[352]

## II. Private

Ausgehend von der grundlegenden Feststellung, dass das Unionsrecht eine eigenständige Rechtsordnung ist, „zu deren Gunsten die Staaten in immer weiteren Bereichen ihre Souveränitätsrechte eingeschränkt haben", hat der EuGH als „deren **Rechtssubjekte nicht nur die Mitgliedstaaten,** sondern auch deren Bürger" angesehen.[353] Das „von der Gesetzgebung der Mitgliedstaaten unabhängige Gemeinschaftsrecht soll daher den Einzelnen, ebenso wie es ihnen Pflichten auferlegt, auch Rechte verleihen".[354] Welche Verpflichtungen das EU-Recht den Bürgern und den Unternehmen auferlegt, ist von der Art des Rechtsaktes (Vertrag, Verordnung, Richtlinie oder Entscheidung) und deren Inhalt abhängig. 135

**Explizite Verpflichtungen Privater** können sich aus allen unmittelbar anwendbaren Unionsrechtsvorschriften ergeben, d. h. aus Vorschriften, die dem Einzelnen unbedingte und hinreichend genaue Verpflichtungen auferlegen (→ Rn. 35 ff.). Beispiele sind etwa das Kartell- und das Missbrauchsverbot sowie die in Verordnungen festgelegten Ge- und Verbote. Eine – allerdings praktisch besonders relevante – Ausnahme gilt für EU-Richtlinien, die dem Einzelnen ohne staatliche Umsetzung auch nach Ablauf der Umsetzungsfrist keine Pflichten auferlegen können (→ Rn. 66 ff.). 136

Der Effektivitätsgrundsatz kann es im Ausnahmefall gebieten, Privaten unionsrechtliche Ge- und Verbote aufzuerlegen, die sich nach Wortlaut der Vorschriften allein an die Mitgliedstaaten richten. Dies gilt namentlich für die unmittelbare **Bindung Privater an die Grundfreiheiten.** Zwar sind diese Grundfreiheiten und insbesondere die Rechtfertigung ihrer Beschränkung auf eine unmittelbare Anwendung durch die staatlichen Organe konzipiert.[355] Im Über- und Unterordnungsverhältnis können Freizügigkeitsrechte jedoch „staatsähnlich" beschränkt werden. 137

**Beispiel:** Ein privater Arbeitgeber im deutsch-dänischen Grenzgebiet verlangt von Stellenbewerbern einen in dieser Provinz erworbenen Zweisprachigkeitsnachweis. Der EuGH sieht in diesem Erfordernis eine gegen die Arbeitnehmerfreizügigkeit (Art. 45 AEUV) verstoßende versteckte Diskriminierung auf Grund der Staatsangehörigkeit, da „Personen, die nicht in dieser Provinz wohnen, wenig Möglichkeiten haben, diese Bescheinigung zu erwerben …".[356]

Generell schützen die **Personenfreizügigkeitsregeln** (Arbeitnehmer- und Niederlassungsfreiheit) und die Dienstleistungsfreiheit den Angehörigen eines anderen Mitgliedstaates sowohl vor ungerechtfertigten Beschränkungen als auch vor diskriminierender Behandlung privater Dritter.[357] Nach umstrittener Rechtsprechung soll diese Schutzwirkung nicht davon abhängen, ob es sich um eine privatrechtliche Organisation mit besonderen Befugnissen – z. B. ein Spitzensportverband – oder einen zivilrechtlich gleich- 138

[352] EuGH Rs. C-470/03, *A. G. M.-COS.MET,* Slg. 2007, I-2749 Rn. 58.

[353] EuGH Gutachten 1/91, *Europäischer Wirtschaftsraum I,* Slg. 1991, I-6079 Rn. 21 = EuR 1992, 163 = JZ 1992, 787.

[354] EuGH Rs. 26/62, *van Gend & Loos,* Slg. 1963, 1 Rn. 10 = NJW 1963, 1751.

[355] Vgl. *Randelzhofer/Forsthoff,* in: G/H/N (Fn. 26), Stand: 2001, vor Art. 39–55 EGV Rn. 81–84.

[356] EuGH Rs. C-281/98, *Angonese,* Slg. 2000, I-4139 Rn. 45.

[357] EuGH Rs. 36/74, *Walrave,* Slg. 1974, 1405 Rn. 16/19 = NJW 1975, 1093; EuGH Rs. 13/76, *Donà,* Slg. 1976, 1133 Rn. 17/18; EuGH Rs. C-415/93, *Bosman,* Slg. 1995, I-4921 Rn. 84 = JZ 1996, 248 = NJW 1996, 505; EuGH Rs. C-438/05, *International Transport Workers' Federation und Finnish Seamen's Union,* Slg. 2007, I-10779 Rn. 33 ff.; EuGH Rs. C-325/08, *Olympique Lyonnais,* Slg. 2010, I-2177 Rn. 29 ff.; EuGH Rs. C-94/07, *Raccanelli,* Slg. 2008, I-5939 Rn. 42 ff.

geordneten Dritten – z. B. einen Auftraggeber – handelt.[358] Zwar hat der Gerichtshof zur **Warenverkehrsfreiheit** herausgestellt, dass sich die Art. 34 und 35 AEUV „nur auf staatliche Maßnahmen und nicht auf Verhaltensweisen von Unternehmen beziehen“.[359] Allerdings hat der EuGH auch private Vereine, die technische Normen aufstellen als Adressaten der Warenverkehrsfreiheit anerkannt.[360] Nach dem Grundsatz der Spezialität dürfte eine horizontale Wirkung von Grundfreiheiten jedenfalls dann ausscheiden, wenn der AEUV, wie im Wettbewerbsrecht, ausdrückliche Regeln für Unternehmen vorsieht.

**Beispiel:** Die EU-Kommission hat ein gegen ein marktbeherrschendes Unternehmen wegen Bevorzugung bestimmter inländischer Abnehmer eingeleitetes Missbrauchsverfahren (Art. 102 AEUV) förmlich eingestellt. Diese Entscheidung entfaltet „Tatbestandswirkung“ in dem Sinne, dass dem betroffenen Unternehmen nicht vorgehalten werden kann, es würde die Grundfreiheiten ausländischer Anbieter beschränken.

139 Ob Unionsbürger und Unternehmen Verpflichtete des **allgemeinen Diskriminierungsverbotes** (Art. 18 AEUV) sind, ist noch nicht geklärt.[361] Verbreitet ist die Auffassung, dass das allgemeine Diskriminierungsverbot jedenfalls dann „unmittelbare Drittwirkung“ entfaltet, sofern Private eine besondere Rechtssetzungsbefugnis, z. B. durch Kollektivvereinbarungen, ausüben.[362] Unter bestimmten Umständen kommt hiernach sogar ein Kontrahierungszwang in Betracht.[363]

140 Unter eingeschränkten Voraussetzungen ist eine **Zurechnung zu Lasten des Mitgliedstaates** zu erwägen. Verletzen Staatsangehörige massiv und anhaltend das Unionsrecht, kann dies u. U. dem jeweiligen Mitgliedstaat zugerechnet werden. Namentlich Art. 34 AEUV findet auch dann Anwendung, „wenn ein Mitgliedstaat keine Maßnahmen ergriffen hat, um gegen Beeinträchtigungen des freien Warenverkehrs einzuschreiten, deren Ursachen nicht auf den Staat zurückzuführen sind“.[364] Daraus kann gegebenenfalls ein **Anspruch auf ordnungsbehördliches Einschreiten** der Landesbehörden zur Beseitigung von Störungen des Warenverkehrs innerhalb der Union oder der Freizügigkeitsrechte folgen.[365]

## III. Die Unionsorgane

141 **Von untergeordneter Bedeutung** für die innerstaatliche Rechtspraxis sind Unionsvorschriften, die der EU-Kommission oder anderen Unionsorganen Ge- oder Verbote auf-

[358] EuGH Rs. C-281/98, *Angonese,* Slg. 2000, I-4139 Rn. 30 ff. mit Anm. *Streinz* JuS 2000, 1113 u. *Leible* JA 2000, 830; EuGH Rs. C-350/96, *Clean Car,* Slg. 1998, I-2521 Rn. 19 ff.; EuGH Rs. C-94/07, *Raccanelli,* Slg. 2008, I-5939 Rn. 42 ff.; siehe hierzu *Birkemeyer* EuR 2010, 662; ferner z. B. *Roth,* Festschrift für Everling Bd. II, 1995, S. 1231, 1239; *Forsthoff* EWS 2000, 389; *Frenz* EWS 2005, 104, 105 ff.

[359] EuGH Rs. 311/85, *Vlaamse Reisbureaus,* Slg. 1987, 3801 Rn. 29 mit Anm. *Schroeder* EWiR 1987, 1093.

[360] EuGH Rs. C-171/11 *DVGW,* noch nicht in der amtl. Slg.

[361] Vgl. dazu *Streinz,* in: ders. (Fn. 83), Art. 18 AEUV Rn. 43 ff.

[362] *Holoubek,* in: Schwarze (Fn. 15), Art. 12 EGV Rn. 26; *Epiney,* in: Calliess/Ruffert (Fn. 70), Art. 18 AEUV Rn. 44; vgl. auch den Verweis des Gerichtshofs auf Art. 18 AEUV etwa in EuGH Rs. C-94/07, *Raccanelli,* Slg. 2008, I-5939 Rn. 45 sowie in EuGH Rs. C-281/98, *Angonese,* Slg. 2000, I-4139 Rn. 35.

[363] *v. Bogdandy,* in: G/H/N (Fn. 26), Stand: 2010, Art. 18 AEUV Rn. 25 ff.

[364] GA *Jacobs,* Schlussanträge in der Rs. C-112/00, *Schmidberger Transporte/Österreich,* Slg. 2003, I-5659 Rn. 82; EuGH Rs. C-265/95, *Kommission/Frankreich,* Slg. 1997, I-6959 Rn. 42 = EuZW 1998, 84 = NJW 1998, 1931.

[365] *Szczekalla* DVBl. 1998, 219; *Burgi* EWS 1999, 327; *Karenfort/Schneider* EuZW 2003, 587; *Meurer* EWS 1998, 196; *Classen* EuR 2004, 415, 427 ff.; *Karpenstein,* in: G/H/N (Fn. 26), Stand: 2011, Art. 258 AEUV Rn. 67.

erlegen. Zu ihnen gehören z. B. die zahlreichen Vertragsvorschriften, die die institutionellen Beziehungen der Organe untereinander (z. B. Art. 223 ff. AEUV) oder die gemeinschaftlichen Kompetenzgrenzen (Art. 5 EUV) regeln (→ Rn. 242–254).

Über deren Wortlaut hinaus hat allerdings der Gerichtshof klargestellt, dass **die Grundfreiheiten** nicht nur für die Mitgliedstaaten, sondern auch für Maßnahmen der EU-Organe gelten.[366] Darüber hinaus sind die Unionsorgane den mitgliedstaatlichen Organen einschließlich den Gerichten gegenüber zu loyaler **Zusammenarbeit und Rücksichtnahme** verpflichtet (Art. 4 Abs. 3 S. 1 EUV).[367] In den Grenzen der allgemeinen Verfahrensgrundsätze (→ Rn. 246 ff.) muss außerdem – auf entsprechende Anfrage – insbesondere die EU-Kommission den mitgliedstaatlichen Gerichten Akten und Informationen übermitteln, soweit diese Gerichte *in concreto* „für die Anwendung und Wahrung des Gemeinschaftsrechts im Rahmen der nationalen Rechtsordnung Sorge zu tragen haben."[368] 142

# § 4 Wer kann sich auf Unionsrecht berufen?

**Schrifttum:** *Behm,* Die Rechtsstellung ausländischer juristischer Personen im Verwaltungsprozess, DVBl 2009, 94; *v. Danwitz,* Zur Grundlegung einer Theorie der subjektiv-öffentlichen Gemeinschaftsrechte, DÖV 1996, 481; *Eilmansberger,* Rechtsfolgen und subjektives Recht im Gemeinschaftsrecht, 1997; *Epiney,* Verwaltungsgerichtlicher Rechtsschutz in Umweltangelegenheiten in Europa, EurUP 2006, 242; *Fichtner,* Rechte des Einzelnen im Recht der Europäischen Gemeinschaft, 2005; *Fischer-Lescano,* Transnationales Verwaltungsrecht – Privatverwaltungsrecht, Verbandsklage und Kollisionsrecht nach der Arhus-Konvention, JZ 2008, 373; *Franzius,* Objektive Rechtskontrolle statt subjektiver Rechtsschutz?, NuR 2009, 384; *Grünewald,* Subjektive Verfahrensrechte als Folge der Europäisierung des Bauplanungsrechts, NVwZ 2009, 1520; *Hong,* Subjektive Rechte und Schutznormtheorie im europäischen Verwaltungsrechtsraum, JZ 2012, 380; *Kingreen/Störmer,* Die subjektiv-öffentlichen Rechte des primären Gemeinschaftsrechts, EuR 1998, 263; *Knopp,* Öffentlichkeitsbeteiligungsgesetz und Umwelt-Rechtsbehelfsgesetz, ZUR 2005, 281; *Kokott,* Europäisierung des Verwaltungsprozeßrechts, Die Verwaltung 31 (1998), 335; *Reiling,* Zu individuellen Rechten im deutschen und europäischen Recht, 2004; *Ruffert,* Dogmatik und Praxis des subjektiv-öffentlichen Rechts unter dem Einfluß des Gemeinschaftsrechts, DVBl. 1998, 69; *Scheidler,* Rechtsschutz Dritter bei fehlerhafter oder unterbliebener Umweltverträglichkeitsprüfung, NVwZ 2005, 863; *Schoch,* Individualrechtsschutz im deutschen Umweltrecht unter dem Einfluß des Gemeinschaftsrechts, NVwZ 1999, 457; *Triantafyllou,* Zur Europäisierung des subjektiven öffentlichen Rechts, DÖV 1997, 192; *Walter,* Internationalisierung des deutschen und europäischen Verwaltungs- und Verwaltungsprozeßrechts am Beispiel der Aarhus-Konvention, EuR 2005, 304; *Wegener,* Rechte des Einzelnen. Die Interessenklage im europäischen Umweltrecht, 1998; *Winter,* Individualrechtsschutz im deutschen Umweltrecht unter dem Einfluß des Gemeinschaftsrechts, NVwZ 1999, 467.

## I. Subjektive Rechte kraft Unionsrecht

Weithin unterschätzt werden in der Rechtspraxis die Möglichkeiten, die dem Einzelnen zur Durchsetzung des materiellen Unionsrechts zustehen. Diese Möglichkeiten resultieren 143

---

[366] In Bezug auf Art. 28 EGV: EuGH Rs. C-51/93, *Meyhui/Schott,* Slg. 1994, I-3879 Rn. 11 = EuZW 1994, 662 mit Anm. *Schroeder* EWiR 1995, 143; EuGH Rs. C-114/96, *Kieffer u. Thill,* Slg. 1997, I-3629 Rn. 27 ff. = EuZW 1997, 662 = EWS 1997, 350; EuGH Rs. C-284/95, *Safety Hi-Tech,* Slg. 1998, I-4301 Rn. 63 ff. = EuZW 1999, 252; *Jarass,* in: Festschrift für Everling, S. 593, 595; *Schilling* EuGRZ 2000, 3, 10; eingehend *Schwemer,* Die Bindung des Gemeinschaftsgesetzgebers an die Grundfreiheiten, 1995.

[367] EuGH Rs. 44/84, *Hurd/Jones,* Slg. 1986, 29 Rn. 38; vgl. auch EuGH Rs. 230/81, *Luxemburg/Parlament,* Slg. 1983, 255 Rn. 37 f.

[368] EuGH Rs. C-2/88, *Zwartfeld u. a.,* Slg. 1990, I-3365 Rn. 18.

aus dem Umstand, dass das Unionsrecht nach der EuGH-Rechtsprechung dem Betroffenen schon dann einklagbare Rechte gewährt, wenn die in Rede stehende Vorschrift dem Mitgliedstaat eine (Handlungs-/Unterlassungs-)Pflicht auferlegt und ihn dadurch **mittelbar begünstigt.** Anders als im deutschen Recht – hier gilt die sog. Schutznormtheorie – können sich die Rechtsunterworfenen hiernach auf objektive Verpflichtungen berufen, sofern das Unionsrecht den Mitgliedstaaten Verpflichtungen auferlegt, die sich zur unmittelbaren Anwendung vor Gerichten und Behörden eignen.[369] Dem damit kraft Unionsrechts begründeten **„Normvollziehungsanspruch"** kommt trotz aller dogmatischen Unsicherheiten nicht nur im Umweltrecht, sondern z. B. auch im Wirtschafts-, im Steuer-, im Vergabe- und im Ausländerrecht erhebliche Bedeutung zu.[370]

**Beispiel:** Eine EU-Richtlinie sieht Qualitätsstandards für das Grundwasser vor, ohne dem Verbraucher irgendwelche Rechte zu deren Durchsetzung zu verleihen. Dennoch folgert der EuGH aus der inhaltlichen Unbedingtheit und hinreichenden Bestimmtheit der Qualitätsstandards, dass diese Richtlinie einklagbare Rechte verleihe. Sie solle „einen wirksamen Schutz des Grundwassers der Gemeinschaft sicherstellen, indem sie die Mitgliedstaaten durch genaue und detaillierte Vorschriften verpflichtet, eine zusammenhängende Regelung von Verboten, Genehmigungen und Überwachungsverfahren zu erlassen, um Ableitungen bestimmter Stoffe zu verhindern oder zu begrenzen. Die Vorschriften der Richtlinie sollen also Rechte und Pflichten des Einzelnen begründen."[371]

144 Die für den deutschen Juristen eigentümliche Großzügigkeit bei der Gewährung subjektiver Rechte gründet in der Besorgnis um die **effektive Durchsetzung des Unionsrechts** in den Mitgliedstaaten.[372] Der Bürger wird zur Durchsetzung des EU-Rechts instrumentalisiert.[373] So wird namentlich die aus Richtlinien abgeleitete Begründung individueller Rechte daraus abgeleitet, dass die praktische Wirksamkeit abgeschwächt würde, „wenn die Einzelnen sich vor Gericht hierauf nicht berufen und die staatlichen Gerichte sie nicht als Bestandteil des Gemeinschaftsrechts berücksichtigen könnten".[374] Die Richtlinie würde in ihrer praktischen Wirksamkeit abgeschwächt, wenn es die Schutznormtheorie oder eine ähnliche prozessuale Anforderung dem Bürger verwehren würde, sich vor einem Gericht hierauf zu berufen „um zu prüfen, ob der nationale Gesetzgeber im Rahmen der ihm vorbehaltenen Befugnis, Form und Mittel für die **Umsetzung der Richtlinie** zu wählen, innerhalb des in der Richtlinie vorgesehenen Ermessensspielraums geblieben ist".[375] Das Gleiche gilt, „wenn es um die Prüfung der Frage geht, ob sich die nationale Behörde, die die angefochtene Maßnahme erlassen hat, bei fehlender Umsetzung der

---

[369] *v. Danwitz,* Verwaltungsrechtliches System u. europäische Integration, 1996, S. 246 ff.; *Ruffert,* Subjektive Rechte im Umweltrecht der Europäischen Gemeinschaft, 1996, S. 187; *Ruthig* BayVBl. 1997, 289, 295. Teilweise a. A. *Nettesheim,* in: G/H/N (Fn. 26), Stand: 2002, Art. 249 EGV Rn. 144 f.; *Kokott* Die Verwaltung 31 (1998), 335, 354: Unmittelbare Anwendbarkeit erfülle eine andere Funktion als das subjektive öffentliche Recht.

[370] *Winter* NVwZ 1999, 467; *Schoch* NVwZ 1999, 457; *Wegener* (Fn. 159), S. 26 ff.; *Krings* UPR 1996, 89.

[371] EuGH Rs. C-131/88, *Kommission/Deutschland,* Slg. 1991, I-825 Rn. 7 = DVBl. 1991, 863 = NVwZ 1991, 973; vgl. zu den umweltrechtlichen Implikationen *Krings* UPR 1996, 89; *Pernice* EuR 1994, 325; ferner EuGH Rs. C-237/07, *Janecek,* Slg. 2008, I-6221 Rn. 34 ff.

[372] *v. Danwitz* DÖV 1996, 481, 484; *Schmidt-Aßmann* DVBl. 1993, 924, 934.

[373] *Masing,* Die Mobilisierung des Bürgers für die Durchsetzung des Rechts, 1997, S. 196 ff.; *Schoch* NVwZ 1999, 457, 461; *v. Danwitz* DöV 1996, 481, 484; *ders.* (Fn. 339), 236; *Kingreen/Störmer* EuR 1998, 263, 264; *Schmidt-Aßmann* DVBl. 1993, 924, 934.

[374] EuGH Rs. 148/78, *Ratti,* Slg. 1979, 1629 Rn. 21 = NJW 1979, 1764; EuGH Rs. 8/81, *Becker,* Slg. 1982, 53 Rn. 23 = DVBl. 1982, 294 = NJW 1982, 499; EuGH Rs. C-426/05, *Tele2 Telecommunication,* Slg. 2008, I-685 Rn. 38 f.; EuGH Rs. C-237/07, *Janecek,* Slg. 2008, I-6221 Rn. 36 ff. = EuZW 2008, 573 m. Anm. *Scheidler* NVwZ 2008, 1083; EuGH Rs. C-127/02, *Waddenvereniging und Vogelbeschermingsvereniging,* Slg. 2004, I-7405 Rn. 66.

[375] EuGH Rs. C-72/95, *Kraaijeveld,* Slg. 1996, I-5403 Rn. 56 = DVBl. 1997, 40. S. hierzu *Wegener* NVwZ 1997, 462.

einschlägigen Bestimmung der betreffenden Richtlinie in das nationale Recht in den Grenzen des durch diese Bestimmung eingeräumten Ermessensspielraums gehalten hat".[376]

**Beispiel:** Unabhängig von ihrer ordnungsgemäßen Umsetzung in das UVP-Gesetz gibt die UVP-Richtlinie dem von einer Fernstraßenplanung Betroffenen grundsätzlich einen Anspruch auf Prüfung, ob Naturschutzbelange in der Abwägung gegenüber dem Interesse an dem Bau einer planfestgestellten Straße fehl gewichtet sind.[377]

Großzügiger als das deutsche Recht ist das Unionsrecht auch insoweit, als es den Kreis der von einer Regelung Betroffenen weiter zieht. Unionsrechtliche Verpflichtungen lassen sich häufig auch von sog. **„Korrelarberechtigten"** einfordern, d. h. von Dritten, die allenfalls mittelbar durch eine Regelung belastet oder begünstigt sind. Entgegen dem Wortlaut vieler Vorschriften hat der Gerichtshof in zahlreichen Fällen eine Berufung Dritter auf diese Freiheiten ermöglicht.[378] 145

**Beispiel:** Zur Frage, ob sich neben seiner diskriminierten Frau auch ihr Ehemann auf eine Gleichbehandlungsrichtlinie berufen kann, weil ihm auf Grund der Diskriminierung letztlich ein Zuschlag zu seiner Altersrente für unterhaltsberechtigte Ehegatten versagt wurde, hielt der EuGH fest: Auch die nicht in den persönlichen Geltungsbereich der Richtlinie fallenden Personen könnten sich auf deren unmittelbar anwendbare Bestimmungen berufen, „da nicht ausgeschlossen werden kann, dass andere Personen ein unmittelbares Interesse daran haben können, dass das Diskriminierungsverbot zu Gunsten der geschützten Person beachtet wird".[379]

Auch das **Schrifttum** hebt die **Unterschiede zur deutschen Schutznormtheorie** hervor. Bei aller Kritik an der Konzeption des EuGH besteht weithin Einigkeit, dass das Unionsrecht bei der Gewährung subjektiver Rechte erheblich rechtsschutzfreundlicher ist und deshalb die z. B. von §§ 42 Abs. 2, 113 VwGO gesetzten Hürden sehr viel einfacher übersprungen werden können, wenn die Durchsetzung des Unionsrechts in Rede steht.[380] 146

Unsicher und tendenziell restriktiv ist die **deutsche Rechtsprechung.** Ob unionsrechtliche Verpflichtungen subjektiv-öffentliche Rechte im Sinne der §§ 42 Abs. 2, 113 Abs. 1 Satz 1, Abs. 5 VwGO verleihen, wird weiterhin zumeist anhand der Schutznormtheorie beurteilt, d. h. es wird danach gefragt, ob die unionsrechtliche Norm nach ihrer Zielrichtung einem individualisierbaren Personenkreis die Rechtsmacht geben wollte, einen 147

---

[376] EuGH Rs. C-127/02, *Landelijke Vereniging tot Behoud van de Waddenzee* = EuZW 2004, 730 mit Anm. *Gellermann* NuR 2004, 769.

[377] OVG Schleswig NordÖR 2004, 74; s. a. EuGH Rs. C-201/02, *Wells,* Slg. 2004, I-723 Rn. 56 ff. = DVBl. 2004, 370 = NVwZ 2004, 593; *Scheidler* NVwZ 2005, 863, 867.

[378] EuGH Rs. 118/75, *Watson,* Slg. 1976, 1199 = DVBl. 1977, 97 (Gastwirt für Gäste). S. hierzu Anm. *v. Weber* BayVBl. 1978, 357; EuGH Rs. C-27/91, *Le Manoir,* Slg. 1991, I-5531 (Berufung des Arbeitgebers auf Arbeitnehmerfreizügigkeit); EuGH Rs. C-1/93, *Halliburton,* Slg. 1994, I-1137 = EuZW 1994, 347 (Berufung einer inländisches Gesellschaft auf die Niederlassungsfreiheit). Einschränkend OVG Münster NVwZ 2000, 1069. S. dazu *Randelzhofer/Forsthoff,* in: G/H/N (Fn. 26), Stand: 2001, vor Art. 39–55 EGV Rn. 39 ff.; *Behrens* EuR 1992, 145, 159 f.

[379] EuGH verb. Rs. C-87/90, C-88/90 u. C-89/90, *Verholen u. a.,* Slg. 1991, I-3783 Rn. 23/26 = EuZW 1993, 60.

[380] *Schoch* NVwZ 1999, 457; *ders.,* in: Schmidt-Aßmann/Sellner (Hrsg.), Festgabe 50 Jahre Bundesverwaltungsgericht, 2003, S. 507, 516 ff.; *v. Danwitz* DÖV 1996, 481; *ders.* DVBl. 1998, 421, 425 f.; *Ruffert* DVBl. 1998, 69, 72; *Steinberg* AöR 1994, 549, 586; *Pernice* EuR 1994, 325, 340; *Gellermann,* in: Rengeling u. a. (Fn. 69), § 36 Rn. 11–23; *Eilmannsberger,* Rechtsfolgen und subjektive Rechte im Gemeinschaftsrecht, 1997, S. 102 ff.; *Grünewald* NVwZ 2009, 1520; *Steinbeiß-Winkelmann* NJW 2010, 1233, 1234 f.; *Wegener,* in: Lübbe-Wolff (Hrsg.), Der Vollzug des europäischen Umweltrechts, 1996, S. 146, 155 f.; *Jannasch* VBlBW 1996, 163, 168; eher geringe Unterschiede machen hingegen *Triantafyllou* DöV 1997, 192; *Classen* VerwArch 1997, 645, 661; u. *Frenz* DVBl. 1995, 408 aus. Exemplarisch für den Konflikt zur deutschen Schutznormtheorie EuGH Rs. C-115/09, *Trianel Kohlekraftwerk Lünen,* noch nicht in d. amtl. Slg., Rn. 35 ff. = NJW 2011, 2779; zum Umweltrecht ferner *Radespiel* EurUP 2007, 118, 122; *Schwertner,* EurUP 2007, 124, 126.

zwingenden Rechtssatz durchzusetzen.[381] Erst in der jüngeren Rechtsprechung bricht sich – namentlich im Umweltrecht und unter dem Eindruck der „Aahrhus-Konvention“[382] – die Erkenntnis Bahn, dass das Unionsrecht einen weitaus größeren Kreis zum Rechtsschutz berechtigt als das auf subjektive Rechte beschränkte Rechtsschutzsystem der deutschen Gerichtsordnungen.[383]

**Beispiel:** Zur Frage, ob eine Richtlinie über die Erhebung von Gebühren für Fleischuntersuchungen subjektive Rechte i. S. d. sog. Schutznormtheorie verleiht, gelangte das OVG Lüneburg „zu der Auffassung, dass die Richtlinie auch subjektive Rechte verleiht, da die Verpflichtung zur Erhebung von Pauschalgebühren ... neben der Wahrung gemeinschaftsrechtlicher Belange zumindest auch den Interessen der Gebührenpflichtigen dient“.[384]

## II. Voraussetzungen subjektiver Unionsrechte

### 1. Hinreichende Bestimmtheit und inhaltliche Unbedingtheit der Unionsvorschrift

148 Nach der Rechtsprechung des Gerichtshofes haben die nationalen Gerichte „den Rechtsschutz zu gewähren, der sich für die Bürger aus der unmittelbaren Wirkung der Vorschriften des Gemeinschaftsrechts ergibt.“[385] Daraus folgt, dass nur eine **unmittelbar anwendbare Unionsvorschrift,** d. h. eine Vorschrift, auf die sich der Einzelne „berufen“ kann, ein subjektives Recht begründet. Die Norm muss also in jedem Falle hinreichend bestimmt und unbedingt sein, damit sie vor innerstaatlichen Behörden und Gerichten überhaupt subjektive Rechte begründen kann (→ Rn. 35 ff.). Unstreitig enthalten deshalb alle primär- und sekundärrechtlichen Grundfreiheiten und Diskriminierungsverbote einklagbare subjektive Rechte. Wenn die Bestimmung nicht unmittelbar anwendbar ist, muss geprüft werden, ob die effektive und einheitliche Durchsetzung des Unionsrechts im Einzelfall eine unionsrechtskonforme Auslegung des innerstaatlichen Rechts verlangt, so dass dieses subjektiv-öffentliche Rechte vermittelt.

### 2. Begünstigende Rechtsreflexe

149 Ob neben der unmittelbaren Anwendbarkeit der unionsrechtlich begründeten Verpflichtung **weitere Erfordernisse** – z. B. i. S. begünstigender Rechtsreflexe – erforderlich sind, ist umstritten. Während teilweise von der gerichtlichen Einklagbarkeit des gesamten

---

[381] In diese Richtung BVerwGE 100, 238, 243 = NVwZ 1996, 788, 792; BVerwG EurUP 2007, 286 = NuR 2007, 546; OVG Münster ZUR 2007, 376; VGH Kassel ZUR 2010, 46; OVG Lüneburg, Urt. v. 7.6.2012, Az. 13 LB 56/10; VGH Mannheim DÖV 1994, 527, 528 = VBlBW 1994, 271, 274; VGH München UPR 1993, 274; OVG Lüneburg DVBl. 1994, 770, 771; VGH München NuR 1991, 383, 384; restriktiv zum Immissionschutzrecht auch *Scheidler* NVwZ 2007, 144; zusammenfassend *Sparwasser* NVwZ 2006, 369 sowie *Willand/Buchholz* NJW 2005, 2641; *Hong* JZ 2012, 380, 385 ff.

[382] Vgl. hierzu EuGH Rs. C-115/09, *Kohlekraftwerk Triane/Lünen,* noch nicht in der amtl. Slg. = NJW 2011, 2779; *Fischer-Lescano* JZ 2008, 373; *Ziekow* EurUP 2005, 154, 163.

[383] BVerwG JZ 2009, 207; BVerwG JZ 2007, 1097 mit Anm. *Ruffert* JZ 2007, 1102; VG Wiesbaden ZUR 2012, 113; OVG Schleswig NordÖR 2004, 74 zur UVP; vgl. zur UVP auch *Siems* NuR 2006, 359; zur isolierten Anfechtung von Verfahrensfehlern OVG Koblenz NVwZ 2005, 1208; vgl. ferner OVG Hamburg NVwZ 2001, 1173, 1177; VG Stuttgart NVwZ 2005, 971, 973f; OVG Magdeburg NVwZ 2009, 340; VGH München NVwZ 2007, 230 und NVwZ 2007, 233 mit Anm. *Willand/Buchholz* NVwZ 2007, 171; OVG NRW NVwZ 2007, 608; zum Personenbeförderungsrecht VGH München, Beschl. v. 22.12.2009, Az. 11 CS 09.2081, Rn. 39 ff.

[384] OVG Lüneburg NdsVBl. 1999, 240 = LRE 36, 377.

[385] EuGH Rs. C-72/95, *Kraaijeveld u. a.,* Slg. 1996, I-5403 Rn. 58; EuGH Rs. C-213/89, *Factortame u. a.,* Slg. 1990, I-2433 Rn. 19; EuGH Rs. verb. C-430/93 u. C-431/93, *van Schijndel und van Veen,* Slg. 1995, I-4705 Rn. 14.

unmittelbar anwendbaren Unionsrechts ausgegangen wird,[386] verlangt die Gegenauffassung eine individuelle **„Betroffenheit"** in dem Sinne, dass „die Wirkungen des Unionsrechtsaktes über die Verpflichtung der innerstaatlichen Stellen hinausgehen und zusätzlich den Einzelnen zur Durchsetzung der Verhaltenspflicht gegenüber dem Staat berechtigen".[387]

**Beispiel:** Unter Berufung auf die zwingenden Verpflichtungen einer EU-Luftreinhalterichtlinie beantragen Straßenanwohner die Aufstellung eines städtischen Aktionsplanes zur Reduzierung der Feinstaubbelastung. Nach Auffassung des VG München und des VG Berlin bestehen für einen solchen „Normvollziehungsanspruch, den der Einzelne durchsetzen könnte, … keine Anhaltspunkte".[388] Eine „allgemeine Subjektivierungsvermutung wegen der angeblich großzügiger angelegten Klagebefugnis im Bereich des Gemeinschaftsrechts gibt es nicht".[389]

Vorzugswürdig ist eine vermittelnde Auffassung. Danach dürfte eine unmittelbar anwendbare Unionsvorschrift jedenfalls dann einklagbare Rechte vermitteln, wenn sie nach Inhalt und Zielen nicht allein dem staatlichen oder dem Unionsinteresse (z. B. der Aufsicht) dient, sondern, zumindest auch, **Gemeinwohlbelangen der Betroffenen,** z. B. dem Gesundheits-, dem Verbraucher- oder dem Umweltschutz oder der sozialen Sicherheit dient. Dazu reicht es z. B. aus, dass die Begründungserwägungen das Ziel der öffentlichen Gesundheit, des Verbraucher- oder des Umweltschutzes herausstellen.[390] Anders als im deutschen Recht kommt es also nicht auf die individualschutzbegründenden Normgehalte, sondern darauf an, ob die jeweilige Bestimmung den real Betroffenen ein – wie auch immer zu definierendes – berechtigtes Interesse an deren Einklagbarkeit gibt. Dogmatisch betrachtet wird also das Individualinteresse im allgemeinen Schutzgut verortet.[391] 150

**Beispiel:** Eine Richtlinie legt den Mitgliedstaaten Qualitätsstandards für Oberflächengewässer auf. Ausweislich ihrer Erwägungsgründe bezweckt sie u. a. den „Schutz der Volksgesundheit". Daraus folgt, „dass immer dann, wenn die mangelnde Befolgung der durch diese Richtlinie vorgeschriebenen Maßnahmen die Gesundheit von Menschen gefährden könnte, die Betroffenen die Möglichkeit haben müssen, sich auf zwingende Vorschriften zu berufen, um ihre Rechte geltend machen zu können".[392]

**Popularklagen zu Lasten Dritter** fordert das Unionsrecht allerdings nicht.[393] Der EuGH hat solche Popularklagen jedenfalls für Konkurrenten ausgeschlossen. Was etwa das Recht eines Unternehmers betreffe, zu verlangen, dass die Behörden eines Mitgliedstaates Dritten gegenüber auf der Einhaltung unionsrechtlicher Verpflichtungen bestehen, 151

[386] *Eilmansberger,* Rechtsfolgen u. subjektives Recht im Gemeinschaftsrecht, 1997, S. 84; *v. Danwitz* DÖV 1996, 481, 484; *Everling,* in: Festschrift für Carstens, 1984, S. 95.

[387] VG Berlin Beschl. v. 1.6.2005, Az. VG 10 A 75.05, BA, S. 8; *Sodan,* in: Sodan/Ziekow (Hrsg.), Nomos-Kommentar zur VwGO, 3. Aufl. 2010, § 42 Rn. 389; *Schoch,* in: Schmidt-Aßmann/Sellner (Fn. 382), S. 507, 516 ff.; *Triantafyllou* DÖV 1997, 192, 196; *Öhlinger/Potacs* (Fn. 42), S. 54.

[388] VG München NVwZ 2005, 839, 840; VG München NVwZ 2005, 1219, 1222; a. A. VGH München NVwZ 2005, 1096; VG Stuttgart Urt. v. 31.5.2005, Az. 16 K 1121/05, UA, S. 18 ff.; *Klinger/Löwenberg* ZUR 2005, 169; *Krohn* ZUR 2005, 371; *Willand/Buchholz* NJW 2005, 2641; *Calliess* NVwZ 2006, 1; *Zeiss* UPR 2005, 255. Siehe auch *Jarass* NVwZ 2003, 257.

[389] VG Berlin Beschl. v. 1.6.2005, Az. VG 10 A 75.05, BA, S. 8 m. w. N.

[390] Vgl. als Beispiel im Bereich der Luftreinhaltung EuGH Rs. C-237/07, *Janecek,* Slg. 2008, 6221 Rn. 37 und im Bereich des öffentlichen Auftragswesens EuGH Rs. C-433/93, *Kommission/Deutschland,* Slg. 1995, I-2303 Rn. 19 = EuZW 1995, 635 = NJW 1996, 1402.

[391] Vgl. *v. Danwitz* (Fn. 339), S. 237; *Winter* NVwZ 1999, 467, 470; *Götz* DVBl. 2002, 1, 4.

[392] EuGH Rs. C-58/89, *Kommission/Deutschland,* Slg. 1991, I-4983 Rn. 14 = EuZW 1991, 761 = NVwZ 1992, 459.

[393] Vgl. GA *Capotorti,* Schlussanträge in der Rs. 158/80, *Rewe/HZA Kiel,* Slg. 1981, 1805, 1850; GA *Stix-Hackl,* Schlussanträge in der Rs. C-222/02, *Paul,* Slg. 2004, I-9425 Rn. 77; OVG Schleswig NordÖR 2004, 74; *Schwarze* NVwZ 2000, 241, 248 f.; *Ehlers* VerwArch 84 (1993), 139, 171; *Götz* DVBl. 2002, 1, 4; *Wegener* Rechte des Einzelnen, S. 163 f.; *Ehlers,* Die Europäisierung des Verwaltungsprozeßrechts, 1999, S. 50 f.; *v. Stülpnagel* DÖV 2001, 932, 937.

„obgleich er in Bezug auf diese Situation Außenstehender ist, aber durch die Nichtbeachtung wirtschaftliche Nachteile erleidet, so ist … darauf hinzuweisen, dass der Vertrag … nicht zusätzlich zu den nach nationalem Recht bereits bestehenden Rechtsbehelfen neue Klagemöglichkeiten zur Wahrung des Gemeinschaftsrechts vor den nationalen Gerichten schaffen wollte".[394]

152 Andererseits hat der EuGH eine Klagebefugnis für Wirtschaftsteilnehmer zur Durchsetzung unionsrechtlich zwingender Qualitätsnormen im **Zivilprozess** anerkannt.[395] Eine solche Klagebefugnis, so der EuGH, verstärke „die Durchsetzungskraft" der unionsrechtlichen Regelung der Qualitätsnormen: Sie ergänze „die Tätigkeit der Stellen, die in den Mitgliedstaaten für die Durchführung der in dieser Regelung vorgesehenen Kontrollen zuständig sind, und trägt damit dazu bei, oft nur schwer aufzudeckende Praktiken zu unterbinden, die den Wettbewerb verfälschen könnten. So gesehen sind **Klagen von Konkurrenten** vor nationalen Gerichten besonders geeignet, wesentlich zur Sicherung eines lauteren Handels und der Markttransparenz in der Gemeinschaft beizutragen".[396]

153 Bloße **Aufsichtsrechte oder Meldeverpflichtungen,** in denen den mitgliedstaatlichen Behörden bestimmte „Annexpflichten" zur Durchsetzung des materiellen Rechts auferlegt werden, dürften hingegen i. d. R. keine subjektiven Rechte begründen.[397] In diesem Sinne hat der Gerichtshof zu Mitteilungspflichten außerhalb der Notifizierungsrichtlinie 98/34/EG (→ Rn. 44) festgestellt, „dass die genannte Bestimmung die Beziehungen zwischen den Mitgliedstaaten und der Kommission betrifft, nicht aber ein Recht schafft, das verletzt sein könnte, wenn ein Mitgliedstaat gegen die Verpflichtung verstößt, die Kommission von seinen Regelungsentwürfen zu unterrichten".[398]

154 Keine derartige Annexverpflichtung stellt allerdings das **beihilferechtliche Notifikationsverfahren** dar (Art. 108 Abs. 3 AEUV). Ist der Kommission eine Beihilfe nicht oder nicht rechtzeitig notifiziert worden, so ist nach ständiger Rechtsprechung ein Konkurrent des begünstigten Unternehmers berechtigt, die zuständigen innerstaatlichen Gerichte anzurufen, um gegen die – tatsächliche oder vermeintliche – Beihilfe gerichtlich vorzugehen (→ Rn. 50).

## § 5 Wozu berechtigt das EU-Recht? – Diskriminierungsverbote und Grundfreiheiten

**Schrifttum:** *Ahlfeld,* Zwingende Erfordernisse im Sinne der Cassis-Rechtsprechung des Europäischen Gerichtshofs zu Art. 30 EGV, 1997; *Albers,* „Inländerdiskriminierung" am Beispiel des Handwerksrechts, JZ 2008, 708; *Düsterhaus,* Nationalität – Mobilität – Territorialität – Gemeinschaftsrechtliche Ansprüche mobiler Unionsbürger gegen ihre Heimatstaaten, EuZW 2008, 103; *Eberhartinger,* Konvergenz und Neustrukturierung der Grundfreiheiten, EWS 1997, 43; *Ehlers,* Die Grundfreiheiten des europäischen Gemeinschaftsrechts, Jura 2001, 482; *ders.* (Hrsg.), Europäische Grundrechte und Grundfreiheiten, 2. Aufl. 2005; *Eichenhofer,* Dienstleistungsfreiheit und Arbeitnehmerschutz, JZ 2007, 425; *Forsthoff,* Die Tragweite des Rechtfertigungsgrundes aus Art. 46 Abs. 1 EG für die Niederlassungsfreiheit, die Dienstleistungsfreiheit und für Gesellschaften, EWS 2001, 59; *ders.,* EuGH fördert Vielfalt im Gesellschaftsrecht, DB 2002, 2471; *Frenz,* Handbuch Europarecht, Band 1: Europäische Grundfreiheiten, 2004; *ders.,* Freiheitsbeschränkungen durch Grundrechte, EWS 2005, 15; *Friede-*

[394] EuGH Rs. 158/80, *Rewe/Hauptzollamt Kiel („Butterfahrten"),* Slg. 1981, 1805 Rn. 44 = NJW 1981, 1886.

[395] EuGH Rs. C-253/00, *Munoz,* Slg. 2002, I-7289 Rn. 30 ff. = DVBl. 2002, 1620; dazu auch *Epiney* NVwZ 2004, 555, 559.

[396] EuGH Rs. C-253/00, *Munoz,* Slg. 2002, I-7289 Rn. 31 = DVBl. 2002, 1620.

[397] *Öhlinger/Potacs* (Fn. 42), S. 54 f.

[398] EuGH Rs. 380/87, *Enichem Base,* Slg. 1989, 2491 Rn. 23 = NJW 1990, 3071 = NVwZ 1990, 251.

*mann,* Grundfreiheiten und staatliche Schutzpflichten, JuS 2000, 431; *Füller,* Grundlagen und inhaltliche Reichweite der Warenverkehrsfreiheiten nach dem EG-Vertrag, 2000; *Gundel,* Die Rechtfertigung von faktisch diskriminierenden Eingriffen in die Grundfreiheiten des EGV, Jura 2001, 79; *ders.,* Die Inländerdiskriminierung zwischen Verfassungs- und Europarecht: Neue Ansätze in der deutschen Rechtsprechung, DVBl. 2007, 269; *Jarass,* Elemente einer Dogmatik der Grundfreiheiten, EuR 2000, 705; *Jennert,* Staatliche Daseinsvorsorge zwischen Beihilferecht und Vergaberecht, WRP 2003, 459; *Kämmerer,* Inländer im Europarecht – Obsoleszenz oder Renaissance eines Rechtsbegriffs?, EuR 2008, 45; *Kluth/Rieger,* Die neue EU-Berufsanerkennungsrichtlinie, EuZW 2005, 486; *Novak/Schnitzler,* Erweiterte Rechtfertigungsmöglichkeiten für mitgliedstaatliche Beschränkungen der EG-Grundfreiheiten, EuZW 2000, 627; *Prieß/Gabriel,* M&A-Verfahrensrecht – EG-rechtliche Verfahrensvorgaben bei staatlichen Beteiligungsveräußerungen, NZBau 2007, 617; *Rossi,* Das Diskriminierungsverbot nach Art. 12 EGV, EuR 2000, 197; *Roth,* Diskriminierende Regelungen des Warenverkehrs und Rechtfertigung durch die „zwingenden Erfordernisse“ des Allgemeininteresses, WRP 2000, 979; *Sander,* Die Unionsbürgerschaft als Türöffner zu mitgliedstaatlichen Sozialversicherungssystemen?, DVBl. 2005, 1014; *Schink,* Kommunale Daseinsvorsorge in Europa, DVBl. 2005, 861; *Schön,* Der freie Warenverkehr, die Steuerhoheit der Mitgliedstaaten und der Systemgedanke im europäischen Steuerrecht (Teil I und II), EuR 2001, 216 und 341; *Schorkopf,* Wahrhaftigkeit im Recht der Grundfreiheiten – Zu Maßstab und Rechtsfolgen der Glücksspielurteile des Europäischen Gerichtshofs, DÖV 2011, 260; *ders.,* Beweislast im Recht des freien Warenverkehrs – Die erneuerte Cassis-Formel als Schnittmenge von Binnenmarktrecht und GATT, EuR 2009, 645; *Siegel,* Die Grundfreiheiten als Auffangordnung im europäischen und nationalen Vergaberecht, EWS 2008, 66; *Steinberg,* Zur Konvergenz der Grundfreiheiten auf Tatbestands- und Rechtfertigungsebene, EuGRZ 2002, 13; *Storr,* Zwischen überkommener Daseinsvorsorge und Diensten von allgemeinem wirtschaftlichen Interesse – Mitgliedstaatliche und europäische Kompetenzen im Recht der öffentlichen Dienste, DÖV 2002, 357; *Thomas,* Die Relevanzregel in der europäischen Grundfreiheitendogmatik, NVwZ 2009, 1202; *Weiß,* Nationales Steuerrecht und Niederlassungsfreiheit, EuZW 1999, 493; *Tiedtke/Mohr,* Die Grundfreiheiten als zulässiger Maßstab für die direkten Steuern, EuZW 2008, 424; *Weller,* Deutsches Gesellschaftsrecht unter europäischem Einfluss, AnwBl 2007, 320.

## I. Übersicht und Bedeutung

Die im AEUV gewährleisteten Grundfreiheiten und Diskriminierungsverbote sind für die Rechtspraxis von kaum zu überschätzender **Bedeutung.** Auf Grund ihrer **fast uferlosen Reichweite** bergen sie für den Prozess- und Interessenvertreter erhebliche Anwendungs- und Argumentationspotentiale, die bekanntlich schon manch lieb gewonnene Regelung, vom Reinheitsgebot für Bier,[399] über die Transferbeschränkungen für Profifußballspieler[400] bis hin zu den Kostenerstattungsvorschriften für die ärztliche Behandlung im Ausland,[401] zu Fall gebracht hat. 155

Den EU-Binnenmarkt (vgl. Art. 3 Abs. 3 EUV, Art. 26 AEUV) sucht der AEUV über die folgenden Grundfreiheiten zu verwirklichen: 156

(1) Die **Warenverkehrsfreiheit** (Art. 34 und 35 AEUV) verlangt, dass die in einem Mitgliedstaat legal hergestellten Güter in allen anderen Mitgliedstaaten ungehindert vertrieben werden können (→ Rn. 168 ff.);

(2) die **Arbeitnehmerfreizügigkeit** (Art. 45 AEUV) umfasst das Recht, in der gesamten Union einer dauerhaften Beschäftigung nachzugehen und nach Ende des Arbeitsverhältnisses mit den Familienangehörigen im Aufnahmestaat zu verbleiben (→ Rn. 190 ff.);

---

[399] EuGH Rs. 178/84, *Reinheitsgebot für Bier,* Slg. 1987, 1227 = NJW 1987, 1133.

[400] EuGH Rs. C-415/93, *Bosman,* Slg. 1995, I-4921 = JZ 1996, 248 = NJW 1996, 505 mit Anm. *Hilf/Pache* NJW 1996, 1169.

[401] EuGH Rs. C-385/99, *Müller-Fauré,* Slg. 2003, I-4509 = NJW 2003, 2298 mit Anm. *Frenz* NVwZ 2003, 947; EuGH Rs. C-158/96, *Kohll,* Slg. 1998, I-1931 = JZ 1998, 1166 = NJW 1998, 1771 mit Anm. *Sodan* JZ 1998, 1168.

(3) die **Niederlassungsfreiheit** (Art. 49 AEUV) gewährleistet, dass Einzelne und Unternehmen einer auf Dauer angelegten selbstständigen Erwerbstätigkeit in einem anderen Mitgliedstaat entsprechend den Bestimmungen, die dieser Staat für seine eigenen Angehörigen aufgestellt hat, nachgehen können (→ Rn. 202 ff.);
(4) die **Dienstleistungsfreiheit** (Art. 56 AEUV) verbietet es, dass – potenziell – grenzüberschreitende wirtschaftliche Leistungen unverhältnismäßig eingeschränkt oder in irgendeiner Weise schlechter gestellt werden, als innerstaatliche Dienstleistungen (→ Rn. 183 ff.);
(5) die **Freiheit des Kapital- und Zahlungsverkehrs** (Art. 63 AEUV) gewährleistet grenzüberschreitende Investitionen sowie die ungehinderte Übertragung von Kapital und ähnlichen Werten (→ Rn. 209 ff.).
(6) Ergänzt werden die vorgenannten Freiheiten vom **allgemeinen Diskriminierungsverbot** (Art. 18 AEUV), das im Anwendungsbereich des Unionsrechts „unbeschadet besonderer Bestimmungen der Verträge" jede offene oder versteckte Ungleichbehandlung aus Gründen der Staatsangehörigkeit untersagt (→ Rn. 214 ff.).

157 Die Grundfreiheiten gelten **nicht uneingeschränkt** (→ Rn. 218 ff.). Grundsätzlich müssen nach der Rechtsprechung des EuGH „nationale Maßnahmen, die die Ausübung der durch den Vertrag garantierten grundlegenden Freiheiten behindern oder weniger attraktiv machen können, vier Voraussetzungen erfüllen (...): Sie müssen in nicht diskriminierender Weise angewandt werden, sie müssen aus zwingenden Gründen des Allgemeinwohls gerechtfertigt sein, sie müssen geeignet sein, die Verwirklichung des mit ihnen verfolgten Ziels zu gewährleisten, und sie dürfen nicht über das hinaus gehen, was zur Erreichung dieses Ziels erforderlich ist".[402]

## II. Allgemeiner Anwendungsbereich

### 1. Keine Bereichsausnahmen

158 Der Anwendungsbereich der Grundfreiheiten ist umfassend. Auf innerstaatliche Zuständigkeiten oder Empfindlichkeiten nimmt er keine Rücksicht (→ Rn. 33). Diskriminierungsverbote und Grundfreiheiten gelten deshalb grundsätzlich auch in Bereichen, die – wie die direkten Steuern – weiterhin in die ausschließliche Kompetenz der Mitgliedstaaten fallen.[403] Mit Ausnahme eines Kernbereichs der Landesverteidigung[404] anerkennt der EuGH **keine ungeschriebenen Bereichsausnahmen,** d. h. Politikfelder, die dem Querschnitts-Charakter der Gesamtfreiheiten von vornherein entzogen sind.

**Beispiel:** Was den Zugang von Frauen zu militärischen Berufen anbetrifft, sei es zwar „Sache der Mitgliedstaaten, (...) die Entscheidungen über die Organisation ihrer Streitkräfte zu treffen. Daraus ergibt sich jedoch nicht, dass derartige Entscheidungen vollständig der Anwendung des Gemeinschaftsrechts entzogen wären".[405]

---

[402] EuGH Rs. C-55/94, *Gebhard,* Slg. 1995, I-4165 Rn. 37 = DVBl. 1996, 145 = NJW 1996, 579 mit Anm. *Ehlers* JZ 1996, 467; differenzierend aber z. B. *Classen* EuR 2004, 415 m. w. N. zur Rspr.

[403] EuGH Rs. C-279/93, *Schumacker,* Slg. 1995, I-225 = EuZW 1995, 177 = NJW 1995, 1207 mit Anm. *Knobbe-Keuk* EuZW 1995, 167; EuGH Rs. C-141/99, *Futura,* Slg. 2000, I-11 619 = DVBl. 2001, 448.

[404] EuGH Rs. C-186/01, *Dory,* Slg. 2003, I-2479 = DVBl. 2003, 591 = NJW 2003, 1379 mit Anm. *Voland* NVwZ 2003, 1341; BVerwG NVwZ 2000, 1290, 1294 f.

[405] EuGH Rs. C-285/98, *Kreil,* Slg. 2000, I-69 Rn. 15 = EuZW 2000, 209. Dazu *Stahn* EuGRZ 2000, 121; *Götz* JZ 2000, 413.

## 2. Vorrang des Sekundärrechts

Hat der Unionsgesetzgeber auf Grund Sekundärrechts den in Rede stehenden **Sachverhalt abschließend geregelt,** ist die Berufung auf Grundfreiheiten grundsätzlich ausgeschlossen. Dies bedeutet, dass anhand autonomer Auslegung in jedem Einzelfall zu prüfen ist, ob die Europäische Union für die in Rede stehende Maßnahme eine abschließende harmonisierte Regelung gewollt und geschaffen hat. In diesem Fall ist der Sachverhalt anhand dieser Harmonisierungsmaßnahme und nicht anhand der Grundfreiheiten zu beurteilen.[406] 159

**Beispiel:** Ein Unternehmen, das seine Abfälle zur Verbrennung nach Belgien verbringen möchte, macht geltend, die Andienungspflicht eines Bundeslandes verstoße gegen die Grundsätze des freien Warenverkehrs (Art. 34, 35 AEUV). Nach Auffassung des EuGH steht der Anwendung dieser Grundfreiheiten die EU-Abfallverbringungsverordnung entgegen: Zur Verwirklichung des Grundsatzes der Entsorgungsautarkie können hiernach die Mitgliedstaaten „im Einklang mit dem Vertrag" Maßnahmen ergreifen, um die Verbringung von Abfällen in andere EU-Staaten zu verbieten. Die Auslegung dieser Verordnung ergebe, „dass mit ihr auf Unionsebene eine harmonisierte Regelung für die Verbringung von Abfällen geschaffen worden ist, um den Schutz der Umwelt sicherzustellen ... Vor diesem Hintergrund kann die Verwendung der Formulierung ‚im Einklang mit dem Vertrag' ... nicht bedeuten, dass bei einer nationalen Maßnahme, die den Anforderungen dieser Bestimmung genügt, darüber hinaus eigens geprüft werden müsste, ob sie mit den Artikeln 28, 29 und 30 EG-Vertrag [jetzt Art. 34, 35 und 36 AEUV] vereinbar ist".[407]

## 3. Grenzüberschreitender Bezug

Grundfreiheiten und Diskriminierungsverbote sind nur auf Sachverhalte anzuwenden, die potentiell ein **grenzüberschreitendes Element** aufweisen.[408] Dagegen werden Ungleichbehandlungen und hoheitliche Beschränkungen, „die ausschließlich im Inneren eines Mitgliedstaates spielen und keine Berührungspunkte mit Sachverhalten aufweisen, auf die das Gemeinschaftsrecht abstellt",[409] von den Grundfreiheiten nicht erfasst.[410] 160

**Beispiel:** Ein Rechtsstreit „zwischen deutschen Personalberatern und einem deutschen Unternehmen wegen der Einstellung eines deutschen Staatsangehörigen (...) bietet nichts, was sich mit einer der vom Gemeinschaftsrecht erfassten Fallgestaltungen in Verbindung bringen ließe. Etwas anderes ergibt sich auch nicht daraus, dass ein Vertrag zwischen den Personalberatern und dem Unternehmen theoretisch die Möglichkeit beinhaltet, sich um deutsche Bewerber, die in anderen Mitgliedstaaten ansässig sind, oder um Angehörige dieser Staaten zu bemühen".[411]

---

[406] Vgl. EuGH Rs. C-37/92, *Vanacker* u. *Lesage,* Slg. 1993, I-4947 Rn. 30; EuGH Rs. C-324/99, *Daimler Chrysler AG,* Slg. 2001, I-9897 Rn. 32; EuGH Rs. C-85/94, *Groupement des producteurs,* Slg. 1995, I-2955 Rn. 20 = EuZW 1996, 14 mit Anm. *Schilling.*

[407] EuGH Rs. C-324/99, *Daimler Chrysler AG,* Slg. 2001, I-9897 Rn. 32 = NVwZ 2002, 582 = EuZW 2002, 89 mit Anm. *Versteyl* NVwZ 2002, 565 u. *Meier* EuZW 2002, 94.

[408] Vgl. beispielsweise zur Arbeitnehmerfreizügigkeit: EuGH Rs. 175/78, *Saunders,* Slg. 1979, 1129 Rn. 11 = EuGRZ 1979, 429 = NJW 1979, 1763 mit Anm. *Stein* EuGRZ 1979, 448; EuGH verb. Rs. 35 u. 36/82, *Morson,* Slg. 1982, 3723 Rn. 16 = DVBl. 1983, 744 = NJW 1983, 2751; EuGH Rs. 180/83, *Moser,* Slg. 1984, 2539 Rn. 15 = NJW 1985, 540. S. hierzu *Riegel* ZRP 1989, 321; ferner EuGH Rs. C-134/95, *USSL,* Slg. 1997, I-195 Rn. 18 ff.; zur Unionsbürgerschaft und zum allgemeinen Diskriminierungsverbot: EuGH verb. Rs. C-11/06 und C-12/06, *Morgan,* Slg. 2007, I-9161 Rn. 25 f.

[409] EuGH Rs. 44/84, *Hurd,* Slg. 1986, 29 Rn. 55.

[410] Vgl. *Thomas* NVwZ 2009, 1202; *Frenz,* Handbuch Europarecht, Band 1: Europäische Grundfreiheiten, 2004, S. 105, 145 f.; *Kingreen,* Die Struktur der Grundfreiheiten des Europäischen Gemeinschaftsrechts, 1999, S. 84 f.

[411] EuGH Rs. C-41/90, *Höfner u. Elsner,* Slg. 1991, I-1979 Rn. 38 f. = EuZW 1991, 349 = NJW 1991, 2891.

161 Streitet ein Staatsangehöriger mit seinen **innerstaatlichen Behörden,** so schließt dies einen grenzüberschreitenden Bezug selbstverständlich nicht aus. So kann sich z. B. ein Importeur auf die Warenverkehrsfreiheit auch gegenüber seinem Heimatstaat berufen.[412] Desgleichen kann sich der aus einem Drittstaat stammende Ehemann gegenüber dem Heimatstaat seiner Frau auf das Freizügigkeitsrecht für Familienangehörige berufen, wenn die Frau in einem anderen Mitgliedstaat als Arbeitnehmerin tätig war und nun in ihren Heimatstaat zurückkehrt.[413] Derartige **„Rückkehrfälle"** sind in der Praxis häufig.

**Beispiel:** Eine deutsche Kindergärtnerin hat in Belgien eine Berufsqualifikation erworben. Sie kann sich hierauf gegenüber einer deutschen Gemeinde berufen. Zwar sind die Grundfreiheiten „nicht auf rein interne Verhältnisse eines Mitgliedstaates anwendbar, doch kann die in Art. 49 AEUV enthaltene Bezugnahme auf die ‚Staatsangehörigen eines Mitgliedstaats', die sich ‚im Hoheitsgebiet eines anderen Mitgliedstaats' niederlassen wollen, nicht dahin ausgelegt werden, dass die eigenen Staatsangehörigen ausgeschlossen wären, wenn sie sich [...] gegenüber ihrem Herkunftsland in einer Lage befinden, die mit derjenigen aller anderen Personen, die in den Genuss der durch den Vertrag garantierten Rechte und Freiheiten kommen, vergleichbar ist".[414]

162 Für die Berufung auf eine Grundfreiheit reicht nach ständiger Rechtsprechung die bloße **Möglichkeit eines grenzüberschreitenden Bezugs** aus.[415] Ein konkretes und unmittelbares Hemmnis für den Binnenmarkt ist nicht erforderlich. Ebenso reicht es aus, dass „die streitige Maßnahme auf einen Teil des Hoheitsgebiets beschränkt ist".[416] Nur wenn offensichtlich ist, dass der in Rede stehende Sachverhalt keinerlei Elemente enthält, die über die Grenzen des Mitgliedstaats hinausweisen, sind die Grundfreiheiten unanwendbar.[417] Die Rechtsprechung ist uneinheitlich.[418]

**Beispiel:** Zum gesetzlichen Verbot, gefrorenen Joghurt tatsächlich als „Joghurt" zu vertreiben, stellte der Gerichtshof fest, „dass tiefgefrorener Joghurt unter dieser Bezeichnung in anderen Mitgliedstaaten rechtmäßig hergestellt und vermarktet wird; deshalb ist es nicht ausgeschlossen, dass dieses Erzeugnis eingeführt wird".[419] Daher ist Art. 34 AEUV auf die betreffende Vorschrift anwendbar.

## 4. Umgehungsgeschäfte und Rechtsmissbrauch

163 Auch **Umgehungsgeschäfte** und die formale Schaffung eines grenzüberschreitenden Sachverhalts eröffnen prinzipiell den Anwendungsbereich der Grundfreiheiten.[420] Nach der Rechtsprechung ist zwar „die missbräuchliche oder betrügerische Berufung auf Ge-

[412] OVG Berlin-Brandenburg, Urt. v. 20.10.2005, OVG 12 B 3.05, VA S. 30 ff.; Zur Dienstleistungsfreiheit: EuGH Rs. C-384/93, *Alpine Investments,* Slg. 1995, I-1141 Rn. 30 = EuZW 1995, 404 = NJW 1995, 2541 mit Anm. *Reich* EuZW 1995, 407.

[413] EuGH Rs. 115/78, *Knoors,* Slg. 1979, 399 = EuGRZ 1979, 290 = NJW 1979, 1761.

[414] EuGH Rs. 115/78, *Knoors,* Slg. 1979, 399; s. a. EuGH Rs. C-19/92, *Kraus,* Slg. 1993, I-1663 Rn. 15 = EuZW 1993, 322 = NVwZ 1993, 661.

[415] EuGH verb. Rs. C-321 bis 324/94, *Pistre u. a.,* Slg. 1997, I-2343 Rn. 44 f.; EuGH Rs. C-3/91, *Exportur,* Slg. 1992, I-5529 Rn. 19 f. = EuZW 1993, 66 mit Anm. *Meier* EuZW 1993, 69.

[416] EuGH Rs. C-67/97, *Bluhme,* Slg. 1998, I-8033 Rn. 20; ähnlich EuGH Rs. C-1/90 u. C-176/90, *Aragonesa de Publicidad u. Publivía,* Slg. 1991, I-4151 Rn. 24 = EuZW 1991, 630 = JZ 1991, 1133; EuGH verb. Rs. C-277/91, C-318/91 u. C-319/91, *Ligur Carni u. a.,* Slg. 1993, I-6621 Rn. 37.

[417] EuGH Rs. C-41/90, *Höfner u. Elsner,* Slg. 1991, I-1979 = EuZW 1991, 349 = NJW 1991, 2891 mit Anm. *Speyer* EuZW 1991, 399 u. *Eichenhofer* NJW 1991, 2857.

[418] Vgl. etwa EuGH verb. Rs. C-363/93 u. a., *Lancry,* Slg. 1994, I-3957 Rn. 27 f. = EuZW 1995, 89; s. dazu auch *Classen* EuR 2004, 416, 417 ff.

[419] EuGH Rs. 298/87, *Smanor S. A.,* Slg. 1988, 4489 Rn. 8 = EuR 1990, 45 mit Anm. *Schroeder* EWiR 1988, 1091.

[420] S. eingehend *Randelzhofer/Forsthoff,* in: G/H/N (Fn. 26), Stand: 2001, vor Art. 39–55 EGV Rn. 122–136; *Schilling* EuGRZ 2000, 3, 38 f.

meinschaftsrecht nicht gestattet".[421] Der Vorwurf eines missbräuchlichen oder betrügerischen Verhaltens rechtfertigt aber grundsätzlich keine pauschalen Beschränkungen oder Diskriminierungen, sondern ist, unter Berücksichtigung der Ziele der jeweiligen Unionsrechtsbestimmung,[422] „im Rahmen einer auf objektiven Kriterien beruhenden **Einzelfallprüfung** zu untersuchen."[423] Ein solcher Rechtsmissbrauch liegt deshalb nicht schon in der bloßen Ausnutzung des zwischenstaatlichen Regelungsgefälles.[424] Auch der Umstand, dass eine Gesellschaft nur über Zweigniederlassungen Tätigkeiten entfaltet, ist nicht missbräuchlich.[425] Allerdings wird zur Verhinderung solcher Umgehungstatbestände die Rechtfertigungsmöglichkeit für die Einschränkung der Grundfreiheiten zu Gunsten der Mitgliedstaaten großzügiger zu bestimmen sein.[426]

**Beispiel:** Gründen deutsche Staatsangehörige im Vereinigten Königreich eine „Briefkastenfirma", um damit den deutschen Vorschriften zur Mindesteinlage auszuweichen und im Rahmen einer Zweigniederlassung in Deutschland die eigentliche Geschäftstätigkeit aufzunehmen, so können sich die Gesellschafter zwar auf ihre Grundfreiheiten berufen (→ Rn. 204 f.). Die Mitgliedstaaten bleiben aber befugt, die missbräuchliche Umgehung ihres Gesellschaftsrechts – sowohl gegenüber den Gesellschaftern als auch gegenüber der Gesellschaft – mit geeigneten Mitteln zu verhindern.[427]

## 5. Inländerdiskriminierungen und Unionsbürgerschaft

Die Zulässigkeit **sog. Inländerdiskriminierungen,** d. h. von Ungleichbehandlungen, die keinen „über den nationalen Rahmen hinausweisenden Aspekt aufweisen"[428] (→ Rn. 160) bestimmt sich nach h. L. allein **nach innerstaatlichem Recht,**[429] kann also im Regelfall nur anhand der im Verfassungsrecht gewährleisteten Freiheits- und Gleichheitsgrundrechte überprüft werden.[430] Allerdings dürften häufig die **Eignung** und die **Erforderlichkeit** 164

[421] EuGH Rs. C-367/96, *Kefalas,* Slg. 1998, I-2843 Rn. 20 = EuZW 1999, 56 m. Anm. *Roth* EWiR 1998, 907. Vgl. u. a. im Bereich des freien Dienstleistungsverkehrs EuGH Rs. 33/74, *van Binsbergen,* Slg. 1974, 1299 Rn. 13 = NJW 1975, 1095 u. EuGH Rs. C-23/93, *TV10,* Slg. 1994, I-4795 Rn. 21 = EuZW 1995, 60 m. Anm. *Trautwein* ZUM 1995, 324; auf dem Gebiet des freien Warenverkehrs EuGH Rs. 229/83, *Leclerc u. a.,* Slg. 1985, 1 Rn. 27 = NJW 1985, 1615; auf dem Gebiet der Freizügigkeit der Arbeitnehmer EuGH Rs. 39/86, *Lair,* Slg. 1988, 3161 Rn. 43 = NJW 1988, 2165 = FamRZ 1988, 885; auf dem Gebiet der gemeinsamen Agrarpolitik EuGH Rs. C-8/92, *General Milk Products,* Slg. 1993, I-779 Rn. 21; auf dem Gebiet der sozialen Sicherheit EuGH Rs. C-206/94, *Paletta II,* Slg. 1996, I-2357 Rn. 24 = EuZW 1996, 375 = NJW 1996, 1881.

[422] EuGH Rs. C-212/97, *Centros,* Slg. 1999, I-1459 Rn. 25 = NJW 1999, 2027 = EuZW 1999, 253; kritisch *Schilling* EuGRZ 2000, 3, 38.

[423] EuGH Rs. C-147/03, *Kommission/Österreich,* Slg. 2005, I-5969 Rn. 68 = EWS 2005, 368; EuGH Rs. C-436/00, *X u. Y,* Slg. 2002, I-10 829 Rn. 42 f.; anschaulich BGH EuZW 2007, 546, 548.

[424] EuGH Rs. C-23/93, *TV10,* Slg. 1994, I-4795 Rn. 15 = EuZW 1995, 60.

[425] EuGH Rs. C-167/01, *Inspire Art,* Slg. 2003, I-10 155 Rn. 138 ff.

[426] Vgl. etwa EuGH Rs. C-320/93, *Ortscheit,* Slg. 1994, I-5243 Rn. 19 f. = EuZW 1995, 86 m. Anm. *Lüder* EuZW 1995, 87; EuGH Rs. C-441/93, *Pafitis,* Slg. 1996, I-1347 Rn. 68 = WM 1996, 1530 = ZIP 1996, 1543 m. Anm. *Hirte* EWiR 1996, 1073.

[427] EuGH Rs. C-212/97, *Centros,* Slg. 1999, I-1459 Rn. 17 ff. = NJW 1999, 2027 = JuS 1999, 810 = EuZW 1999, 253 m. (z. T. kritischer) Anm. *Kindler* NJW 1999, 1993; *Freitag* EuZW 1999, 267; *Ebke* JZ 1999, 656; *Meilicke* DB 1999, 627; *Lange* DNotZ 1999, 599; vgl. auch EuGH Rs. 79/86, *Segers,* Slg. 1986, 2375 Rn. 16.

[428] So EuGH Rs. C-112/91, *Wener,* Slg. 1993, I-426 Rn. 16 = EuZW 1993, 163 = NJW 1993, 995. m. Anm. *Nowack* BB 1993, 983.

[429] *Streinz,* in: ders. (Fn. 83), Art. 18 AEUV Rn. 67; *Houlebek,* in: Schwarze (Fn. 15), Art. 12 EGV Rn. 34; s. a. *Epiney,* Umgekehrte Diskriminierungen. Zulässigkeit u. Grenzen der discrimination à rebours nach europäischem u. nationalem Verfassungsrecht, 1995; *Hammerl,* Inländerdiskriminierung, 1997, S. 189 ff.; *Lackhoff* EWS 1997, 109; *Graser* EuR 1998, 571; *Gundel* DVBl. 2007, 269, 270 ff.

[430] BVerfG Beschl. v. 5.12.2005, 1 BvR 1730/02: Meisterzwang wegen Konkurrenzdruck aus EU unzumutbar; VGH München GewArch 2002, 431: Meisterprüfung ist zulässig; s. a. BVerwG KommunalPraxis BY 2002, 237; 2002, 317 u. BVerwGE 115, 312 = NZA 2002, 385: Schwerbehinderten-

innerstaatlicher Handels-, Dienstleistungs- und Freizügigkeitsbeschränkungen zu verneinen sein, wenn dieselben Betätigungen wegen ihres grenzüberschreitenden Bezugs auf Grund der EU-Grundfreiheiten anzuerkennen sind. In diesen Fällen ist fraglich, ob die mit den Regelungen angestrebten Ziele (z. B. Konsumentenschutz, berufliche Qualifikationen etc.) noch erreicht werden können, wenn sie durch „grenzüberschreitende Transaktionen" unterlaufen werden (dürfen).[431] Die deutsche Rechtspraxis ist großzügig und hält eine Inländerdiskriminierung generell für zulässig, „wenn einerseits ausreichende Sachgründe für die für Inländer geltenden Anforderungen bestehen und sich andererseits die relative Benachteiligung der Inländer in Grenzen hält, etwa wegen des geringen Marktanteils der EG-Ausländer."[432]

**Beispiel:** Die rechtliche Differenzierung der Berufszugangsregelungen danach, ob die zur Berufsausübung berechtigende Qualifikation im Inland oder im EU-Ausland erworben wurde, „stellt keine unzulässige mittelbare Inländerdiskriminierung dar."[433]

165 Allerdings kann die **Angemessenheit** insbesondere von Berufszulassungsvoraussetzungen in Frage stehen, wenn diese für Konkurrenten aus anderen Mitgliedstaaten auf Grund der Grundfreiheiten nicht gelten.[434] Beschränkungen des Marktzugangs für Inländer müssen daher stets im Kontext eines EU-weiten Wettbewerbs gesehen werden und sind unter diesem Gesichtspunkt auf ihre Zumutbarkeit im Einzelfall hin zu überprüfen.

166 Auch aus der **Unionsbürgerschaft** kann sich im Einzelfall die Unzulässigkeit einer Inländerdiskriminierung ergeben.[435] Die im AEUV niedergelegte Unionsbürgerschaft, die die nationale Staatsbürgerschaft ergänzt, gibt das Recht, „sich im Hoheitsgebiet der Mitgliedstaaten frei zu bewegen und aufzuhalten" (Art. 20 Abs. 2 S. 2 lit. a) AEUV). Zwar bezweckt die Unionsbürgerschaft nicht, „den sachlichen Anwendungsbereich des Vertrages auf interne Sachverhalte auszudehnen, die keinerlei Bezug zum Unionsrecht aufweisen".[436] Der Unionsbürgerstatus soll jedoch „der grundlegende Status der Staatsangehörigen der Mitgliedstaaten sein, die, wenn sie sich in der gleichen Situation befinden, auf Grund dieses Status im sachlichen Geltungsbereich des EG-Vertrags vorbehaltlich der hiervon ausdrücklich vorgesehenen Ausnahmen unabhängig von ihrer Staatsangehörigkeit **Anspruch auf gleiche rechtliche Behandlung** haben".[437]

167 Mit der Unionsbürgerschaft und insbesondere dem Recht auf Freizügigkeit ist es folglich unvereinbar, wenn ein Mitgliedstaat einen eigenen Staatsangehörigen weniger günstig behandelt, weil er von den Möglichkeiten Gebrauch gemacht hat, die ihm die Freizügig-

ausgleichsabgabe ist keine gegen Art. 3 Abs. 1 GG verstoßende Inländerdiskriminierung; BVerwG NVwZ-RR 1999, 498: Meisterbrief ist trotz Inländerdiskriminierung verfassungsgemäß; VGH Mannheim NJW 1996, 72; vgl. zum Handwerksrecht umfassend *Albers* JZ 2008, 708; OVG Münster InfAuslR 1989, 201: Verweigerung einer Aufenthaltserlaubnis für den Drittstaats-Ehepartner eines Deutschen nicht gegen Art. 3 Abs. 1 GG verstoßend; VG München ZUM 1994, 312: Nettoprinzip bei Unterbrecher-Fernsehwerbung derzeit keine unzulässige Inländerdiskriminierung; BVerwG NJW 2005, 1736: Reinheitsgebot für Bier.

[431] Vgl. in diese Richtung BVerfG GewArch 2006, 71, 72 f.; s. hierzu *Frenz* JZ 2007, 343; *Riese/Noll* NVwZ 2007, 516, 520; Öst. VfGH EuGRZ 1997, 362; Öst. VfGH EuZW 2006, 221.

[432] VGH München, Beschl. v. 7.12.2010, 19 ZB 10.1583 m. w. N.

[433] BVerwG GewArch 2012, 35, 38.

[434] BVerfG GewArch 2006, 71, 72 f.; *Frenz* JZ 2007, 343.

[435] Zur Bedeutung der Unionsbürgerschaft vgl. *Hilf*, in: G/H/N (Fn. 26), Stand: 2001, Art. 18 EGV Rn. 2 ff.; *Harms*, in: Bergmann/Kenntner (Fn. 273), S. 163, 171 ff.

[436] Schlussanträge der Generalanwältin *Kokott* in der EuGH Rs. C-434/09, *McCarthy*, noch nicht in d. amtl. Slg., Rn. 41; EuGH Rs. C-148/02, *Avello*, Slg. 2003, I-11613 Rn. 26 = EuGRZ 2004, 156 = DVBl. 2004, 183.

[437] EuGH Rs. C-224/98, *d'Hoop*, Slg. 2002, I-6191 Rn. 29 = EuGRZ 2002, 516 = EuZW 2002, 635 u. Hinw. auf Rs. C-184/99, *Grzelczyk*, Slg. 2001, I-6193 Rn. 31 = DVBl. 2001, 1662 = EuZW 2002, 52; EuGH Rs. C-224/02, *Pusa*, Slg. 2004, I-5763 Rn. 18 ff. = EWS 2004, 369 = EuGRZ 2004, 416 u. EuGH Rs. C-413/99, *Baumbast*, Slg. 2002, I-7091 Rn. 84 = DVBl. 2002, 1616.

keitsbestimmungen des AEUV eröffnen.[438] Dieses Recht „könnte nämlich seine volle Wirkung nicht entfalten, wenn ein Staatsangehöriger eines Mitgliedstaats von der Wahrnehmung dieser Möglichkeiten abgehalten werden könnte, weil ihm bei der **Rückkehr in sein Herkunftsland** Nachteile entstünden, die eine Regelung an diese Wahrnehmung knüpft".[439]

**Beispiel:** Das Aufenthaltsrecht des bosnischen Ehemannes einer deutschen Staatsangehörigen, die beide im Vereinigten Königreich arbeiteten und danach als Selbstständige nach Deutschland zurückkehren, richtet sich nach denselben Unionsvorschriften, die für den Ehegatten einer Staatsangehörigen eines anderen Mitgliedstaates gelten, die sich in Deutschland niederlässt.[440]

## III. Die Grundfreiheiten und das Diskriminierungsverbot

### 1. Der freie Warenverkehr

Der freie Warenverkehr wird durch zahlreiche Vorschriften des Primär- und des Sekundärrechts gewährleistet. Für „die **Verwirklichung des Marktes ohne Binnengrenzen unabdingbar**" ist Art. 34 AEUV, nach dem „alle unmittelbaren oder mittelbaren, tatsächlichen oder potentiellen Beeinträchtigungen der Einfuhrströme im innergemeinschaftlichen Handel beseitigt werden sollen"[441] (→ Rn. 170 ff.). Daneben verbieten die spezielleren Art. 28 und 30 AEUV die Erhebung von Zöllen und Abgaben gleicher Wirkung (→ Rn. 182), und Art. 35 AEUV Maßnahmen mit ausfuhrbeschränkender Wirkung (→ Rn. 180). 168

Alle vorerwähnten Verbotstatbestände sind unmittelbar anwendbar. Sie gelten ausnahmslos für **alle Waren.** Das sind im EU-Recht körperliche „Gegenstände, die im Hinblick auf Handelsgeschäfte über eine Grenze verbracht werden" können,[442] ebenso aber auch Elektrizität.[443] Dabei muss die Sache selbst keinen Wert besitzen, so dass auch nicht verwertbarer Abfall hierunter fällt.[444] Da das Unionsrecht keine „Bereichsausnahmen" kennt, fallen grundsätzlich auch „sensible Güter" wie z. B. militärisch nutzbares Material unter diese Freiheiten.[445] Nicht vom Schutz des Art. 34 AEUV umfasst sind jedoch solche Güter, deren Einführung in den Wirtschafts- und Handelsverkehr der Union verboten ist – bspw. Betäubungsmittel außerhalb des ausnahmsweise zugelassenen Handels für medizinische und wissenschaftliche Zwecke.[446] 169

Nach der sog. **„Dassonville-Formel"**[447], die „Maßnahmen gleicher Wirkung" wie Einfuhrbeschränkungen definiert, unterfallen dem Anwendungsbereich des Art. 34 AEUV 170

---

[438] EuGH Rs. C-499/06, *Nerkowska*, Slg. 2008, I-3993, Rn. 32.; verb. EuGH Rs. C-11/06 u. C-12/06, *Morgan*, Slg. 2007, I-9161 Rn. 26 = NVwZ 2008, 298, 299 = EuZW 2007, 767, 768; EuGH Rs. C-158/07, *Förster*, Slg. 2008, I-8507 Rn. 36 ff.

[439] EuGH Rs. C-224/98, *d'Hoop*, Slg. 2002, I-6191 Rn. 31 f. = EuZW 2002, 635 u. Hinw. a. die EuGH Rs. C-370/90, *Singh*, Slg. 1992, I-4265 Rn. 23 = EuZW 1992, 703 = NVwZ 1993, 261. Dazu *Kanitz/Steinberg* EuR 2003, 1013, 1015 ff. u. *Hühn* ELR 2002, 407.

[440] EuGH Rs. C-370/90, *Singh*, Slg. 1992, I-4265 Rn. 25 = EuZW 1992, 703 = NVwZ 1993, 261.

[441] EuGH Rs. C-265/95, *Kommission/Frankreich*, Slg. 1997, I-6959 Rn. 30 = EuZW 1998, 84 = NJW 1998, 1931.

[442] EuGH Rs. C-2/90, *Kommission/Belgien*, Slg. 1992, I-4429 Rn. 26 = EuZW 1992, 577 = NVwZ 1992, 871 mit Anm. *Tostmann* EuZW 1992, 579.

[443] EuGH Rs. C-393/92, *Almelo*, Slg. 1994, I-1477 Rn. 27 ff. = DVBl. 1994, 852 = EuZW 1994, 408 m. Anm. *Rapp-Jung* EuZW 1994, 464.

[444] EuGH Rs. C-2/90, *Kommission/Belgien*, Slg. 1992, I-4429 Rn. 26.

[445] *Gilsdorf/Brandtner*, in: v. d. Groeben/Schwarze (Fn. 15), Art. 296 EGV Rn. 2; *Karpenstein*, in: Schwarze (Fn. 15), Art. 346 AEUV Rn. 1.

[446] EuGH Rs. C-137/09, *Josemans*, noch nicht in d. amtl. Slg., Rn. 34 ff.

[447] Dazu *Leible/Streinz*, in: G/H/N (Fn. 26), Stand: 2010, Art. 34 AEUV Rn. 53 ff.

nicht nur Maßnahmen, die an die Herkunft eines Produktes anknüpfen (Diskriminierungsverbot). Verboten ist vielmehr auch jede unterschiedslos auf einheimische und ausländische Waren anwendbare mitgliedstaatliche Maßnahme, „die geeignet ist, den innergemeinschaftlichen Handel **unmittelbar oder mittelbar, tatsächlich oder potentiell** zu behindern“ (Beschränkungsverbot).[448] Eine „spürbare Beeinträchtigung des innergemeinschaftlichen Handels ist nicht erforderlich“,[449] solange die grenzüberschreitenden Auswirkungen nicht rein hypothetischer Natur sind (→ Rn. 160). Mit diesem weiten Beschränkungstatbestand ist sichergestellt, dass unabhängig von der Art und Zielrichtung der staatlichen Maßnahme alle negativen Auswirkungen auf den Handel innerhalb der Union erfasst werden.

**Beispiel:** Ein deutscher Produzent macht gegenüber einem Konkurrenten aus einem anderen Mitgliedstaat ein in Deutschland eingetragenes Marken-, Warenzeichen-, Urheber- oder Patentrecht geltend. Lässt sich etwa auf Grund einer einstweiligen Verfügung aus diesem Grunde die einzuführende Ware überhaupt nicht oder nicht in der ursprünglichen Form verkaufen, liegt eine Maßnahme gleicher Wirkung vor, die der besonderen Rechtfertigung bedarf (zur Rechtfertigung → Rn. 218 ff.).

171 Die fast unbegrenzte Reichweite der *Dassonville*-Formel beschränkte der EuGH in seiner **„Keck-Entscheidung“.** Zu einem Verbot des Verkaufs von Waren unter Einstandspreis stellte der Gerichtshof klar, dass ein solches Verbot, obwohl es geeignet sei, das Absatzvolumen von Erzeugnissen aus anderen Mitgliedstaaten zu beschränken, nicht unter Art. 34 AEUV falle. Denn „die Anwendung nationaler Bestimmungen, die **bestimmte Verkaufsmodalitäten** beschränken oder verbieten, ist nicht geeignet, den Handel zwischen den Mitgliedstaaten im Sinne des Urteils Dassonville … zu behindern, sofern diese Bestimmungen für alle betroffenen Wirtschaftsteilnehmer gelten, die ihre Tätigkeit im Inland ausüben, und sofern sie den Absatz der inländischen Erzeugnisse und der Erzeugnisse aus anderen Mitgliedstaaten **rechtlich wie tatsächlich in der gleichen Weise** berühren“.[450] In der deutschen Rechtspraxis hat diese – wenn auch beschränkte – Rückkehr vom Beschränkungs- zum Diskriminierungsverbot erheblichen (und nicht immer befriedigenden) Anklang gefunden.[451]

172 Die **Abgrenzung** zwischen vertriebs- und produktbezogenen staatlichen Maßnahmen ist zuweilen schwierig.[452] Anders als bei vertriebsbezogenen Regelungen besteht bei produktbezogenen Vorschriften i. d. R. „die Notwendigkeit, die fraglichen Erzeugnisse gegebenenfalls an die im Vermarktungsmitgliedstaat geltenden Vorschriften anzupassen“.[453]

---

[448] EuGH Rs. 8/74, *Dassonville,* Slg. 1974, 837 Rn. 5 = NJW 1975, 515.

[449] EuGH Rs. 16/83, *Prantl,* Slg. 1984, 1299 Rn. 20 = NJW 1984, 1291; ebenso EuGH verb. Rs. 177 u. 178/82, *van den Haar,* Slg. 1984, 1797 Rn. 12 f.; *Leible/Streinz,* in: G/H/N (Fn. 26), Stand: 2010, Art. 34 AEUV Rn. 64; *Thomas* NVwZ 2009, 1202.

[450] EuGH verb. Rs. C-267/91 u. C-268/91, *Keck u. Mithouard,* Slg. 1993, I-6097 Rn. 16 = EuZW 1993, 770 = NJW 1994, 121 m. Anm. *Moeschel* NJW 1994, 429; *Koenig* EuZW 1996, 8; vgl. auch EuGH Rs. C-292/92, *Hünermund,* Slg. 1993, I-6787 Rn. 21 = DVBl. 1994, 745 = NJW 1994, 781 m. Anm. *Petschke* EuZW 1994, 107; EuGH Rs. C-391/92, *„Babynahrung“,* Slg. 1995, I-1621 Rn. 13 = EuZW 1995, 612 = EWS 1995, 270; EuGH Rs. C-71/02, *Karner,* Slg. 2004, I-3025 Rn. 37 ff.; EuGH Rs. C-20/03, *Burmanjer u. a.,* Slg. 2005, I-4133 Rn. 24; EuGH Rs. C-441/04, *A-Punkt Schmuckhandel,* Slg. 2006, I-2093 Rn. 15 ff. = NJW 2006, 2540, 2541.

[451] Vgl. BGH-NJW-RR 1995, 871, 873; BGH NJW-RR 1996, 554, 555; OLG Hamburg WRP 1996, 314, 316 ff.; *Müller-Graff,* in: v. d. Groeben/Schwarze (Fn. 15), Art. 28 EGV Rn. 237 ff.; *Heermann* WRP 1999, 381; *Roth,* in: Festschrift für Großfeld, 1999, S. 929; *Fetsch* ZEuP 2005, 541; *Albin/Valentin* EWS 2007, 533.

[452] Vgl. die Schlussanträge des Generalanwalts *Maduro* in der Rs. C-158/04, *Alfa Vita Vassilopoulos und Carrefour-Marinopoulos,* Slg. 2006, I-8135 Rn. 24 ff.; hierzu *Kingreen* EWS 2006, 488, 489 ff.; vgl. auch *Weyer* EuZW 2004, 455; *Arndt* JuS 1994, 469; *Möschel* NJW 1994, 429; *Lüder* EuZW 1996, 615.

[453] EuGH Rs. C-390/99, *Canal Satélite Digital,* 2002, I-607 Rn. 30 = DVBl. 2002, 459.

**Beispiel:** Eine Jugendschutzregelung, nach der DVDs nur dann im Versandhandel angeboten werden dürfen, wenn der Inhalt zuvor von der obersten Landesbehörde für die jeweilige Altersstufe freigegeben und entsprechend gekennzeichnet worden ist, ist keine bloße Verkaufsmodalität, sondern eine Maßnahme gleicher Wirkung gemäß Art. 34 AEUV.[454]

Eine produktbezogene Beschränkung ist auch gegeben bei **Einschränkungen von Werbung,** wenn sie sich unmittelbar auf die Beschaffenheit oder Präsentation eines Produkts auswirkt. 173

**Beispiel:** Gestützt auf §§ 1, 3 UWG wendet sich ein Verbraucherschutzverband gegen den Aufdruck „+10%" auf eingeführte Schokoladenriegel, da die Verbraucher einen unveränderten Preis erwarteten. Dem Unterlassungsanspruch des Verbandes steht Art. 34 AEUV entgegen. Ein Verbot dieses Aufdrucks kann „nämlich den Importeur dazu zwingen, die Ausstattung seiner Erzeugnisse je nach dem Ort des Inverkehrbringens unterschiedlich zu gestalten und demgemäß die zusätzlichen Verpackungs- und Werbungskosten zu tragen". Das Werbeverbot kann auch nicht auf zwingende Erfordernisse des Verbraucherschutzes gestützt werden, da „von verständigen Verbrauchern" erwartet werden könne, „dass sie wissen, dass zwischen der Größe von Werbeaufdrucken, die auf eine Erhöhung der Menge des Erzeugnisses hinweisen, und dem Ausmaß dieser Erhöhung nicht notwendig ein Zusammenhang besteht".[455]

Nicht als vertriebsbezogene, sondern als **produktbezogene** Regelungen zu qualifizieren sind ferner sog. „Verwendungsbeschränkungen". Hierunter fallen solche Bestimmungen, die die Verwendung bestimmter Produkte regeln und geeignet sind, den Zugang eines Produkts zum Markt eines Mitgliedstaats zu behindern. Der EuGH nimmt in diesen Fällen eine Beschränkung im Sinne der „Dassonville"-Formel dann an, wenn der Marktzugang in „erheblicher" Weise beeinträchtigt oder ganz verhindert wird.[456] 174

**Beispiel:** Eine nationale Regelung verbietet für bestimmte Kleinkraftfahrzeuge das Ziehen von Anhängern. Der EuGH verneinte eine Beschränkung des Marktzugangs für solche Anhänger, die nicht eigens für die von der nationalen Vorschrift betroffenen Kleinkraftfahrzeuge konzipiert waren. Einen Eingriff in Art. 34 AEUV nahm der Gerichtshof allein in Bezug auf solche Anhänger an, die ausschließlich in Verbindung mit den von der Regelung erfassten Fahrzeugen genutzt werden konnten, da insofern ein „Versperren" des Marktzugangs und folglich ein „erheblicher Einfluss auf das Verhalten der Verbraucher" vorlag.[457]

**Vertriebsbezogene** Regelungen fallen dann unter Art. 34 AEUV, wenn sie unmittelbar (bzw. „offen"/„direkt") oder mittelbar („versteckt"/„indirekt") Erzeugnisse aus anderen EU-Staaten diskriminieren. Eine **Diskriminierung** ist **unmittelbar,** wenn die Herkunft des Erzeugnisses aus einem anderen Mitgliedstaat Anknüpfungspunkt der staatlichen Maßnahme ist. 175

**Beispiel:** Eine nationale Regelung untersagt Buchimporteuren, einen vom Verleger im Verlagsstaat festgesetzten oder empfohlenen Verkaufspreis zu unterschreiten, erlaubt es gleichzeitig jedoch den inländischen Verlegern, einen Mindestpreis frei festzusetzen.[458]

Eine **mittelbare Diskriminierung aus Gründen der Staatsangehörigkeit** (auch „versteckte" bzw. „verschleierte" Diskriminierung genannt) liegt vor, wenn eine innerstaatliche Maßnahme äußerlich an andere Merkmale als an die Staatsangehörigkeit anknüpft, in der Sache jedoch typischerweise zu vergleichbaren Ergebnissen führt.[459] Klassisches Beispiel 176

---

[454] EuGH Rs. C-244/06, *Dynamic Medien,* Slg. 2008, I-505 Rn. 32 ff.

[455] EuGH Rs. C-470/93, *Mars,* Slg. 1995, I-1923 Rn. 24 = EuZW 1995, 611 f. = NJW 1995, 3243. Dazu *Streinz/Leible* ZIP 1995, 1236; *Bernhard* EWS 1995, 404; *Leible/Streinz,* in: G/H/N (Fn. 26), Stand: 2010, Art. 34 AEUV Rn. 91.

[456] EuGH Rs. C-110/05, *Kommission/Italien,* Slg. 2009, I-519 Rn. 56; EuGH Rs. C-142/05, *Mickelsson und Roos,* Slg. 2009, I-4273 Rn. 26.

[457] EuGH Rs. C-110/05, *Kommission/Italien,* Slg. 2009, I-519 Rn. 52 ff.

[458] EuGH Rs. C-531/07, *Fachverband der Buch- und Medienwirtschaft,* Slg. 2009, I-3717 Rn. 20 ff.

[459] EuGH Rs. C-224/00, *Kommission/Italien,* Slg. 2002, I-2965 Rn. 14; GA *Jacobs,* Schlussanträge

einer indirekten Diskriminierung ist die Anknüpfung einer begünstigenden Rechtsfolge an die **Ortsansässigkeit** oder an die Beherrschung der heimischen Sprache (→ Rn. 214 f.). Auch der Umstand, dass es für ausländische Unternehmen auf Grund natürlicher Gegebenheiten (z. B. längere Transportwege; Übersetzungserfordernisse etc.) schwieriger ist, den innerstaatlichen Regelungen nachzukommen, kann im Einzelfall eine mittelbare Diskriminierung begründen.

**Beispiel:** Nach einer nationalen Regelung dürfen Apotheken nur dann mit der Medikamentenversorgung eines Krankenhauses beauftragt werden, wenn die Apotheke sich verpflichtet, sämtliche Aufgaben der Arzneimittelversorgung zu übernehmen (z. B. Notfalllieferungen, Überprüfung der Arzneimittelbestände des Krankenhauses etc.). Obwohl die Regelung lediglich Verkaufsmodalitäten betrifft, ist die. „Keck"-Rspr. nicht einschlägig, da die Vorschrift Apotheken, die nicht in Deutschland niedergelassen sind, gegenüber ortsnahen Apotheken mittelbar benachteiligt. Denn die Verpflichtung zur Erfüllung sämtlicher Arzneimittelversorgungsaufgaben gegenüber dem Krankenhaus macht den Arzneimittelverkauf für im Ausland niedergelassene Apotheken schwieriger und kostenintensiver.[460]

177 **Werbebeschränkungen,** die lediglich den Vertrieb betreffen, stellen eine mittelbare Diskriminierung dar, wenn sie auf ein „vollständiges Verbot" hinauslaufen.[461] Ein solches Verbot ist geeignet, „den Marktzugang für Erzeugnisse aus anderen Mitgliedstaaten stärker zu behindern als für inländische Erzeugnisse, mit denen der Verbraucher besser vertraut ist".[462] Deshalb ist bei einem Werbeverbot regelmäßig eine mittelbare Diskriminierung zu bejahen.[463]

**Beispiel:** Deutschland führt ein Werbeverbot für sog. „Alko-Pops" ein. Ist der Genuss dieser Getränke mit herkömmlichen gesellschaftlichen Übungen sowie örtlichen Sitten und Gebräuchen verbunden, so kann darin eine mittelbare Diskriminierung liegen, die folglich der besonderen Rechtfertigung bedarf.

178 Eine mittelbare Diskriminierung liegt unabhängig davon vor, ob die in Rede stehende Regelung den **Absatz aus anderen Landesteilen** stammender ebenso wie den aus anderen Mitgliedstaaten eingeführter Waren beeinträchtigt. Eine staatliche Maßnahme „kann auch dann als diskriminierend oder protektionistisch im Sinne der Vorschriften über den freien Warenverkehr qualifiziert werden, wenn sie nicht sämtliche inländischen Erzeugnisse begünstigt und auch nicht nur eingeführte Erzeugnisse, sondern auch inländische Erzeugnisse benachteiligt".[464]

**Beispiel:** Gegen einen Marktverkäufer beruft sich ein ortsansässiger Bäcker auf eine Landesregelung, nach der Backwaren nur von Bäckern verkauft werden dürfen, die über eine ortsfeste Betriebsstätte in der Umgebung verfügen. Nach Auffassung des EuGH stellt eine solche Regelung einen nicht zu rechtfertigenden Eingriff in Art. 34 AEUV dar, da Gewerbetreibende aus anderen Mitgliedstaaten gezwungen sind, eine ortsfeste Betriebsstätte zu errichten, während heimische Bäcker dieses Erfordernis i. d. R. schon erfüllen. Ihren diskriminierenden Charakter verliert „diese Regelung auch nicht dadurch, dass sie in einem Teilgebiet des betreffenden Mitgliedstaats, nämlich dem Grenzgebiet, den Vertrieb der inländischen und der aus anderen Mitgliedstaaten stammenden Waren in gleicher Weise einschränkt".[465]

---

in EuGH Rs. C-76/90, *Säger,* Slg. 1991, I-4221 Rn. 19 f.; *Forsthoff,* in G/H/N (Fn. 26), Stand: 2011, Art. 49 AEUV Rn. 81 ff.

[460] EuGH Rs. C-141/07, *Kommission/Deutschland,* Slg. 2008, I-6935 Rn. 31 ff.

[461] EuGH Rs. C-71/02, *Karner,* Slg. 2004, I-3025 Rn. 42 = EuZW 2004, 439 = JZ 2005, 191 m. Anm. *Weyer* EuZW 2004, 405.

[462] EuGH Rs. C-239/02, *Douwe Egberts,* Slg. 2004, I-7007 Rn. 53 = EuZW 2004, 657; EuGH Rs. C-405/98, *Gourmet International,* Slg. 2001, I-1795 Rn. 21 = EuR 2001, 416 = EuZW 2001, 251 m. Anm. *Streinz* JuS 2001, 807.

[463] EuGH Rs. C-34/95, *De Agostini,* Slg. 1997, I-3843 Rn. 44 = EuZW 1997, 654.

[464] EuGH Rs. C-254/98, *TK-Heimdienst Saß,* Slg. 2000, I-151 Rn. 27 = NVwZ 2000, 425 m. Anm. *Streinz* JuS 2000, 809.

[465] EuGH Rs. C-254/98, *TK-Heimdienst Saß,* Slg. 2000, I-151 Rn. 31.

Ob innerstaatliche Maßnahmen den freien **Waren- oder aber den Dienstleistungsverkehr** behindern, ist häufig zweifelhaft. Beschränkt eine Regelung beide Grundfreiheiten, so prüft sie der Gerichtshof grundsätzlich nur im Hinblick auf eine dieser beiden Grundfreiheiten, wenn sich herausstellt, dass im konkreten Fall, „eine der beiden Freiheiten völlig zweitrangig ist und dieser zugeordnet werden kann.“[466] 179

**Beispiel:** Die grenzüberschreitende Versendung von Werbematerial und Losen für Lotterien ist ausschließlich an der Dienstleistungsfreiheit zu messen, denn „solche Tätigkeiten sind … nur die konkreten Einzelheiten der Veranstaltung oder des Ablaufs einer Lotterie und können im Hinblick auf den Vertrag nicht losgelöst von der Lotterie betrachtet werden, auf die sie sich beziehen. Die Einfuhr und die Verteilung von Gegenständen sind kein Selbstzweck, sondern sollen … die Teilnahme an der Lotterie ermöglichen“.[467]

Das Verbot mengenmäßiger **Ausfuhrbeschränkungen** und Maßnahmen gleicher Wirkung (Art. 35 AEUV) spielt in der Rechtspraxis nur eine geringe Rolle. Art. 35 AEUV unterfallen nur Maßnahmen, „die spezifische Beschränkungen der Ausfuhrströme bezwecken oder bewirken und damit zu einer Ungleichbehandlung des Binnenhandels und des Außenhandels eines Mitgliedstaates führen, so dass die inländische Produktion oder der Binnenmarkt des betreffenden Staates einen besonderen Vorteil erlangt“.[468] 180

**Beispiel:** Eine nationale Regelung, wonach Händlern im Fernabsatz untersagt wird, die Angabe der Kreditkartennummer des Kunden vor Ablauf der Rücktrittsfrist zu verlangen, ist geeignet, sich stärker auf Ausfuhren als auf den innerstaatlichen Handel auszuwirken, da die Verfolgung säumiger Abnehmer in einem anderen Mitgliedstaat regelmäßig schwieriger ist als im Inland.[469]

Anders als Art. 34 AEUV enthält Art. 35 AEUV also kein allgemeines Beschränkungsverbot.[470] 181

**Beispiel:** Eine Landesregierung erlässt eine Verordnung, wonach sowohl die im Inland als auch die für das Ausland bestimmten Sende- und Empfangsgeräte einer behördlichen Zulassung bedürfen. Eine solche Regelung fällt nach der Rechtsprechung nicht unter Art. 35 AEUV.[471]

**Abgaben mit gleicher Wirkung wie Zölle** verbieten Art. 28 bis 30 AEUV.[472] Nach der Definition des EuGH ist „unabhängig von ihrer Bezeichnung und der Art der Erhebung“[473] eine Abgabe gleicher Wirkung „eine – auch noch so geringe – den in- oder ausländischen Waren wegen ihres Grenzübertritts einseitig auferlegte finanzielle Belastung …, selbst wenn sie nicht zu Gunsten des Staates erhoben wird und keine diskriminierende oder protektionistische Wirkung hat und (selbst) wenn die belastete Ware nicht mit inländischen Erzeugnissen im Wettbewerb steht“.[474] 182

**Beispiel:** Muss für aus ausländischer Schlachtung stammendes Fleisch ein tierärztliches Zeugnis aus dem Ursprungsland vorliegen und das Fleisch zusätzlich vor dem Inverkehrbringen kostenpflichtig behördlich untersucht werden, so stellt dies eine Abgabe gleicher Wirkung dar. Denn das Verbot von

---

[466] EuGH Rs. C-390/99, *Canal Satélite Digital,* Slg. 2002, I-607 Rn. 31 f. = DVBl. 2002, 459.

[467] EuGH Rs. C-275/92, *Schindler,* Slg. 1994, I-1039 Rn. 22 ff. = EuZW 1994, 311 = NJW 1994, 2013 m. Anm. *Stein* EuZW 1994, 315; vgl. auch EuGH Rs. 18/84, *Kommission/Frankreich,* Slg. 1985, 1339 Rn. 12.

[468] EuGH Rs. 15/79, *Groenveld,* Slg. 1979, 3409 Rn. 7 = NJW 1980, 1212; Rs. 155/80, *Oebel,* Slg. 1981, 1993 Rn. 15 = EuGRZ 1981, 441 = NJW 1981, 1885 m. Anm. *Bieber* EuGRZ 1981, 443.

[469] EuGH Rs. C-205/07, *Gysbrechts und Santurel Inter,* Slg. 2008, I-9947 Rn. 38 ff.

[470] A. A. *Leible/T. Streinz,* in: G/H/N (Fn. 26), Stand: 2010, Art. 35 AEUV Rn. 10 ff.; *Schroeder,* in: Streinz (Fn. 83), Art. 35 AEUV Rn. 5.

[471] EuGH Rs. C-80/92, *Kommission/Belgien,* Slg. 1994, I-1019 Rn. 24 f.

[472] Vgl. dazu *Herrmann,* in: G/H/N (Fn. 26), Stand: 2010, Art. 30 AEUV Rn. 1 ff.

[473] EuGH verb. Rs. 2 u. 3/69, *Sociaal Fonds voor de Diamantarbeiders/Brachfeld u. a.,* Slg. 1969, 211 Rn. 15/18.

[474] EuGH verb. Rs. 2 u. 3/69, *Sociaal Fonds voor de Diamantarbeiders/Brachfeld u. a.,* Slg. 1969, 211. Ferner EuGH Rs. 46/76, *Bauhuis,* Slg. 1977, 5 = NJW 1977, 1003.

Abgaben gleicher Wirkung „lässt keine Unterscheidung nach dem Zweck der finanziellen Belastungen zu (…), und umfasst daher auch die Gebühren für gesundheitsbehördliche Kontrollen bei der Wareneinfuhr".[475]

## 2. Der freie Dienstleistungsverkehr

183 Die Dienstleistungsfreiheit (Art. 56 AEUV) schützt die grenzüberschreitende **Erbringung selbstständiger Dienstleistungen.** Dienstleistungen im Sinne dieser Grundfreiheit „sind Leistungen, die in der Regel gegen Entgelt erbracht werden, soweit sie nicht den Vorschriften über den freien Waren- und Kapitalverkehr und über die Freizügigkeit unterliegen" (Art. 57 Abs. 1 AEUV), insbesondere gewerbliche, kaufmännische, handwerkliche oder (sonstige) freiberufliche Tätigkeiten (Art. 57 Abs. 2 AEUV).

**Beispiel:** Der Unterricht an privat finanzierten Bildungseinrichtungen ist als eine gegen Entgelt erbrachte Leistung i. S. v. Art. 56, 57 AEUV zu qualifizieren. In Bezug auf das staatliche Bildungssystem scheidet die Anwendung der Dienstleistungsfreiheit hingegen mangels wirtschaftlicher Tätigkeit aus.[476]

184 Neben der sog. **aktiven Dienstleistungsfreiheit,** bei der das grenzüberschreitende Element in der Tätigkeitsausübung in einem anderen Mitgliedstaat liegt, unterfällt der Dienstleistungsfreiheit auch die sog. **passive Dienstleistungsfreiheit.** Die passive Dienstleistungsfreiheit stellt „die notwendige Ergänzung hierzu dar, die dem Ziel entspricht, jede gegen Entgelt geleistete Tätigkeit, die nicht unter den freien Waren- und Kapitalverkehr und unter die Freizügigkeit der Personen fällt, zu liberalisieren."[477] Dies führt u. a. dazu, „dass Touristen sowie Personen, die eine medizinische Behandlung in Anspruch nehmen, und solche, die Studien- oder Geschäftsreisen unternehmen, als Empfänger von Dienstleistungen anzusehen sind."[478]

**Beispiel:** Das Erfordernis für Kassenpatienten, eine besondere Genehmigung für eine Auslandsbehandlung einzuholen, hält die Sozialversicherten davon ab, „sich an ärztliche Dienstleistungserbringer in einem anderen Mitgliedstaat zu wenden, und stellt sowohl für diese wie für ihre Patienten eine Behinderung des freien Dienstleistungsverkehrs dar".[479] Etwas anderes gilt nur für unerwartete körperliche Beeinträchtigungen, die während eines Aufenthalts in einem anderen Mitgliedstaat auftauchen und aufgrund ihrer Schwere „keine andere Wahl lassen als die Durchführung einer Krankenhausbehandlung des Betroffenen in einer Einrichtung im Aufenthaltsmitgliedstaat."[480] In diesen Fällen „ist es ausgeschlossen, der streitigen Regelung hinsichtlich der Erbringung von Behandlungsleistungen im Krankenhaus durch in einem anderen Mitgliedstaat ansässige Leistungserbringer eine hinderliche Wirkung zuzuschreiben."[481]

185 Unter die Dienstleistungsfreiheit fallen ferner sog. **Korrespondenzdienstleistungen.** Solche Dienstleistungen sind dadurch gekennzeichnet, dass nur die Leistung (insbes. Beratungsleistungen) selbst die Grenze überschreitet, z. B. mittels moderner Kommunikationsmittel (Fax, Telefon etc.). Solche Korrespondenzdienstleistungen sind schon dann geschützt, wenn es für sie noch keinen bestimmten Empfänger gibt. Die Gewährleistung

[475] EuGH Rs. 46/76, *Bauhuis,* Slg. 1977, 5, 19 f. = NJW 1977, 1003.

[476] EuGH Rs. C-76/05, *Schwarz und Gootjes-Schwarz,* Slg. 2007, I-6849 Rn. 37 ff.; EuGH Rs. C-56/09, *Zanotti,* Slg. 2010, I-4517 Rn. 30 ff.; EuGH Rs. C-109/92, *Wirth,* Slg. 1993, I-6447 Rn. 13 ff.

[477] EuGH verb. Rs. 286/82 u. 26/83, *Luisi u. Carbone,* Slg. 1984, 377 Rn. 10 = NJW 1984, 1288 = WM 1985, 313 m. Anm. *Hafke* WM 1985, 309. Vgl. auch EuGH Rs. 186/87, *Cowan,* Slg. 1989, 195 Rn. 20 = NJW 1989, 2183 m. Anm. *Hackspiel* NJW 1989, 2166.

[478] EuGH verb. Rs. 286/82 u. 26/83, *Luisi u. Carbone,* Slg. 1984, 377 Rn. 10 = NJW 1984, 1288.

[479] EuGH Rs. C-158/96, *Kohll,* Slg. 1998, I-1931 Rn. 34 f. = NJW 1998, 1771 m. Anm. *Sodan* JZ 1998, 1168; vgl. auch Rs. C-204/90, *Bachmann,* Slg. 1992, I-249 Rn. 31 = EuZW 1992, 215; EuGH Rs. C-372/04, *Watts,* Slg. 2006, I-4325 Rn. 94 ff.

[480] EuGH Rs. C-211/08, *Kommission/Spanien,* Slg. 2010, I-5267 Rn. 64.

[481] EuGH Rs. C-211/08, *Kommission/Spanien,* Slg. 2010, I-5267 Rn. 65.

des freien Dienstleistungsverkehrs wäre nämlich „illusorisch ..., wenn nationale Regelungen das Anbieten von Dienstleistungen nach Belieben behindern könnten. Die Anwendbarkeit der Vorschriften über den freien Dienstleistungsverkehr kann demnach nicht von der vorherigen Existenz eines bestimmten Empfängers abhängig gemacht werden".[482] Praktische Bedeutung haben Korrespondenzdienstleistungen namentlich für Internet-Angebote.

**Beispiel:** Ein deutscher Lottospieler soll wegen unerlaubter Teilnahme an einer liechtenstein'schen Internet-Lotterie verfolgt werden (vgl. § 287 StGB). Liechtenstein ist zwar kein EU-Staat, wohl aber Vertragsstaat des Europäischen Wirtschaftsraums (EWR). Der Lottospieler kann sich auf die inhaltsgleiche Dienstleistungsfreiheit des EWR-Abkommens berufen (Art. 36 i. V. m. Art. 6 EWR-Abk.). Der mit der Strafverfolgung verbundene Eingriff in das Dienstleistungsangebot ist unverhältnismäßig, solange die staatlichen Lotteriegesellschaften des sog. Lotto-Toto-Blocks ihrerseits zur Teilnahme am Lotteriespiel ermuntern.[483]

Ebenso wie die Warenverkehrsfreiheit verlangt die Dienstleistungsfreiheit nicht nur die 186
**Beseitigung jeder (unmittelbaren oder mittelbaren) Diskriminierung** des in einem anderen Mitgliedstaat ansässigen Dienstleistungserbringers auf Grund seiner Staatsangehörigkeit.[484] Geboten ist vielmehr auch die **Aufhebung aller Beschränkungen,** „selbst wenn sie unterschiedslos für einheimische Dienstleistungserbringer wie für Dienstleistungserbringer anderer Mitgliedstaaten gelten, wenn sie geeignet sind, die Tätigkeit des Dienstleistungserbringers, der in einem anderen Mitgliedstaat ansässig ist und dort rechtmäßig ähnliche Dienstleistungen erbringt, zu unterbinden, zu behindern oder weniger attraktiv zu machen".[485] Eine Beschränkung liegt m. a. W. schon dann vor, wenn eine Maßnahme geeignet ist, die Leistungserbringung „weniger attraktiv zu machen".[486] Dies gilt ungeachtet der deutschen Rechtsprechung, die – offenbar aus Furcht vor den praktischen Folgen – dazu tendiert, die Dienstleistungsfreiheit auf ein bloßes Diskriminierungsverbot einzugrenzen.[487]

**Beispiel:** Nach einer nationalen Regelung wird Anbietern von Kraftfahrzeug-Haftpflichtversicherungen ein Kontrahierungszwang auferlegt, der sie verpflichtet, eine Versicherung auf Ersuchen jedes potenziellen Kunden abzuschließen. Nach Auffassung des Gerichtshofs stellt diese Verpflichtung eine „erhebliche Einmischung" in die Vertragsfreiheit der Versicherungsanbieter dar, die geeignet sei, den Marktzugang „weniger attraktiv" zu machen. Gleichwohl könne die Regelung aus Gründen des Unfallopferschutzes gerechtfertigt werden.[488]

---

[482] EuGH Rs. C-384/93, *Alpine Investments,* Slg. 1995, I-1141 Rn. 19 = EuZW 1995, 404 = NJW 1995, 2541 m. Anm. *Reich* EuZW 1995, 407.

[483] Vgl. EuGH Rs. C-243/01, *Gambelli,* Slg. 2003, I-13031 = NJW 2004, 139 = EuZW 2004, 115 = NVwZ 2004, 87; BVerfG GewArch 2005, 246, 247 f.; VGH Kassel DÖV 2004, 445; *Hoeller/Bodemann* NJW 2004, 122, 123; *Stein* EWS 2002, 416, 417 f.; *Lesch* GewArch 2003, 321, 3224 ff.; *ders.* wistra 2005, 241, 243 f.; *Nelle* ZIP 2005, 887, 888 ff.; *Dietlein* WRP 2005, 1003, 1003 ff.; *Korte* NVwZ 2004, 1449, 1450 f.; a. A. BayObLG NJW 2004, 1057; VG Münster Beschl. v. 5.11.2004, Az. 1 L 1118/04.

[484] Vgl. bzgl. mittelbarer Diskriminierungen anschaulich EuGH verb. Rs. C-147/06 u. C-148/06, *SECAP,* Slg. 2008, I-3565 Rn. 26.

[485] EuGH Rs. C-3/95, *Broede,* Slg. 1996, I-6511 Rn. 25 = EuZW 1997, 53 = EWS 1997, 54 m. Anm. *Deckert* EWiR 1997, 453; vgl. auch EuGH Rs. C-272/94, *Guiot,* Slg. 1996, I-1905 Rn. 10; EuGH Rs. C-164/99, *Portugaia Construções,* Slg. 2002, I-787 Rn. 16 = DVBl. 2002, 399 = EuZW 2002, 245; EuGH Rs. C-255/04, *Kommission/Frankreich,* Slg. 2006, I-5251 Rn. 37 = EWS 2006, 323, 326; EuGH Rs. C-350/07, *Kattner Stahlbau,* Slg. 2009, I-1513 Rn. 78 = EuZW 2009, 290, 295; EuGH Rs. C-244/04, *Kommission/Deutschland,* Slg. 2006, I-885 Rn. 30 = NVwZ 2006, 313.

[486] EuGH Rs. C-55/94, *Gebhard,* Slg. 1995, I-4165 Rn. 37 = NJW 1996, 579 m. Anm. *Ehlers* JZ 1996, 467; s. auch *Müller-Graff,* in: Streinz (Fn. 83), Art. 56 AEUV Rn. 87.

[487] Vgl. dazu BVerwG bei *Buchholz* 401.61, Nr. 11; *Wenger,* in: Bergmann/Kenntner (Fn. 269), S. 897, 905.

[488] EuGH Rs. C-518/06, *Kommission/Italien,* Slg. 2009, I-3491 Rn. 62 ff.

187 Ob die sog. **„Keck"-Rechtsprechung** (→ Rn. 171 ff.) von der Warenverkehrs- auf die Dienstleistungsfreiheit übertragen werden kann, ist offen.[489] Zum gesetzlichen Verbot des unaufgeforderten Anrufens potentieller Kunden (sog. „cold calling") hat der EuGH die Parallele zu den sog. **„Verkaufsmodalitäten"** zurückgewiesen und eine Dienstleistungsbeschränkung schon darin gesehen, dass dieses Verbot „unmittelbar den Zugang zum Dienstleistungsmarkt in den anderen Mitgliedstaaten" beeinflusse. Wenngleich es zum Schutz der Verbraucher gerechtfertigt werden könne, sei dieses Verbot „daher geeignet, den innergemeinschaftlichen Dienstleistungsverkehr zu behindern".[490] Eine Übertragung der „Keck"-Formel dürfte jedenfalls ausscheiden, wenn innerstaatliche Regelungen den Marktzugang substanziell zu behindern geeignet sind.[491] Gegen eine Übertragbarkeit der „Keck"-Grundsätze auf die Dienstleistungsfreiheit spricht auch die Rechtsprechung des Gerichtshofs zu **Werbeverboten bzw. -beschränkungen**. Ohne den Begriff der „Verkaufsmodalität" zu erwähnen, sah der Gerichtshof in einer schwedischen Regelung, die ein Werbeverbot für Glücksspiele normierte, eine (aus Gründen des Verbraucherschutzes gerechtfertigte) Beschränkung der Dienstleistungsfreiheit ausländischer Glücksspielanbieter. Das Verbot der „Förderung von Glücksspielen, die in anderen Mitgliedstaaten rechtmäßig veranstaltet werden", habe eine „Beschränkung der Teilnahme schwedischer Verbraucher an diesen Spielen zur Folge". Denn mit dem Werbeverbot solle erreicht werden, „dass die schwedischen Verbraucher nur im Rahmen des auf nationaler Ebene genehmigten Systems an Glücksspielen teilnehmen, wodurch sichergestellt werden soll, dass insbesondere private Erwerbsinteressen von diesem Sektor ausgeschlossen sind."[492]

188 Nur **Angehörige der Mitgliedstaaten** können sich auf die Dienstleistungsfreiheit berufen.[493] Die Dienstleistungsfreiheit ist zwar schon dann eröffnet, wenn eine der am Dienstleistungsaustausch beteiligten Personen Angehöriger eines Mitgliedstaates ist.[494] Allerdings muss der Betroffene in einem Mitgliedstaat ansässig sein.[495] Eine in Serbien ansässige Deutsche kann sich also in Italien nicht auf die Dienstleistungsfreiheit berufen, da die Dienstleistung in diesem Fall keine Binnengrenze überschreitet.

189 Im **Verhältnis zur Niederlassungsfreiheit** (→ Rn. 202 ff.) gibt die Dienstleistungsfreiheit den grenzüberschreitend tätigen Unternehmen weitergehende Rechte. Insbesondere darf, anders als die Niederlassungsfreiheit, die Erbringung von Dienstleistungen nicht „von der Einhaltung all derjenigen Voraussetzungen abhängig gemacht werden, die für eine Niederlassung gelten, und damit den Bestimmungen des EG-Vertrags, deren Ziel es gerade ist, die Dienstleistungsfreiheit zu gewährleisten, jede praktische Wirksamkeit nehmen".[496] Die Abgrenzung zwischen beiden Freiheiten ist „nicht nur unter Berücksichti-

---

[489] Vgl. *Eberhartinger* EWS 1997, 43, 49 f.; *Steinberg* EuGRZ 2002, 13, 19 f.; *Classen* EuR 2004, 415, 420 f.; *Schliesky* DVBl. 2005, 887, 889.

[490] EuGH Rs. C-384/93, *Alpine Investments,* Slg. 1995, I-1141 Rn. 33, 38 = EuZW 1995, 404 = NJW 1995, 2541 m. Anm. *Reich* EuZW 1995, 407.

[491] *Müller-Graff,* in: Streinz (Fn. 83), Art. 56 AEUV Rn. 88.

[492] EuGH verb. Rs. C-447/08 u. C-448/08, *Sjöberg und Gerdin,* Slg. 2010, I-6921 Rn. 33.

[493] EuGH C-348/96, *Calfa,* Slg. 1999, I-11 Rn. 18 = DVBl. 1999, 534 = EuZW 1999, 345 m. Anm. *Streinz* JuS 1999, 1120; vgl. *Holoubek,* in: Schwarze (Fn. 15), Art. 49 EGV Rn. 22; *Randelzhofer/Forsthoff,* in: G/H/N (Fn. 26), Stand: 2011, Art. 56 AEUV Rn. 22. Zur Geltung der Dienstleistungsfreiheit für Drittstaatsangehörige vgl. *Randelzhofer/Forsthoff,* in: G/H/N (Fn. 26), Stand: 2011, Art. 56 AEUV Rn. 27.

[494] Kritisch zur Anknüpfung an die Staatsangehörigkeit *Randelzhofer/Forsthoff,* in: G/H/N (Fn. 26), Stand: 2011, Art. 56 AEUV Rn. 23.

[495] *Holoubek,* in: Schwarze (Fn. 15), Art. 49 EGV Rn. 23; *Randelzhofer/Forsthoff,* in: G/H/N (Fn. 26), Stand: 2011, Art. 56 AEUV Rn. 25.

[496] EuGH verb. Rs. C-49/98, C-50/98, C-52/98 bis C-54/98 u. C-68/98 bis C-71/98, *Finalarte,* Slg. 2001 I-7831 Rn. 29 f. = DVBl. 2002, 108 = EuZW 2001, 759; EuGH Rs. C-76/90, *Säger,* Slg. 1991, I-4221 Rn. 13 = EuZW 1991, 542 = NJW 1991, 2693; Rs. C-165/98, *Mazzoleni u. ISA,* Slg. 2001, I-2189 Rn. 23 = EuZW 2001, 315 = EWS 2001, 182.

gung der Dauer der Leistung, sondern auch ihrer Häufigkeit, regelmäßigen Wiederkehr oder Kontinuität zu beurteilen"; der **„vorübergehende Charakter der Leistung** schließt nicht die Möglichkeit für den Dienstleistungserbringer im Sinne des Vertrages aus, sich im Aufnahmemitgliedstaat mit einer bestimmten Infrastruktur (einschließlich eines Büros, einer Praxis oder einer Kanzlei) auszustatten".[497] Erst wenn ein „Angehöriger eines Mitgliedstaats in stabiler und kontinuierlicher Weise eine Berufstätigkeit in einem anderen Mitgliedstaat ausübt, in dem er sich von einem Berufsdomizil aus u. a. an die Angehörigen dieses Staates wendet",[498] ist die Niederlassungsfreiheit einschlägig.[499]

**Beispiel:** Die Verpflichtung, sich in die Handwerksrolle eintragen zu lassen, darf das Recht einer polnischen Handwerkerin, ihre Dienstleistungen in Deutschland zu erbringen, „weder verzögern noch erschweren, nachdem die Voraussetzungen für die Aufnahme der betreffenden Tätigkeiten bereits geprüft worden sind und festgestellt worden ist, dass diese Voraussetzungen erfüllt sind". Deshalb darf die Eintragung in die Handwerksrolle „weder eine Voraussetzung für die Erbringung der Dienstleistung sein noch Verwaltungskosten für den betroffenen Leistenden verursachen, noch die obligatorische Zahlung von Beiträgen an die Handwerkskammern nach sich ziehen".[500]

## 3. Die Arbeitnehmerfreizügigkeit

Die Arbeitnehmerfreizügigkeit **(Art. 45 AEUV)** gewährleistet das Recht, sich zur **Ausübung** einer Beschäftigung oder zur **Bewerbung** um eine Stelle in einen anderen Mitgliedstaat zu begeben und dort dieser Beschäftigung unter den gleichen Bedingungen wie einheimische Arbeitnehmer nachzugehen. Flankiert wird die Arbeitnehmerfreizügigkeit durch eine Reihe von **Richtlinien und Verordnungen,** beispielsweise hinsichtlich gleicher steuerlicher und sozialer Vergünstigungen und der Harmonisierung von sozialversicherungsrechtlichen Bestimmungen (→ Rn. 191), der Anerkennung von Diplomen (→ Rn. 192 f.), des Zuzugs von Familienangehörigen und der Begründung von Verbleiberechten (→ Rn. 198 f. u. 238).[501] 190

Gem. Art. 45 Abs. 3 AEUV umfasst die Arbeitnehmerfreizügigkeit zunächst das Recht auf Zugang zur Beschäftigung, das Recht auf Ausübung der Beschäftigung und das Recht zum Verbleib im Mitgliedstaat. Der **Zugang zur Beschäftigung**[502] schließt das Recht zur Einreise, zum Aufenthalt zum Zweck der Arbeitssuche ein,[503] ferner das Recht auf Gleichbehandlung bei der Stellensuche. Ein **Recht zum Verbleib im Mitgliedstaat** besteht unter den Bedingungen der VO (EWG) 1251/70.[504] Der näheren Ausgestaltung des Freizügigkeitsrechts dient vor allem die sog. Freizügigkeitsverordnung (VO [EWG] 1612/68),[505] deren Art. 7 bis 9 im Hinblick auf „soziale und steuerliche Vergünstigungen" (Art. 7 Abs. 2), Mitbestimmungsrechte (Art. 8) und Wohnbedingungen (Art. 9) eine all- 191

---

[497] EuGH Rs. 55/94, *Gebhard,* Slg. 1995, I-4165 Rn. 27 f. = DVBl. 1996, 145 = NJW 1996, 579; vgl. auch EuGH Rs. C-70/95, *Sodemare,* 1997, I-3395 Rn. 24 = EuZW 1998, 124. S. hierzu *Bieback* EWS 1999, 361; EuGH Rs. 3/95, *Broede,* Slg. 1996, I-6511 Rn. 21 = EuZW 1997, 53 = EWS 1997, 54; BGH NJW 2005, 3732.

[498] EuGH Rs. 55/94, *Gebhard,* Slg. 1995, I-4165 Rn. 28 = DVBl. 1996, 145 = NJW 1996, 579.

[499] EuGH Rs. C-215/01, *Schnitzer,* Slg. 2004, I-14847 Rn. 28 f. = DVBl. 2004, 496 = EuZW 2004, 95. Zum „erweiterten Zeitmoment" beim Begriff der Dienstleistung s. *Lottes* EuZW 2004, 112.

[500] EuGH Rs. C-215/01, *Schnitzer,* Slg. 2004, I-14847 Rn. 36 f. m. Anm. *Wachter* EuZW 2004, 59.

[501] Eingehend *Forsthoff,* in: G/H/N (Fn. 26), Stand: 2010, Art. 45 AEUV Rn. 127 ff. u. *Harms,* in: Bergmann/Kenntner (Fn. 269), S. 163, 214 ff.

[502] Z. B. EuGH Rs. 75/63, *Unger,* Slg. 1964, 379, 397 f.

[503] EuGH Rs. 48/75, *Royer,* Slg. 1976, 497 Rn. 31 f. = DVBl. 1976, 705 = NJW 1976, 2065 m. Anm. *Kranz* DÖV 1977, 111; EuGH Rs. C-292/89, *Antonissen,* Slg. 1991, I-745 Rn. 21 = EuZW 1991, 351.

[504] Vgl. dazu näher *Holoubek,* in: Schwarze (Fn. 15), Art. 39 EGV Rn. 92 ff.

[505] Dazu etwa *Albin* ZFSH/SGB 1999, 387; *Dienelt* ZAR 2004, 393.

gemeine Gleichwertigkeit der Lebensverhältnisse von Wanderarbeitnehmern gewährleisten sollen.[506]

**Beispiel:** Ein in Deutschland lebender Rentner aus Italien beantragt nach Beendigung seines Arbeitsverhältnisses bei VW BAFöG mit der Begründung, es handele sich hierbei um eine „soziale Vergünstigung" i. S. d. Freizügigkeitsverordnung. Zu den sozialen Vergünstigungen gehören nach Auffassung des EuGH auch solche, „die – ob sie an einen Arbeitsvertrag anknüpfen oder nicht – den inländischen Arbeitnehmern hauptsächlich wegen ihrer objektiven Arbeitnehmereigenschaft oder einfach wegen ihres Wohnorts im Inland gewährt werden und deren Ausdehnung auf die Arbeitnehmer, die Staatsangehörige eines anderen Mitgliedstaats sind, deshalb als geeignet erscheint, deren Mobilität innerhalb der Gemeinschaft zu erleichtern". Dazu gehören auch Vergünstigungen, „die deren berufliche Qualifikation und sozialen Aufstieg erleichtern",[507] wie die Förderung zum Lebensunterhalt für Studenten.[508]

192 Das Gebot der Gleichbehandlung umfasst die gegenseitige **Anerkennung von Berufsabschlüssen** (Diplomen, Examina etc.) und sonstigen Befähigungsnachweisen. Die dazu erlassenen Spezialvorschriften, z. B. für Ärzte[509], Apotheker[510], Architekten[511] und für Rechtsanwälte[512] werden seit 2005 überwiegend von der Richtlinie über die Anerkennung von Berufsqualifikationen abgelöst.[513] Diese führt zu einer Gleichbehandlung mit den Angehörigen des Aufnahmestaates in Bezug auf den Zugang zu einem „reglementierten Beruf". Ein Beruf ist als „reglementiert" anzusehen, „wenn die Aufnahme oder Ausübung der betreffenden beruflichen Tätigkeit durch Rechts- oder Verwaltungsvorschriften geregelt ist, mit denen eine Regelung aufgestellt wird, die bewirkt, dass diese berufliche Tätigkeit ausdrücklich Personen vorbehalten wird, die bestimmte Voraussetzungen erfüllen, während sie die Aufnahme dieser Tätigkeit denjenigen versagt, die diese Voraussetzungen nicht erfüllen."[514] In diesem Falle kommt es darauf an, dass der EU-Arbeitnehmer eine der inländischen Ausbildung entsprechende Befähigung nachweist, wobei die tatsächliche Berufserfahrung beachtet werden muss.[515]

**Beispiel:** Rechtsanwälte können sich nach der Richtlinie 98/5/EG unter der ursprünglichen Berufsbezeichnung des Herkunftsstaates in einem anderen Mitgliedstaat niederlassen. Die „Volleingliederung" mit Berechtigung zur Führung der Berufsbezeichnung des Niederlassungsstaates setzt demgegenüber das Bestehen einer Eingangsprüfung voraus. Von dieser kann sich aber freistellen lassen, wer eine dreijährige Tätigkeit im Recht des Niederlassungsstaates nachweisen kann. Die Zulassung zum Referendarsdienst in Deutschland darf im Übrigen einem Staatsangehörigen eines anderen Mitgliedstaates nicht schon deshalb verwehrt werden, „weil es sich nicht um ein von einer Universität des

---

[506] Vgl. z. B. EuGH Rs. C-278/94, *Kommission/Belgien,* Slg. 1996, I-4307 Ls. 1; Rs. C-356/98, *Kaba,* Slg. 2000, I-2623 Ls. 1 = EuZW 2000, 350 m. Anm. *Gutmann* InfAuslR 2000, 269 u. EuGH Rs. 184/99, *Grzelczyk,* Slg. 2001, I-6193 Ls. 3 = DVBl. 2001, 1662 = EuZW 2002, 52 m. Anm. *Letzner* JuS 2003, 118 u. *Cremer* WissR 2003, 128.

[507] EuGH Rs. 39/86, *Lair,* Slg. 1988, 3161 Rn. 22 f. = NJW 1988, 2165.

[508] EuGH Rs. C-308/89, *Di Leo,* Slg. 1990, I-4185 Rn. 14 = EuZW 1991, 30 = NVwZ 1991, 155; EuGH Rs. C-337/97, *Meeusen,* Slg. 1999, I-3289 Rn. 21 ff.

[509] RL 93/16/EWG.

[510] RL 85/433/EWG.

[511] RL 85/384/EWG.

[512] RL 77/249/EWG.

[513] RL 2005/36/EG; vgl. dazu *Kluth/Rieger* EuZW 2005, 486; *Lippert* EuR 2007, 631, 636 f.; *Husmann,* EWS 2007, 310, 314; siehe dazu auch den Vorschlag zur Änderung der Berufsqualifikationsrichtlinie vom 19.11.2011, KOM (2011) 883 final.

[514] EuGH Rs. C-164/94, *Aranitis,* Slg. 1996, I-135 Rn. 19 = DVBl. 1996, 426 = EuZW 1996, 279; EuGH Rs. C-234/97, *Bobadilla,* Slg. 1999, I-4773 Rn. 17; EuGH Rs. C-313/01, *Morgenbesser,* Slg. 2003, I-13467 Rn. 49; vgl. zum Begriff des reglementierten Berufs auch *Vetter/Warneke* JuS 2005, 113, 114 f.

[515] Vgl. eingehend *Müller-Bernhard* RdJB 1989, 130; *Weber* RdJB 1996, 376 sowie *Görlitz* EWS 2002, 20.

erstgenannten Staates verliehenes, bestätigtes oder als gleichwertig anerkanntes Diplom der Rechtswissenschaft handelt."[516]

Existiert keine sekundärrechtliche Anerkennungsregelung, müssen die zuständigen Behörden die berufliche Qualifikation des Antragstellers in der Weise berücksichtigen, „dass sie die in seinen Diplomen, Prüfungszeugnissen und sonstigen Befähigungsnachweisen bescheinigte Qualifikation und seine einschlägige Berufserfahrung mit der nach nationalem Recht für die Ausübung des fraglichen Berufes verlangten beruflichen **Qualifikation vergleichen**".[517] Darüber hinaus hat die zuständige Behörde zu prüfen, „ob und inwieweit die durch das in einem anderen Mitgliedstaat verliehene Diplom bescheinigten Kenntnisse und erworbenen Fähigkeiten oder die dort gewonnene Berufserfahrung sowie die in dem Mitgliedstaat, in dem der Bewerber seine Eintragung beantragt, gewonnene Erfahrung als – und sei es auch teilweise – Erfüllung der für die Aufnahme der betreffenden Tätigkeit verlangten Voraussetzungen anzusehen sind".[518] Nach der Rechtsprechung sollen diese Grundsätze auch für die (potenziellen) **Arbeitgeber** des Unionsbürgers gelten.[519] 193

**Beispiel:** Ein polnischer Staatsangehöriger, der im Besitz eines Magistertitels in Rechtswissenschaften der Universität Posen ist, begehrt die Zulassung zum juristischen Vorbereitungsdienst in Deutschland. Das zuständige Landesjustizministerium lehnt den Antrag mit der Begründung ab, dass die Kenntnisse im polnischen Recht wegen der bestehenden Unterschiede zum deutschen Recht nicht als gleichwertig anerkannt werden könnten. Der EuGH urteilte, dass es Deutschland freistehe, eine „vergleichende Prüfung der Diplome unter Berücksichtigung der (...) Unterschiede zwischen den betroffenen nationalen Rechtsordnungen" vorzunehmen. Deutschland sei nicht allein aufgrund der „Tatsache, dass das Studium des Rechts eines Mitgliedstaats nach dem Ausbildungsniveau und dem (zeitlichen) Ausbildungsaufwand" mit dem deutschen Studium vergleichbar sei, verpflichtet, diese Ausbildung als gleichwertig anzuerkennen.[520]

Eine **partielle Anerkennung** der Berufsqualifikation des Bewerbers kommt dann in Betracht, wenn eine Aufspaltung der in Frage stehenden Tätigkeit möglich ist.[521] Vor einer solchen teilweisen Zulassung ist jedoch stets zu prüfen, ob bezüglich derjenigen Teilbereiche, in denen eine Anerkennung nicht erfolgen kann, Ausgleichsmaßnahmen i. S. v. Art. 14 der Richtlinie 2005/36/EG durchgeführt werden können, um eine vollständige Anerkennung zu ermöglichen.[522] Sind die Unterschiede in der Qualifikation jedoch so erheblich, dass eine Ausgleichsmaßnahme tatsächlich eine völlig neue Ausbildung bedeuten würde, so ist die partielle Anerkennung zu gewähren, es sei denn, dass sie aus zwingenden Gründen des Allgemeinwohls, insbesondere des Schutzes der Verbraucher, verweigert werden kann.[523] 194

---

[516] EuGH Rs. C-313/01, *Morgenbesser*, Slg. 2003, I-13467 Rn. 72 = EuZW 2004, 61 m. Anm. *Vetter* JuS 2005, 113 u. *Timm/Kempter* NJW 2005, 2826.

[517] EuGH Rs. C-313/01, *Morgenbesser*, Slg. 2003, I-13467 Rn. 67; Rs. C-232/99, *Kommission/Spanien*, Slg. 2002, I-4235 Rn. 21; Rs. C-340/89, *Vlassopoulou*, Slg. 1991, I-2357 Rn. 16 = DVBl. 1991, 867 = NJW 1991, 2073 m. Anm. *Hailbronner* JuS 1991, 917; VGH Mannheim NVwZ 2006, 360.

[518] EuGH Rs. 313/01, *Morgenbesser*, Slg. 2003, I-13 467 = EuZW 2004, 61. Ähnlich EuGH Rs. C-31/00, *Dreessen II*, Slg. 2002, I-663 Rn. 24 = EuZW 2002, 247 = EWS 2002, 136; Rs. C-319/92, *Haim*, Slg. 1994, I-425 Rn. 27 f. = EuZW 1994, 217 = NJW 1994, 2409; Rs. C-238/98, *Hocsman*, Slg. 2000, I-6623 Rn. 23 = DVBl. 2000, 1763. S. hierzu *Görlitz* EWS 2002, 20. Zur Anerkennung von im Inland erworbenen ausländischen akademischen Graden s. EuGH Rs. C-153/02, *Neri*, Slg. 2003, I-13555 Rn. 39 ff. = EuZW 2004, 120 = EWS 2004, 35.

[519] EuGH Rs. C-234/97, *Bobadilla*, Slg. 1999, I-4773 Rn. 34 ff. Zur Bindung privater Arbeitgeber siehe *Randelzhofer/Forsthoff*, in: G/H/N (Fn. 26), Stand: 2001, vor Art. 39 bis 55 EGV Rn. 79 f. u. oben Rn. 132.

[520] EuGH Rs. C-345/08, *Pesla*, Slg. 2009, I-11677 Rn. 37 ff.

[521] EuGH Rs. C-330/03, *Colegio*, Slg. 2006, I-801 Rn. 27 ff.

[522] EuGH Rs. C-330/03, *Colegio*, Slg. 2006, I-801 Rn. 34.

[523] EuGH Rs. C-330/03, *Colegio*, Slg. 2006, I-801 Rn. 38.

195 Der **Begriff des Arbeitnehmers** ist anhand objektiver Kriterien zu definieren. Das wesentliche Merkmal des Arbeitsverhältnisses besteht darin, „dass jemand während einer bestimmten Zeit **für einen anderen nach dessen Weisungen Leistungen erbringt,** für die er als Gegenleistung eine **Vergütung** erhält".[524] Dabei kommt es nicht auf die Rechtsform des Vertragsverhältnisses an,[525] so dass auch öffentlich-rechtliche Dienstverhältnisse erfasst werden.[526] Demnach sind sowohl Berufssportler[527] Arbeitnehmer als auch abhängig beschäftigte Prostituierte.[528] Dagegen können sich Studenten nicht auf Art. 45 AEUV berufen.[529]

196 Höhe der **Vergütung und Dauer der Beschäftigung** sind unerheblich, sofern überhaupt eine wirtschaftliche Tätigkeit vorliegt. So sind Praktikanten als Arbeitnehmer anzusehen, „wenn das Praktikum unter den Bedingungen einer tatsächlichen und echten Tätigkeit im Lohn- oder Gehaltsverhältnis durchgeführt wird".[530] Angesichts der großen Zahl von Teilzeitbeschäftigten wäre außerdem „die praktische Wirksamkeit des Gemeinschaftsrechts beeinträchtigt und die Erreichung der Vertragsziele in Frage gestellt, wenn allein die Personen in den Genuss der mit der Freizügigkeit der Arbeitnehmer zuerkannten Rechte kämen, die einer Vollzeitbeschäftigung nachgehen und daher ein Arbeitseinkommen beziehen, das mindestens dem in der betreffenden Branche garantierten Mindesteinkommen entspricht".[531] Andererseits „kann als Arbeitnehmer nur angesehen werden, wer eine tatsächliche und echte Tätigkeit ausübt, wobei Tätigkeiten außer Betracht bleiben, die einen so geringen Umfang haben, dass sie sich als völlig untergeordnet und unwesentlich darstellen".[532] Die Arbeitnehmereigenschaft einer Person „ist nicht bereits dadurch ausgeschlossen, dass deren Entlohnung im Wege einer Ertragsbeteiligung erfolgt".[533]

**Beispiel:** Ein Arbeitsverhältnis kann auch dann vorliegen, wenn der Beschäftigte Ehegatte des einzigen Gesellschafters des Arbeitgebers ist. Der Gerichtshof hat zwar entschieden, „dass der Geschäftsführer einer Gesellschaft, deren einziger Gesellschafter er ist, seine Tätigkeit nicht im Rahmen eines Unterordnungsverhältnisses ausübt, so dass er nicht als Arbeitnehmer anzusehen ist. Doch lässt sich dieses Ergebnis nicht ohne weiteres auf den Ehegatten übertragen. Denn die personenrechtlichen und vermögensrechtlichen Beziehungen zwischen Ehegatten, die sich aus der Ehe ergeben, schließen im Rahmen der Unternehmensorganisation das Bestehen eines Unterordnungsverhältnisses, wie es für ein Arbeitsverhältnis typisch ist, nicht aus".[534]

197 Auch **Arbeitgeber** können sich auf Art. 45 AEUV berufen. Es kann nämlich „das Recht der Arbeitnehmer, bei Einstellung und Beschäftigung nicht diskriminiert zu werden, nur dann seine volle Wirkung entfalten, wenn die Arbeitgeber ein entsprechendes Recht darauf haben, Arbeitnehmer nach Maßgabe der Bestimmungen über die Freizügigkeit einstellen zu können".[535]

198 **Angehörige von Drittstaaten** können sich grundsätzlich nicht einmal dann auf die Freizügigkeitsrechte berufen, wenn sie lediglich die in einem Mitgliedstaat erworbenen

---

[524] EuGH Rs. 66/85, *Lawrie-Blum,* Slg. 1986, 2121 Rn. 17; vgl. a. EuGH Rs. C-85/96, *Sala,* Slg. 1998, I-2691 Rn. 32 = EuGRZ 1998, 593 = EuZW 1998, 372; EuGH Rs. C-107/94, *Asscher,* Slg. 1996, I-3089 Rn. 25 = EuZW 1996, 502 = NJW 1996, 2921 m. Anm. *Kaefer* EWS 1996, 289.

[525] EuGH Rs. 344/87, *Bettray,* Slg. 1989, 1621 Rn. 16.

[526] Vgl. o. Rn. 27; s. a. EuGH Rs. 152/73, *Sotigiu,* Slg. 1974, 153 Rn. 5; EuGH Rs. 307/84, *Kommission/Frankreich,* Slg. 1986, 1725 Rn. 11; EuGH Rs. 66/85, *Lawrie-Blum,* Slg. 1986, 2121 Rn. 17.

[527] EuGH Rs. C-415/93, *Bosman,* Slg. 1995, I-4921 Rn. 73.

[528] EuGH Rs. 115/81 u. 116/81, *Adoui u. Cornuaille,* Slg. 1982, 1665 Rn. 6.

[529] Vgl. aber Rn. 175.

[530] EuGH Rs. C-3/90, *Bernini,* Slg. 1992, I-1071 Rn. 15 f. = EuZW 1992, 313.

[531] EuGH Rs. 53/81, *Levin,* Slg. 1982, 1035 Rn. 15/17 = NJW 1983, 1249.

[532] EuGH Rs. C-413/01, *Ninni-Orasche,* Slg. 2003 I-13187 Rn. 26 = EuZW 2004, 117.

[533] EuGH Rs. 3/87, *Agegate,* Slg. 1989, 4459 Rn. 36.

[534] EuGH Rs. C-337/97, *Meeusen,* Slg. 1999, I-3289 Rn. 15.

[535] EuGH Rs. C-350/96, *Clean Car,* Slg. 1998, I-2521 Rn. 20 f.

Befähigungen in einem anderen Mitgliedstaat ausüben wollen.[536] Akzessorische Freizügigkeitsrechte haben allerdings **Familienangehörige von Unionsbürgern.**[537] Diese Freizügigkeitsrechte basieren in erster Linie auf Titel III der VO 1612/68, „deren Ausübung in Freiheit und Menschenwürde es erfordert, dass die bestmöglichen Bedingungen für die Integration der Familie des EG-Arbeitnehmers im Aufnahmemitgliedstaat geschaffen werden."[538] Zu diesem Zweck sieht Art. 10 dieser Verordnung insbesondere das Recht des Ehegatten vor, ungeachtet seiner Staatsangehörigkeit bei dem Arbeitnehmer, der die Staatsangehörigkeit eines Mitgliedstaats besitzt und im Hoheitsgebiet eines anderen Mitgliedstaats beschäftigt ist, Wohnung zu nehmen. Nach der Rechtsprechung des EuGH gewährt folglich die Unionsregelung „den Ehegatten von Wanderarbeitnehmern, die Staatsangehörige anderer Mitgliedstaaten sind, in gleichem Umfang wie Letzteren ein Aufenthaltsrecht".[539]

**Beispiel:** Ein niederländischer Staatsbürger kehrt nach langjähriger Berufstätigkeit in Großbritannien in die Niederlande zurück, um sich dort zur Ruhe zu setzen. Seine Tochter ist japanische Staatsangehörige und beantragt eine Aufenthaltserlaubnis bei den niederländischen Behörden, die ihr versagt wird. Der EuGH sah hierin einen Verstoß gegen Unionsrecht. In entsprechender Anwendung von Art. 10 Abs. 1 lit. a) der VO 1612/68 dürfe es der Tochter des Wanderarbeitnehmers nicht versagt werden, gemeinsam mit ihrem Vater in die Niederlande zurückzukehren. Denn die Aussicht, bei einer Rückkehr in den Herkunftsmitgliedstaat das Zusammenleben mit den eigenen Familienangehörigen nicht fortsetzen zu können, sei geeignet, Wanderarbeiter von der Wahrnehmung ihrer Freizügigkeit abzuhalten.[540]

Stets muss allerdings der Unionsbürger legal von seinen Freizügigkeitsrechten Gebrauch 199
gemacht haben.[541] Die Behörden sind berechtigt, einem Familienangehörigen eines hier beschäftigten EU-Staatsangehörigen, „der niemals das Recht auf Freizügigkeit innerhalb der Gemeinschaft ausgeübt hat, die Einreise oder den Aufenthalt in seinem Hoheitsgebiet zu verweigern, wenn der Arbeitnehmer die Staatsangehörigkeit dieses Staates und der Familienangehörige diejenige eines Drittlandes besitzt".[542] Es kommt indes nicht darauf an, dass der Unionsbezug allein mit dem **Ziel der Einreiseermöglichung** hergestellt wurde.

**Beispiel:** Der marokkanische Ehemann einer Unionsbürgerin kommt nur dann in den Genuss der Rechte aus Artikel 10 der VO 1612/68, wenn die Ehe keine Scheinehe ist, und wenn er sich in dem Zeitpunkt, in dem er nach Deutschland zieht, wohin seine Ehefrau verzogen ist, rechtmäßig in einem anderen Mitgliedstaat aufgehalten hat. Unter diesen Voraussetzungen ist der Umstand, „dass sich der Unionsbürger in einem anderen Mitgliedstaat niedergelassen hat, damit sein Ehegatte bei der Rückkehr in den Mitgliedstaat, dem der Unionsbürger angehört, in den Genuss der vom Gemeinschaftsrecht verliehenen Rechte kommt, für die Beurteilung der Rechtslage des Ehepaars durch die zuständigen Stellen des letztgenannten Staates unerheblich".[543]

Der **Schutzgehalt** der Arbeitnehmerfreizügigkeit umfasst nach der Rechtsprechung 200
„nicht nur jede unmittelbare oder mittelbare Diskriminierung aus Gründen der Staatsangehörigkeit, sondern auch nationale Regelungen ..., die, auch wenn sie unabhängig von

---

[536] EuGH Rs. C-230/97, *Awoyenni,* Slg. 1998, I-6781 Rn. 29 = EuZW 1999, 52.

[537] Vgl. *Forsthoff,* in: G/H/N (Fn. 26), Stand: 2010, Art. 45 AEUV Rn. 124 f. m. N. zur Rspr.

[538] EuGH Rs. C-356/98, *Kaba,* Slg. 2000, I-2623 Rn. 20 = EuZW 2000, 350 = m. Anm. *Gutmann* InfAuslR 2000, 269; EuGH Rs. C-308/89, *Di Leo,* Slg. 1990, I-4185 Rn. 13 = EuZW 1991, 30 = NVwZ 1991, 155.

[539] EuGH Rs. C-356/98, *Kaba,* Slg. 2000, I-2623 Rn. 23 = EuZW 2000, 350.

[540] EuGH Rs. C-291/05, *Eind,* Slg. 2007, I-10719 Rn. 35 ff.

[541] EuGH verb. Rs. C-64/96 u. 65/96, *Uecker,* Slg. 1997, I-3171 Rn. 20 ff. = EuZW 1997, 636.

[542] EuGH verb. Rs. 35/82 u. 36/82, *Morson u. Jhanjan,* Slg. 1982, 3723 Rn. 18 = DVBl. 1983, 744 = NJW 1983, 2751.

[543] EuGH Rs. C-109/01, *Akrich,* Slg. 2003, I-9607 Ls. 2 = DVBl. 2004, 176 = EuZW 2003, 752. Vgl. a. EuGH Rs. C-212/97, *Centros,* Slg. 1999, I-1459 = NJW 1999, 2027 = EuZW 1999, 253.

der Staatsangehörigkeit der betroffenen Arbeitnehmer anwendbar sind, deren Freizügigkeit beeinträchtigen".[544] Das **Verbot unverhältnismäßiger Beschränkungen** garantiert „jedem Angehörigen eines Mitgliedstaats das Recht, in das Hoheitsgebiet eines anderen Mitgliedstaats einzureisen und sich dort zu den in diesem Artikel vorgesehenen Zwecken aufzuhalten. Dieser Grundsatz garantiert jedem Arbeitnehmer auch den Zugang zu einer vorübergehenden Beschäftigung in einem anderen Mitgliedstaat. Dieser Zugang kann ihm nicht mit der Begründung verweigert werden, dass er in seinem Herkunftsland bereits eine unselbstständige Erwerbstätigkeit ausübe oder dass die in dem anderen Mitgliedstaat ausgeübte Tätigkeit eine Teilzeitbeschäftigung sei".[545]

**Beispiel:** Nach einer Regelung des deutschen Sozialrechts werden Vermittlungsgebühren für private Arbeitsvermittler von den nationalen Behörden nur dann erstattet, wenn die von dem Vermittler vermittelte Beschäftigung in Deutschland sozialversicherungspflichtig ist. Der EuGH sah hierin eine Beschränkung der Arbeitnehmerfreizügigkeit, da die Regelung „Arbeitsuchende, insbesondere diejenigen, deren finanzielle Mittel begrenzt sind, (...) davon abhalten kann, in einem anderen Mitgliedstaat Arbeit zu suchen, weil die Vermittlungsgebühr nicht vom Herkunftsmitgliedstaat der Arbeitsuchenden bezahlt wird."[546]

201 Umstritten ist, ob jede innerstaatliche Regelung, die geeignet ist, die Ausübung der Freizügigkeit „zu behindern oder weniger attraktiv zu machen",[547] unter das Beschränkungsverbot des Art. 45 AEUV fällt.[548] Während in der Literatur in Anlehnung an die sog. „Keck-Rechtsprechung" (→ Rn. 171 ff.) zwischen bloßen Berufsausübungsmodalitäten einerseits und – tatsächlich beschränkenden – **„Marktzugangsbeschränkungen"** andererseits differenziert wird,[549] schließt der EuGH in seiner neueren Rechtsprechung solche Regelungen aus, die „zu indirekt und ungewiss" sind, um die Arbeitnehmerfreizügigkeit zu beeinträchtigen.

**Beispiel:** Eine Tarifvereinbarung sieht eine Abfindung nur dann vor, wenn diese nicht auf einer Eigenkündigung des Arbeitnehmers beruht. Ein Arbeitnehmer macht geltend, diese Regelung beschränke sein Freizügigkeitsrecht. Sie hindere ihn daran, eine Eigenkündigung auszusprechen und sich einen Arbeitsplatz in einem anderen Mitgliedstaat zu suchen. Nach Auffassung des EuGH ist die Tarifvorschrift „nicht geeignet, den Arbeitnehmer daran zu hindern oder davon abzuhalten, sein Arbeitsverhältnis zu beenden, um eine unselbstständige Tätigkeit bei einem anderen Arbeitgeber auszuüben." Die Kündigung durch den Arbeitgeber sei „zu ungewiss und wirkt zu indirekt, als dass diese Regelung die Freizügigkeit der Arbeitnehmer beeinträchtigen könnte".[550]

## 4. Die Niederlassungsfreiheit

202 Art. 49 AEUV schützt die Niederlassung einer natürlichen oder juristischen Person in einem anderen Mitgliedstaat zum Zwecke der Aufnahme und **Ausübung selbstständiger,**

[544] EuGH Rs. C-190/98, *Graf,* Slg. 2000, I-493 Rn. 18 = JZ 2001, 87. Zum Diskriminierungsverbot s. Rs. C-355/98, *Kommission/Belgien,* Slg. 2000, I-1221 Rn. 27, 31 = DVBl. 2000, 891 = EuZW 2000, 344; Rs. C-237/94, *O'Flynn,* Slg. 1996, I-2617 Rn. 18; Rs. 152/73, *Sotgiu,* Slg. 1974, 153 Rn. 11. Zum Beschränkungsverbot s. Rs. C-415/93, *Bosman,* Slg. 1995, I-4921 Rn. 96 = JZ 1996, 248 = NJW 1996, 505; Rs. C-18/95, *Terhoeve,* Slg. 1999, I-345 Rn. 39; Rs. C-10/90, *Masgio,* Slg. 1991, I-1119 Rn. 18 f.; Rs. C-109/04, *Kranemann,* Slg. 2005, I-2421 Rn. 26 = NJW 2005, 1481 m. Anm. *Euler* ELR 2005, 250 (Reisekosten für Referendarstation im Ausland); EuGH Rs. C-212/06, *Gouvernement de la Communauté française und Gouvernement wallon,* Slg. 2008, I-1683 Rn. 45.

[545] EuGH Rs. C-106/91, *Ramrath,* Slg. 1992, I-3351 Rn. 25.

[546] EuGH Rs. C-208/05, *ITC,* Slg. 2007, I-181 Rn. 36.

[547] So EuGH Rs. C-19/92, *Kraus,* Slg. 1993, I-1663 Rn. 32 = EuZW 1993, 322 = NVwZ 1993, 661.

[548] Eingehend *Randelzhofer/Forsthoff,* in: G/H/N (Fn. 26), Stand: 2001, vor Art. 39 bis 55 EGV Rn. 88 ff. u. *Forsthoff,* in: G/H/N (Fn. 26), Stand: 2010, Art. 45 AEUV Rn. 264 ff.

[549] *Forsthoff,* in: G/H/N (Fn. 26), Stand: 2010, Art. 45 AEUV Rn. 273 ff.; *Franzen,* in: Streinz (Fn. 83), Art. 45 AEUV Rn. 90 m. w. N.

[550] EuGH Rs. C-190/98, *Graf,* Slg. 2000, I-493 Ls. 2.

**dauerhafter Erwerbstätigkeit.** Vorbehaltlich der vorgesehenen Ausnahmen und Bedingungen umfasst dieses Recht „die Aufnahme und Ausübung selbstständiger Tätigkeiten jeder Art, die Gründung und Leitung von Unternehmen und die Errichtung von Agenturen, Zweigniederlassungen oder Tochtergesellschaften im Hoheitsgebiet jedes anderen Mitgliedstaats" (vgl. Art. 49 Abs. 2 AEUV).[551]

Der **Begriff der Niederlassung** ist „ein sehr weiter Begriff, der die Möglichkeit für einen Gemeinschaftsangehörigen impliziert, in stabiler und kontinuierlicher Weise am Wirtschaftsleben eines anderen Mitgliedstaats als seines Herkunftsstaats teilzunehmen und daraus Nutzen zu ziehen, wodurch die wirtschaftliche und soziale Verflechtung innerhalb der Gemeinschaft im Bereich der selbstständigen Tätigkeiten gefördert wird".[552] Auch grenzüberschreitende Unternehmensverschmelzungen fallen nach der Rechtsprechung des Gerichtshofs unter den Begriff der Niederlassungsfreiheit[553] und werden nunmehr durch die Richtlinie 2005/56/EG erfasst.[554] Ist zweifelhaft, ob die Niederlassungs- oder die Dienstleistungsfreiheit einschlägig ist, so sollte sich der Betroffene im Zweifel auf Letztere berufen (→ Rn. 189). 203

Auf die Niederlassungsfreiheit berufen können sich auch die „nach den Rechtsvorschriften eines Mitgliedstaats gegründeten **Gesellschaften,** die ihren satzungsmäßigen Sitz, ihre Hauptverwaltung oder ihre Hauptniederlassung innerhalb der Union haben" (Art. 54 Abs. 1 AEUV). Erhebliche praktische Bedeutung kommt hier der **Rechtswahlfreiheit,** d. h. der Frage zu, ob sich Gesellschaften aus anderen Mitgliedstaaten ohne Veränderung ihrer Rechtsform und ohne Veränderung ihrer Gründungsstatuten in der Bundesrepublik Deutschland niederlassen dürfen.[555] Während der Gerichtshof zunächst entschieden hat, dass die Niederlassungsfreiheit den Gesellschaften nationalen Rechts kein Recht gewähre, „den Sitz ihrer Geschäftsleitung unter Bewahrung ihrer Eigenschaft als Gesellschaft des Mitgliedstaates ihrer Gründung in einen anderen Mitgliedstaat zu verlegen",[556] steht nunmehr fest, dass eine Gesellschaft, die nach dem Recht eines anderen Mitgliedstaates wirksam gegründet wurde, auch dann nach Maßgabe ihres Gesellschaftsstatuts rechts- und parteifähig bleibt, wenn sie ihr unternehmerisches Entscheidungszentrum in einen anderen EU-Staat verlagert hat.[557] 204

**Beispiel:** Einer in den Niederlanden als „Besloten Vennotschap" („BV") gegründeten Kapitalgesellschaft, deren Geschäfte von Deutschland aus geführt werden, wird von einem Schuldner in Deutschland deren mangelnde Rechts- und Parteifähigkeit entgegengehalten. Da der Geschäftssitz der BV nach Deutschland verlegt worden sei, hätte nach der hier vertretenen „Sitztheorie" das deutsche Gesellschaftsrecht beachtet werden müssen. Dieser Auffassung ist der EuGH entgegengetreten. Nach den Art. 49 und 54 AEUV bleibe eine Kapitalgesellschaft, die in einem anderen Mitgliedstaat wirksam gegründet wurde, nach Maßgabe ihres Gesellschaftsstatuts auch dann rechts- und parteifähig, wenn sie ihr unternehmerisches Entscheidungszentrum nach Deutschland verlegt hat.[558]

---

[551] EuGH Rs. C-70/95, *Sodemare S. A.,* Slg. 1997, I-3395 Rn. 26 = EuZW 1998, 124. S. hierzu *Bieback* EWS 1999, 361; EuGH Rs. C-210/06, *Cartesio,* Slg. 2008, I-9641, Rn. 99 ff.

[552] EuGH Rs. C-55/94, *Gebhard,* Slg. 1995, I-4165 Rn. 25 = DVBl. 1996, 145 = NJW 1996, 579 u. Hinw. auf Rs. 2/74, *Reyners,* Slg. 1974, 631 Rn. 21.

[553] EuGH Rs. C-411/03, *SEVIC Systems,* Slg. 2005, I-10805 = EuZW 2006, 81 m. Anm. *Gräfe* ELR 2006, 65.

[554] Vgl. hierzu *Bayer/Schmidt* NJW 2006, 401.

[555] Vgl. *Ulmer* NJW 2004, 1201; *Altmeppen* NJW 2004, 97; *Horn* NJW 2004, 893; *Sandrock* EWS 2005, 529; *Kallmeyer* DB 2002, 2521; *Zimmer* BB 2003, 1; *Schanze/Jüttner* AG 2003, 30; *Kindler* NJW 1999, 1993; *Leible/Hoffmann* DB 2002, 2203; *v. Halen* EWS 2002, 107.

[556] EuGH Rs. 81/87, *Daily Mail,* Slg. 1988, 5483 Ls. 1 = NJW 1989, 2186.

[557] EuGH Rs. C-208/00, *Überseering,* Slg. 2002, I-9919 Ls. 3. Vgl. auch BGH NJW 2003, 1461 m. Anm. *Forsthoff* DB 2003, 979; *Schulz* DB 2003, 2705; BGH NJW 2005, 1648; OLG Düsseldorf BB 2001, 901; OLG Hamm DB 2001, 1084.

[558] EuGH Rs. C-208/00, *Überseering,* Slg. 2002, I-9919 Ls. 3.

205 Der Niederlassungsfreiheit ist mit der bloßen Anerkennung der Rechts- und Parteifähigkeit durch den Zuzugsstaat nicht genügt. Selbst wenn es sich um eine bloße „Briefkastenfirma“ handelt, muss der Zuzugsstaat darauf verzichten, dieser Gesellschaft rechtliche Erschwernisse aufzuerlegen, sofern dies nicht durch zwingende Gründe des Allgemeininteresses geboten oder im Einzelfall durch einen konkreten und nachgewiesenen Missbrauch gerechtfertigt ist. „Wenn also ein Staatsangehöriger eines Mitgliedstaats, der eine Gesellschaft gründen möchte, diese in dem Mitgliedstaat errichtet, dessen gesellschaftsrechtliche Vorschriften ihm die größte Freiheit lassen, und anschließend in anderen Mitgliedstaaten **Zweigniederlassungen** gründet, so übt er damit … die durch den Vertrag garantierte Niederlassungsfreiheit im Binnenmarkt aus.“[559]

206 Nach der Rechtsprechung verbietet die Niederlassungsfreiheit nicht nur „jede **offensichtliche oder versteckte Diskriminierung** auf Grund der Staatsangehörigkeit“,[560] sondern auch Regelungen, „die zwar ohne Diskriminierung aus Gründen der Staatsangehörigkeit anwendbar“, aber gleichwohl geeignet sind, „die Ausübung der durch den EG-Vertrag garantierten grundlegenden Freiheiten durch die Gemeinschaftsangehörigen … zu behindern oder weniger attraktiv zu machen“.[561] Es gibt zwar zahlreiche Bestrebungen, das **allgemeine Beschränkungsverbot** enger zu fassen:[562] Es sei „nämlich unerträglich, wenn die Mitgliedstaaten nationale Rechtsvorschriften aller Art, wie etwa höhere Gesellschaftssteuer- oder Mehrwertsteuersätze als in anderen Ländern, die Notwendigkeit, sich im Verkehr mit der Verwaltung der nationalen Sprache zu bedienen, oder den Grundsatz der Priorität der älteren eingetragenen Marke oder Geschäftsbezeichnung, als ‚zwingendes Erfordernis‘ rechtfertigen müssten, sofern ein Wirtschaftsteilnehmer geltend macht, dass die Niederlassungsfreiheit durch diese Vorschrift weniger attraktiv werde“.[563] Der EuGH steht diesen Bestrebungen indes zurückhaltend gegenüber. Korrekturen werden auf der Rechtfertigungsebene vorgenommen.[564]

**Beispiel:** Ein in Deutschland ansässiger Optiker aus Belgien wendet sich gegen eine Regelung, die Augenärzten eine technisch-medizinische Sehschärfebestimmung vorbehält. Eine solche Regelung greift zwar in die Niederlassungsfreiheit ein, denn sie behält „einer Gruppe von besonders qualifizierten Berufstätigen wie den Augenärzten das Recht vor, bei ihren Patienten eine objektive Untersuchung des Sehvermögens mit Hilfe technisch hochentwickelter Instrumente vorzunehmen“. Art. 49 AEUV verwehrt es aber nicht, „das nationale Recht der Heilkunde so auszulegen, dass im Rahmen der Korrektur rein optischer Sehfehler des Kunden die objektive Untersuchung des Sehvermögens aus Gründen des Schutzes der Gesundheit der Bevölkerung einer Gruppe von besonders qualifizierten Berufstätigen wie den Augenärzten unter Ausschluss u. a. der Augenoptiker, die keine Ärzte sind, vorbehalten ist“.[565]

207 Von hoher fiskalischer Bedeutung sind indirekte **Diskriminierungen im Steuerrecht.**[566] Grundsätzlich müssen hiernach auch die direkten Steuern, obwohl diese vom EU-Recht

---

[559] EuGH Rs. C-167/01, *Inspire Art*, Slg. 2003, I-10155 Rn. 138 = NJW 2003, 3331.

[560] EuGH Rs. C-107/94, *Asscher*, Slg. 1996, I-3089 Rn. 36 = EuZW 1996, 502 = NJW 1996, 2921 mit Anm. *Kaefer* EWS 1996, 289. Zu Begriff und Beispielen für indirekte u. versteckte Diskriminierungen *Tiedje/Troberg*, in: v. d. Groeben/Schwarze (Fn. 15), Art. 43 EG Rn. 72 ff.

[561] EuGH Rs. C-19/92, *Kraus*, Slg. 1993, I-1663 Rn. 32 ff. = EuZW 1993, 322 = NVwZ 1993, 661; EuGH verb. Rs. C-171/07 und C-172/07, *Apothekerkammer des Saarlandes u. a.*, Slg. 2009, I-4171 Rn. 22 ff. = EuZW 2009, 409, 410; EuGH Rs. C-564/07, *Kommission/Österreich*, Slg. 2009, I-100 Rn. 30 = EWS 2009, 268, 270.

[562] Vgl. *Forsthoff*, in: G/H/N (Fn. 26), Stand: 2010, Art. 49 AEUV Rn. 96; *Bröhmer*, in: Calliess/Ruffert (Fn. 70), Art. 49 AEUV Rn. 30 ff.

[563] GA *Mischo*, Schlussanträge in der Rs. C-255/97, *Pfeiffer*, Slg. 1999, I-2835 Rn. 58.

[564] Vgl. *Tiedje/Troberg*, in: v. d. Groeben/Schwarze (Fn. 15), Art. 43 EGV Rn. 96 ff.

[565] EuGH Rs. C-108/96, *Mac Quen*, Slg. 2001, I-837 Rn. 30, 38.

[566] Vgl. EuGH Rs. C-470/04, *N*, Slg. 2006, I-7409 Rn. 33 ff.; Rs. C-251/98, *Baars*, Slg. 2000, I-2787; Rs. C-35/98, *Verkooijen*, Slg. 2000, I-4071; Rs. C-311/97, *Royal Bank of Scotland*, Slg. 1999, I-2651; Rs. C-307/97, *Saint-Gobin ZN*, Slg. 1999, I-6161; Rs. C-264/96, *ICI*, Slg. 1998, I-4695; Rs. C-250/95,

nicht erfasst sind, den Grundfreiheiten Rechnung tragen. Zwar hat der Gerichtshof anerkannt, „dass die Notwendigkeit, die Kohärenz der Steuerregelung zu gewährleisten, ein Rechtfertigungsgrund für eine Regelung sein kann, die vom Vertrag gewährleistete Grundfreiheiten einschränkt".[567] Die Herstellung von steuerlicher Systemgerechtigkeit setzt jedoch einen „unmittelbaren Zusammenhang"[568] und eine „strenge Wechselbeziehung"[569] zwischen den jeweiligen Elementen der Steuervorschrift voraus.[570] Ähnlich restriktive Rechtfertigungsvoraussetzungen gelten für nationale Regelungen zur Durchsetzung der Steueraufsicht[571] und zur Vermeidung der Steuerumgehung.[572]

**Beispiel:** Das AußensteuerG enthält eine sog. „Wegzugssteuer" für Personen, die in Deutschland mindestens zehn Jahre Einkommenssteuer gezahlt und mit mindestens 1% an einer Gesellschaft beteiligt sind. Zieht eine solche Person ins Ausland, muss sie auf den nicht realisierten Wertzuwachs ihrer Beteiligung Einkommenssteuer zahlen („Lex Horten"). Diese „unterschiedliche Behandlung bei der Besteuerung der Wertsteigerungen ... ist geeignet, einen Steuerpflichtigen von einer solchen Wohnsitzverlegung abzuhalten". Da „Steuermindereinnahmen ... nicht als zwingender Grund des Allgemeininteresses anzusehen sind, der zur Rechtfertigung einer grundsätzlich gegen eine Grundfreiheit verstoßenden Maßnahme angeführt werden kann, ... kann eine Beschränkung des Niederlassungsrechts nicht allein damit gerechtfertigt werden, dass einem Mitgliedstaat Einnahmen entgehen, wenn ein Steuerpflichtiger seinen steuerlichen Wohnsitz in einen anderen Mitgliedstaat verlegt."[573]

Die Niederlassungsfreiheit kann des Weiteren Auswirkungen auf das nationale **Raumplanungs- und Baurecht** haben. So sah der EuGH in einer italienischen Regelung, wonach bei der Errichtung neuer Tankstellen verbindliche Mindestabstände einzuhalten sind, eine Beschränkung von Art. 49 AEUV. Denn die nationale Bestimmung, „die nur auf neue Anlagen anwendbar ist und nicht auf bereits vor Inkrafttreten der Regelung bestehende Anlagen, macht (...) den Zugang zur Tätigkeit des Kraftstoffvertriebs von bestimmten Voraussetzungen abhängig und ist, da sie die Marktteilnehmer begünstigt, die bereits in Italien ansässig sind, geeignet, Marktteilnehmer aus anderen Mitgliedstaaten vom Zugang zum italienischen Markt abzuschrecken oder ihren Marktzugang sogar zu verhindern."[574] 208

Futura, Slg. 1997, I-2471; hierzu auch *Weiß* EuZW 1999, 493; *Randelzhofer/Forsthoff,* in: G/H/N (Fn. 26), Stand: 2001, Art. 43 EGV Rn. 79 f.; Überblick bei *Weber-Grellet* NJW 2004, 1617 u. *S/K/R/T* EWS 2005, 289.

[567] EuGH Rs. C-251/98, *Baars,* Slg. 2000, I-2787 Rn. 37; Rs. C-204/90, *Bachmann,* Slg. 1992, I-249 Rn. 28 = EuZW 1992, 215; Rs. C-300/90, *Kommission/Belgien,* Slg. 1992, I-305 Rn. 20 f.; vgl. auch *Albath/Wunderlich,* EWS 2006, 205.

[568] EuGH Rs. C-484/93, *Svensson,* Slg. 1995, I-3955 Rn. 18; Rs. C-35/98, *Verkooijen,* Slg. 2000, I-4071 Rn. 57 f.

[569] EuGH Rs. C-80/94, *Wielockx,* Slg. 1995, I-2493 Rn. 24; EuGH Rs. C-293/06, *Deutsche Shell,* Slg. 2008, I-1129 Rn. 38; EuGH Rs. C-293/06, *Deutsche Shell,* Slg. 2008, I-1129 Rn. 39.

[570] *Randelzhofer/Forsthoff,* in: G/H/N (Fn. 26), Stand: 2001, vor Art. 39–55 EGV Rn. 235–239.

[571] EuGH Rs. C-250/95, *Futura,* Slg. 1997, I-2471 Rn. 23–41.

[572] EuGH Rs. C-196/04, *Cadbury Schweppes und Cadbury Schweppes Overseas,* Slg. 2006, I-7995 Rn. 55; EuGH Rs. C-524/04, *Test Claimants in the Thin Cap Group Litigation,* Slg. 2007, I-2107 Rn. 72; EuGH Rs. C-264/96, *ICI,* Slg. 1998, I-4695 Rn. 26 f.; *Thömmes,* in: GS Knobbe-Keuk, 1997, 795.

[573] EuGH Rs. C-9/02, *de Lasteyrie du Saillant,* Slg. 2004, I-2409 Rn. 46, 60 = NJW 2004, 2439 = EuZW 2004, 273 mit Anm. *Kleinert/Probst* NJW 2004, 2425; ferner: *Seer u. a.* EWS 2005, 289, 304 f.; *Franz* EuZW 2004, 270; ferner: EuGH verb. Rs. C-397/98 u. C-410/98, *Metallgesellschaft u. a.,* Slg. 2001, I-1727 Rn. 59.

[574] EuGH Rs. C-384/08, *Attanasio Group,* Slg. 2010, I-2055 Rn. 45; vgl. hierzu *Epiney* NVwZ 2011, 1425, 1430.

## 5. Die Freiheit des Kapital- und Zahlungsverkehrs

209 Zunehmende Bedeutung für die Praxis kommt der in Art. 63 AEUV gewährleisteten Freiheit des Kapital- und Zahlungsverkehrs zu. Während „es sich beim Kapitalverkehr um **Finanzgeschäfte** handelt, bei denen es in erster Linie um die Anlage oder die Investition des betreffenden Betrags“ geht, kennzeichnet den Zahlungsverkehr, dass die transferierten Werte „eine **Gegenleistung** im Rahmen einer dieser Leistung zu Grunde liegenden Transaktion darstellen“, es also beispielsweise „um die Vergütung einer Dienstleistung geht“.[575] Beschränkungen des Kapital- und Zahlungsverkehrs sind auch gegenüber Drittstaaten verboten.

210 Eine für den Rechtsanwender nützliche Übersicht über die der Kapitalverkehrsfreiheit unterfallenden Transaktionen bietet die **Kapitalmarktrichtlinie 88/361,** deren Nomenklatur „unstreitig Hinweischarakter für die Definition des Begriffes des Kapitalverkehrs“[576] hat. In der nicht abschließenden Nomenklatur sind in dreizehn Kategorien unter anderem Direktinvestitionen, Immobilieninvestitionen, Geschäfte mit Wertpapieren, Anteilsscheinen oder Investmentfonds, diverse Kreditgeschäfte aber auch die Ein- und Ausfuhr von Vermögenswerten und Transaktionen mit persönlichem Charakter genannt.

211 Wie alle anderen Grundfreiheiten enthält auch die Kapitalverkehrsfreiheit ein **allgemeines Beschränkungsverbot.** Sie untersagt „ganz allgemein Beschränkungen des Kapitalverkehrs zwischen den Mitgliedstaaten. Dieses Verbot geht über die Beseitigung einer Ungleichbehandlung der Finanzmarktteilnehmer auf Grund ihrer Staatsangehörigkeit hinaus“.[577] Ob die sog. „Keck-Rechtsprechung“ auf die Kapitalverkehrsfreiheit übertragbar ist, muss noch geklärt werden. In einem diese Frage betreffenden Fall stellt der Gerichtshof auf das **Kriterium des Marktzugangs** ab. Die in Rede stehenden Beschränkungen seien zwar „unterschiedslos anwendbar“, berührten aber faktisch die Situation von Marktteilnehmern aus anderen Mitgliedstaaten und seien daher geeignet, diese von Investitionen abzuhalten und damit den „Marktzugang zu beeinflussen.“[578]

**Beispiel:** Als Marktzugangsbeschränkungen hat der EuGH unter anderem angesehen: Das Verbot grenzüberschreitender Kapitalbeteiligungen,[579] Zinsvergünstigungen auf Bauvorhaben, die mit Krediten einheimischer Banken finanziert werden,[580] staatliche Gebühren für im Ausland aufgenommene Darlehen,[581] Genehmigungserfordernisse für die Ausfuhr von Geld oder Inhaberschecks[582] sowie das Erfordernis, bei Erwerb eines Grundstücks auf diesem seinen ständigen Wohnsitz zu begründen.[583]

212 Die Freiheit des Kapitalverkehrs schützt verschiedene Formen von **Direktinvestitionen.** So stellt etwa der „**Erwerb eines Grundstücks** in einem Mitgliedstaat durch einen Gebietsfremden, aus welchen Gründen auch immer er erfolgt, … eine Immobilieninvestition dar, die in die Kategorie des Kapitalverkehrs zwischen den Mitgliedstaaten fällt.“[584]

---

[575] EuGH verb. Rs. 286/82 u. 26/83 *Luisi u. Carbone,* Slg. 1984, 377 Rn. 21 = NJW 1984, 1288 m. Anm. *Hafke* WM 1985, 309.

[576] EuGH Rs. C-367/98, *Kommission/Portugal,* Slg. 2002, I-4731 Rn. 36; vgl. auch Rs. C-222/97, *Trummer,* Slg. 1999, I-1661 Rn. 24; verb. Rs. 163/94, 165/94 u. 250/94, *Sanz de Lera,* Slg. 1995, I-4821 Rn. 34.

[577] EuGH Rs. C-483/99, *Kommission/Frankreich,* Slg. 2002, I-4781 Rn. 40; vgl. in diesem Sinne auch EuGH verb. Rs. C-463/04 und C-464/04, *Federconsumatori u. a.,* Slg. 2007, I-10419 Rn. 29; s. a. *Weller* AnwBl 2007, 320, 324.

[578] EuGH Rs. C-98/01, *Kommission/Vereinigtes Königreich,* Slg. 2003, I-4641 Rn. 47.

[579] EuGH Rs. C-148/91, *Veronica,* Slg. 1993, I-487 Rn. 15.

[580] EuGH Rs. C-484/93, *Svensson u. Gustavsson,* Slg. 1995, I-3955 Rn. 10.

[581] EuGH Rs. C-439/97, *Sandoz,* Slg. 1999, I-7041 Rn. 29 ff.

[582] EuGH verb. Rs. C-163/94, 165/94 u. 250/94, *Sanz de Lera,* Slg. 1995, I-4821 Rn. 39.

[583] EuGH Rs. C-370/05, *Festersen,* Slg. 2007, I-1129 = EuZW 2007, 215.

[584] EuGH Rs. C-423/98, *Albore,* Slg. 2000, I-5965 Rn. 14; s. a. EuGH Rs. C-302/97, *Konle,* Slg. 1999, I-3099 Rn. 22; Rs. C-376/03, *D./Inspecteur van de Belastingdienst,* Slg. 2005, I-5821 Rn. 24 = EuZW 2005, 700.

Der **Erwerb von Gesellschaftsanteilen** kann sowohl unter die Kapitalverkehrs-, als auch unter die Niederlassungsfreiheit fallen. Einerseits macht z. B. ein Unionsbürger, „der eine Beteiligung an einer Gesellschaft mit Sitz in einem anderen Mitgliedstaat hält, die ihm einen solchen Einfluss auf die Entscheidungen der Gesellschaft verleiht, dass er deren Tätigkeiten bestimmen kann, von seiner Niederlassungsfreiheit Gebrauch".[585] Andererseits schützt die Kapitalverkehrsfreiheit Direktinvestitionen, d. h. die Beteiligung an einem Unternehmen durch Erwerb von Aktien auf dem Kapitalmarkt. Wird etwa im Zuge eines **Privatisierungsprozesses** oder einer „public private partnership" ein staatlicher Mindestkapitalanteil geschützt (sog. **„golden shares"**), so bedarf dies der besonderen Rechtfertigung.[586] Darüber hinaus sind gesellschaftsrechtlich eingeräumte Sonderrechte des staatlichen Anteilseigners – etwa sein Recht, Einspruch gegen den Erwerb von Beteiligungen durch private Anleger einlegen zu können – nur dann rechtfertigungsfähig, wenn die Vorschrift konkret bestimmt, unter welchen objektiven Umständen das Sonderrecht ausgeübt werden kann.[587] 213

**Beispiel:** Ein Bundesland sieht vor, dass die Anteile der vormals staatseigenen Landesbank zu 51% in der Hand der Kommunen und der Landesregierung liegen müssen. Darin liegt ein Eingriff in die Kapitalverkehrsfreiheit. Zwar ist es „je nach den Umständen" anerkannt, „dass die Mitgliedstaaten einen gewissen Einfluss auf ursprünglich öffentliche und später privatisierte Unternehmen behalten, wenn diese Unternehmen Dienstleistungen von allgemeinem Interesse oder von strategischer Bedeutung erbringen". Das Bundesland muss aber belegen, dass die Landesbank öffentliche Aufgaben wahrnimmt, die von privaten Banken nicht erbracht werden.[588]

## 6. Allgemeines Diskriminierungsverbot

Unmittelbar anwendbar ist auch das allgemeine Diskriminierungsverbot (Art. 18 AEUV). Unbeschadet besonderer Bestimmungen der Verträge „ist in ihrem Anwendungsbereich jede Diskriminierung aus Gründen der Staatsangehörigkeit verboten". Art. 18 AEUV „ist ein spezifischer Ausdruck des allgemeinen Gleichheitssatzes", der „nicht nur **offene Diskriminierungen** auf Grund der Staatsangehörigkeit, sondern auch **alle verdeckten Formen der Diskriminierung,** die durch die Anwendung anderer Unterscheidungsmerkmale tatsächlich zu dem gleichen Ergebnis führen", verbietet.[589] 214

---

[585] EuGH Rs. C-251/98, *Baars,* Slg. 2000, I-2787 Rn. 22; vgl. auch verb. Rs. C-397/98 u. 410/98, *Metallgesellschaft u. a.,* Slg. 2001, I-1727 Rn. 75.

[586] EuGH Rs. C-463/00, *Kommission/Spanien,* Slg. 2003, I-4581 Rn. 51 ff.; verb. Rs. C-463/04 u. C-464/04, *Federconsumatori u. a.,* Slg. 2007, I-10419 Rn. 39 ff.; Rs. C-98/01, *Kommission/Vereinigtes Königreich,* Slg. 2003, I-4641 Rn. 38 ff.; Rs. C-174/04, *Kommission/Italien,* Slg. 2005, I-4933 Rn. 26 ff. = EuZW 2005, 438 m. Anm. *Kilian* EuZW 2005, 440. S. dazu auch den Bericht der Kommission v. 22.7.2005: „Special rights in privatised companies in the enlarged Union". Vgl. zum „VW-Gesetz" EuGH Rs. C-112/05, *Kommission/Deutschland,* Slg. 2007, I-8995, Rn. 72 ff.; hierzu *Weiss* EWS 2008, 13, 17.

[587] EuGH Rs. C-483/99, *Kommission/Frankreich,* Slg. 2002, I-4781 Rn. 50 f.; EuGH Rs. C-326/07, *Kommission/Italien,* Slg. 2009, I-2291 Rn. 51; vgl. *Pläster* EWS 2008, 173; zur Verhältnismäßigkeit solcher Sonderrechte EuGH verb. Rs. C-282/04 u. C-283/04, *Kommission/Niederlande,* Slg. 2006, I-9141 Rn. 32 ff.

[588] EuGH Rs. C-463/00, *Kommission/Spanien,* Slg. 2003, I-4581 Rn. 51 ff.; Rs. C-98/01, *Kommission/Vereinigtes Königreich,* Slg. 2003, I-4641 Rn. 38 ff.; zum sog. „VW-Gesetz" siehe *Sander* EuZW 2005, 106 u. *Krause* NJW 2002, 2747.

[589] EuGH Rs. C-224/00, *Kommission/Italien,* Slg. 2002, I-2965 Rn. 14; s. a. Rs. C-28/04, *Tod's SpA,* Slg. 2005, I-5781 Rn. 19 = NJW 2005, 3269; Rs. C-29/95, *Pastoors u. Trans-Cap,* Slg. 1997, I-285 Rn. 16; Rs. C-398/92, *Mund & Fester,* Slg. 1994, I-467 Rn. 14; Rs. C-147/03, *Kommission/Österreich,* Slg. 2005, I-5969 Rn. 41 = EWS 2005, 368 m. Anm. *Fetzer/Groß* EWS 2005, 373; Rs. C-164/07, *Wood,* Slg. 2008, I-4143 Rn. 13.

**Beispiel:** Eine Regelung, die zum Zwecke der Kriminalitätsbekämpfung eine Speicherung personenbezogener Daten nur ortsansässige Ausländer vorsieht, verletzt das Diskriminierungsverbot. Die offene Diskriminierung lässt sich auch nicht aus Gründen der öffentlichen Sicherheit rechtfertigen, da eine nur teilweise Datenerfassung nicht geeignet ist, das Ziel einer umfassenden Kriminalitätsbekämpfung wirksam zu erreichen.[590]

215 Für die Annahme einer **verdeckten (mittelbaren) Diskriminierung** aus Gründen der Staatsangehörigkeit genügt es nicht, dass die unterschiedliche Behandlung auch Angehörige anderer Mitgliedstaaten trifft (→ Rn. 176 ff.). Vielmehr muss die jeweilige Regelung dieselbe Abgrenzung bewirken wie eine an die Staatsangehörigkeit anknüpfende Regelung. Grundsätzlich ist dies dann der Fall, wenn die Regelung auf Grund ihrer typischen Rechtsfolgen, d. h. in der großen Mehrzahl der von der jeweiligen Regelung geregelten Fälle, Angehörige anderer Mitgliedstaaten trifft (z. B. Anknüpfung am Wohnsitz oder an der Langzeitarbeitslosigkeit in Deutschland). Keine versteckte Diskriminierung begründet der Umstand, dass in den Mitgliedstaaten unterschiedliche Regelungen existieren.[591]

**Beispiel:** Ein Bundesland sieht vor, dass Schulabgänger, die ihre Hochschulreife andernorts erlangt haben, vor der Aufnahme eines Studiums nachweisen müssen, dass sie die Voraussetzungen zu dem jeweiligen Studiengang auch in ihrem Heimatland erfüllen, z. B. indem sie dort eine Aufnahmeprüfung bestehen. Eine solche Regelung ist geeignet, sich stärker auf Angehörige anderer Mitgliedstaaten als auf eigene Staatsangehörige auszuwirken.[592]

216 Das allgemeine Diskriminierungsverbot hat **nur subsidiäre Bedeutung.** Nach ständiger Rechtsprechung kann es „nur auf unionsrechtlich geregelte Fallgestaltungen angewendet werden, für die der Vertrag keine besonderen Diskriminierungsverbote vorsieht".[593] Gegenüber den Grundfreiheiten kann Art. 18 AEUV also nur im Ausnahmefall parallel zur Anwendung kommen.[594]

217 Der Anwendungsbereich des Diskriminierungsverbots erstreckt sich auf sämtliche Sachbereiche des Unionsrechts. Entscheidend ist, dass eine unionsrechtlich geregelte Situation – ein Sachverhalt mit Bezug zum primären oder sekundären Unionsrecht – besteht.[595] Im Rahmen dieser unionsrechtlich geregelten Situation verlangt das allgemeine Diskriminierungsverbot „die vollständige Gleichbehandlung von Personen mit den Angehörigen des betreffenden Mitgliedstaats".[596] Dazu gehört insbesondere das aus Art. 21 AEUV folgende Recht eines Unionsbürgers, sich in allen Mitgliedstaaten aufzuhalten und frei zu bewegen.[597] Da sich auch Dienstleistungsempfänger, vornehmlich **Touristen,** in einer unions-

---

590 EuGH Rs. C-524/06, *Huber,* Slg. 2008, I-9705 Rn. 73 ff.

591 EuGH verb. Rs. C-267/91 u. C-268/91, *Keck u. Mithouard,* Slg. 1993, I-6097 Rn. 8 = NJW 1994, 121.

592 EuGH Rs. C-147/03, *Kommission/Österreich,* Slg. 2005, I-5969 Rn. 43 ff. = EWS 2005, 368 = NJW 2005, 465.

593 EuGH Rs. C-311/08, *SGI,* Slg. 2010, I-487 Rn. 31; EuGH Rs. C-397/98, *Metallgesellschaft Ltd.,* Slg. 2001, I-1727 Rn. 38; ferner Rs. 305/87, *Kommission/Griechenland,* Slg. 1989, 1461 Rn. 12 f.; Rs. C-1/93, *Halliburton Services,* Slg. 1994, I-1137 Rn. 12 = EuZW 1994, 347; Rs. 419/92, *Scholz,* Slg. 1994, I-505 Rn. 6; vgl. auch Rs. C-20/92, *Hubbard,* 1993, I-3777 Rn. 10; Rs. 305/87, *Kommission/Griechenland,* Slg. 1989, 1461 Rn. 12 f.; Rs. C-175/88, *Biehl,* Slg. 1990, I-1779 Rn. 19; Rs. C-10/90, *M. Mario/Bundesknappschaft,* Slg. 1991, I-1119 Rn. 12.

594 Vgl. EuGH Rs. C-203/98, *Kommission/Belgien,* Slg. 1999, I-4899 Rn. 15; Rs. C-45/93, *Kommission/Spanien,* Slg. 1994, I-911 Rn. 10.

595 EuGH Rs. 209/04, *Bidar,* Slg. 2005, I-2119 Rn. 31 ff. = NJW 2005, 2055 f.; Rs. C-158/07, *Förster,* Slg. 2008, I-8507 Rn. 36 f. = NVwZ 2009, 93, 94; EuGH Rs. C-164/07, *Wood,* Slg. 2008, I-4143 Rn. 11 ff.

596 EuGH verb. Rs. C-92/92 u. C-326/92, *Phil Collins,* Slg. 1993, I-5145 Rn. 32; s. a. Rs. 186/87, *Cowan,* Slg. 1989, 189 Rn. 10 = NJW 1989, 2183.

597 EuGH Rs. C-274/95, *Bickel u. Franz,* Slg. 1998, I-7637; Rs. 209/03, *Bidar,* Slg. 2005, I-2119 Rn. 31 ff. = NJW 2005, 2055 f. mit kritischer Anm. *Wollenschläger* NJW 2005, 1023; Rs. C-456/02, *Trojani* = ELR 2004, 407 = DVBl. 2005, 630.

rechtlich geregelten Situation befinden (→ Rn. 184),[598] ist der Anwendungsbereich des allgemeinen Diskriminierungsverbotes sehr weit gefasst.[599] Er reicht von der Opferentschädigung[600] über den Eintritt zu staatlichen Museen[601] bis hin zum Recht auf Kommunikation mit den Behörden in der örtlich zugelassenen Amtssprache.[602]

**Beispiel:** Eine Kommune sieht vor, dass behinderten Personen mit Wohnsitz im betreffenden Bundesland kostenlose Parkvignetten zur Verfügung gestellt werden. Die Regelung stellt zwar eine verdeckte Diskriminierung aufgrund der Staatsangehörigkeit dar, da z. B. Urlaubern mit Behinderung aus anderen Mitgliedstaaten eine solche Vignette nicht zur Verfügung gestellt wird. Gleichwohl lässt sich die Benachteiligung mit der Förderung der Mobilität insbesondere ortsansässiger behinderter Personen rechtfertigen.[603]

## IV. Rechtfertigung von Beschränkungen und Diskriminierungen

Verstößt eine innerstaatliche Maßnahme gegen die Grundfreiheiten oder das allgemeine Diskriminierungsverbot, muss geprüft werden, ob dies unionsrechtlich gerechtfertigt werden kann. Das Unionsrecht kennt sowohl spezielle **geschriebene** (z. B. öffentliche Sicherheit und Gesundheit) als auch **ungeschriebene Rechtfertigungsgründe** (sog. „zwingende Erfordernisse“). 218

### 1. Spezielle Rechtfertigungsgründe

Verstöße gegen die Grundfreiheiten können auf Grund ausdrücklicher Ausnahmetatbestände des AEUV gerechtfertigt werden, für die Freizügigkeit etwa „aus **Gründen der öffentlichen Ordnung, Sicherheit oder Gesundheit**“ (Art. 45 Abs. 3 AEUV und Art. 52 Abs. 1 AEUV) oder – für den freien Warenverkehr – „aus Gründen der öffentlichen Sittlichkeit, Ordnung und Sicherheit, zum Schutz der Gesundheit und des Lebens von Menschen, Tieren oder Pflanzen, des nationalen Kulturguts … oder des gewerblichen und kommerziellen Eigentums“ (Art. 36 AEUV). Als Ausnahmetatbestände sind diese Rechtfertigungsgründe eng auszulegen.[604] Sie gelten grundsätzlich nur „für Tatbestände nicht wirtschaftlicher Art“ – denn „Zwecke wirtschaftlicher Art stellen … keine Gründe der öffentlichen Ordnung … dar“.[605] 219

Dies schließt allerdings eine **Prärogative der Mitgliedstaaten** bei der Ausfüllung dieser Begriffe, bei der Beurteilung der Gefährdungslage und bei der Wahl der zu ergreifenden Maßnahmen nicht aus.[606] Grundsätzlich ist es z. B. „Sache jedes Mitgliedstaates, den Begriff der öffentlichen Sittlichkeit für sein Gebiet im Einklang mit seiner eigenen Wertordnung und in der von ihm gewählten Form auszufüllen“.[607] Auch können die Mitgliedstaaten „im Wesentlichen weiterhin frei nach ihren nationalen Bedürfnissen bestimmen, 220

---

598 Allgemein zum Schutz von Touristen *Tichadou* ZEuS 2002, 299.

599 Kritisch deshalb BVerfG EuGRZ 2005, 387 (EU-Haftbefehl).

600 EuGH Rs. 186/87, *Cowan,* Slg. 1989, 189 = NJW 1989, 2183; EuGH Rs. C-164/07, *Wood,* Slg. 2008, I-4143 Rn. 11 ff.

601 EuGH Rs. C-388/01, *Kommission/Italien,* Slg. 2003, I-721.

602 EuGH Rs. C-274/96, *Bickel u. Franz,* Slg. 1998, I-7637.

603 EuGH Rs. C-103/08, *Gottwald,* Slg. 2009, I-9117 Rn. 23 ff.

604 EuGH Rs. 7/61, *Kommission/Italien,* Slg. 1961, 695, 720; Rs. C-13/68, *Salgoil,* Slg. 1968, 679, 694; Rs. C-414/97, *Kommission/Spanien,* Slg. 1999, I-5585 Rn. 21; Rs. 222/84, *Johnston,* Slg. 1986, 1651 Rn. 26 = DVBl. 1987, 227.

605 EuGH Rs. C-17/92, *Fedicine,* Slg. 1993, I-2239 Rn. 17.

606 Vgl. etwa EuGH Rs. 95/01, *Greenham,* Slg. 2004, I-1333 Rn. 37 = EuZW 2004, 442 m. Anm. *Streinz* ZLR 2004, 203; EuGH Rs. C-141/07, *Kommission/Deutschland,* Slg. 2008, I-6935 Rn. 51.

607 EuGH Rs. 34/79, *Henn u. Darby,* Slg. 1979, 3795 Ls. 2.

was die öffentliche Ordnung und Sicherheit erfordern".[608] Die Umstände, die eine Berufung auf die Begriffe der öffentlichen Sicherheit und Ordnung gegebenenfalls rechtfertigen, können nämlich „von Land zu Land und im zeitlichen Wechsel verschieden sein, so dass insoweit den zuständigen innerstaatlichen Behörden ein Beurteilungsspielraum innerhalb der durch den Vertrag gesetzten Grenzen zuzubilligen ist".[609]

**Beispiel:** Die Stadt Bonn untersagt einem Spielhallenbetreiber die Verwendung der aus Großbritannien importierten „Laserdromes", weil diese Geräte die Tötung von Menschen simulierten und deshalb die Menschenwürde verletzten. Im Vereinigten Königreich sind solche Simulationsgeräte erlaubt. Der EuGH hält diese Beschränkung für zulässig. Es sei nicht zwingend, „dass die von den Behörden eines Mitgliedstaats erlassene beschränkende Maßnahme einer allen Mitgliedstaaten gemeinsamen Auffassung darüber entspricht, wie das betreffende Grundrecht oder berechtigte Interesse zu schützen ist ... Vielmehr sind die Notwendigkeit und die Verhältnismäßigkeit der einschlägigen Bestimmungen ... nicht schon deshalb ausgeschlossen, weil ein Mitgliedstaat andere Schutzregelungen als ein anderer Mitgliedstaat erlassen hat".[610]

221 Die Berufung auf die Ausnahmetatbestände der öffentlichen Sicherheit und Ordnung setzt voraus, dass die Gefahr für die Rechtsgüter auch tatsächlich **im eigenen Land** besteht. Es ist daher nicht ausreichend, allein auf die öffentliche Sicherheit und Ordnung eines anderen Mitgliedstaates abzustellen, um eine beschränkende Maßnahme zu rechtfertigen.

**Beispiel:** Das rumänische Innenministerium verhängt gegenüber einem eigenen Staatsangehörigen ein Ausreiseverbot nach Deutschland, nachdem dieser vor dem EU-Beitritt Rumäniens wegen „illegalen Aufenthalts" ausgewiesen worden war. Dieses Ausreiseverbot verstößt gegen die durch Art. 21 AEUV sowie die Richtlinie 2004/38 gewährten Freizügigkeitsrechte. Eine Rechtfertigung aus Gründen der öffentlichen Sicherheit und Ordnung kommt nur in Betracht, wenn das Verbot „nicht ausschließlich" auf die von deutscher Seite vorgebrachten Gründe gestützt werde.[611]

222 In die **Kapitalverkehrsfreiheit** darf des Weiteren durch unerlässliche Maßnahmen eingegriffen werden, „um Zuwiderhandlungen gegen innerstaatliche Rechts- und Verwaltungsvorschriften, insbesondere auf dem Gebiet des Steuerrechts und der Aufsicht über Finanzinstitute zu verhindern" (Art. 65 AEUV). Außerdem dürfen Meldeverfahren für den Kapitalverkehr zwecks administrativer oder statistischer Information geschaffen werden.

**Beispiel:** In Deutschland sind die in den §§ 26 AWG, 18 BBankG sowie 55 ff. AwVO geregelten Meldeverfahren über den Kapitalverkehr zu statistischen Zwecken von Art. 65 AEUV gedeckt. Aus Gründen der öffentlichen Sicherheit und Ordnung, namentlich zur Verhinderung von Steuerstraftaten kann ein Anmeldesystem für Kapitaltransfers eingeführt werden, wohingegen ein Genehmigungserfordernis mangels Erforderlichkeit nicht zulässig ist.[612]

## 2. Rechtfertigung aus zwingenden Gründen des Gemeinwohls

223 Beschränkungen der Grundfreiheiten können auch aus (ungeschriebenen) „zwingenden Gründen des Allgemeininteresses" (bzw. Gemeinwohls) gerechtfertigt werden.[613] Als „zwingende Gründe" hat der EuGH eine **Vielzahl berechtigter Schutzanliegen** an-

[608] EuGH Rs. C-54/99, *Scientologie,* Slg. 2000, I-1335 Rn. 17.

[609] EuGH Rs. 41/74, *van Duyn,* Slg. 1974, 1337 Rn. 18 f. m. Anm. *Stein* NJW 1976, 1553; vgl. auch EuGH Rs. C-244/06, *Dynamic Medien,* Slg. 2008, I-505 Rn. 44.

[610] EuGH Rs. C-36/02, *Omega,* Slg. 2004, I-9609 Rn. 37 f. = EuZW 2004, 753 m. Anm. *Bröhmer* 755 u. *Semmelmann* ELR 2004, 412, s. a. *Schwarze* NJW 2005, 3459, 3461.

[611] EuGH Rs. C-158/07, *Jipa,* Slg. 2008, I-5157 Rn. 22 ff.

[612] EuGH Rs. C-163/94, C-165/94 u. C-250/94, *Sanz de Lera,* Slg. 1995, I-4821 Rn. 22 ff.

[613] St. Rspr. seit EuGH Rs. 120/78, *Cassis de Dijon,* Slg. 1979, 837.

erkannt, unter anderem den Umwelt-,[614] den Verbraucher-[615] und den Arbeitsschutz,[616] ferner den Schutz der Sozialordnung[617], die Sozialwohnungspolitik[618], die Bewahrung eines pluralistischen, nicht kommerziellen Rundfunks,[619] die Lauterkeit des Handelsverkehrs[620] sowie zahlreiche weitere Gemeinwohlgründe, etwa die Förderung der Nationalsprache,[621] den geordneten Ablauf sportlicher Wettkämpfe[622] oder den Schutz des ordnungsgemäßen Betriebs von Fernsprechnetzen.[623] Der EuGH ist in der Anerkennung neuer Allgemeinwohlbelange recht großzügig und offen für die unterschiedlichsten Gemeinwohlerwägungen.[624]

**Beispiel:** Im Hinblick auf ein Anmeldeverfahren für den Erwerb von Grundstücken stellte der EuGH fest, „dass Beschränkungen der Errichtung von Zweitwohnungen in einem bestimmten geografischen Gebiet, die ein Mitgliedstaat in Verfolgung raumplanerischer Ziele zur Erhaltung einer dauerhaft ansässigen Bevölkerung und einer vom Tourismus unabhängigen Wirtschaftstätigkeit verfügt, als Beitrag zu einem im Allgemeininteresse liegenden Ziel angesehen werden können“.[625]

**Keine berechtigten Schutzanliegen** sind die Verfolgung rein wirtschaftlicher Ziele einschließlich finanzieller Interessen,[626] administrative Erfordernisse (z. B. zur Verwaltungsvereinfachung)[627] oder die **Schaffung gleicher Wettbewerbsbedingungen,** z. B. zum Ausgleich von Vorteilen, die sich aus dem Nebeneinander verschiedener Rechtsordnungen ergeben.[628] Deshalb gibt etwa ein „Steuervorteil für Dienstleistende in Form ihrer geringen steuerlichen Belastung in dem Mitgliedstaat, in dem sie ansässig sind, ... einem anderen Mitgliedstaat nicht das Recht, die in seinem Gebiet ansässigen Empfänger der Dienstleistungen steuerlich ungünstiger zu behandeln“.[629] 224

---

614 EuGH Rs. 302/86, *„Dänische Pfandflaschen“*, Slg. 1988, 4607 Rn. 9; Rs. C-2/90, *„Wallonische Abfälle“*, Slg. 1992, I-4431 Rn. 32 = EuZW 1992, 577 = NVwZ 1992, 871 m. Anm. *Tostmann* EuZW 1992, 579; Rs. C-142/05, *Mickelsson und Roos*, Slg. 2009, I-4273 Rn. 32.

615 EuGH Rs. 205/84, *Kommission/Deutschland,* Slg. 1986, 3755 Rn. 30 = JZ 1986, 345 = NJW 1987, 572; EuGH Rs. C-34/95, *de Angostini,* Slg. 1997, I-3843 Rn. 46 = EuZW 1997, 654; EuGH Rs. C-222/95, *Parodi,* Slg. 1997, I-3899 Rn. 21; EuGH Rs. C-203/08, *Sporting Exchange,* Slg. 2010, I-4695 Rn. 26; vgl. auch *Bürkle* EuZW 2006, 685; EuGH Rs. C-564/07, *Kommission/Österreich,* Slg. 2009, I-100 Rn. 32.

616 EuGH Rs. 145/88, *Torfean Borough Council,* Slg. 1989, 3851 Rn. 13; Rs. C-438/05, *International Transport Workers' Federation und Finnish Seamen's Union,* Slg. 2007, I-10779 Rn. 77 ff.; Rs. C-341/05, *Laval un Partneri,* Slg. 2007, I-11767 Rn. 102; vgl. auch *Eichenhofer* JZ 2007, 425.

617 EuGH 238/82, *Duphar,* Slg. 1984, 523 Rn. 16; Rs. C-120/95, *Decker,* Slg. 1998, I-1831 Rn. 39.

618 EuGH Rs. C-567/07, *Woningstichting Sint Servatius,* Slg. 2009, I-9021.

619 EuGH Rs. C-250/06, *United Pan-Europe Communications Belgium,* Slg. 2007, I-11135 Rn. 41 ff.; Rs. C-288/89, *Gouda,* Slg. 1991, I-4007 Rn. 22 f. = EuZW 1991, 699 m. Anm. *Degenhart* JZ 1992, 1125; Rs. 23/93, *TV 10,* Slg. 1994, I-4795 Rn. 18 = EuZW 1995, 60; EuGH Rs. C-6/98, *ARD,* Slg. 1999, I-7599 Rn. 50 = DVBl. 2000, 116 = EuZW 2000, 81 m. Anm. *Dörr* EuZW 2000, 83.

620 EuGH Rs. C-34/95, *de Angostini,* Slg. 1997, I-3843 Rn. 46 = EuZW 1997, 654.

621 EuGH Rs. C-379/87, *Groener,* Slg. 1989, I-3967 Rn. 19.

622 Verb. Rs. C-51/96 u. C-191/97, *Deliège,* Slg. 2000, I-2549 Rn. 64 = EuZW 2000, 371 = NJW 2000, 2011.

623 EuGH Rs. C-18/88, *RTT,* Slg. 1991, I-5941 Rn. 29 ff.

624 *Randelzhofer/Forsthoff,* in: G/H/N (Fn. 26), Stand: 2001, vor Art. 39–55 EGV Rn. 160 f.

625 EuGH verb. Rs. C-515/99, C-519/99 bis C-524/99 u. C-526/99 bis C-540/99, *Reisch u. a.,* Slg. 2002, I-2157 Rn. 34 m. Anm. *Ohler* EuZW 2002, 251; vgl. schon EuGH Rs. C-302/97, *Konle,* Slg. 1999, I-3099 Rn. 40.

626 EuGH Rs. 7/61, *Kommission/Italien,* Slg. 1961, 635, 720; Rs. C-265/95, *Kommission/Frankreich,* Slg. 1997, I-6959 Rn. 62 = EuZW 1998, 84 = NJW 1998, 1931; Rs. C-398/95, *SETTG,* Slg. 1997, I-3091 Rn. 23; Rs. C-367/98, *Kommission/Portugal,* Slg. 2002, I-4731 Rn. 52.

627 EuGH Rs. C-58/98, *Corsten,* Slg. 2000, I-7919 Rn. 42.

628 EuGH Rs. C-294/97, *Eurowings,* Slg. 1999, I-7447 Rn. 43; Rs. C-18/95, *Terhoeve,* Slg. 1999, I-345 Rn. 46; verb. Rs. 62/81 u. 63/81, *Seco,* Slg. 1982, 223 Rn. 13 f.

629 EuGH Rs. C-294/97, *Eurowings,* Slg. 1999, I-7447 Rn. 43.

225 Die Rechtsprechung ist **wenig konsistent.** Während der EuGH einerseits die „erhebliche Gefährdung des finanziellen Gleichgewichts des Systems der sozialen Sicherheit" als berechtigtes (nicht-wirtschaftliches) Anliegen betrachtet hat,[630] ist andererseits „das Ziel, den Wirtschaftsteilnehmern ... Kontinuität, finanzielle Stabilität und angemessene Renditen zu gewährleisten", eine wirtschaftliche Begründung, die eine Beschränkung der Grundfreiheit nicht rechtfertigt.[631] Auch „die Wahrung des Arbeitsfriedens als Mittel, einen Tarifkonflikt zu beenden und so negative Auswirkungen auf einen Wirtschaftszweig und damit auf die Wirtschaft eines Landes zu verhindern, ... als **Ziel wirtschaftlicher Art** anzusehen, das keinen Grund des Allgemeininteresses darstellen kann, der eine Beschränkung einer durch den Vertrag gewährleisteten Grundfreiheit rechtfertigen könnte".[632]

**Beispiel:** Zum Schutz der deutschen Bauwirtschaft und zur Verhinderung sozialer Spannungen ermöglicht das Arbeitnehmerentsendegesetz die Anwendbarkeit bestimmter Tarifregelungen auf Arbeitgeber mit Sitz im Ausland und ihre nach Deutschland entsandten Arbeitnehmer. Dies lasse sich zwar nicht „durch Ziele wirtschaftlicher Art wie den Schutz der inländischen Unternehmen rechtfertigen". Andererseits „kann die Absicht des Gesetzgebers, wie sie in der Gesetzesbegründung zum Ausdruck kommt, zwar einen Anhaltspunkt für das mit diesem Gesetz verfolgte Ziel darstellen, dafür aber nicht ausschlaggebend sein". Es komme entscheidend darauf an, „ob die ... Regelung bei objektiver Betrachtung den Schutz der entsandten Arbeitnehmer gewährleistet".[633]

226 Im begründeten Einzelfall können auch die **Grundrechte** selbst zur Rechtfertigung von Beschränkungen der Grundfreiheiten herangezogen werden. Deren Schutz stellt „ein berechtigtes Interesse dar, das grundsätzlich geeignet ist, eine Beschränkung von Verpflichtungen zu rechtfertigen, die nach dem Gemeinschaftsrecht, auch kraft einer durch den Vertrag gewährleisteten Grundfreiheit (...) bestehen."[634]

**Beispiel:** Ein Verein zum „Schutz des Lebensraumes in der Alpenregion" möchte auf einer wichtigen Transitstrecke eine Versammlung durchführen. Bei ihrer Entscheidung, die daraus folgende Blockade zu erlauben, hat die Behörde die Versammlungsfreiheit (Art. 12 Grundrechte-Charta) mit der Verpflichtung zur Gewährleistung des freien Warenverkehrs abzuwägen, da es durch die erfolgte Sperrung zu einer Unterbrechung des zwischenstaatlichen Warenflusses kommen kann.[635]

227 Zwingende Gründe des Allgemeinwohls können nur Beschränkungen, nicht aber offene Diskriminierungen auf Grund der Staatsangehörigkeit rechtfertigen. Unklar ist allerdings, ob zwingende Gründe des Gemeinwohls auch **versteckte (indirekte) Diskriminierungen** rechtfertigen können.[636] In der Sache hat der EuGH dies zumindest für steuerrechtliche

---

[630] EuGH Rs. C-158/96, *Kohll*, Slg. 1998, I-1931 Rn. 41 = JZ 1998, 1166 = NJW 1998, 1771 m. Anm. *Sodan* JZ 1998, 1168.

[631] EuGH verb. Rs. C-72/10 und C-77/10, *Carta*, noch nicht in der amtl. Slg., Rn. 59.

[632] EuGH Rs. C-398/05, *Ergasias*, Slg. 1997, I-3091 Rn. 23; ferner Rs. 352/85, *Bond van Adverteerders u. a.*, Slg. 1988, 2085 Rn. 34; Rs. C-398/95, *SETTG*, Slg. 1997, I-3091 Rn. 23.

[633] EuGH Rs. C-164/99, *Portugaia Construções*, Slg. 2002, I-787 Rn. 18 ff. = DVBl. 2002, 399 = EuZW 2002, 245; vgl. zum Arbeitnehmerschutz auch EuGH Rs. C-346/06, *Rüffert*, Slg. 2008, I-1989 Rn. 38 ff. = EuR 2008, 388, 395 = EuZW 2008, 306, 308; hierzu *Bungenberg* EuR 2008, 397.

[634] EuGH Rs. C-112/00, *Schmidberger*, Slg. 2003, I-5659 Rn. 74; Rs. C-36/02, *Omega*, Slg. 2004, I-9609 Rn. 35 = EuZW 2004, 753; EuGH Rs. C-438/05, *International Transport Workers' Federation and Finnish Seamen's Union*, Slg. 2007, I-10779 Rn. 43 ff., 75 ff.; *Frenz* EWS 2005, 15; kritisch *Cremer* EuGRZ 2011, 545, 550.

[635] EuGH Rs. C-112/00, *Schmidberger*, Slg. 2003, I-5659; einschränkend wegen Art. 51 Abs. 1 der Charta *Cremer* EuGRZ 2011, 545 m. w. N.

[636] Vgl. *Weiss* EuZW 1999, 493; *Steinberg* EuGRZ 2002, 13, 20; *Novak* DB 1997, 2589; *Nowak* EuZW 2000, 627; *Roth* WRP 2000, 979; *Randelzhofer/Forsthoff* in: G/H/N (Fn. 26), Stand: 2001, vor Art. 39 bis 55 EGV Rn. 138 ff.; *Gundel* Jura 2001, 79; *Wernsmann* EuR 1999, 754.

Regelungen[637], das Sozialrecht[638], umweltpolitische[639] und ähnliche Maßnahmen[640] anerkannt. Andererseits hat er pauschal geurteilt, dass „innerstaatliche Vorschriften, die nicht unterschiedslos auf alle Dienstleistungen ohne Rücksicht auf den Wohnsitz des Empfängers anwendbar und somit diskriminierend sind, ... sich mit dem Gemeinschaftsrecht nur dann vereinbaren (lassen), wenn sie unter eine ausdrücklich abweichende Bestimmung ... fallen".[641] Der EuGH, so Generalanwalt *Jacobs,* habe den „Grundsatz, dass direkt diskriminierende Maßnahmen nicht auf zwingende Erfordernisse gestützt werden können, nicht förmlich aufgegeben".[642]

## 3. Daseinsvorsorge

Erhebliche Bedeutung kommt der Frage zu, unter welchen Voraussetzungen hoheitlich gewährte Vorzugs- oder andere Ausschließlichkeitsrechte zugunsten von Unternehmen der „Daseinsvorsorge" gerechtfertigt werden können.[643] Nach Art. 106 Abs. 2 AEUV können nicht nur staatliche Beihilfen, sondern auch Beschränkungen der Grundfreiheiten gerechtfertigt werden, sofern diese erforderlich sind, um Unternehmen, die mit **Dienstleistungen von allgemeinem wirtschaftlichen Interesse** betraut sind, die Erfüllung der ihnen übertragenen besonderen Aufgaben zu gewährleisten. Union und Mitgliedstaaten haben dafür Sorge zu tragen, „dass die Grundsätze und Bedingungen, insbesondere jene wirtschaftlicher und finanzieller Art, für das Funktionieren dieser Dienste so ausgestaltet sind, dass diese ihren Aufgaben nachkommen können" (Art. 14 S. 1 AEUV). Bei dieser Frage ist den Mitgliedstaaten und insbesondere ihren Gebietskörperschaften ein „weiter Ermessensspielraum" zuzubilligen (Art. 1 des Protokolls Nr. 26 über Dienste von allgemeinem Interesse). Ziel der Union ist es, im Bereich dieser Dienste „ein hohes Niveau in Bezug auf Qualität, Sicherheit und Bezahlbarkeit [sowie] Gleichbehandlung und Förderung des universellen Zugangs und der Nutzerrechte" zu gewährleisten (Art. 1 Gedankenstrich 3 des Protokolls Nr. 26). 228

Zu Gunsten von Unternehmen, die auf Grund eines Hoheitsaktes oder eines (z.B. Konzessions-)Vertrages mit Aufgaben der Daseinsvorsorge betraut wurden (z.B. zur Grundversorgung mit Strom; öffentlich-rechtlicher Rundfunk; Abfallentsorgung oder Rettungsdienste), können deshalb die Grundfreiheiten beschränkt werden, sofern deren Anwendung „die Erfüllung der besonderen Verpflichtungen, die (einem) Unternehmen obliegen, **tatsächlich oder rechtlich gefährden** würde. Es ist nicht erforderlich, dass das Überleben des Unternehmens bedroht ist."[644] 229

---

637 EuGH Rs. C-279/93, *Schumacker,* Slg. 1995, I-225 Rn. 38 ff. = EuZW 1995, 177 = NJW 1995, 1207 m. Anm. *Knobbe-Keuk* EuZW 1995, 167; Rs. C-80/94, *Wielockx,* Slg. 1995, I-2493 Rn. 21 ff.

638 EuGH Rs. C-158/96, *Kohll,* Slg. 1998, I-1931 Rn. 37 ff. = NJW 1998, 1771; Rs. 120/95, *Decker,* Slg. 1998, I-1831 Rn. 38 ff. = EuGRZ 1998, 279.

639 EuGH Rs. C-379/98, *PreussenElektra,* Slg. 2001, I-2099 Rn. 68 ff.; dazu etwa *Dederer* BayVBl. 2001, 366; *Koenig* NVwZ 2001, 768, *Ruge* EuZW 2001, 247, *Streinz* JuS 2001, 596; *Karpenstein/Schneller* RdE 2005, 6; EuGH Rs. 2/90, *Wallonische Abfälle,* Slg. 1992, I-4431 Rn. 34 = EuZW 1992, 577; EuGH Rs. C-320/03, *Kommission/Österreich,* Slg. 2005, I-9871 Rn. 70.

640 EuGH verb. Rs. C-34/95 bis C-36/95, *De Agostini,* Slg. 1997, I-3843 Rn. 12 = EuZW 1997, 654.

641 EuGH Rs. C-224/97, *Ciola,* Slg. 1999, I-2517 Rn. 16 = EuZW 1999, 405 = NJW 1999, 2355 m. Anm. *Schilling* EuZW 1999, 407.

642 GA *Jacobs,* Schlussanträge in der Rs. C-379/98, *PreussenElektra,* Slg. 2001, I-2099 Rn. 228.

643 Vgl. dazu die Mitteilung der Kommission „Leistungen der Daseinsvorsorge in Europa", ABl. 2001 C 17; siehe auch *Papier* DVBl. 2003, 686, 691 ff.; *Schink* DVBl. 2005, 861; *Hailbronner* NJW 1991, 553; *Koenig/Kühling* ZHR 166 (2002), 656; *Grave* EuZW 2001, 709; *Storr* DÖV 2002, 357; *Ennuschat* RdE 2001, 46; *Albin* DÖV 2001, 890; *Scharpf* EuR 2005, 605 *Meyer* EWS 2005, 193.

644 EuGH Rs. C-157/94, *„Strommonopole"*, Slg. 1994, I-5699 Rn. 43; *Wernicke,* in: G/H/N (Fn. 26), Stand: 2011, Art. 106 AEUV Rn. 64 ff.; *Grill,* in: Lenz/Borchardt (Fn. 26), Art. 106 AEUV

**Beispiel:** Unter Berufung auf die Dienstleistungsfreiheit wendet sich ein zur vertragsärztlichen Versorgung zugelassener Orthopäde aus Österreich gegen die Budgetierungsbegrenzungen der Gesetzlichen Krankenversicherungen (GKV). Ziel dieser Begrenzung ist es, dem Anstieg der von den Vertragsärzten angeforderten Punktmengen entgegenzuwirken und damit die Existenz der bestehenden Praxen zu sichern. Dieses Ziel „dient der Erhaltung der Funktion der GKV und der Sicherung einer flächendeckenden Versorgung. Das rechtfertigt die Anwendung des Art. 86 Abs. 2 EGV [nunmehr 106 Abs. 2 AEUV], denn dessen Tatbestand ist nicht erst dann erfüllt, wenn das finanzielle Gleichgewicht oder das wirtschaftliche Überleben des mit einer Dienstleistung von allgemeinem wirtschaftlichen Interesse betrauten Unternehmens bedroht ist. Vielmehr genügt es, dass ohne die umstrittene Regelung die Erfüllung der den Trägern der GKV und den Leistungserbringern (u. a. Ärzte) übertragenen besonderen Aufgaben gefährdet wäre."[645]

230 Leistungen der Daseinsvorsorge können finanziell unterstützt werden, ohne dass damit gegen die Grundfreiheiten oder das Beihilfenverbot verstoßen wird. Diese **finanzielle Begünstigung** kann Ausgleich für Leistungen bilden, „die von den Unternehmen, denen sie zugute kommt, zur Erfüllung gemeinwirtschaftlicher Verpflichtungen erbracht werden, so dass diese Unternehmen in Wirklichkeit keinen finanziellen Vorteil erhalten und die genannte Maßnahme somit nicht bewirkt, dass sie gegenüber den mit ihnen im Wettbewerb stehenden Unternehmen in eine günstigere Wettbewerbsstellung gelangen."[646] Allerdings muss – erstens – das begünstigte Unternehmen „tatsächlich mit der Erfüllung gemeinwirtschaftlicher Verpflichtungen betraut sein, und diese Verpflichtungen müssen klar definiert sein," – zweitens – sind die Ausgleichsparameter „zuvor objektiv und transparent aufzustellen", – drittens – darf der **Kostenausgleich** „nicht über das hinausgehen, was erforderlich ist, um die Kosten der Erfüllung der gemeinwirtschaftlichen Verpflichtungen unter Berücksichtigung der dabei erzielten Einnahmen und eines angemessenen Gewinns aus der Erfüllung dieser Verpflichtungen ganz oder teilweise zu decken," und – viertens – muss, soweit die Kompensationszahlung nicht auf Grund eines Vergabeverfahrens vergeben wurde, als Kostenmaßstab „ein durchschnittliches, gut geführtes Unternehmen" zu Grunde gelegt werden.[647]

## 4. Grenzen der Rechtfertigung

### a) Grundsatz der Verhältnismäßigkeit

231 Stets müssen Beschränkungen der Grundfreiheiten dem Grundsatz der Verhältnismäßigkeit genügen, d. h. „sie müssen geeignet sein, die Verwirklichung des mit ihnen verfolgten Ziels zu gewährleisten, und sie dürfen nicht über das hinausgehen, was zur Erreichung dieses Ziels erforderlich ist".[648] Anders als im deutschen Recht wird zwischen

---

Rn. 28; ähnlich EuGH Rs. C-340/99, *TNT Traco,* Slg. 2001, I-4109 Rn. 54; siehe auch BVerfG Beschl. v. 16.12.2003, Az. 1 BvR 2312/97 u. BGH WM 1998, 181.

[645] Bayer. LSG Urt. v. 12.2.2003, Az. L 12 KA 44/01 = GesR 2003, 316, 317 f. Zur Pflichtmitgliedschaft in der gesetzlichen Unfallversicherung BSGE 91, 263 m. Anm. *Giesen* ZESAR 2004, 151. S. a. *Eichenhofer* NZS 2001, 1.

[646] EuGH Rs. C-280/00, *Altmark Trans,* Slg. 2003, I-7747 Rn. 87 = NJW 2003, 2515 = EuZW 2003, 496 = NVwZ 2003, 1101; s. a. EuGH Rs. C-53/00, *Ferring,* Slg. 2001, I-9067 Rn. 17 ff. = EuZW 2002, 48 = NVwZ 2002, 193 m. Anm. *Gundel* RIW 2002, 222; *Ruge* EuZW 2002, 50; *v. Brevern* EWS 2001, 586; *Bartosch* NVwZ 2002, 174; ferner *Koenig* ZHR 166 (2002), 656; *ders.* EuZW 2001, 741; *Nettesheim* EWS 2002, 253.

[647] EuGH Rs. C-280/00, *Altmark Trans,* Slg. 2003, I-7747 Rn. 88–93; dazu im Einzelnen *Franzius* NJW 2003, 3029; *Werner/Köster* EuZW 2003, 503; *Kühling* EuZW 2003, 1202; *Koenig* BB 2003, 1202; *ders.* ZHR 169 (2005), 77; *Kämmerer* NVwZ 2004, 28; *Jennert* NVwZ 2004, 425; *Wachinger* WiVerw 2004, 9; *Werres* EWS 2005, 337; *Bauer* EuZW 2005, 7; *Koenig/Kühling/Ritter* (Fn. 101), Rn. 82 ff. S. a. EuGH verb. Rs. C-34/01 bis C-38/01, *Enirisorse,* Slg. 2003, I-14243 Rn. 31 ff. = EWS 2004, 26 m. Anm. *Jäger* EuZW 2004, 558.

[648] EuGH Rs. C-55/94, *Gebhard,* Slg. 1995, I-4165 Rn. 37 = DVBl. 1996, 145 = NJW 1996, 579; EuGH Rs. C-170/04, *Rosengren,* Slg. 2007, I-4071 Rn. 43 f.; EuGH Rs. C-451/03, *Servizi Ausiliari*

Erforderlichkeit und Angemessenheit zumeist nicht ausdrücklich unterschieden.[649] Für die praktische Verhältnismäßigkeitsprüfung ist maßgeblich, ob das verfolgte **Schutzanliegen pauschal und in unspezifischer Weise verfolgt** und dadurch die Grundfreiheiten im Einzelfall stärker eingeschränkt werden als dies geboten erscheint.[650]

**Beispiel:** Das schwedische Verbot für Private, Alkoholika einzuführen, kann schon deswegen nicht auf den Rechtfertigungsgrund des Jugendschutzes gestützt werden, da das Verbot sich nicht auf Jugendliche beschränkt, sondern alle Privatpersonen erfasst.[651]

Beabsichtigt der Mitgliedstaat, nachvollziehbaren Gefahren für „sensible Bereiche",[652] 232
z. B. seine Sicherheit, die Gesundheit seiner Bevölkerung, die Verbraucher oder vergleichbaren **Risiken** zu begegnen, verfügt er im Hinblick auf die **Geeignetheit** über eine gewisse Einschätzungsprärogative.[653] „In Ermangelung einer Gemeinschaftsregelung ist die Wahl geeigneter Maßnahmen, um dieser Gefahr zu begegnen, Sache der Mitgliedstaaten, die dabei über ein **weites Ermessen** verfügen ... Der Gerichtshof übt dabei seine Kontrolle nur im Fall eines offensichtlichen Ermessensfehlers aus".[654] So sah der Gerichtshof etwa in der deutschen Regelung, wonach der Besitz und Betrieb von Apotheken Pharmazeuten vorbehalten ist, keinen Verstoß gegen die Niederlassungsfreiheit, da der durch die Beschränkung bezweckte Schutz von Gesundheit und Leben „den höchsten Rang" einnehme und es „Sache der Mitgliedstaaten [sei], zu bestimmen, auf welchem Niveau sie den Schutz der Gesundheit der Bevölkerung gewährleisten wollen und wie dieses Niveau erreicht werden soll. Da sich dieses Niveau von einem Mitgliedstaat zum anderen unterscheiden kann, ist den Mitgliedstaaten ein Wertungsspielraum zuzuerkennen."[655] Erheblich eingeschränkt ist diese Prärogative, sofern das staatliche **Schutzanliegen in widersprüchlicher Weise,** d. h. inkohärent und unsystematisch verfolgt wird[656]

---

Dottori Commercialisti, Slg. 2006, I-2941 Rn. 37; EuGH Rs. C-244/06, *Dynamic Medien,* Slg. 2008, I-505 Rn. 42.

[649] Vgl. etwa EuGH Rs. C-470/93, *Mars,* Slg. 1995, I-1923 Rn. 15 = EuZW 1995, 611 = NJW 1995, 3243. Ferner EuGH Rs. C-189/95, *Franzén,* Slg. 1997, I-5909 Rn. 75; verb. Rs. C-34/95 bis C-36/95, *De Agostini,* Slg. 1997, I-3843 Rn. 47 = EuZW 1997, 654 = EWS 1997, 346; Rs. C-367/98, *Kommission/Portugal,* Slg. 2002, I-4731 Rn. 50; Rs. C-205/99, *Analir,* Slg. 2001, I-1271 Rn. 35 ff. Zum Ganzen auch *Tostenjak/Beysen* EuR 2012, 265, 271 ff.

[650] Vgl. etwa EuGH Rs. 96/85, *Kommission/Frankreich,* Slg. 1986 Rn. 13; Rs. 205/84, *Kommission/Deutschland,* Slg. 1986, 1475 Rn. 48 f., 64 ff. = JZ 1986, 345 = NJW 1987, 572; EuGH Rs. C-221/89, *Factortame II,* Slg. 1991, I-3905 Rn. 39; Rs. C-212/97, *Centros,* Slg. 1999, I-1459 Rn. 34 = NJW 1999, 2027 = EuZW 1999, 253; Rs. C-18/95, *Terhoeve,* Slg. 1999, I-345 Rn. 47; verb. Rs. C-338/04, C-359/04 u. C-360/04, *Placanica,* Slg. 2007, I-1891 Rn. 59 ff. Zu Recht kritisch *Randelzhofer/Forsthoff,* in: Grabitz/Hilf (Fn. 26), Stand: 2001, vor Art. 39 bis 55 EGV Rn. 71.

[651] EuGH, Rs. C-170/04, *Rosengren u. a.,* Slg. 2007, I-4071 Rn. 48 ff.

[652] EuGH Rs. 279/80, *Webb,* Slg. 1981, 3305 Rn. 18 f. (Arbeitnehmerüberlassung); Rs. C-222/95, *Parodi,* Slg. 1997, I-3899 Rn. 22 (Bankenaufsicht); Rs. 205/84, *Kommission/Deutschland,* Slg. 1986, 3755 Rn. 30 bis 33 (Versicherungsschutz) = NJW 1987, 572.

[653] EuGH Rs. C-275/92, *Schindler,* Slg. 1994, I-1039 Rn. 59 bis 61 = EuZW 1994, 311 = NJW 1994, 2013 m. Anm. *Stein* EuZW 1994, 315; EuGH Rs. C-67/98, *Zenatti,* Slg. 1999, I-7289 Rn. 33 f. (Glücksspiele); Rs. C-3/95, *Broede,* Slg. 1996, I-6511 Rn. 11 = EuZW 1997, 53 = EWS 1997, 54 m. Anm. *Deckert* EWiR 1997, 453 f. (Rechtsberatung); Rs. C-70/94, *Werner,* Slg. 1995, I-3189 Rn. 26 f. (strategische Ausfuhrkontrolle).

[654] EuGH Rs. C-293/93, *Houtwipper,* Slg. 1994, I-4249 Rn. 22.

[655] EuGH verb. Rs. C-171/07 u. C-172/07, *Apothekerkammer des Saarlandes u. a.,* Slg. 2009, I-4171 Rn. 19.

[656] EuGH verb. Rs. 115/81 u. 116/81, *Adoui u. Cornuaille,* Slg. 1982, 1665 Rn. 8; Rs. 427/85, *Kommission/Deutschland,* Slg. 1988, 1123 Rn. 13 f.; Rs. 33/88, *Allué,* Slg. 1989, 1591 Rn. 14; Rs. C-15/96, *Schöning-Kougebetopoulou,* Slg. 1998, I-47 Rn. 27; Rs. C-243/01, *Gambelli,* Slg. 2003, I-13031 Rn. 69 = EuZW 2004, 115 = NJW 2004, 139 m. Anm. *Hoeller* NJW 2004, 122; EuGH verb. Rs. C-316/07, C-358/07, C-359/07, C-360/07, C-409/07 u. C-410/07, *Markus Stoß u. a.,* noch nicht i. d. amtl.

oder die Beschränkung spezifisch an einem grenzüberschreitenden Sachverhalt ansetzt.[657]

**Beispiel:** Ein staatliches Monopol auf Sportwetten ist dann nicht geeignet, Spielsucht zu bekämpfen, wenn „die Werbemaßnahmen des Inhabers eines solchen Monopols (...) darauf abzielen, den Spieltrieb der Verbraucher zu fördern und sie zwecks Maximierung der aus den entsprechenden Tätigkeiten erwarteten Einnahmen zu aktiver Teilnahme am Spiel zu stimulieren."[658] Die Geeignetheit kann weiterhin in Frage stehen, wenn die Behörden „in Bezug auf andere Arten von Glücksspielen, die nicht unter das Monopol fallen (...),eine zur Entwicklung und Stimulation der Spieltätigkeiten geeignete Politik der Angebotserweiterung betreiben oder dulden, um insbesondere die aus diesen Tätigkeiten fließenden Einnahmen zu maximieren,"[659]

234 Beschränkungen zu Gunsten des Verbraucherschutzes oder des lauteren Handelsverkehrs müssen sich am Leitbild des „durchschnittlich informierten, aufmerksamen und **verständigen Verbrauchers**" ausrichten (→ Rn. 172 f.).[660] Allerdings ist es möglich, „dass wegen sprachlicher, kultureller und sozialer Unterschiede zwischen den Mitgliedstaaten eine Marke, die in einem Mitgliedstaat nicht geeignet ist, den Verbraucher irrezuführen, diese Eignung in einem anderen Mitgliedstaat besitzt".[661]

**Beispiel:** In einem Wettbewerbsstreit soll einem französischen Kosmetikunternehmen untersagt werden, in Deutschland eine Hautstraffungscreme mit dem Zusatz „Lifting" zu vertreiben, da diese Creme keine dem operativen „Lifting" vergleichbaren Wirkungen entfaltet (§ 3 UWG i. V. m. § 27 LMBG). Nach Auffassung des EuGH spricht „auf den ersten Blick wenig dafür ..., dass ein durchschnittlich informierter, aufmerksamer und verständiger Durchschnittsverbraucher erwartet, dass eine Creme, deren Bezeichnung das Wort „Lifting" enthält, dauerhafte Wirkung hat;" es ist jedoch „Sache des nationalen Gerichts, ein Sachverständigengutachten einzuholen ..., um beurteilen zu können, ob eine Werbeaussage irreführen kann".[662]

235 **Strenge Maßstäbe** werden an die **Erforderlichkeit** des Freiheitseingriffs angelegt. Haben die Mitgliedstaaten die Wahl zwischen mehreren Maßnahmen, die zur Erreichung ein und desselben Ziels geeignet sind, so müssen sie darlegen können, dasjenige Mittel gewählt zu haben, das die Grundfreiheit am wenigsten behindert.[663] Erlässt ein Mitgliedstaat strengere Schutzvorschriften als die anderen Staaten, so bedeutet dies natürlich nicht automatisch, „dass dessen Vorschriften unverhältnismäßig und folglich mit dem Gemeinschaftsrecht unvereinbar sind".[664] Gleichwohl können niedrige Schutzniveaus in anderen Mitgliedstaaten für die Beurteilung strengerer nationaler Bestimmungen „relevant"[665] sein. Bestehen **Schutzvorschriften** innerhalb der Union, so kann dies im Einzelfall ebenfalls zur Unverhältnismäßigkeit nationaler Schutzvorkehrungen führen.

---

Slg., Rn. 88 f.; BVerwG NVwZ 2011, 1328, 1331 f.; EuGH Rs. C-169/07, *Hartlauer,* Slg. 2009, I-1721 Rn. 54 ff.; vgl. auch *Schorkopf* DÖV 2011, 260; *Noll-Ehlers* EuZW 2008, 522; *Lippert* EuR 2012, 90.

[657] EuGH Rs. C-531/07, *Fachverband der Buch- und Medienwirtschaft,* Slg. 2009, I-3717 Rn. 32 ff.; GA *Fenelly,* Schlussanträge in der Rs. C-67/98, *Zenatti,* Slg. 1999, I-7289 Rn. 26.

[658] EuGH verb. Rs. C-316/07, C-358/07, C-359/07, C-360/07, C-409/07 und C-410/07, *Markus Stoß u. a.,* noch nicht i. d. amtl. Slg., Rn. 107.

[659] EuGH verb. Rs. C-316/07, C-358/07, C-359/07, C-360/07, C-409/07 und C-410/07, *Markus Stoß u. a.,* noch nicht i. d. amtl. Slg., Rn. 107.

[660] EuGH Rs. C-51/94, *Kommission/Deutschland,* Slg. 1996, I-3617 Rn. 34; Rs. C-470/93, *Mars,* Slg. 1995, I-1936 Rn. 24 = EuZW 1995, 611 = NJW 1995, 3243; eingehend *Niemöller,* Das Verbraucherleitbild in der deutschen und europäischen Rechtsprechung, 1999; *Leible* EuZW 1998, 528.

[661] EuGH Rs. C-313/94, *Graffione,* Slg. 1996, I-6039 Rn. 22.

[662] EuGH Rs. C-220/98, *Estée Lauder,* Slg. 2000, I-117 Rn. 29 f.

[663] EuGH Rs. C-320/03, *Kommission/Österreich,* Slg. 2005, I-9871 Rn. 85; Rs. 289/87, *Smanor,* Slg. 1988, 4489 Rn. 15; zur Darlegungslast vgl. *Bungenberg* EuR 2008, 232, 239 m. w. N.

[664] EuGH Rs. C-384/93, *Alpine Investments,* Slg. 1995, I-1141 Rn. 51 = EuZW 1995, 404 = NJW 1995, 2541 m. Anm. *Reich* EuZW 1995, 407.

[665] EuGH Rs. C-421/09, *Humanplasma,* noch nicht in d. amtl. Slg., Rn. 41.

**Beispiel:** Ein Bundesland verbietet die entgeltliche Entgegennahme von Blutkonserven, um auf diese Weise deren Qualität zu sichern. Der EuGH sah hierin einen Verstoß gegen den freien Warenverkehr. Angesichts bestehender sekundärrechtlicher Regelungen, die unionsweit hohe technische und wissenschaftliche Standards bei Blutspenden festlegten, sei die Regelung nicht zum Schutz der Gesundheit erforderlich.[666]

Grundsätzlich nicht als erforderlich anzusehen sind **Doppelbelastungen,** die daraus erwachsen, dass der Unionsbürger neben den Anforderungen seines Herkunftslandes zusätzlich denjenigen des Aufnahmestaates genügen muss. Derartige Doppelbelastungen verstoßen gegen die Grundfreiheiten, wenn die Regelungen des Herkunftslandes bereits einen vergleichbaren Schutz des Aufnahmestaates gewähren.[667] Dies kann zur **gegenseitigen Anerkennung** von behördlichen Zulassungen und Genehmigungen führen (sog. „Ursprungslandprinzip").[668] Insbesondere Dienstleistungsbeschränkungen sind nur insoweit zulässig, „als dem Allgemeininteresse nicht bereits durch Vorschriften Rechnung getragen ist, denen der Leistungserbringer in dem Staat unterliegt, in dem er ansässig ist".[669] 236

Milder als präventive **Genehmigungsvorbehalte oder Verkehrsverbote** wirken bloße Meldeverfahren oder repressive Überwachungsverfahren.[670] Ein vorheriges Genehmigungsverfahren ist prinzipiell „nur erforderlich, wenn eine nachträgliche Kontrolle zu spät käme, um deren tatsächliche Wirksamkeit sicherzustellen und damit das verfolgte Ziel zu erreichen. (…) Daher darf ein solches Verfahren, damit es mit den fundamentalen Grundsätzen des freien Warenverkehrs und des freien Dienstleistungsverkehrs vereinbar ist, nicht wegen seiner Dauer, der Höhe der damit verbundenen Kosten oder der Ungenauigkeit der zu erfüllenden Voraussetzungen geeignet sein, die fraglichen Wirtschaftsteilnehmer von der Weiterbetreibung ihres Vorhabens abzuhalten".[671] Zu einem Genehmigungsvorbehalt für finanzielle Transaktionen hat der Gerichtshof entschieden, dass dieser „in angemessenem Verhältnis zu dem verfolgten Ziel stehen muss, d. h., dass das gleiche Ziel nicht durch weniger restriktive Maßnahmen, namentlich durch ein **System nachträglicher Anmeldungen,** erreicht werden kann. Ein solches System muss auf objektiven und nicht diskriminierenden Kriterien beruhen, die den betroffenen Unternehmen im Voraus bekannt 237

[666] EuGH Rs. C-421/09, *Humanplasma,* noch nicht in d. amtl. Slg., Rn. 42 ff.

[667] Vgl. EuGH Rs. 71/76, *Thieffry,* Slg. 1977, 765 Rn. 24/26 m. Anm. *Nicolaysen* EuR 1977, 288; Rs. C-340/89, *Vlassopoulou,* Slg. 1991, I-2357 Rn. 15 = DVBl. 1991, 867 = NJW 1991, 2073 m. Anm. *Hailbronner* JuS 1991, 917; Rs. C-76/90, *Säger,* Slg. 1991, I-4221 Rn. 15 = EuZW 1991, 542 = NJW 1991, 2693; Rs. C-250/95, *Futura,* Slg. 1997, I-2471 Rn. 43; Rs. C-272/94, *Guiot,* Slg. 1996, I-1905 Rn. 22. Zur Doppelbesteuerung eingehend *Scherer,* Doppelbesteuerung u. europäisches Gemeinschaftsrecht, 1995; *Küper,* Doppelbesteuerung u. europarechtliche Meistbegünstigung bei Erbschaften, 2004.

[668] Vgl. etwa für die Anerkennung von Führerscheinen EuGH verb. Rs. C-329/06 u. C-343/06, *Wiedemann,* Slg. 2008, I-4635 Rn. 50 = EuZW 2008, 472, 474; hierzu *Dauer* NJW 2008, 2381; EuGH Rs. C-227/05, *Halbritter,* Slg. 2006, I-49; EuGH Rs. C-340/05, *Kremer,* Slg. 2006, I-98; OVG RP DVBl 2009, 190; VGH Kassel NJW 2007, 1897; VGH Baden-Württemberg DVBl 2006, 188; Nds. OVG DVBl 2006, 192; OVG NRW NWVBl 2006, 103; s. a. EuGH Rs. C-189/03, *Kommission/Niederlande,* Slg. 2004, I-9289 Rn. 17 ff.; ferner BVerwG NVwZ 2004, 1258, 1259.

[669] EuGH Rs. 279/80, *Webb,* Slg. 1981, 3305 Rn. 17.

[670] EuGH verb. Rs. C-358/93 u. C-416/93, *Bordessa u. a.,* Slg. 1995, I-361 Rn. 27; verb. Rs. C-163/94, C-165/94 u. C-250/94, *Sanz de Lera u. a.,* Slg. 1995, I-4821 Rn. 26 f.; Rs. C-367/98, *Kommission/Portugal,* Slg. 2002, I-4731 Rn. 50 = EuZW 2002, 437; Rs. C-205/99, *Analir u. a.,* Slg. 2001, I-1271 Rn. 35.

[671] EuGH Rs. C-390/99, *Canal Satélite Digital,* Slg. 2002, I-607 Rn. 35 f., 39, 41 = DVBl. 2002, 459; vgl. auch Rs. C-205/99, *Analir u. a.,* Slg. 2001, I-1271 Rn. 37, 39; Rs. C-157/99, *Smits,* Slg. 2001, I-5473 Rn. 90 m. w. N.; ferner GA *Kokott,* Schlussanträge in der Rs. C-189/03, *Kommission/Niederlande,* Slg. 2004, I-9289 Rn. 34.

sind, und jedem, der von einer derartigen einschränkenden Maßnahme betroffen ist, muss der Rechtsweg offen stehen".[672]

**Beispiel:** Aus raumplanerischen Gründen knüpft ein Bundesland den Erwerb von Zweitwohnungen an eine behördliche Genehmigung. Angesichts der Kontrollmöglichkeit, die bereits die bloße Anzeigeverpflichtung eröffnet, sowie der Existenz von Strafsanktionen, kann das Verfahren der vorherigen Genehmigung „nicht als Maßnahme angesehen werden, die zur Verhinderung von Zuwiderhandlungen gegen die in den Ausgangsverfahren in Rede stehende Regelung über Zweitwohnungen absolut unerlässlich wäre."[673]

238 Die Richtlinie 2004/38/EG über das Recht der Unionsbürger und ihrer Familienangehörigen, sich im Hoheitsgebiet der Mitgliedstaaten frei zu bewegen und aufzuhalten beschränkt das Recht der Mitgliedstaaten, Ausländer aus Gründen der öffentlichen Sicherheit und Ordnung auszuweisen.[674] **Aufenthaltsbeschränkende Maßnahmen** dürfen nicht generalpräventiv verhängt, sondern müssen ausschließlich auf das persönliche Verhalten der in Betracht kommenden Einzelpersonen gestützt werden (→ Rn. 77).[675] Eine strafrechtliche Verurteilung darf „nur insoweit berücksichtigt werden, als die ihr zu Grunde liegenden Umstände ein persönliches Verhalten erkennen lassen, das eine gegenwärtige Gefährdung der öffentlichen Ordnung darstellt".[676] In jedem Einzelfall und ohne jeden gesetzlichen Automatismus bedarf es dazu „einer erschöpfenden Prüfung aller Tatsachen und Umstände einschließlich der Zweckmäßigkeit der beabsichtigten Maßnahme".[677]

### b) Bestimmtheitsgrundsatz und sonstige allgemeine Rechtsgrundsätze

239 Neben dem Verhältnismäßigkeitsgrundsatz sind weitere rechtsstaatliche Anforderungen zu beachten. Von praktischer Bedeutung sind vor allem der Bestimmtheitsgrundsatz und das **Gebot der Vorhersehbarkeit von Einzelmaßnahmen.** Den beschränkenden innerstaatlichen Regelungen muss zu entnehmen sein, „unter welchen konkreten objektiven Umständen eine vorherige Genehmigung erteilt oder versagt wird".[678] Ein Genehmigungsvorbehalt, der die Grundfreiheiten beschränkt, muss „auf objektiven, nicht diskriminierenden und vorher bekannten Kriterien beruhen, so dass dem Ermessen der nationalen Behörden Grenzen gesetzt werden, die seine missbräuchliche Ausübung verhindern".[679] Wird z. B. auf Grund von Gesundheitsrisiken ein Genehmigungsverfahren für das Inverkehrbringen von Lebensmitteln verlangt, muss dieses auch für Importeure „leicht zugänglich sein und innerhalb eines angemessenen Zeitraums abgeschlossen werden können".[680]

---

[672] EuGH Rs. C-367/98, *Kommission/Portugal,* Slg. 2000, I-4731 Rn. 50.

[673] EuGH verb. Rs. C-515/99, C-519/99 bis C-524/99 u. C-526/99 bis C-540/99, *Reisch u. a.,* Slg. 2002, I-2157 Rn. 38 = EuZW 2002, 249 m. Anm. *Ohler* EuZW 2002, 251.

[674] Eingehend *Ziekow/Guckelberger,* in: Oetker (Hrsg.), Europäisches Arbeits- und Sozialrecht. Rechtsvorschriften, systematische Darstellungen, Entscheidungssammlung, Teil B, 2000, Rn. 99 ff.

[675] Vgl. EuGH Rs. C-348/96, *Calfa,* Slg. 1999, I-11 Rn. 27 f. = DVBl. 1999, 534 = EuZW 1999, 345 m. Anm. *Streinz* JuS 1999, 1120; BVerwGE 57, 61, 65; *Meyer* NVwZ 1984, 763, 765.

[676] EuGH Rs. C-348/96, *Calfa,* Slg. 1999, I-11 Rn. 24; EuGH verb. Rs. C-482/01 u. C-493/01, *Orfanopoulos,* Slg. 2004, I-5257 Rn. 77 = DVBl. 2004, 876. s. a. EuGH Rs. 30/77, *Bouchereau,* Slg. 1977, 1999 Rn. 35.

[677] EuGH verb. Rs. C-482/01 u. C-493/01, *Orfanopoulos,* Slg. 2004, I-5257 Rn. 106 = DVBl. 2004, 876; Rs. C-136/03, *Dörr u. Ünal,* Slg. 2005, I-4759 Rn. 47 ff. = EuZW 2005, 475; EuGH verb. Rs. 115/81 u. 116/81, *Adoui u. Cornuaille,* Slg. 1982, 1665 Rn. 15.

[678] EuGH Rs. C-483/99, *Kommission/Frankreich,* Slg. 2002, I-4781 Rn. 50; Rs. C-118/96, *Safir,* Slg. 1998, I-1897 Rn. 33; Rs. C-54/99, *Scientology,* Slg. 2000, I-1335 Rn. 21 f.

[679] EuGH Rs. C-390/99, *Canal Satélite Digital,* Slg. 2002, I-607 Rn. 36 = DVBl. 2002, 459; EuGH Rs. C-169/07, *Hartlauer,* Slg. 2009, I-1721 Rn. 64 ff.; vgl. auch EuGH Rs. C-205/99, *Analir u. a.,* Slg. 2001, I-1271 Rn. 37, 39; Rs. C-157/99, *Smits,* Slg. 2001, I-5473 Rn. 90 m. w. N.

[680] EuGH Rs. C-95/01, *Greenham,* Slg. 2004, I-1333 Rn. 35 = EuZW 2004, 442 m. Anm. *Streinz* ZLR 2004, 203.

Stützen sich die Behörden auf Gründe des Allgemeininteresses oder sonstige Rechtfertigungsgründe, so müssen die fraglichen Maßnahmen nach umstrittener Auffassung mit den **unionsrechtlich verbürgten Grundrechten** vereinbar sein.[681] Praktische Bedeutung gewinnt dieses Erfordernis namentlich für die Rechtsschutzgarantie und den Schutz des Familienlebens. Das Gebot effektiven Rechtsschutzes schließt nach der Rechtsprechung z. B. verwaltungsprozessuale Regelungen aus, die gegen aufenthaltsbeendende Maßnahmen allein eine Rechtmäßigkeitskontrolle, nicht aber eine Zweckmäßigkeitsprüfung gestatten.[682] Der Schutz des Familienlebens gebietet es, bei aufenthaltsbeendigenden Maßnahmen eines Unionsbürgers „die familiäre Situation des Betroffenen und das Ausmaß der Schwierigkeiten zu berücksichtigen, denen sein Ehegatte und ihre möglicherweise vorhandenen Kinder im Herkunftsland des Betroffenen begegnen können".[683] 240

[681] EuGH Rs. C-260/89, *ERT,* Slg. 1991, I-2925 Rn. 43 = EuZW 1991, 507 m. Anm. *Degenhart* JZ 1992, 685; Rs. C-368/95, *Familiapress,* Slg. 1997, I-3689 Rn. 24; Rs. C-60/00, *Carpenter,* Slg. 2002, I-6279 Rn. 40; EuGH Rs. C-279/08, *DEB,* noch nicht in der amtl. Slg. Rn. 30, 59 ff.; a. A. *Lindner* EuR 2008, 786, 791; *Huber* NJW 2385, 2387; *Hatje,* in: Schwarze (Fn. 15), Art. 51 GRC Rn. 18 f.

[682] EuGH verb. Rs. C-482/01 u. C-493/01, *Orfanopoulos,* Slg. 2004, I-5257 Rn. 110 = DVBl. 2004, 876, u. Hinw. auf EuGH Rs. 222/84, *Johnston,* Slg. 1986, 1651 Rn. 17 = DVBl. 1987, 227 u. EuGH Rs. 222/86, *Heylens u. a.,* Slg. 1987, 4097 Rn. 14 f.

[683] EuGH verb. Rs. C-482/01 u. C-493/01, *Orfanopoulos,* Slg. 2004, I-5257 Rn. 99 = DVBl. 2004, 876 u. Hinw. auf die Rechtsprechung des EGMR v. 2.8.2001 in der Rs. *Boultif/Schweiz,* Rec. 2001, § 48.

# 2. Teil. Unionsrecht vor Behörden und Gerichten

## § 1 Wie ist das Unionsrecht zu vollziehen?

**Schrifttum:** *Becker,* Der transnationale Verwaltungsakt, DVBl. 2001, 855; *Bergmann/Kenntner* (Hrsg.), Deutsches Verwaltungsrecht unter europäischem Einfluss. Handbuch für Justiz, Anwaltschaft und Verwaltung, 2002; *Classen,* Das nationale Verwaltungsverfahren im Kraftfeld des Europäischen Gemeinschaftsrechts, Die Verwaltung 31 (1998), 307; *v. Danwitz,* Die Eigenverantwortung der Mitgliedstaaten für die Durchführung von Gemeinschaftsrecht, DVBl. 1998, 421; *Demleitner,* Die Normverwerfungskompetenz der Verwaltung bei entgegenstehenden Gemeinschaftsrecht, NVwZ 2009, 1525; *Engel,* Die Einwirkungen des europäischen Gemeinschaftsrechts auf das deutsche Verwaltungsrecht, Die Verwaltung 31 (1998), 437; *Galetta,* Inhalt und Bedeutung des europäischen Rechts auf eine gute Verwaltung, EuR 2007, 57; *Gärditz,* Die Verwaltungsdimension des Lissabon-Vertrags, DÖV 2010, 453; *Gornig/Trüe,* Die Rechtsprechung des EuGH und des EuG zum Europäischen Verwaltungsrecht, JZ 2000, 395 (Teil 1), JZ 2000, 446 (Teil 2), JZ 2000, 501 (Teil 3); *Grabitz,* Die Rechtsetzungsbefugnis von Bund und Ländern bei der Durchführung von Gemeinschaftsrecht, AöR 111 (1986), 1; *Gundel,* Der Rechtsschutz gegen Handlungen der EG-Agenturen – endlich geklärt?, EuR 2009, 383; *Hatje,* Europäische Rechtseinheit durch einheitliche Rechtsdurchsetzung, EuR-Beiheft, 1/1998, 7; *ders.,* Die gemeinschaftsrechtliche Steuerung der Wirtschaftsverwaltung, 1998; *ders.,* Die Rechtskraft und ihre Durchbrechungsmöglichkeiten, in: Houlebek/Lang (Hrsg.), Das EuGH-Verfahren in Steuersachen, 2000, S. 133; *Huber,* Auslegung und Anwendung der Charta der Grundrechte, NJW 2011, 2385; *Kadelbach,* Allgemeines Verwaltungsrecht unter europäischem Einfluß, 1999; *ders.,* Die rechtsstaatliche Einbindung der europäischen Wirtschaftsverwaltung, EuR Beiheft 2/2002, 7; *Kanitz/Wendel,* Gemeinschaftsrechtlich gebotene Grenzen der Bestandskraftdurchbrechung im europäisierten Verwaltungsverfahren?, EuZW 2008, 231; *Korte,* Mitgliedstaatliche Verwaltungskooperation und private Eigenverantwortung beim Vollzug des europäischen Dienstleistungsrechts, NVwZ 2007, 501; *Kremer,* Gemeinschaftsrechtliche Grenzen der Rechtskraft, EuR 2007, 470; *Kugelmann,* Wirkungen des EU-Rechts auf die Verwaltungsorganisation der Mitgliedstaaten, VerwArch 98 (2007), 78; *Lindner,* Die „reformatio in peius" im Lichte des europäischen Gemeinschaftsrechts, DVBl. 2009, 224; *Neßler,* Der transnationale Verwaltungsakt. Zur Dogmatik eines neuen Rechtsinstituts, NVwZ 1995, 863; *Niedobitek,* Kollisionen zwischen EG-Recht und nationalem Recht, VerwArch 2001, 58; *Pache/Rösch,* Europäischer Grundrechtsschutz nach Lissabon – die Rolle der EMRK und der Grundrechtecharta in der EU, EuZW 2008, 519; *Palm,* Handlungspflichten nationaler Verwaltungsbehörden bei unmittelbarer Wirkung von EU-Richtlinien nach der Rechtsprechung des EuGH, GewArch 2011, 424; *Potacs,* Vertrauensschutz und gemeinschaftsrechtlich gebotene Rechtskraftdurchbrechungen, EuR 2004, 185; *Ranacher,* Die Bindung der Mitgliedstaaten an die Gemeinschaftsgrundrechte, ZÖR 58 (2003), 21; *Rennert,* Bestandskraft rechtswidriger Verwaltungsakte und Gemeinschaftsrecht, DVBl 2007, 400; *Rodriguez Iglesias,* Zu den Grenzen der verfahrensrechtlichen Autonomie der Mitgliedstaaten bei der Anwendung des Gemeinschaftsrechts, EuGRZ 1997, 289; *Ruffert,* Der transnationale Verwaltungsakt, Die Verwaltung 34 (2001), 453; *Scheuing,* Zur Grundrechtsbindung der EU-Mitgliedstaaten, EuR 2005, 162; *Schilling,* Bestand und allgemeine Lehren der bürgerschützenden allgemeinen Rechtsgrundsätze des Gemeinschaftsrechts, EuGRZ 2000, 3; *Schliesky,* Von der Realisierung des Binnenmarktes über die Verwaltungsreform zu einem gemeineuropäischen Verwaltungsrecht? Die Auswirkungen der geplanten EU-Dienstleistungsrichtlinie auf das deutsche Verwaltungsrecht, DVBl. 2005, 887; *Schmidt-Aßmann,* Die Europäisierung des Verwaltungsverfahrensrechts, in: *ders./Sellner* (Hrsg.), Festgabe 50 Jahre Bundesverwaltungsgericht, 2003, S. 487; *ders.,* Deutsches und europäisches Verwaltungsrecht, DVBl. 1993, 924; *ders.,* Allgemeines Verwaltungsrecht in europäischer Perspektive, ZÖR 2000, 159; *Schwarze,* Europäisches Verwaltungsrecht, Entstehung und Entwicklung im Rahmen der Europäischen Gemeinschaft, 2 Bde. 1988 (2. erweiterte Aufl. 2005); *ders,* Der Schutz der Grundrechte durch den EuGH, NJW 2005, 3459; *ders.,* Der Grundrechtsschutz für Unternehmen in der Europäischen Grundrechtecharta, EuZW 2001, 517; *v. Papp,* Die Durchsetzung der Gemeinschaftsgrundrechte gegenüber den Mitgliedstaaten, EWS 2009, 216.

## I. Formen des Verwaltungsvollzugs von Unionsrecht

241 Das Unionsrecht wird in drei unterschiedlichen Varianten vollzogen:

- Im Wege des **direkten („unionsunmittelbaren“) Vollzugs** durch die EU-Organe, insbesondere die EU-Kommission (vgl. Art. 298 AEUV). Typische Beispiele sind das Anti-Dumpingrecht, bestimmte Aspekte der Struktur- und Forschungsförderungspolitik sowie die Genehmigungspolitik für Beihilfen nach Art. 107 Abs. 3 und Art. 108 AEUV. Solche Maßnahmen des direkten Vollzugs durch die Unionsorgane bilden in der deutschen Rechtspraxis die Ausnahme (→ Rn. 242 ff.).
- Im Wege des **indirekten (mitgliedstaatlichen) Vollzugs** durch die zuständigen nationalen Behörden. Dieser Vollzug durch die Mitgliedstaaten bildet für den Praktiker den Regelfall (vgl. Art. 291 Abs. 1 AEUV, → Rn. 256 ff.). Üblicherweise wird insoweit zwischen dem „unmittelbaren“, d. h. auf unmittelbar anwendbarem Unionsrecht (z. B. EU-Verordnungen) basierenden Vollzug durch die Mitgliedstaaten einerseits und dem „mittelbaren“, d. h. auf den zur Durchführung von Unionsrecht (z. B. Richtlinien) umgesetzten deutschen Rechtsvorschriften andererseits unterschieden. Da es sich in letzterem Falle um den Vollzug nationalen Rechts handelt, bedarf es zwar u. U. anstelle einer verfassungskonformen der unionsrechts-, insbesondere der richtlinienkonformen Auslegung (→ Rn. 79 ff.); darüber hinausgehende Einflussnahmen des Unionsrechts kommen im Vollzug jedoch nur ausnahmsweise, nämlich dann in Betracht, wenn ansonsten das Effektivitätsgebot oder das Diskriminierungsverbot verletzt würden, z. B. bei der Anwendung des § 80 VwGO (→ Rn. 275 f.).
- Im Wege des sog. **„gemischten Vollzugs“** (→ Rn. 306 ff.). Diese Variante betrifft komplizierte Fallgestaltungen, in denen das Unionsrecht ein Zusammenwirken der Unionsorgane (insbesondere der EU-Kommission) mit den innerstaatlichen Behörden verlangt (vgl. Art. 197 Abs. 2 AEUV).

## II. Verwaltungsgrundsätze beim Vollzug durch Unionsorgane („Direkter Vollzug“)

242 Die Unionsorgane bedürfen einer speziellen Rechtsgrundlage, sofern sie gegenüber dem Einzelnen (Bürger oder Unternehmen) rechtsverbindliche Hoheitsakte erlassen möchten. Zuständig ist hier in erster Linie die EU-Kommission (z. B. im Kartell-, Beihilfe- und Außenhandelsrecht). Sollen allgemeine Rechtsetzungsbefugnisse auf die Kommission delegiert werden (sog. „Tertiärrecht“), müssen – ähnlich wie nach Art. 80 GG – Inhalt, Ziele, Geltungsbereich und Dauer der Befugnisübertragung definiert worden sowie die wesentlichen Fragen im Sekundärrecht selbst geregelt worden sein (Art. 290 AEUV).[684] Darüber hinaus sind **spezielle Agenturen und andere Unionseinrichtungen** mit Vollzugskompetenzen ausgestattet, etwa das Harmonisierungsamt für den Binnenmarkt, das für die Umsetzung des europäischen Marken-, Muster- und Modellrechts zuständig ist.[685] Der direkte Vollzug erfolgt i. d. R. durch Beschlüsse (Art. 288 Abs. 4 AEUV), d. h. mit Hilfe von Einzelakten, die in allen ihren Teilen für diejenigen verbindlich sind, die sie bezeichnen.

---

[684] Vgl. schon EuGH Rs. C-66/04, *Vereinigtes Königreich/Parlament und Rat,* Slg. 2005, I-10553 Rn. 47 ff. = JZ 2006, mit Anm. *Ohler* JZ 2006, 359; s. a. *Gärditz* DÖV 2010, 453, 454 ff.

[685] Vgl. *Koch* EuZW 2005, 255; *Kirste* VerwArch 2011, 268; zum Rechtsschutz gegen Agenturentscheidungen EuG Rs. T- 411/06, *Sogelma/EAR,* Slg. 2008, II-2771 m. Anm. *Gundel* EuR 2009, 383.

Nach dem **Grundsatz der begrenzten Einzelermächtigung** dürfen die Unionsorgane nur innerhalb der Grenzen der ihr im Primär- und Sekundärrecht zugewiesenen Befugnisse und gesetzten Ziele tätig werden (Art. 5 Abs. 1 EUV). Die Wahl der Rechtsgrundlage eines Rechtsakts muss sich nach ständiger Rechtsprechung „auf objektive, gerichtlich nachprüfbare Umstände gründen. Zu diesen Umständen gehören insbesondere das Ziel und der Inhalt des Rechtsakts".[686] Zwar hat sich das BVerfG das Prüfungsrecht vorbehalten, ob Rechtsakte der Unionsorgane „auf Grund einer erweiternden Auslegung der primärrechtlichen Kompetenzen in den Grenzen der ihnen eingeräumten Hoheitsrechte halten oder aus ihnen ausbrechen."[687] Für die deutsche Rechtspraxis ist diese „ultra-vires-Kontrolle" der Unionsorgane allerdings von untergeordneter Bedeutung, da das BVerfG seine Prüfungsbefugnis nicht nur „europarechtsfreundlich" (d. h. nur in Fällen offensichtlicher und schwerwiegender Kompetenzverschiebungen), sondern auch in einem „Kooperationsverhältnis" mit den Unionsgerichten ausübt (s. o. Rn. 94), die ihrerseits die Einzelermächtigungen des EU-Rechts recht großzügig auslegen.[688] 243

**Beispiel:** Ein vom Terrorismusvorwurf rechtskräftig freigesprochener Taliban-Anhänger wehrt sich dagegen, auf einer sog. „Terrorliste" der EU zu erscheinen, mit der Beschlüsse des UN-Sanktionsausschusses umgesetzt werden. Rechtsgrundlage dieser „Terrorliste" ist Art. 215 Abs. 1 AEUV, der Sanktionen gegen „Drittländer" erlaubt. Nach Auffassung des EuG würde diese Kompetenz „kein wirksames Mittel zur Ausübung von Druck auf Machthaber mit Einfluss auf die Politik eines Drittlands liefern, wenn die Gemeinschaft auf ihrer Grundlage keine Maßnahmen gegenüber Privatpersonen treffen könnte, die, obwohl sie nicht in dem fraglichen Drittland ansässig sind, hinreichende Verbindungen zu dem Regime haben, gegen das sich die Sanktionen richten."[689]

Nach dem in Deutschland häufig überbewerteten **Subsidiaritätsprinzip** wird die Union in den Bereichen, die nicht in ihre ausschließliche Zuständigkeit fallen, nur tätig, sofern und soweit die Ziele der in Betracht gezogenen Maßnahmen auf Ebene der Mitgliedstaaten nicht ausreichend erreicht werden können und daher wegen ihres Umfangs oder ihrer Wirkungen besser auf Unionsebene erreicht werden können (Art. 5 Abs. 3 EUV). Dieses Prinzip ist eine bloße – und nur eingeschränkt justiziable[690] – **Kompetenzausübungsschranke.** Zwar wurden die Kontrollrechte der Mitgliedstaaten gegenüber den EU-Organen in Bezug auf die Einhaltung des Subsidiaritätsprinzips durch das Protokoll Nr. 2 über die Anwendung der Grundsätze der Subsidiarität und der Verhältnismäßigkeit vom 13.12.2007 gestärkt.[691] Nichtsdestotrotz stellt das Subsidiaritätsprinzip nicht die Befug- 244

[686] EuGH Rs. C-233/94, *Deutschland/Parlament u. Rat,* Slg. 1997, I-2405 Rn. 12; EuGH Rs. C-269/97, *Kommission/Rat,* Slg. 2000, I-2257 Rn. 43; näher EuGH Rs. C-94/03, *Kommission/Rat,* Slg. 2006, I-1 Rn. 34 ff.; EuGH Rs. C-301/06, *Irland/Parlament und Rat,* Slg. 2009, I-593 Rn. 60; EuGH Rs. C-166/07, *Parlament/Rat,* Slg. 2009, I-7135 Rn. 42; EuGH Rs. C-440/05, *Kommission/Rat,* Slg. 2007, I-9097 Rn. 61; *Nettesheim,* in: G/H/N (Fn. 26), Stand: 2002, Art. 249 EGV Rn. 59 ff.

[687] BVerfGE 89, 155, 188; BVerfG NJW 2000, 2015, 2016; BVerfGE 123, 267, 349 ff.; BVerfG JZ 2010, 1177; siehe dazu oben Rn. 93.

[688] Vgl. etwa EuGH Rs. C-301/06, *Irland/Parlament und Rat,* Slg. 2009, I-593; EuGH Rs. C-58/08, *Vodafone,* noch nicht in der amtl. Slg., = EuZW 2010, 539; EuGH verb. Rs. 281/85 u. a., *Deutschland u. a./Kommission,* Slg. 1987, 3203 Rn. 28; EuGH Gutachten 1/76, *Stillegungsfonds,* Slg. 1977, 741 Rn. 3 f.; *v. Bogdandy/Bast,* in: G/H/N (Fn. 26), Stand: 2010, Art. 5 EUV Rn. 13 ff.; *Broß* VerwArch 29 (2001), 425; *Kirchhof* JZ 1998, 965. A. A. *Zuleeg,* in: v. d. Groeben/Schwarze (Fn. 15), Art. 5 EGV Rn. 6; kritisch zur Weite der EU-Kompetenznormen *Lorz* DVBl 2006, 1061, 1066.

[689] EuG Rs. T-301/01, *Yusuf u. a./Rat u. Kommission,* Slg. 2008, II-1753 Rn. 115; enger hingegen *Kokott,* in: Streinz (Fn. 83), Art. 215 AEUV Rn. 3 u. *Osteneck,* in: Schwarze (Fn. 15), Art. 301 EGV Rn. 6; s. a. GA *Léger,* Schlussanträge in der Rs. C-317/04, Slg. 2006, I-4721 Rn. 126 ff.; zum Rechtsschutz gegen „smart sanctions" *Bartelt/Zeitler* EuZW 2003, 712.

[690] *Albin* NVwZ 2006, 629, 631 f.; *Lienbacher,* in: Schwarze (Fn. 15), Art. 5 EUV Rn. 25 ff.

[691] Vgl. hierzu *Nettesheim* NJW 2010, 177, 181; *Uerpmann-Wittzack* EuGRZ 2009, 461; zur Bedeutung der prozeduralen Absicherung des Subsidiaritätsprinzips *Koenig/Lorz* JZ 2003, 167, 168; siehe auch BVerfGE 123, 267, 359 ff.

nisse in Frage, über die die Unionsorgane auf Grund des Vertrages entsprechend der Auslegung des Gerichtshofes verfügen.[692] Eine Unionsmaßnahme ist hiernach schon dann zulässig, wenn sie eine „heterogene Entwicklung der nationalen Rechtsvorschriften" verhindert.[693]

245 Anerkannt ist schließlich der **Verhältnismäßigkeitsgrundsatz,** nach dem Unionsmaßnahmen zur Erreichung ihrer Ziele geeignet sein müssen und über das für die Erreichung ihrer Ziele erforderliche Maß nicht hinausgehen dürfen (vgl. Art. 5 Abs. 1 S. 2 und Abs. 4 EUV). Als allgemeiner Rechtsgrundsatz schützt der Verhältnismäßigkeitsgrundsatz sowohl die Mitgliedstaaten als auch deren Bürger vor ungeeigneten, nicht erforderlichen oder unangemessenen Maßnahmen.[694] Jedenfalls zur Regelung komplexer wirtschaftlicher, umwelt-, gesundheits- oder sozialpolitischer Sachverhalte wird den Unionsorganen ein erheblicher Beurteilungsspielraum eingeräumt. Eine Maßnahme lässt sich in diesen Fällen nur beanstanden, „wenn sich diese als offensichtlich fehlerhaft erwiese oder wenn die Nachteile, die sich aus ihr für bestimmte Wirtschaftsteilnehmer ergeben, zu den im Übrigen mit ihr verbundenen Vorteilen völlig außer Verhältnis stünden".[695]

246 Das im direkten Vollzug anzuwendende **Verwaltungsverfahrensrecht** ergibt sich aus den jeweiligen Rechtsgrundlagen des Primär- und des Sekundärrechts sowie ergänzend aus den allgemeinen rechtsstaatlichen Grundsätzen, an die die Unionsorgane gemäß Art. 6 Abs. 3 EUV gebunden sind.[696] In der EU-Grundrechtecharta und in der Rechtsprechung ist anerkannt das sog. **„Recht auf eine gute Verwaltung"**, das einen Anspruch vermittelt, „unparteiisch, gerecht und innerhalb einer angemessenen Frist" behandelt zu werden (Art. 41 Grundrechtecharta).[697] Daneben beinhaltet der Grundsatz ordnungsgemäßer Verwaltung gewisse Sorgfalts- und Fürsorgepflichten der Behörden.[698]

247 Zu diesen Grundsätzen gehört insbesondere auch die Beachtung der **Unionsgrundrechte** (→ Rn. 280 ff.), wie sie zunächst der EuGH unter Heranziehung der EMRK und der gemeinsamen Verfassungsüberlieferungen der Mitgliedstaaten entwickelt hat (vgl. Art. 6 Abs. 3 EUV)[699] und seit dem Vertrag von Lissabon verbindlich in der EU-Grundrechtecharta (vgl. Art. 6 Abs. 1 EUV) niedergelegt sind.[700] Alle Unionsorgane sind an diesen Grundrechtsstandard gebunden. Bei allen Unterschieden ist er dem als unabdingbar angesehenen Grundrechtsschutz des GG im Wesentlichen gleich zu achten.[701]

---

[692] *Lienbacher,* in: Schwarze (Fn. 15), Art. 5 EUV Rn. 32 f.; *Isensee* DVBl 2009, 801, 805 f.

[693] EuGH Rs. C-491/01, *British American Tobacco,* Slg. 2002, I-11453 Rn. 182.

[694] Vgl. EuGH verb. Rs. C-36/97 u. C-37/97, *Kellinghusen,* Slg. 1998, I-6337 Rn. 33 f.; *Tostenjak/Beysen* EuR 2012, 265, 268 ff.; *Gornig/Trüe* JZ 2000, 446, 451.

[695] EuGH Rs. C-233/94, *Deutschland/Parlament u. Rat,* Slg. 1997, I-2405 Rn. 56. Ähnlich EuGH Rs. C-84/94, *Vereinigtes Königreich/Rat,* Slg. 1996, I-5755 Rn. 57; EuGH Rs. C-344/04, *International Air Transport Assocation,* Slg. 2006, I-403 Rn. 80 m. w. N.

[696] Dazu im Einzelnen u. Rn. 247 ff.

[697] Dazu *Lais* ZEuS 2002, 447; *Galetta* EuR 2007, 57.

[698] EuGH Rs. 321/85, *Schwiering,* Slg. 1986, 3199 Rn. 18; EuG verb. Rs. T-33/98 u. T-34/98, *Petrotub SA,* Slg. 1999, II-3837 Rn. 133.

[699] Vgl. etwa EuGH Rs. 4/73, *Nold,* Slg. 1974, 491 Rn. 13; EuGH Rs. 44/79, *Hauer,* Slg. 1979, 3727 Rn. 14 f.; EuGH Rs. 265/87, *Schräder,* Slg. 1989, 2237 Ls. 3; EuGH verb. Rs. 46/87 u. 227/88, *Hoechst,* Slg. 1989, 2859 Rn. 13 ff. Vgl. hierzu *Schorkopf,* in: G/H/N (Fn. 26), Stand: 2010, Art. 6 EUV Rn. 50 ff.; vgl. zu den Änderungen in der Struktur des Grundrechtsschutzes nach dem Lissabon-Vertrag auch *Pache/Rösch,* EuZW 2008, 519.

[700] Eingehend *Jarass,* EU-Grundrechtecharta, 2010; *Mayer,* in: G/H/N (Fn. 26), Stand: 2010, nach Art. 6 EUV Rn. 1 ff.

[701] BVerfGE 102, 147, 163 f. = NJW 2000, 3124, 3126. Dazu etwa *Mayer* EuZW 2000, 685; *Emmerich-Fritsche* BayVBl. 2000, 755; *Lecheler* JuS 2001, 120; *Schmid* NVwZ 2001, 249; *Lorz* EWR 2001, 323; *Nettesheim* NVwZ 2002, 932; *Limbach* EuGRZ 2000, 417; s. ferner BVerfGE 72, 339, 378 ff.; BVerfGE 89, 155, 174 f.

Im direkten Vollzug gilt der **Amtsermittlungsgrundsatz,** d. h. „die Verpflichtung des zuständigen Organs, sorgfältig und unparteiisch alle relevanten Gesichtspunkte des Einzelfalls zu untersuchen."[702] Dazu gehört auch die Ermittlung entlastender Tatsachen.[703] Auskunftsverlangen der EU-Kommission dürfen „nicht die Verteidigungsrechte des Unternehmens beeinträchtigen und ihm nicht die Verpflichtung auferlegen, Antworten zu erteilen, durch die es das Vorliegen einer Zuwiderhandlung eingestehen müsste, für die die Kommission den Beweis zu erbringen hat."[704] 248

Der **Grundsatz rechtlichen Gehörs** findet sich als Bestandteil des „Rechts auf gute Verwaltung" sowohl in der EU-Grundrechte-Charta (Art. 41) als auch in einigen EU-Verordnungen[705] wieder, ist aber nach der Rechtsprechung in Verfahren, die zu beschwerenden Maßnahmen führen können, „selbst dann sicherzustellen, wenn es kein einschlägiges Verfahrensrecht gibt".[706] Dieser Grundsatz verlangt, dem Betroffenen „im Laufe des Verwaltungsverfahrens Gelegenheit zu geben, zum Vorliegen und zur Erheblichkeit der behaupteten Tatsachen und Umstände sowie ... zu den herangezogenen Unterlagen Stellung zu nehmen".[707] Sein Umfang hängt u. a. ab von der Rechtsnatur der Maßnahme, der Schwere des etwaigen Eingriffes, dem Umfang des auszuübenden Ermessens, umfasst aber grundsätzlich die hinreichend deutliche Mitteilung über Verfahrenseröffnung und den Gegenstand der (wesentlichen) Vorwürfe in gedrängter Form.[708] Praktische Schwierigkeiten rechtfertigen für sich allein nicht die Verletzung von Verteidigungsrechten.[709] Einzelheiten und Rechtsfolgen, z. B. die Höhe der möglichen Geldbuße, müssen aber nicht schon vorher angegeben werden.[710] 249

**Einschränkungen des rechtlichen Gehörs** ergeben sich auch, wenn rechtliches Gehör den Zweck einer Maßnahme vereiteln würde,[711] Gefahr in Verzug ist,[712] die Gewährung unmöglich oder praktisch undurchführbar ist[713] oder eine zu befürchtende Rechtsbeeinträchtigung unwesentlich[714] wäre. Da alle Anhörungsrechte unter dem Vorbehalt einer leistungsfähigen Verwaltung stehen,[715] brauchen z. B. Bewerber für EU-Forschungsgelder „während des Auswahlverfahrens in der Regel nicht mehr gehört werden, da dieses Verfahren auf der Grundlage der von den Antragstellern eingereichten ... Unterlagen durch- 250

---

[702] EuG Rs. T-13/99, *Pfizer Animal Health SA,* Slg. 2002, II-1961 Rn. 171; EuGH Rs. C-269/90, *Technische Universität München,* Slg. 1991, I-5469 Rn. 14. Näher *Montag/Becker,* in: Redeker/Uechtritz (Hrsg.), Anwaltshandbuch Verwaltungsverfahren, Bd. 2, Kap. 22 Rn. 35 ff.

[703] EuG T-15/89, *Chemie Linz,* Slg. 1992, II-1275 Rn. 54 ff.; EuGH Rs. T-7/89, *Hercules Chemicals,* Slg. 1991, II-1711 Rn. 54.

[704] EuG Rs. T-34/93, *Société Générale,* Slg. 1995, II-545 Rn. 74; EuGH Rs. 374/89, *Orkem/Kommission,* Slg. 1989, 3283 Rn. 34 f.; Rs. 27/88, *Solvay/Kommission,* Slg. 1989, 3355 Ls. 2.

[705] Dies ist u. a. der Fall im Beamtenrecht (Art. 87 des Beamtenstatus), im Kartellverfahren (Art. 27 VO 1/2003), im Fusionskontrollverfahren (Art. 18 VO 139/2004) u. für die Beihilfenkontrolle (Art. 20 VO 659/1999).

[706] EuGH Rs. 234/84, *Belgien/Kommission,* Slg. 1986, 1965 Ls. 3.

[707] EuGH Rs. C-85/76, *Hoffmann-La Roche/Kommission,* Slg. 1979, 461 Rn. 11; ferner EuGH verb. Rs. 46/87 u. 227/88, *Hoechst/Kommission,* Slg. 1989, 2859 Rn. 12; EuGH Rs. C-32/95 P, *Lisrestal,* Slg. 1996, I-5373 Rn. 21 m. w. N. *Gornig/Trüe* JZ 2000, 395, 404 f.; zum Recht auf gute Verwaltung *Lais* ZeuS 2002, 447, 464 ff.; *Grzeszick* EuR 2006, 161; *Galetta* EuR 2007, 57.

[708] EuGH Rs. 45/69, *Boehringer/Kommission,* Slg. 1970, 749 Rn. 9; EuGH Rs. 85/76, *Hoffmann-La Roche/Kommission,* Slg. 1979, 461 Rn. 10.

[709] EuGH Rs. C-32/95 P, *Lisrestal,* Slg. 1996, I-5373 Rn. 37.

[710] EuGH Rs. 322/81, *Michelin/Kommission,* Slg. 1983, 3461 Rn. 19 f. m. w. N.

[711] EuGH Rs. 136/79, *National Panasonic,* Slg. 1980, 2033 Rn. 20; EuG Rs. T-30/91, *Solvay/Kommission,* Slg. 1995, II-1775 Rn. 102; *Gornig/Trüe* JZ 2000, 446, 448.

[712] Vgl. etwa Art. 87, 88 Beamtenstatut.

[713] EuGH verb. Rs. 36/81, 37/81 u. 218/81, *Seton/Kommission,* Slg. 1983, 1789 Rn. 17.

[714] EuGH verb. Rs. 33/79 u. 75/79, *Kuhner/Kommission,* Slg. 1980, 1677 Rn. 25.

[715] Vgl. GA *Warner* Rs. 113/77, *NTN ToyoBearing Company/Rat,* Slg. 1979, 1185, 1262.

geführt wird".[716] Hat die Kommission „dem Betroffenen keine Gelegenheit zu einer Stellungnahme zu den Unterlagen gegeben, die unter das Geschäftsgeheimnis fallende Informationen enthalten, kann sie diese Informationen in ihrer Entscheidung nicht heranziehen".[717]

**Beispiel:** Gestützt auf ihre kartellrechtlichen Untersuchungsbefugnisse leitet die Kommission ein Verfahren ein, ohne dem betroffenen Unternehmen die Unterlagen, aus denen die Verdachtsmomente hervorgehen, zur Kenntnis zu bringen. Hiergegen wendet sich das Unternehmen zu Recht: „Wenn die Schriftstücke in der Mitteilung der Beschwerdepunkte nicht erwähnt worden sind, so konnte [das Unternehmen] zu Recht davon ausgehen, dass sie für das Verfahren bedeutungslos waren. (...) Diese Dokumente können deshalb im Rahmen des vorliegenden Verfahrens nicht als gültige Beweismittel angesehen werden."[718]

251 Das Recht auf **Akteneinsicht**[719] ist im europäischen Sekundärrecht (z. B. für das Antidumping-[720] und das Kartellverfahren[721]) näher definiert und wird daneben allgemein in Art. 41 Abs. 2 lit. b) der EU-Grundrechte-Charta als Verteidigungsrecht gewährleistet. Es umfasst die Gesamtheit der belastenden und entlastenden Schriftstücke, die im Laufe der Untersuchung angefallen sind.

252 Eingeschränkt wird das Recht auf Akteneinsicht durch den Schutz von Betriebs- und Geschäftsgeheimnissen[722] sowie den **Grundsatz der Vertraulichkeit** (vgl. Art. 41 Abs. 2 lit. b) der Grundrechte-Charta), der neben dem Anwaltsgeheimnis[723] u. a. das allgemeine Persönlichkeitsrecht schützt[724] (→ Rn. 285). Unterlagen gelten als vertraulich, wenn aus ihnen die Identität eines etwaigen Beschwerdeführers oder die Tatsache, dass dem betreffenden Verfahren eine Beschwerde zu Grunde liegt, hervorgeht. Die Vertraulichkeit ist ohne entsprechenden Antrag zu wahren;[725] sie schützt neben Unternehmen auch Private.[726] Ein Interesse an Geheimhaltung kann fehlen bzgl. Geschäftsgeheimnissen, deren Gegenstand ein Geschäftsverhalten ist, das gegen Wettbewerbsvorschriften verstößt.[727]

253 Neben diese verfahrensgebundenen Rechte tritt ein (Jedermann-)Anspruch auf Zugang zu Dokumenten gemäß der sog. **Transparenzverordnung.**[728] Danach haben die Unionsorgane mit Ausnahme des EuGH einen Zugang zu allen in ihrem Besitz befindlichen Dokumenten einschließlich elektronischer Daten zu gewähren, die im Zusammenhang mit

[716] EuG Rs. T-109/94, *Windpark Groothusen/Kommission,* Slg. 1995, II-3009 Rn. 48.

[717] EuGH Rs. 234/84, *Belgien/Kommission,* Slg. 1986, 1965 Ls. 3; ähnlich EuGH Rs. 322/81, *Michelin/Kommission,* Slg. 1983, 3461 Rn. 8.

[718] EuGH Rs. 107/82, *AEG/Kommission,* Slg. 1983, 3151 Rn. 27; einschränkend EuGH verb. Rs. C-204/00 P u. a., *Aalborg Portland u. a.,* Slg. 2004 I-123 Rn. 68, 71, 73–75.

[719] EuGH verb. Rs. 43/82 u. 63/82, *VBVB u. VBBB/Kommission,* Slg. 1984, 19 Ls. 6. Vgl. dazu auch *Gornig/Trüe* JZ 2000, 395, 405; *Gassner* DVBl. 1995, 16, 20 f.

[720] Vgl. Art. 5 Abs. 11 der VO 384/96 (ABl. 1996 L 23/3).

[721] Vgl. Art. 27 Abs. 2 der VO 1/2003 (ABl. 2003 L 1/1) und Mitteilung der Kommission vom 15.12.2005 über die Regeln für die Einsicht in Kommissionsakten in Fällen einer Anwendung der Artikel 81 und 82 EG-Vertrag.

[722] EuGH Rs. 234/84, *Belgien/Kommission,* Slg. 1986, 1965 Rn. 16 f.; vgl. hierzu auch EuGH Rs. C-450/06, *Varec,* Slg. 2008, I-581 Rn. 48 ff.; EuG Rs. T-474/04, *Pergan Hilfsstoffe für industrielle Prozesse/Kommission,* Slg. 2007, II-4225 Rn. 72 ff.; siehe ferner *Gornig/Trüe* JZ 2000, 446, 447 f.

[723] EuGH Rs. 155/79, *AM & S Europe Ltd.,* Slg. 1982, 1610 Rn. 18 ff.

[724] EuGH Rs. 29/69, *Stauder,* Slg. 1969, 419 Rn. 7.

[725] EuGH Rs. 268/84, *Timex/Rat u. Kommission,* Slg. 1985, 849 Rn. 29.

[726] EuGH Rs. 145/83, *Adams/Kommission,* Slg. 1985, 3539 Rn. 34.

[727] GA *Lenz,* Schlussanträge in der Rs. 53/85, *AKZO Chemie/Kommission,* Slg. 1986, 1965, 1976.

[728] VO 1049/2001 (ABl. 2001 L 145/43). Vgl. dazu *Partsch* NJW 2001, 3154; *Wägenbaur* EuZW 2001, 680; *Bartelt/Zeitler* EuR 2003, 487; *Bock* DÖV 2002, 556; *Wölker,* in: v. d. Groeben/Schwarze (Fn. 15), Art. 255 EGV Rn. 8–30. Vgl. darüber hinaus den Informationsanspruch gegenüber Parlament, Rat und Kommission gem. Art. 42 Grundrechte-Charta.

den Politiken, Maßnahmen oder Entscheidungen aus dem Zuständigkeitsbereich der Organe stehen.[729] Die zum Schutz des öffentlichen Interesses, der Privatsphäre oder Dritter u. Ä. vorgesehenen Ausnahmetatbestände sind eng auszulegen.[730] Für jedes einzelne Dokument, das beantragt wird, muss geprüft werden, ob dessen Offenlegung „tatsächlich geeignet ist, einen der durch die Ausnahmen … geschützten Aspekte des öffentlichen Interesses zu verletzen. Diese Ausnahmen können daher nur angewandt werden, wenn die Gefahr einer Beeinträchtigung des öffentlichen Interesses absehbar und nicht rein hypothetisch ist“.[731]

**Beispiel:** Der Rat verweigert den Zugang zu einer Stellungnahme seines Juristischen Dienstes zu einem Entwurf für eine Richtlinie unter Berufung auf den Schutz der internen Rechtsberatung gemäß Art. 4 Abs. 2 der Verordnung 1049/2001. Eine Offenlegung der Stellungnahmen des Juristischen Dienstes beinhalte die Gefahr, dass Zweifel an der Rechtmäßigkeit von Gesetzgebungsakten der Unionsorgane entstünden und gefährde daher die Unabhängigkeit der Arbeit des Dienstes. Der EuGH schloss sich dieser Argumentation nicht an: Gerade die Veröffentlichung trage „dazu bei, den Organen in den Augen der europäischen Bürger eine größere Legitimität zu verleihen und deren Vertrauen zu stärken, weil sie es ermöglicht, Unterschiede zwischen mehreren Standpunkten offen zu erörtern.“[732]

Im Rahmen der Anwendung von Ausnahmen der Transparenzverordnung ist außerdem stets zu prüfen, „ob ein auf die von den Ausnahmen nicht gedeckten Angaben begrenzter, **teilweiser Zugang** zu gewähren ist. Eine Befreiung von der Verpflichtung, einen teilweisen Zugang zu gewähren, kommt ausnahmsweise dann in Betracht, wenn die Verwaltung durch die Unkenntlichmachung der nicht verbreitbaren Stellen in besonderem Maße belastet würde, so dass damit die Grenzen dessen überschritten würden, was vernünftigerweise verlangt werden kann“.[733] 254

**Beispiel:** Ein deutscher Naturschutzverband verlangt von der EU-Kommission Zugang zu dem mit der Bundesregierung geführten Schriftwechsel bezüglich des „Mühlenberger Lochs“. Die Kommission lehnte den Antrag unter Berufung auf Art. 4 Abs. 5 der Transparenzverordnung ab, da die Bundesregierung der Übermittlung der Dokumente nicht zugestimmt habe. Anders als das EuG in erster Instanz[734] gab der EuGH der hiergegen gerichteten Nichtigkeitsklage statt: Die Kommission könne ein Auskunftsersuchen nach dieser Vorschrift nur dann ablehnen, wenn sie zuvor in „loyaler Zusammenarbeit“ mit dem jeweiligen Mitgliedstaat geprüft habe, ob die Auskunftsverweigerung tatsächlich auf einen der Ausnahmegründe der Verordnung gestützt werden könne.[735]

Handlungen der Unionsorgane unterliegen einer Begründungspflicht (Art. 296 AEUV).[736] Eine **Begründung** ist grundsätzlich „als ausreichend anzusehen, sofern sie klar und folgerichtig die tatsächlichen und rechtlichen Erwägungen erkennen lässt, so dass … der wesentliche Gedankengang … ersichtlich ist.“[737] Begründet werden müssen nur die verfahrensbeendenden Entscheidungen.[738] Je weiter der Ermessensspielraum ist, umso 255

[729] Art. 2 Abs. 1 i. V. m. Art. 3 Buchst. a der VO 1049/2001.

[730] St. Rspr. seit EuG Rs. T-105/95, *WWF UK/Kommission,* Slg. 1997, II-313 Rn. 56; EuGH Rs. T-174/95, *Svenska Journalistförbundet/Rat,* Slg. 1998, II-2289 Rn. 112; vgl. auch EuGH Rs. C-64/05, *Schweden/Kommission u. a.*, Slg. 2007, I-11389 Rn. 53.

[731] EuG Rs. T-36/04, *API/Kommission,* Slg. 2007, II-3201 Rn. 54; EuGH Rs. C-39/05, *Schweden/Rat u. a.*, Slg. 2008, I-4723 Rn. 59 ff.

[732] EuGH Rs. C-39/05, *Schweden/Rat u. a.*, Slg. 2008, I-4723 Rn. 58 ff.

[733] EuG Rs. T-211/00, *Kuijer,* Slg. 2002, II-485 Rn. 56 f. Dazu *Bartelt/Zeitler* EuR 2003, 487, 495 f.

[734] EuG Rs. T-168/02, *IFAW/Kommission* = NVwZ 2005, 313; ähnlich schon Rs. EuG T-76/02, *Messina,* Slg. 2003, II-3203 Rn. 48 ff.; kritisch dazu *Epiney* NVwZ 2004, 1067, 1068 f.

[735] EuGH Rs. C-64/05, *Schweden/Kommission u. a.*, Slg. 2007, I-11389 Rn. 85 ff.

[736] Dazu im Einzelnen *Müller-Ibold,* Die Begründungspflicht im europäischen Gemeinschaftsrecht und im deutschen Recht, 1990; *Gornig/Trüe* JZ 2000, 446, 452 f.; *Schwarz/Bavidor* JZ 2011, 653, 657 f.; *Schoo,* in: Schwarze (Fn. 15), Art. 253 EGV Rn. 1 ff.; *Gellermann,* in: Streinz (Fn. 83), Art. 296 AEUV Rn. 1 ff.

[737] EuGH Rs. 41/69, *Chemiefarma/Kommission,* Slg. 1970, 661 Rn. 77 f.

[738] Vgl. EuGH Rs. 60/81, *IBM/Kommission,* Slg. 1981, 2639 Rn. 20 ff.

ausführlicher muss die Begründung ausfallen.[739] Umgekehrt kann im Einzelfall der Umfang der Begründungspflicht eingeschränkt sein. Dies ist beispielsweise bei einer vorherigen Anhörung oder auch bei Vorkenntnissen des Betroffenen der Fall, die ihm eine Nachprüfung der tatsächlichen und rechtlichen Erwägungen (ggf. trotz einer teilweise falschen Begründung) erlauben. Auch kann das Erfordernis einer raschen Entscheidung, etwa bei der Preisfestsetzung, die Anforderungen an eine Begründung herabsetzen.[740]

## III. Verwaltungsgrundsätze beim indirekten Vollzug durch die deutschen Behörden

### 1. Allgemeine Grenzen der Verfahrensautonomie der Mitgliedstaaten

256 Den Regelfall bildet für den Praktiker der **indirekte Vollzug** des Unionsrechts. Ähnlich dem Bund-Länder-Verhältnis (vgl. Art. 83 GG) sieht das EU-Recht vor, dass die Mitgliedstaaten „alle zur Durchführung der verbindlichen Rechtsakte der Union erforderlichen Maßnahmen nach innerstaatlichem Recht" ergreifen (Art. 291 AEUV). Es ist demnach primär „**Sache der Mitgliedstaaten,** in ihrem Hoheitsgebiet für die Durchführung der Gemeinschaftsregelungen ... zu sorgen. Soweit das Gemeinschaftsrecht einschließlich der allgemeinen gemeinschaftsrechtlichen Grundsätze hierfür keine gemeinsamen Vorschriften enthält, gehen die nationalen Behörden bei dieser Durchführung nach den formellen und materiellen Bestimmungen ihres nationalen Rechts vor" (sog. **„Soweit-Formel"**).[741]

257 Sowohl der Vollzug des unmittelbar anwendbaren Unionsrechts (z. B. AEUV, Verordnung, unmittelbar anwendbare Richtlinien) als auch der Vollzug des zur Umsetzung des Europarechts (z. B. Richtlinien und „hinkende Verordnungen") erlassenen innerstaatlichen Rechts hat also „grundsätzlich nach den Form- und Verfahrensvorschriften des nationalen Rechts zu geschehen"[742] **(Grundsatz der Verfahrensautonomie).**[743]

**Beispiel:** Ein an den Mitgliedstaat gerichteter Beschluss sieht die sofortige Rückforderung von Finanzhilfen zugunsten eines Unternehmens vor, das seinerseits Entschädigungsansprüche gegen den Beihilfengeber hat. Der Gerichtshof hat für diesen Fall anerkannt, dass die unionsrechtlich geforderte Rückforderung „auch im Wege der Aufrechnung erfolgen kann, sofern diese im nationalen Recht als ein Mechanismus für das Erlöschen einer Verpflichtung vorgesehen ist".[744]

258 Der Grundsatz der Verfahrensautonomie der Mitgliedstaaten unterliegt allerdings **zwei ungeschriebenen – aber entscheidenden – Einschränkungen:**

- Erstens haben die Behörden beim (direkten und indirekten) Vollzug des Unionsrechts darauf zu achten, dass sie das nationale Recht „im Vergleich zu den Verfahren, in denen über gleichartige, aber rein innerstaatliche Streitigkeiten entschieden wird, ohne Diskriminierung" anwenden[745] **(„Diskriminierungsverbot"** bzw. **„Äquivalenzgrundsatz").**

---

[739] EuGH verb. Rs. 56/64 u. a., *Grundig u. Consten/Kommission,* Slg. 1966, 321, 396.

[740] EuGH Rs. 16/65, *Fa. Schwarze/Einfuhr- u. Vorratsstelle,* Slg. 1965, 1152, 1167.

[741] EuGH verb. Rs. 205–215/82, *Milchkontor,* Slg. 1983, 2633 Rn. 17 = NJW 1984, 2024. St. Rspr. vgl. EuGH Rs. C-336/00, *Huber,* Slg. 2002, I-7699 Rn. 61; EuGH verb. Rs. C-80/99 bis C-82/99, *Flemmer u. a.,* Slg. 2001, I-7211 Rn. 55.

[742] EuGH Rs. 39/70, *Norddeutsches Vieh- u. Fleischkontor,* Slg. 1971, 49 Rn. 4; Zum Begriff der Verfahrensautonomie vgl. GA *Jacobs,* Schlussanträge zu den verb. Rs. C-430/93 u. C-431/93, *van Schijndel u. van Veen,* Slg. 1995, I-4705 Rn. 18; *Rodriguez Iglesias* EuGRZ 1997, 289; *v. Bogdandy/Schill,* in: G/H/N (Fn. 26), Stand: 2010, Art. 4 EUV Rn. 76 ff.

[743] EuGH Rs. C-201/02, *Wells,* Slg. 2004, I-723 Rn. 65 = DVBl. 2004, 370 = NVwZ 2004, 593.

[744] EuGH Rs. C-369/07, *Kommission/Griechenland,* Slg. 2009, I-5703 Rn. 68; dazu *Karpenstein/Klein,* in: Münchener Kommentar zum deutschen und europäischen Wettbewerbsrecht, Bd. 3 (2011), Anh. zu Art. 14 VerfVO Rn. 71.

[745] EuGH verb. Rs. 205 bis 215/82, *Deutsche Milchkontor,* Slg. 1983, 2633 Rn. 19 = NJW 1984, 2024.

- Zweitens darf die Anwendung der nationalen Vorschriften nicht darauf hinauslaufen, „dass die Verwirklichung des Gemeinschaftsrechts praktisch unmöglich wird“.[746] Die nationalen Verwaltungsverfahren dürfen insbesondere „die Ausübung der durch die Gemeinschaftsrechtsordnung verliehenen Rechte nicht praktisch unmöglich machen oder übermäßig erschweren“[747] (**„Effektivitätsgrundsatz“**).

Verstößt das deutsche Verfahrensrecht gegen diese Vorgaben, so muss es auf Grund des **Anwendungsvorrangs allgemeiner Rechtsgrundsätze** „unangewendet bleiben“.[748] Verletzt also eine deutsche Bestimmung des Verwaltungsverfahrensrechts die vorgenannten Grundsätze, so obliegt allen Verwaltungsträgern die Verpflichtung, „diejenigen Bestimmungen des nationalen Rechts unangewendet zu lassen, die damit nicht im Einklang stehen“.[749] **259**

Das Diskriminierungsverbot verlangt **keine Besserstellung** des sich auf das EU-Recht berufenden Bürgers.[750] So entspricht eine staatliche Erstattungsregelung dem Äquivalenzgrundsatz, wenn sie in gleicher Weise auf alle Ansprüche unabhängig davon anwendbar ist, „ob diese auf die Verletzung des Gemeinschaftsrechts oder des innerstaatlichen Rechts gestützt werden, sofern es sich um dieselbe Art von Abgaben oder Gebühren handelt, dass aber dieser Grundsatz nicht so verstanden werden kann, dass er einen Mitgliedstaat verpflichtet, die günstigste innerstaatliche Erstattungsregelung auf alle Klagen auf Erstattung von Abgaben und Gebühren zu erstrecken, die unter Verstoß gegen das Gemeinschaftsrecht erhoben worden sind“.[751] **260**

Nach dem Effektivitätsgrundsatz darf das nationale Verwaltungsrecht die durch das Unionsrecht begründeten Rechte weder **„praktisch unmöglich“** machen noch **„übermäßig erschweren“.**[752] Auch bei einer systematischen Gefährdung der Durchsetzung des Unionsrechts verlangt der Effektivitätsgrundsatz die Außerachtlassung des innerstaatlichen Verfahrensrechts.[753] **261**

## 2. Formelle Verwaltungsgrundsätze beim Vollzug des Unionsrechts durch deutsche Behörden

### a) Institutionelle Autonomie der Mitgliedstaaten

Auch die Verwaltungsorganisation und innerstaatlichen Vollzugskompetenzen richten sich grundsätzlich nach nationalem Recht **(Grundsatz der institutionellen Autonomie der Mitgliedstaaten).** Demnach entscheidet in den Grenzen des Effektivitätsgebots die Kompetenzverteilung des Grundgesetzes (Art. 83 ff. GG), ob die Länder oder der Bund das unmittelbar wirksame Unionsrecht oder das deutsche Umsetzungsrecht vollziehen.[754] **263**

[746] EuGH Rs. C-290/91, *Peter*, Slg. 1993, I-2981 Rn. 8.

[747] EuGH Rs. C-231/96, *Edis*, Slg. 1998, I-4951 Rn. 34; vgl. auch EuGH Rs. C-80/99, *Flemmer u. a.*, Slg. I-2001, 7211 Rn. 55 = JZ 2002, 239 mit Anm. *Streinz* JZ 2002, 240; EuGH verb. Rs. 205–215/82, *Milchkontor*, Slg. 1983, 2633 Rn. 17 = NJW 1984, 2024; EuGH Rs. 94/71, *Schlüter u. Maak*, Slg. 1972, 307 Rn. 11; EuGH verb. Rs. C-430/93 u. C-431/93, *van Schijndel u. van Veen*, Slg. 1995, I-4705 Rn. 17 = EuZW 1996, 542.

[748] EuGH Rs. C-430/93 u. C-431/93, *van Schijndel u. van Veen*, Slg. 1995, I-4705 Rn. 18; ähnlich Rs. 103/88, *Fratelli Constanzo*, Slg. 1989, 1839 Rn. 31; vgl. o. Rn. 102.

[749] EuGH Rs. 103/88, *Fratelli Costanzo*, Slg. 1989, 1839 Rn. 30 f. = DVBl. 1990, 689 = NVwZ 1990, 649.

[750] *Gellermann*, in: Rengeling u. a. (Fn. 69), § 34 Rn. 44; *Dörr*, in: Sodan/Ziekow (Fn. 383), Rn. 433.

[751] EuGH verb. Rs. C-216/99 u. C-222/99, *Riccardo Prisco Srl.*, Slg. I-2002, 6761 Rn. 76.

[752] EuGH Rs. C-343/96, *Dilexport*, Slg. 1999, I-579 Rn. 25 ff.

[753] *Gellermann*, in: Rengeling u. a. (Fn. 69), § 34 Rn. 40 ff.

[754] *Pernice* DVBl. 1993, 909, 914 f.; *Trüe* EuR 1996, 179, 196 f.; *Brenner* ZLR 2001, 359, 370 f.; *Blanke*, Föderalismus und Integrationsgewalt, 1991, S. 297 ff.; *Kössinger*, Die Durchführung des Euro-

Das BVerfG hat allerdings anerkannt, dass das EU-Recht – auch abweichend von der Kompetenzverteilung des Grundgesetzes – zwecks „Sicherstellung der einheitlichen Anwendung … für den ordnungsgemäßen Vollzug des Gemeinschaftsrechts“ eine Mischverwaltung von Bund und Ländern oder gar ungeschriebene Vollzugskompetenzen des Bundes zur effektiven Durchsetzung des Unionsrechts erfordern kann.[755] Es ist indes nicht Aufgabe des EuGH, innerstaatlich „bei der Lösung von Zuständigkeitsfragen mitzuwirken“,[756] und noch weniger „Sache der Kommission …, sich zur **Verteilung der Zuständigkeiten** auf Grund der organisationsrechtlichen Vorschriften der einzelnen Mitgliedstaaten zu äußern“.[757] Bestehen nach der innerstaatlichen Kompetenzverteilung Zweifel, wer unmittelbar anwendbare Unionsvorschriften zu vollziehen hat, so folgt aus dem Äquivalenzgrundsatz die Zuständigkeit derjenigen Behörden, die in rein innerstaatlichen Verfahren „mit einem ähnlichen Gegenstand oder Rechtsgrund“[758] zuständig sind.[759]

**Beispiel:** Für das In-Kraft-Setzen des sog. Dosenpfandes war nach der VerpackV die Bundesregierung zuständig.[760] Deshalb kann von den Vollzugsbehörden der Länder nicht verlangt werden, dass diese die Unanwendbarkeit der Pfandpflicht wegen Verstoßes gegen Art. 34 AEUV oder die EU-Verpackungsrichtlinie feststellen.

264 Allerdings widerspricht eine Verwaltungsorganisation, die die praktische Durchsetzung des Unionsrechts behindert oder gefährdet, dem Effektivitätsgebot.[761] Die Mitgliedstaaten sind verpflichtet, „ein System von Verwaltungskontrollen und Kontrollen an Ort und Stelle zu schaffen, das die ordnungsgemäße Erfüllung der materiellen und formellen Voraussetzungen“ des Unionsrechts sicherstellt.[762] Namentlich die effektive Durchsetzung der Grundfreiheiten lässt es nicht zu, dass die Mitgliedstaaten „– selbst an sich zweckmäßige – Regelungen oder Praktiken einführen oder beibehalten, deren beschränkende Elemente ihre Ursache im wesentlichen in dem Bestreben finden, die **Belastungen der Verwaltung** oder die öffentlichen Ausgaben zu vermindern, es sei denn, dass ohne diese Regelungen oder Praktiken solche Belastungen oder Ausgaben deutlich die Grenzen dessen überschreiten würden, was vernünftigerweise verlangt werden kann“.[763]

### b) Antrags- und Mitwirkungsbefugnisse beim Vollzug von Unionsrecht

265 Die **Antrags- und Mitwirkungsbefugnisse** des deutschen Verwaltungsverfahrens (vgl. §§ 22, 26 VwVfG) können beim Vollzug des Unionsrechts gemäß dem Äquivalenzgrundsatz und dem Effektivitätsgebot modifiziert werden. Unstatthaft sind etwa Beweisvor-

päischen Gemeinschaftsrechts im Bundesstaat: Bund/Länder-Verhältnis und Europäisches Gemeinschaftsrecht, 1989, S. 42 ff.; s. a. *Rodríguez Iglesias* EuGRZ 1997, 289, 290 f.; einschränkend *Riegel* DVBl. 1979, 245, 247 ff.; *Karpenstein,* in: G/H/N, Das Recht der EU, Art. 260 AEUV Rn. 22.

[755] BVerfGE 116, 271, 311; siehe auch *Kugelmann,* VerwArch 98 (2007), S. 78, 85 ff.

[756] EuGH Rs. C-54/96, *Dorsch,* Slg. 1997, I-4961 Rn. 40; EuGH verb. Rs. C-10/97 bis 22/97, *IN. CO. GE.*, Slg. 1998, I-6307 Rn. 14 = NJW 1999, 201 = EuZW 1998, 719 mit Anm. *v. Danwitz* JZ 1999, 198.

[757] EuG Rs. T-76/02, *Messina,* Slg. 2003, II-3203 Rn. 46; EuGH Rs. C-8/88, *Deutschland/Kommission,* Slg. 1990, I-2321 Rn. 13; EuGH Rs. C-344/01, *Deutschland/Kommission,* Slg. 2004, I-2081.

[758] EuGH Rs. C-54/96, *Levez,* Slg. 1998, I-7835 Rn. 41.

[759] Zutreffend *Öhlinger/Potacs* (Fn. 42), S. 123 f.; *Trüe* EuR 1996, 179, 194.

[760] BVerwG DVBl. 2003, 544, 545; OVG Berlin DVBl. 2002, 630, 632.

[761] EuGH Rs. C-128/89, *Kommission/Italien,* Slg. 1990, I-3239 Rn. 22 ff.; EuGH Rs. 42/82, *Kommission/Frankreich,* Slg. 1983, 1013 Rn. 46 ff.; *Gellermann,* in: Rengeling u. a. (Fn. 69), § 34 Rn. 31; *Kadelbach* (Fn. 105), S. 238 ff. Ob hieraus im Einzelfall „Notfallkompetenzen“ des Bundes abzuleiten sind, ist offen, vgl. *Stüer/Spreen* VerwArch 2005, 174 und *Grabitz* AöR 111 (1986), 1, 29 ff.

[762] EuGH Rs. C-8/88, *Deutschland/Kommission,* Slg. 1990, 2321 Rn. 20; ähnlich EuGH Rs. C-247/98, *Griechenland/Kommission,* Slg. 2001, I-1 Rn. 81; *v. Bogdandy/Schill,* in: G/H/N (Fn. 26), Stand: 2010, Art. 4 EUV Rn. 78; *Brenner* ZLR 2001, 359, 370 f.

[763] EuGH Rs. C-128/89, *Kommission/Italien,* Slg. 1990, I-3239 Rn. 22.

schriften, die es übermäßig erschweren, die Erstattung von unter Verstoß gegen das Unionsrecht erhobenen Abgaben zu erlangen.[764] Dies „ist insbesondere der Fall bei **Vermutungen oder Beweisregeln,** die dem Abgabenpflichtigen die Beweislast dafür auferlegen, dass die ohne Rechtsgrund gezahlten Abgaben nicht auf andere abgewälzt worden sind, oder bei besonderen Beschränkungen hinsichtlich der Form der zu erbringenden Beweise, wie dem Ausschluss aller Beweismittel außer dem Urkundsbeweis".[765]

Grundsätzlich haben auch Unionsbürger keinen Anspruch darauf, in ihrer eigenen Landessprache vor den Behörden Gehör zu finden.[766] Nur wenn ausnahmsweise eigenen Staatsangehörigen das Recht eingeräumt wird, eine andere Sprache als die **deutsche Amtssprache** zu benutzen, können sich hierauf auch die Angehörigen anderer Mitgliedstaaten berufen.[767] Im Übrigen wird man Anträge, die ein von seinen Grundfreiheiten Gebrauch machender Unionsbürger in einer gebräuchlichen Sprache (z. B. englisch oder französisch) stellt, nicht allein deshalb zurückweisen dürfen, sondern sich aktiv um die Beibringung einer Übersetzung bemühen müssen, sofern die eigenen Sprachkenntnisse der Behördenbediensteten nicht ausreichen.[768] Ob ein fremdsprachiger Rechtsschutzantrag zumindest die Frist wahrt, ist nicht hinreichend geklärt, dürfte aber zu bejahen sein.[769] 266

Beim Vollzug von Unionsrecht unterliegt die **Sachverhaltsermittlung** (§ 24 VwVfG) grundsätzlich keinen Besonderheiten.[770] Einer erhöhten Ermittlungslast dürften die deutschen Behörden jedoch dann unterliegen, wenn es um den Schutz der finanziellen Interessen der Union – z. B. um die von den Zollbehörden erhobenen Abgaben – und um die Durchsetzung unionsrechtlich verbürgter Rechte, insbesondere der Grundfreiheiten, geht. Insbesondere ist es den Behörden verwehrt, sich ohne eingehende sachliche Prüfung auf ihre innerstaatlichen Vorschriften zu berufen, wenn es um die Anerkennung von Verwaltungsakten eines anderen Mitgliedstaates, z. B. von Berufsqualifikationen geht (→ Rn. 192 f.). 267

**Beispiel:** Die zuständigen Einwohnermelde- und Standesämter sind „verpflichtet, von den zuständigen Behörden der anderen Mitgliedstaaten ausgestellte Urkunden und ähnliche Schriftstücke über den Personenstand zu beachten, sofern deren Richtigkeit nicht durch konkrete, auf den jeweiligen Einzelfall bezogene Anhaltspunkte ernstlich in Frage gestellt ist". Es reicht nicht aus, nur auf die aktuelleren Urkunden abzustellen.[771]

Die effektive Durchsetzung des Unionsrechts kann eine über die Staatsgrenzen hinausgehende Sachverhaltsermittlung, insbesondere eine **Zusammenarbeit der nationalen Behörden** erfordern.[772] Neben Mitteilungspflichten bei Änderungen einer sich auf die Grundfreiheiten massiv auswirkenden Verwaltungspraxis[773] müssen die zuständigen Be- 268

---

[764] EuGH Rs. 199/82, *San Giorgio,* Slg. 1983, 3595 Ls. 4; EuGH Rs. 104/86, *Kommission/Italien,* Slg. 1988, 1799 Ls. 1.

[765] EuGH Rs. 104/86, *Kommission/Italien,* Slg. 1988, 1799 Ls. 1 = NJW 1989, 326.

[766] *P. Stelkens/Schmitz,* in: S/B/S (Fn. 69), § 23 Rn. 40 ff.

[767] Vgl. EuGH Rs. C-274/96, *Bickel u. Franz,* Slg. 1998, I-7637 = EuZW 1999, 82 zur Gleichbehandlung deutscher Staatsangehöriger mit Angehörigen der deutschsprachigen Minderheit in der Provinz Bozen.

[768] So auch *P. Stelkens/Schmitz,* in: S/B/S (Fn. 69), § 23 Rn. 58.

[769] In diesem Sinne VGH München NJW 1976, 1048; FG Saarland NJW 1989, 3112; *Dünchheim* DÖV 2004, 190; *Mankowski,* in: Rengeling u. a. (Fn. 69), § 37 Rn. 50 ff. (zu § 184 GVG); a. A. offenbar BVerwG NJW 1990, 3130.

[770] *Hatje* (Fn. 17), S. 191 ff.

[771] EuGH Rs. C-336/94, *Dafeki,* Slg. 1997, I-6761 Rn. 20.

[772] Instruktiv *Winkelmüller,* Verwaltungskooperation bei der Wirtschaftsaufsicht im EG-Binnenmarkt, 2002, S. 205 ff. u. passim; *Sydow,* Verwaltungskooperation in der Europäischen Union, 2004, S. 23 ff. u. passim; *v. Bogdandy/Schill,* in: G/H/N (Fn. 26), Stand: 2010, Art. 4 EUV Rn. 87 ff. Zu den Grenzen s. GA *Jacobs,* Schlussanträge in der Rs. C-371/03, *Aulinger,* Slg. 2006, I-2207.

[773] EuGH Rs. 42/82, *Kommission/Frankreich,* Slg. 1983, 1013 Rn. 36; EuGH Rs. C-128/89, *Kommission/Italien,* Slg. 1990, I-3239 Rn. 22 ff.; *Streinz,* in: ders. (Fn. 83), Art. 4 EUV Rn. 30.

hörden der Mitgliedstaaten im Wege der Amtshilfe „unmittelbar miteinander in Verbindung treten", wenn das zu vollziehende Unionsrecht sonst leer zu laufen droht.[774] Diese allgemeinen Pflichten werden konkretisiert durch zahlreiche Verordnungen und Richtlinien, mit denen insbesondere das Herkunftslandprinzip sichergestellt werden soll.[775]

#### c) Antrags- und Widerspruchsbefugnis

269 Wie bereits dargelegt, ist das Unionsrecht bei der Anerkennung von subjektiven Rechten **erheblich großzügiger.** Grundsätzlich reicht es aus, wenn sich der Einzelne auf eine Vorschrift des Unionsrechts wegen ihrer unmittelbaren Anwendbarkeit „berufen" kann. Dies ist nicht nur für gerichtlich durchzusetzende öffentlich-rechtliche Ansprüche, sondern auch für das Verwaltungsverfahren, z. B. das Widerspruchsverfahren, von erheblicher praktischer Bedeutung (→ Rn. 143 ff.).

#### d) Antrags-, Präklusions- und Rechtsbehelfsfristen (sog. „Emmott'sche Fristenhemmung")

270 Soweit das sekundäre Unionsrecht – z. B. das Agrar- oder Zollrecht – keine Sonderregelungen enthält,[776] gelten grundsätzlich die **Antragsfristen und -termine** des deutschen Verwaltungsrechts. Eine Hemmung der innerstaatlich vorgesehenen Fristen kommt jedoch in Betracht, sofern Präklusions- oder ähnliche Einspruchsfristen dazu führen, dass der Antragsteller mit seinen unionsrechtlich begründeten Rechten präkludiert wäre (→ Rn. 42). So sind z. B. die Vergabekammern gehalten, „die auf der Unvereinbarkeit der Ausschreibung mit dem Gemeinschaftsrecht beruhenden Rügen zuzulassen," indem sie „von der nach nationalem Recht vorgesehenen Möglichkeit Gebrauch machen, die nationalen **Präklusionsvorschriften außer Anwendung** zu lassen."[777]

271 Nach der sog. **„Emmott'schen Fristenhemmung"** kann der Ablauf von Rechtsbehelfsfristen (z. B. der Widerspruchsfrist nach § 70 VwGO) dem Antragsteller (bzw. Widerspruchsführer) nicht entgegengehalten werden, soweit das angegriffene Verwaltungshandeln einen sich aus einer EU-Richtlinie ergebenden Anspruch nur deshalb nicht anerkennt, weil diese Richtlinie nicht rechtzeitig umgesetzt wurde. Erst die **ordnungsgemäße Richtlinienumsetzung** beende „diesen Zustand der Unsicherheit, und erst mit dieser Umsetzung wird die Rechtssicherheit geschaffen, die erforderlich ist, um von den Einzelnen verlangen zu können, dass sie ihre Rechte geltend machen".[778] Die Behörden des säumigen Mitgliedstaats sollen sich danach „bis zum Zeitpunkt der ordnungsgemäßen Umsetzung der Richtlinie" nicht auf die Verspätung eines Rechtsbehelfs berufen können, den ein Einzelner zum Schutz der ihm durch die Richtlinie verliehenen Rechte erhoben hat. Erst „mit dem Zeitpunkt der ordnungsgemäßen Umsetzung der Richtlinie" sollen die Antrags- und Klagefristen zu laufen beginnen.[779]

272 Die **deutsche Rechtsprechung** ist bemüht, die Reichweite dieser Fristenhemmung einzugrenzen und die **Bestandskraft von Verwaltungsakten** zu betonen.[780] In späteren Ent-

---

[774] EuGH Rs. C-251/89, *Athanasopoulos,* Slg. 1991, I-2797 Rn. 57; *Winkelmüller* (Fn. 767), S. 50 ff.

[775] S. im Einzelnen *Winkelmüller* (Fn. 767), S. 81 ff.

[776] Dazu etwa BVerwG DVBl. 2004, 1249 zur Fristversäumung nach der VO 1765/92 betr. die Einführung einer Stützungsregelung für Erzeuger landwirtschaftlicher Kulturpflanzen wegen Verlust einer Briefsendung (höhere Gewalt); ferner *Hatje* (Fn. 17), S. 188 ff.; *Wenzel* EuZW 2002, 524, 525 ff.

[777] EuGH Rs. C-327/00, *Santex SpA,* Slg. 2003, I-1877 Rn. 66.

[778] EuGH Rs. C-208/90, *Emmott,* Slg. 1991, I-4269 Rn. 22; *Jarass* NJW 2011, 1393, 1396.

[779] EuGH Rs. C-208/90, *Emmott,* Slg. 1991, I-4269 Ls. 1.

[780] FG Niedersachsen, Urt. v. 28.10.2009, Az 9 K 146/09; BVerwG NVwZ 2000, 193 = GewArch 2000, 112 = BayVBl. 2000, 352; BVerwG Buchholz 316 § 44 VwVfG Nr. 11 = LRE 38, 397; OVG Koblenz NVwZ 1999, 198; OVG Greifswald LRE 357 mit Anm. *Hoffmeister* NJ 2000, 105; OVG Berlin Beschluss v. 13.10.1997, Az. 5 SN 275.97. Ferner *Gundel* NVwZ 1998, 910, 912 ff.; *Müller-Franken* DVBl. 1998, 758, 759 f.; *Kuntze,* in: Bergmann/Kenntner (Fn. 269), Kap. 4 Rn. 67 f.; *Dörr,* in: Sodan/Ziekow (Fn. 383), Rn. 463 ff.

scheidungen[781] habe der EuGH nämlich selbst klargestellt, dass die Emmott'sche Fristenhemmung nur „durch die besonderen Umstände jenes Falles gerechtfertigt war, in denen dem Betroffenen durch den Ablauf der Klagefrist jede Möglichkeit genommen war, seinen Anspruch auf Gleichbehandlung geltend zu machen".[782] Danach können sich die Behörden nur dann nicht auf eine Ausschlussfrist berufen, wenn „das Verhalten der nationalen Behörden zusammen mit der strittigen Frist nachweislich dazu geführt hat, dass dem Kläger jede Möglichkeit genommen wurde, seine Rechte vor den nationalen Gerichten geltend zu machen."[783]

**Beispiel:** Ein Schlachtbetrieb verlangt 13 Monate nach deren Erlass die Aufhebung von Gebührenbescheiden, weil inzwischen der EuGH die Richtlinienwidrigkeit der landesrechtlichen Abgabenregelungen festgestellt hat. Nach Auffassung des BVerwG „berührt die sog. Emmott'sche Fristenhemmung ... nicht den Lauf der Widerspruchsfrist, wenn eine gemeinschaftsrechtliche Richtlinie über die Bemessung von Gebühren für Hygieneuntersuchungen von Fleisch bereits vor Erlass des angefochtenen Gebührenbescheids durch Bundesrecht zum Maßstab der landesrechtlichen Regelung der Gebühren gemacht worden ist, das Landesrecht aber eine entsprechende Umsetzung vermissen lässt".[784]

Besondere praktische Bedeutung hat die Emmott'sche Fristenhemmung für die nachträgliche **Berichtigung der Steuerfestsetzung.**[785] Zwar hat auch der Bundesfinanzhof dargelegt, „dass der EuGH den in dem Verfahren „Emmott" entwickelten Rechtsgrundsatz auf Fallkonstellationen der dort gegebenen Art beschränkt wissen will".[786] Auf Grund der abgabenrechtlichen Befugnis zu einem Billigkeitserlass kann es einem Steuerpflichtigen jedoch „unzumutbar" sein, gegen Umsatzsteuerbescheide zu klagen, wenn die entsprechenden Festsetzungen „dem Gesetzeswortlaut entsprechen, das EuGH-Urteil seinerzeit noch nicht ergangen war und es Aufgabe des Gesetzgebers ist, die verfahrensrechtlichen Voraussetzungen für die ordnungsgemäße Umsetzung des EuGH-Urteils zu schaffen. Solange dies nicht geschehen ist, kann ein Steuerpflichtiger nicht darauf verwiesen werden, er müsse seine Rechte im Steuerfestsetzungsverfahren mit ungewissem Ausgang geltend machen".[787] 273

Die Emmott'sche Fristenhemmung dürfte ihre praktische Relevanz mit dem EuGH-Urteil „Kühne & Heitz" weitestgehend verloren haben. Danach besteht ein **einklagbarer Anspruch auf Wiederaufnahme des Verfahrens,** um einem späteren Urteil des EuGH Rechnung zu tragen, sofern der Betroffene zuvor den Instanzenzug vergeblich beschritten hat (→ Rn. 299 f.). 274

### e) Verpflichtung zur Anordnung der sofortigen Vollziehung

Der Suspensiveffekt von Widerspruch und Klage (§ 80 Abs. 1 VwGO) darf das Interesse der Union an einer effektiven Durchsetzung ihrer Rechtsakte nicht vereiteln.[788] Der Effektivitätsgrundsatz gebietet daher, die **sofortige Vollziehbarkeit eines Verwaltungs-** 275

[781] EuGH Rs. C-188/95, *Fantask,* Slg. 1997, I-6783 Rn. 51 = EuZW 1998, 172 = NVwZ 1998, 833; EuGH Rs. C-231/96, *Edilizia Industriale Siderurgica Srl,* Slg. 1998, I-4951 Rn. 46 = NJW 1999, 129 = EuR 1998, 767; EuGH Rs. C-228/96, *Aprile Srl in liquidazione,* Slg. 1998, I-7141 Ls. 2 = DVBl. 1999, 384; EuGH Rs. C-343/96, *Dilexport Srl,* Slg. 1999, I-579 Ls. 1 = NVwZ 1999, 634.

[782] BVerwG NVwZ 2000, 194.

[783] VGH Kassel UPR 2000, 198.

[784] BVerwG NVwZ 2000, 193.

[785] Vgl. etwa BFH DStR 2004, 2005 = IStR 2004, 836 mit Anm. *Gosch* IStR 2004, 1988; BFH BFH/NV 2002, 1057; BFH BFH/NV 1999, 681; BFH BFH/NV 1998, 359; BFHE 183, 495 = DStR 1997, 1360; *Friedrich/Nagler* DStR 2005, 403.

[786] BFH DStR 2004, 2005; ferner BFHE 216, 357; BVerfG v. 4.9.2008, Az. 2 BvR 1321/07.

[787] BFHE 194, 552 = NJW 2001, 3807.

[788] EuGH Rs. C-217/88, *„Tafelwein",* Slg. 1990, I-2879 Rn. 25 ff. = DVBl. 1991, 37 = EuZW 1990, 384; VGH München NuR 2006, 653; vgl. auch *v. Stülpnagel* DÖV 2001, 932, 933 ff.; kritisch *Jannasch* NVwZ 1999, 495 u. *Tomuschat,* in: Festschrift für Redeker, 1993, S. 273, 288 f.

**aktes** gem. § 80 Abs. 2 Nr. 4 VwGO anzuordnen, wenn andernfalls die Verwirklichung des Unionsrechts – und sei es vorläufig – verhindert werden kann. Droht die praktische Wirksamkeit des Unionsrechts an der aufschiebenden Wirkung von Widerspruch und Klage zu scheitern oder enthält die zu vollziehende Unionsvorschrift ein zwingendes Gebot, so wird das durch § 80 Abs. 2 Nr. 4 VwGO gewährte behördliche Ermessen auf Null reduziert.[789]

**Beispiel:** Eine EU-Verordnung ordnete die Zwangsdestillation von rd. 70000 hl deutschen Weines an. Gegen die von deutschen Behörden daraufhin erlassenen Bescheide legten die betroffenen Winzer Widerspruch (§ 68 VwGO) mit aufschiebender Wirkung (§ 80 Abs. 1 VwGO) ein. Nach Auffassung des EuGH „oblag es den deutschen Behörden, diese aufschiebende Wirkung durch die Anordnung der sofortigen Vollziehung der Heranziehungsbescheide zu beseitigen".[790]

276 Der fehlende Suspensiveffekt hat besondere praktische Bedeutung für die **Rückforderung unionsrechtswidriger Beihilfen.**[791] Nach Art. 14 Abs. 3 der Beihilfenverordnung 659/1999/EG erfolgt die Rückforderung von rechtswidrigen Beihilfen „unverzüglich" und unter Einschluss „vorläufiger Maßnahmen zur Gewährleistung einer sofortigen Vollstreckung". Die innerstaatlichen Behörden sind demnach verpflichtet, die sofortige Vollziehung nach § 80 Abs. 2 Nr. 4 VwGO anzuordnen (→ Rn. 35) und Anträgen auf Wiederherstellung der aufschiebenden Wirkung (§ 80 Abs. 4 u. Abs. 5) entgegenzutreten.[792]

#### f) Bekanntgabe- und Begründungspflicht

277 Für die Bekanntgabe der auf Unionsrecht beruhenden Verwaltungsakte gilt grundsätzlich § 41 VwVfG.[793] Modifikationen für die Durchführung des Unionsrechts können sich allerdings wiederum aus den ungeschriebenen Erfordernissen der Rechtssicherheit und der Effektivität ergeben. Diese Grundsätze verlangen eine **„angemessene Bekanntmachung"** der unter Anwendung einer Unionsregelung eingeführten Maßnahmen, die gewährleistet, „dass die von der eingeführten Maßnahme betroffenen natürlichen oder juristischen Personen über ihre Rechte und Pflichten aus dieser Maßnahme unterrichtet werden".[794] Haben die fraglichen Vorschriften finanzielle Konsequenzen und reicht eine allgemeine Bekanntmachung im Bundesanzeiger oder ähnlichen Veröffentlichungen nicht aus, so bedarf es im Ausnahmefall sogar einer individuellen Bekanntgabe der allgemeinen Durchführungsvorschriften.[795]

278 Im Anwendungsbereich des Unionsrechts modifiziert werden können auch die in § 39 VwVfG vorgesehenen **Begründungserfordernisse.**[796] Der EuGH folgert aus dem Effekti-

[789] So im Erg. auch OVG Lüneburg, Beschl. v. 9.5.2012, 10 ME 43/12; *P. Stelkens/U. Stelkens,* in: S/B/S (Fn. 69), § 35 Rn. 354; *Schwarze* NVwZ 2000, 241, 250 f.; *Triantafyllou* NVwZ 1992, 133; *Dörr,* in: Sodan/Ziekow (Fn. 383), Rn. 471; *Gellermann,* in: Rengeling u. a. (Fn. 69), § 36 Rn. 74; *Hauser,* in: Bergmann/Kenntner (Fn. 269), S. 107, 120. Zum Ganzen auch *Vedder* EWS 1991, 13.

[790] EuGH Rs. C-217/88, *„Tafelwein"*, Slg. 1990, I-2879 Rn. 25.

[791] Vgl. dazu OVG Berlin-Brandenburg NVwZ 2006, 104 und umfassend *Altmeyer,* Gemeinschaftsrechtswidrige nationale Beihilfen, 1999; *Pütz,* Das Beihilfenverbot des Art. 88 Abs. 3 Satz 3 EG-Vertrag: Verstöße und ihre zivilrechtlichen Rechtsfolgen im deutschen Recht, 2003; *Sinnaeve,* Die Rückforderung gemeinschaftsrechtswidriger nationaler Beihilfen, 1997; *Happe* NVwZ 1998, 26; *ders.* NVwZ 1993, 1235; *Koenig/Kühling* NJW 2000, 1065; *Richter* DÖV 1995, 846.

[792] Dazu *Rosenfeld,* Das Verfahrensrecht der gemeinschaftsrechtlichen Beihilfenaufsicht, 2000, S. 166 ff.; *Karpenstein/Klein,* in Münchener Kommentar (Fn. 42), Rn. 20 f.

[793] *P. Stelkens/U. Stelkens,* in: S/B/S (Fn. 69), § 41 Rn. 239.

[794] EuGH Rs. C-313/99, *Mulligan u. a.,* Slg. 2002, I-5719 Rn. 52 f.; vgl. in diesem Sinne auch EuGH Rs. C-334/94, *Kommission/Frankreich,* Slg. 1996, I-1307 Rn. 30; EuGH Rs. C-197/96, *Kommission/Frankreich,* Slg. 1997, I-1489 Rn. 14.

[795] EuGH Rs. C-71/02, *Karner,* Slg. 2004, I-3025; eingehend die Schlussanträge von GA *Léger* in den verb. Rs. C-231/00, C-303/00 u. C-451/00, *Cooperativa Lattepiù arl,* Slg. 2004, I-2869 Rn. 104 ff.

[796] *P. Stelkens/U. Stelkens,* in: S/B/S (Fn. 69), § 39 Rn. 121 ff.

vitätsgebot, dass Verwaltungsakte der Mitgliedstaaten, mit denen unionsrechtlich verliehene Rechte beschränkt werden, hinreichend detailliert zu begründen sind, damit der für die Durchführung des Unionsrechts erforderliche Rechtsschutz gewährleistet ist.[797] Mit Ausnahme von Auskünften, deren Preisgabe nach Auffassung des Mitgliedstaates seinen wesentlichen Sicherheitsinteressen widerspricht (Art. 346 Abs. 1 lit. a AEUV), müssen demnach Einschränkungen der Grundfreiheiten und anderer unionsrechtlich begründeter Rechte selbst dann begründet werden, wenn sie unter einen der Ausnahmetatbestände des § 39 Abs. 2 VwVfG fallen.[798]

### 3. Materielle Verwaltungsgrundsätze beim Vollzug des Unionsrechts durch deutsche Behörden

Auch in materiell-rechtlicher Hinsicht können allgemeine Verwaltungs- und Verfassungsgrundsätze des Unionsrechts die innerstaatlichen Grundsätze des Verwaltungsverfahrensrechts überlagern. Leitende Maßstäbe dieser Überlagerung sind wiederum das Interesse der Union an einer effektiven und nichtdiskriminierenden Durchsetzung ihrer Rechtsordnung einerseits und die **Anerkennung gemeinsamer rechtsstaatlicher Grundsätze** andererseits. 279

#### a) Grundrechte bei der Durchführung des Unionsrechts

In Anlehnung an die bisherige Rechtsprechung, nach der die Mitgliedstaaten „im Anwendungsbereich“ des Gemeinschaftsrechts an die allgemeinen Rechtsgrundsätze einschließlich der ungeschriebenen europäischen Grundrechte gebunden waren[799] sind die nunmehr verbindlich in der EU-Grundrechtecharta verankerten Grundrechte „unter Wahrung des Subsidiaritätsprinzips“ (ausschließlich) „bei der **Durchführung des Rechts der Union**“ zu beachten (Art. 51 Abs. 1 S. 1 der Charta). Unstreitig sind hiernach die Gerichte und Behörden an die EU-Grundrechte gebunden, soweit sie ihre Entscheidungen oder Vollzugsmaßnahmen auf unmittelbar anwendbares EU-Recht stützen. Unstreitig ist ferner, dass innerstaatliche Umsetzungsvorschriften, die auf zwingenden und damit vorrangigen Unionsvorschriften beruhen, nicht am Maßstab der Grundrechte des Grundgesetzes, sondern lediglich anhand der Unionsgrundrechte zu messen sind.[800] So „wird eine innerstaatliche Rechtsvorschrift, die eine Richtlinie in deutsches Recht umsetzt, insoweit nicht an den Grundrechten des Grundgesetzes gemessen, als das Gemeinschaftsrecht keinen Umsetzungsspielraum lässt, sondern zwingende Vorgaben macht.“[801] 280

**Beispiel:** Eine Zementfabrik wehrt sich gegen die „enteignende Wirkung“, mit der das Treibhausgasemissionshandelsgesetz nachträglich in ihre Immissionsgenehmigungen eingreife. Da der Emissionshandel von einer EU-Richtlinie gefordert wird, kann aber dessen Einführung nur anhand des unionsrechtlich gewährleisteten Eigentumsschutzes, nicht aber anhand des Art. 14 GG überprüft werden. Diese Prüfung „wirft jedoch weder unter dem Gesichtspunkt des Eigentumsschutzes noch unter dem der Berufsfreiheit Gültigkeitsbedenken … auf.“[802]

---

[797] EuGH Rs. C-222/86, *Heylens,* Slg. 1987, 4097 Rn. 15 f.

[798] Vgl. *Karpenstein,* in: Schwarze (Hrsg.), EU-Kommentar, 3. Aufl. 2012, Art. 346 AEUV Rn. 5.

[799] EuGH Rs. C-272/97, *Karlsson,* Slg. 2000, I-2737 Rn. 37; EuGH Rs. C-2/92; siehe auch EuGH Rs. C-260/89, *ERT,* Slg. 1991, I-2925 Rn. 42; ähnlich EuGH Rs. C-2/92, *Bostock,* Slg. 1994, I-955 Rn. 16; EuGH Rs. C-368/95, *Familiapress,* Slg. 1997, I-3689 Rn. 24; EuGH Rs. C-60/00, *Carpenter,* Slg. 2002, I-6279 Rn. 40; vgl. zusammenfassend *v. Papp,* EWS 2009, 216.

[800] BVerfGE 118, 79, 95 = NVwZ 2007, 937, 938 f.; BVerfG NVwZ 2007, 942; BVerfG NJW 2001, 1267, 1268; BVerwG NVwZ 2005, 1178, 1181; BVerwGE 85, 24, 29 f.; *Pernice/Kadelbach* DVBl. 1996, 1100, 1113.

[801] BVerfG EuGRZ 2008, 257, 261; vgl. auch BVerfG EuGRZ 2008, 663.

[802] BVerwG NVwZ 2005, 1178 mit Anm. *Maslaton/Hauk.*

281 Welche anderen innerstaatlichen Rechtsakte und sonstigen Maßnahmen das Unionsrecht „durchführen" – und folglich an der EU-Grundrechtcharta zu messen sind – ist noch nicht abschließend entschieden[803] und im Schrifttum umstritten.[804] Streitig ist insbesondere, ob – wie nach der bisherigen Rechtsprechung – die Grundrechtecharta auf innerstaatliche Beschränkungen der EU-Grundfreiheiten und des in Art. 21 AEUV verbürgten Freizügigkeitsrechts Anwendung findet.[805] Ein Rechtsakt „bei der Durchführung" des Unionsrechts soll nach der EuGH-Rechtsprechung jedenfalls dann vorliegen, wenn die unionsrechtlichen Vorgaben den Mitgliedstaaten zwar **Gestaltungs- und Ermessensspielräume bei der Umsetzung** oder „bei der Durchführung" belassen, diese Spielräume aber Teil eines in sich geschlossenen sekundärrechtlichen Regel- und Ausnahmesystems sind.[806] Demgegenüber „kann eine Norm des deutschen Rechts, durch die der Gesetzgeber die Vorgaben einer Richtlinie in eigener Regelungskompetenz konkretisiert hat ..., zulässigerweise mit einer Verfassungsbeschwerde angegriffen werden."[807] Da im letztgenannten Fall die zuständigen innerstaatlichen Organe und Gerichte gemäß der Rechtsprechung des BVerfG die Grundrechte des Grundgesetzes[808] und nach der Rechtsprechung des EuGH die Grundrechte der Grundrechte-Charta beachten müssen, kann es im Ergebnis zu einer **Doppelung des Grundrechtsschutzes** kommen.[809]

**Beispiel:** Da die EU-Urheberrechtsrichtlinie den Mitgliedstaaten einen weiten Spielraum bei der Gewährleistung eines angemessenen Ausgleichs für die von ihnen ermöglichten Eingriffe in das geistige Eigentum belässt, können sich die in ihren Rechten betroffenen Urheber beim BVerfG auf das im Grundgesetz geschützte geistige Eigentum (Art. 14 Abs. 1 GG) und beim EuGH auf eine im Einklang mit den EU-Grundrechten stehende Auslegung dieser Urheberrechtsrichtlinie berufen.[810]

282 Vergleichbare Grundsätze gelten im **Verhältnis zwischen Unionsgrundrechten und der EMRK.**[811] Der EGMR hat seine Kontrollkompetenz im Hinblick auf unionsrechtlich determinierte nationale Maßnahmen zurückgenommen. Mitgliedstaatliche Grundrechtseingriffe sind hiernach grundsätzlich gerechtfertigt, wenn diese der Erfüllung unionsrecht-

[803] Vgl. EuGH Rs. C-256/11, *Dereci,* noch nicht in d. amtl. Slg., Rn. 71 = EuZW 2012, 79 (Ls.); Rs. C-411/10, *NS,* noch nicht in d. amtl. Slg., Rn. 64 ff.; EuGH Rs. C-400/10, *McB.,* noch nicht in d. amtl. Slg., Rn. 49 ff. = JZ 2011, 145, 147 m. Anm. *Thym* JZ 2011, 148; EuGH Rs. C-279/09, DEB, noch nicht in d. amtl. Slg., Rn. 30, 59 ff.; instruktiv *Lenaerts* EuR 2012, 3, 3 ff.

[804] Für eine restriktive Auffassung plädieren insbes. Richter am BVerfG, vgl. *Huber* NJW 2011, 2385, 2387; *ders.*, EuR 2008, 190, 196 ff.; *Kirchhof* NJW 2011, 3681, 3684 f.; *Papier* DVBl. 2009, 473, 480; s. a. *Brosius-Gersdorf,* Bindung der Mitgliedstaaten an die Gemeinschaftsgrundrechte, 2005, S. 48 ff.; *Thym* JZ 2011, 148, 149.

[805] So Schlussanträge der Generalanwältin *Trstenjak* in der Rs. C-40/11, Yoshikazu Iida, noch nicht in der amtl. Slg., Rn. 74; ferner die Schlussanträge des Generalanwalts Bot in der Rs. C-108/10, Scattalon, noch nicht in der amtl. Slg., Rn. 118 ff. („Handeln im Rahmen des Unionsrechts"); *Jarass,* Charta der Grundrechte, Kommentar, 2010, Art. 51 Rn. 19; ***a. A.:*** *Borowsky,* in: Meyer, Grundrechtecharta, Kommentar, Art. 51 Rn. 29 f. jeweils m. w. N.

[806] EuGH verb. Rs. C-411/10, C-493/10 u. a., *N. S./Secetary of State,* noch nicht in der amtl. Slg., Rn. 64 ff. = NVwZ 2012, 417.

[807] BVerfG EuGRZ 2008, 257, 261; BVerfG EuGRZ 2008, 663.

[808] BVerfGE 118, 79, 97 f.; BVerfG NVwZ 2007, 942; BVerfG NJW 2010, 833 (835); BVerfG EWS 2011, 467; *Jarass,* Charta der Grundrechte der Europäischen Union, Kommentar, 2010, Art. 51 Rn. 21; *Kingreen,* in: Calliess/Ruffert (Fn. 70), Art. 51 GRCh Rn. 12; *Streinz,* in: Streinz (Fn. 83), Art. 51 GR-Charta Rn. 8; *Becker* NVwZ 2006, 782, 783; *Masing* NJW 2006, 264; kritisch zur Abgrenzbarkeit des unionsrechtlich determinierten Teils eines Umsetzungsgesetzes VGH Baden-Württemberg, Beschluss v. 20.1.2011, Az. 11 S 1069/10, Rn. 117; *Heck* NVwZ 2008, 523, 525; *Kirchhof* NJW 2011, 3681, 3684.

[809] Vgl. zum Ganzen *Britz* EuGRZ 2009, 1, 5 f.; *Lenaerts* EuR 2012, 3, 4 ff.; *Lindner* EuZW 2007, 71, 72 ff.; *Szczekalla* NVwZ 2006, 1019, 1021; *Kirchhof* NJW 2011, 3681, 3684.

[810] Vgl. hierzu BVerfG NJW 2011, 288; BVerfG GRUR 2011, 225; *Paulus/Wesche,* GRUR 2012, 112 ff.; ferner den Vorlagebeschluss des BGH WRP 2011, 388.

[811] *Mayer,* in: Karpenstein/Mayer (Hrsg.), EMRK, 2012, Einl. 136 ff.

licher Verpflichtungen dienen, solange die Union einen der Menschenrechtskonvention vergleichbaren Grundrechtsschutz gewährleistet.[812] Eine Kontrolle nationaler Umsetzungsakte durch den EGMR kommt daher nur dann in Betracht, wenn das Unionsrecht diese nicht zwingend vorbestimmt.[813]

Die Kontrolle von EU-Sekundärrechtsakten bzw. ihrer nationalen Umsetzungsmaßnahmen anhand der Unionsgrundrechte wird nicht etwa dadurch ausgeschlossen, dass der betreffende Sekundärrechtsakt der **Umsetzung einer völkerrechtlichen Verpflichtung** dient.[814] Da es etwa auf der Ebene der Vereinten Nationen keine Garantie effektiven Rechtsschutzes gibt, können selbst die vom UN-Sicherheitsrat verhängten Beschlüsse „nicht die Verfassungsgrundsätze des EG-Vertrags beeinträchtigen ..., zu denen auch der Grundsatz zählt, dass alle Handlungen der Gemeinschaft die Menschenrechte achten müssen."[815] 283

**Eingriffe in die von der Charta geschützten Grundrechte** müssen nach Art. 52 Abs. 1 der Charta „gesetzlich vorgesehen" sein – wozu ein Unionsakt mit individueller Geltung als solcher nicht taugt[816] – den „Wesensgehalt dieser Rechte und Freiheiten achten" und unter „Wahrung des Grundsatzes der Verhältnismäßigkeit" diese „Einschränkungen nur vorgenommen werden, wenn sie notwendig sind und den von der Union anerkannten dem Gemeinwohl dienenden Zielsetzungen oder den Erfordernissen des Schutzes der Rechte und Freiheiten anderer tatsächlich entsprechen."[817] 284

Das in der Grundrechte-Charta (Art. 7) und der Rechtsprechung[818] anerkannte Recht auf **Achtung des Privat- und Familienlebens** sowie das informationelle Selbstbestimmungsrecht (Art. 8 der Charta) schützen neben anderem das Arztgeheimnis,[819] das Recht einer Person, ihren Gesundheitszustand geheim zu halten[820] sowie die Vertraulichkeit des Briefverkehrs. Unabhängig von der späteren Verwendung liegt ein Eingriff insbesondere in der Weitergabe persönlicher Informationen an Dritte.[821] Diese Grundrechte können bei der Auslegung der EU-Datenschutzrichtlinie besondere Bedeutung erlangen. 285

**Beispiel:** Eine Gemeindeordnung verlangt die Offenlegung von Vorstandsgehältern der kommunalen Unternehmen. Wegen Verstoßes der – seines Erachtens grundrechtskonform auszulegenden – Datenschutzrichtlinie wendet sich hiergegen der Vorstand eines Stadtwerkes. Nach Auffassung des EuGH kann der daraus resultierende Eingriff in die Privatsphäre nur gerechtfertigt werden, wenn die Offenle-

---

[812] EGMR, Urteil v. 30.6.2005, *Bosphorus Hava Yollari Turizm Ve Ticaret Anonim Sirketi/Irland,* Application Nr. 45036/98 = NJW 2006, 197; hierzu *Winkler* EuGRZ 2007, 641; *Daiber* EuR 2007, 406; *Lavranos* EuR 2006, 79; *Bröhmer* EuZW 2006, 71; *Heer-Reißmann* NJW 2006, 192; *Wildhaber* EuGRZ 2005, 689, 692.

[813] Vgl. *Dörr* DVBl 2006, 1088, 1096 m. w. N.

[814] EuGH verb. Rs. C-402/05 P und C-415/05 P, *Kadi/Rat und Kommission,* Slg. 2008, I-6351 Rn. 280 ff.; hierzu *Ohler* EuZW 2008, 630 ff.; *Sauer* EuZW 2008, 3685 ff.

[815] EuGH verb. Rs. C-402/05 P und C-415/05 P, *Kadi/Rat und Kommission,* Slg. 2008, I-6351 Rn. 285; ebenso schon *Albin/Karpenstein,* Rechtsschutzlücken im modernen Völkerrecht am Beispiel der Individualsanktionen zur Terrorbekämpfung, in: Die Zukunft des Völkerrechts in einer globalisierten Welt, 2006, S. 131 ff.

[816] EuGH Rs. C-407/08 P, *Knauf Gips/Kommission,* noch nicht in amtl. Slg., Rn. 87 ff.; *Lenaerts* EuR 2012, 2, 7 f.

[817] Vgl. hierzu *Lenaerts* EuR 2012, 3, 6 ff.; *Jarass,* Charta der Grundrechte der Europäischen Union, 2010, Art. 52 Rn. 2 ff.; *Alber/Widmaier* EuGRZ 2006, 113 ff.

[818] EuGH verb. Rs. 46/87 u. 227/88, *Hoechst,* Slg. 1989, 2859 Rn. 17 ff.; EuGH Rs. C-62/90, *Arzneimittelimporte,* Slg. 1992, I-2575 Rn. 23; EuGH Rs. C-404/92 P, *„Aidstest",* Slg. 1994, I-4737 Rn. 17; EuGH verb. Rs. C-92/09 und 93/09, *Volker und Markus Schecke,* noch nicht in d. amtl. Slg., Rn. 47 ff. = EuZW 2010, 939.

[819] EuGH Rs. C-62/90, *Arzneimittelimporte,* Slg. 1992, I-2575 Rn. 23.

[820] EuGH Rs. C-404/92 P, *„Aidstest",* Slg. 1994, I-4737 Rn. 17.

[821] EuGH verb. Rs. C-465/00, C-138/01 u. C-139/01, *ORF,* Slg. 2003, I-4989 Rn. 74; dazu *Siemen* EuR 2004, 306.

gung „im Hinblick auf das Ziel einer sachgerechten Begrenzung der Bezüge sowohl notwendig als auch angemessen ist, was die vorlegenden Gerichte zu prüfen haben.“[822]

286 Das in Art. 9 der Grundrechte-Charta gewährleiste Recht auf **Schutz der Ehe und des Familienlebens** kommt vor allem bei der Bestimmung des Aufenthaltsrechts für Familienangehörige im Zusammenhang mit der Arbeitnehmerfreizügigkeit und der Auslegung der VO Nr. 1612/68 (→ Rn. 191) zum Tragen.[823] Da die darin enthaltenen Rechte „im Lichte des Grundrechts auf Achtung des Familienlebens“ anzuwenden und auszulegen sind, ist es unionsrechtswidrig, wenn dem Ehegatten eines ansässigen Dienstleistungserbringers der Aufenthalt verwehrt wird, weil er Staatsangehöriger eines Drittstaates ist.[824] Gleichgeschlechtliche Lebenspartner fallen hingegen nicht unter den Ehebegriff dieses Grundrechts.

**Beispiel:** Ein mit einem Niederländer nach niederländischem Recht „verheirateter“ Chinese begehrt in Bayern unter Berufung auf Art. 10 VO Nr. 1612/68 die Verlängerung seiner Aufenthaltserlaubnis. Die danach erforderliche „Ehe“ erfasst indes nur Partnerschaften verschiedenen Geschlechts; nicht anderes ergibt sich aus der Grundrechte-Charta, wonach das Grundrecht auf Eheschließung und Gründung einer Familie nach den einzelstaatlichen Gesetzen gewährleistet werden soll. Die Erläuterungen des Europäischen Rates zur Charta verdeutlichen, dass der traditionelle Ehebegriff nicht erweitert, sondern lediglich Fälle erfassen wollte, „in denen die jeweiligen nationalen Vorschriften andere Formen der Lebensgemeinschaft als die Ehe im herkömmlichen Sinne zur Gründung einer Familie anerkennen.“[825]

287 Die **Unverletzlichkeit der Wohnung** hat der EuGH bislang nur für Privatwohnungen,[826] (anders als nach der EGMR-Rechtsprechung[827]) nicht jedoch für Geschäftsräume anerkannt.[828] Allerdings unterliegen auch Geschäftsräume, insbesondere beim Vollzug der Kartellverordnung (EG) 1/2003 allgemeinen rechtsstaatlichen Anforderungen, insbesondere im Hinblick auf den Verhältnismäßigkeitsgrundsatz.[829]

288 Die **Meinungs- und Informationsfreiheit** (Art. 11 der Grundrechte-Charta) ist „ein allgemeiner Rechtsgrundsatz, dessen Wahrung der Gerichtshof zu sichern hat“.[830] Neben anderem schützt sie die Aufrechterhaltung der **Medienvielfalt** (Art. 11 der Grundrechte-Charta), was insbesondere zur staatlichen Aufrechterhaltung eines pluralistischen Rundfunkwesens bei der Anwendung der Grundfreiheiten berechtigt.[831] Ebenso erfasst ist die „kommerzielle Kommunikation“ (sog. „commercial speech“), d. h. „die Verbreitung von Informationen, die Äußerung von Ideen oder die Verbreitung von Bildern als Teil der Verkaufsförderung einer Wirtschaftstätigkeit und das entsprechende Recht, solche Mitteilungen zu empfangen“.[832] In Anknüpfung an die Schrankensystematik von Art. 10

[822] EuGH verb. Rs. C-465/00, C-138/01 u. C-139/01, *ORF,* Slg. 2003, I-4989 Rn. 88 f.

[823] EuGH Rs. C-147/11, *Czop,* noch nicht in der amtl. Slg.; EuGH Rs. 249/86, *Kommission/Deutschland,* Slg. 1989, 1263 Rn. 10; EuGH Rs. 267/83, *Diatta/Land Berlin,* Slg. 1985, 567 Rn. 14 ff.; EuGH Rs. C- 413/99, *Baumbast,* Slg. 2002, I-7091 Rn. 72; EuGH Rs. C-60/00, *Carpenter,* Slg. 2002 I-6279 Rn. 38 ff.

[824] EuGH Rs. C-60/00, *Carpenter,* Slg. 2002, I-6279 Rn. 41, 46.

[825] VG Karlsruhe Urt. v. 9.9.2004, Az. 2 K 1420/03. Zum Ehebegriff auch EuGH verb. Rs. C-122/99 P u. C-125/99 P, *D u. Schweden/Kommission,* Slg. 2001 I-4319 Rn. 34.

[826] Vgl. z. B. EuGH Rs. 85/87, *Dow Benelux NV/Kommission,* Slg. 1989, 3137 Rn. 28.

[827] EGMR EuGRZ 1993, 65 Rn. 29 ff.

[828] EuGH verb. Rs. 46/87 u. 227/88, *Hoechst,* Slg. 1989, 2859 Rn. 17; EuGH Rs. C-97 bis 99/87, *Dow Chemical Ibérica,* Slg. 1989, 3181 Rn. 14 ff.; EuGH Rs. C-94/00, *Roquettes Frères SA,* Slg. 2002, I-9011 Rn. 33 ff.; *Schwarze* NJW 2005, 3459, 3461.

[829] *Niggemann,* in: Streinz (Fn. 83), KartVO nach Art. 103 AEUV Rn. 33 ff.

[830] EuGH Rs. C-260/89, *ERT,* Slg. 1991, I-2925 Rn. 44.

[831] Vgl. EuGH Rs. C-368/95, *Familiapress,* Slg. 1997, I-3689 Rn. 18; EuGH Rs. C-288/89, *Gouda,* Slg. 1991, I-4007 Rn. 23; EuGH Rs C-23/93, *TV 10 SA,* Slg. 1994, I-4795 Rn. 25.

[832] GA *Fennelly,* Schlussanträge in der Rs. C-376/98, *Deutschland/Kommission,* Slg. 2000, I-8423 Rn. 153.

Abs. 2 EMRK können Einschränkungen der Meinungs- und Informationsfreiheit nach der Rspr. des EuGH „grundsätzlich durch einen legitimen Zweck gerechtfertigt sein, die Rechte anderer zu schützen“, müssen aber verhältnismäßig sein.[833]

289 Obwohl das Unionsrecht die Eigentumsordnung in den verschiedenen Mitgliedstaaten „unberührt“ lässt (Art. 345 AEUV) und es an einer „spezifischen Gemeinschaftsregelung für die Enteignung fehlt“,[834] spielt der **Schutz des Eigentums** einschließlich des geistigen Eigentums in der Rechtsprechung eine prominente Rolle.[835] Nach der Grundrechte-Charta hat jede Person „das Recht, ihr rechtmäßig erworbenes Eigentum zu besitzen, zu nutzen, darüber zu verfügen und es zu vererben. Niemandem darf sein Eigentum entzogen werden, es sei denn aus Gründen des öffentlichen Interesses in den Fällen und unter den Bedingungen, die in einem Gesetz vorgesehen sind, sowie gegen eine rechtzeitige angemessene Entschädigung für den Verlust des Eigentums“ (Art. 17). Nicht umfasst vom Eigentumsschutz sind allgemeine Abgabenpflichten,[836] bloße kaufmännische Interessen oder Aussichten[837] oder die Beibehaltung von Marktanteilen.[838]

290 Zu unterscheiden ist zwischen Eigentumsentziehungen und bloßen Nutzungsbeschränkungen. Dies beurteilt sich u. a. danach, ob es „dem Eigentümer unbenommen bleibt, über sein Gut zu verfügen und es jeder anderen, nicht untersagten Nutzung zuzuführen“.[839] Eine Beschränkung kann entzugsgleichen Charakter annehmen, „wenn keine alternative Nutzung der Eigentumsposition verbleibt“.[840] **Nutzungsbeschränkungen** müssen den Wesensgehalt des Eigentums wahren sowie zum Schutz des Allgemeininteresses geeignet und erforderlich sein, wobei der sozialen Funktion des Eigentumsrechts Rechnung zu tragen ist, die „den Verfassungsnormen und der Verfassungspraxis der Mitgliedstaaten zu entnehmen“ ist.[841]

291 Zusätzlich zur unternehmerischen Freiheit (Art. 16 der Grundrechte-Charta) gewährleistet die **Berufsfreiheit** jeder Person das Recht, zu arbeiten und einen frei gewählten oder angenommenen Beruf auszuüben (Art. 15 Abs. 1) sowie allen Unionsbürgern die Freiheit, in anderen Mitgliedstaaten Arbeit zu suchen, zu arbeiten, sich niederzulassen oder Dienstleistungen zu erbringen (Art. 15 Abs. 2 der Grundrechte-Charta). Zur Berufsfreiheit gehört etwa die freie Wahl des Geschäftspartners (Vertragsfreiheit) als „besonderer Ausdruck der freien Berufsausübung“.[842] Beschränkungen sind zulässig, „sofern diese tatsäch-

---

[833] EuGH Rs. C-274/99 P, *Conolly/Kommission,* Slg. 2001, I-1611 Rn. 40 ff.; s. a. EuGH Rs. C-219/91, *Ter Voort,* Slg. 1992, I-5485 Rn. 38.

[834] EuGH Rs. C-309/96, *Annibaldi,* Slg. 1997, I-7493 Rn. 23; s. a. *Müller-Michaels,* Grundrechtlicher Eigentumsschutz in der Europäischen Union, 1997, S. 46 f.; *Mayer,* in: G/H/N (Fn. 26), Stand: 2010, nach Art. 6 EUV Rn. 214.

[835] Eingehend *Jarass* NVwZ 2006, 1089; *Mayen/Karpenstein,* RdE 2008, 33 ff.; *Schwarze* EuZW 1991, 310; *ders.* EuZW 2002, 75; *Günter,* Berufsfreiheit u. Eigentum in der Europäischen Union, 1998; *v. Milczewski,* Grundrechtlicher Schutz des Eigentums in der Europäischen Gemeinschaft, 1994; *Streinz,* in: ders. (Fn. 83), Art. 17 GR-Charta Rn. 1 ff.

[836] EuGH verb. Rs. C-143/88 u. C-92/89, *Zuckerfabrik Süderdithmarschen,* Slg. 1991, I-415 Rn. 72 ff.; EuGH verb. Rs. 133 u. 136/85, *Rau,* Slg. 1987, 2289 Rn. 18; vgl. auch BVerfGE 78, 232, 242.

[837] EuGH Rs. 4/73, *Nold,* Slg. 1974, 491 Rn. 14; EuGH verb. Rs. 154/78 u. 39/79, *Valsabbia,* Slg. 1980, 907 Rn. 89.

[838] EuGH Rs. C-280/93, *„Bananenmarktordnung“,* Slg. 1994, I-4973 Rn. 79; EuGH Rs. 59/83, *Biovilac,* Slg. 1984, 4057 Rn. 21 ff.; s. a. EuGH Rs. C-44/89, *v. Deetzen II,* Slg. 1991, I-5119 Rn. 26 ff.; EuGH Rs. C-2/92, *Bostock,* Slg. 1994, I-955 Rn. 19 f.; EuGH Rs. C-38/94, *Country Landowners Association,* Slg. 1995, I-3875 Rn. 21.

[839] EuGH Rs. 44/79, *Hauer,* Slg. 1979, 3727 Rn. 19.

[840] EuGH Rs. C-177/90, *Kühn,* Slg. 1992, I-35 Rn. 63.

[841] EuGH Rs. 44/79, *Hauer,* Slg. 1979, 3727 Rn. 22 f.; EuGH Rs. 265/87, *Schräder,* Slg. 1989, 2237 Rn. 15; EuGH Rs. C-280/93, *„Bananenmarktordnung“,* Slg. 1994, I-4973 Rn. 78.

[842] EuGH verb. Rs. C-90/90 u. C-91/90, *Neu,* Slg. 1991, I-3617 Rn. 13; EuGH Rs. C-240/97, *Spanien/Kommission,* Slg. 1999, I-6571 Rn. 99.

lich dem Gemeinwohl dienenden Zielen der Gemeinschaft entsprechen und nicht einen im Hinblick auf den verfolgten Zweck unverhältnismäßigen, nicht tragbaren Eingriff darstellen, der die so gewährleisteten Rechte in ihrem Wesensgehalt antastet".[843] Insbesondere im Rahmen der Gemeinsamen Marktorganisationen wird den Organen ein beinahe unbegrenzter **Entscheidungsspielraum** belassen[844] und z. B. einem Milchbauern zugemutet, „in dem fraglichen Betrieb etwas anderes als Milch zu erzeugen."[845] Die Beurteilungsspielräume können auch den innerstaatlichen Organen bei der Umsetzung unionsrechtlicher Vorgaben zugute kommen.

**Beispiel:** Eine an die Bundesregierung gerichtete Kommissionsentscheidung verlangt die Reduzierung der Fischfangflotte um 33% zum Abbau von Überkapazitäten und zum Erhalt der Fischbestände. Gegen die deutschen Umsetzungsmaßnahmen wendet sich Fischer. Nach Auffassung des EuGH folgt aus der Entscheidungsfreiheit, die die Kommission der Regierung bei der Wahl der Maßnahmen belässt, dass die deutschen Gerichte „nicht die Beurteilungen, zu denen die zuständige Behörde gelangt ist, durch ihre eigenen ersetzen (dürfen). Sie müssen sich auf die Prüfung beschränken, ob jene Beurteilungen offensichtlich irrig oder mit einem Ermessensmissbrauch behaftet sind."[846]

292 Nach dem **allgemeinen Gleichheitssatz** (vgl. Art. 20 Grundrechte-Charta) dürfen zwar „vergleichbare Sachverhalte nicht unterschiedlich behandelt werden, es sei denn, dass eine Differenzierung objektiv gerechtfertigt wäre".[847] Allerdings ist der Anwendungsbereich des unionsrechtlichen Gleichheitssatzes beim Vollzug des Unionsrechts durch innerstaatliche Behörden insoweit eingeschränkt, als eine bloße Inländerdiskriminierung (→ Rn. 164 ff.) gerügt wird[848] oder es um die Außenbeziehungen der Europäischen Union geht.[849] Gleichheit im Unrecht kann nicht geltend gemacht werden.[850] Ob bestimmte Erzeugnisse vergleichbar sind, bestimmt sich nach deren Austauschbarkeit (Substituierbarkeit),[851] die Vergleichbarkeit von öffentlichen und privaten Unternehmen nach der „vergleichbaren Lage" beider Unternehmensformen.[852] Eine unterschiedliche Behandlung ist „nur dann als verbotene Diskriminierung zu betrachten, wenn sie als willkürlich

---

[843] EuGH Rs. 265/87, *Schräder,* Slg. 1989, 2237 Rn. 15; EuGH Rs. C-44/94, *National Federation of Fishermen's Organisation,* Slg. 1995, I-3115 Rn. 55.

[844] Vgl. z. B. EuGH Rs. C-306/93, *Winzersekt,* Slg. 1994, I-5555 Rn. 22; EuGH Rs. C-183/95, *Affish,* Slg. 1997, I-4315 Rn. 32; EuGH Rs. C-280/93, *Bananenmarktordnung,* Slg. 1994, I-4973; EuGH Rs. C-44/94, *National Federation of Fishermen's Organisation,* Slg. 1995, I-3115 Rn. 57.

[845] EuGH Rs. C-177/90, *Kühn,* Slg. 1992, I-35 Rn. 17; kritisch *Streinz,* in: ders (Fn. 83), Art. 15 GR-Charta Rn. 6 m. w. N.

[846] EuGH Rs. C-44/94, *National Federation of Fishermen's Organisation,* Slg. 1995, I-3115 Rn. 57 unter Hinweis auf EuGH Rs. 57/72, *Westzucker,* Slg. 1973, 321 Rn. 14; EuGH Rs. 78/74, *Deuka,* Slg. 1975, 421 Rn. 9.

[847] EuGH Rs. 117/76 u. a., *Ruckdeschel,* Slg. 1977, 1753 Rn. 7; EuGH Rs. C-280/93, *Deutschland/Rat,* Slg. 1994, I-4973 Rn. 67; EuGH Rs. C-85/97, *SFI,* Slg. 1998, I-7447 Rn. 30. Dazu *Kischel* EuGRZ 1997, 1 ff.; *Schilling* EuGRZ 2000, 3, 14 ff.; vgl. auch EuGH verb. Rs. C-182/03 u. C-217/03, *Belgien und Forum 187/Kommission,* Slg. 2006, I-5479 Rn. 170; die Unterschiede zur Rspr. des BVerfG betonend *Classen* EuR 2008, 627, 633 ff.

[848] EuGH Rs. C-332/90, *Stehen I,* Slg. 1992, I-341 Rn. 12 ff.; EuGH Rs. C-132/93, *Stehen II,* Slg. 1994, I-2715 Rn. 8 ff.

[849] EuGH Rs. C-122/95, *Deutschland/Rat,* Slg. 1998, I-973 Rn. 56; EuGH verb. Rs. C-364/95 u. 365/95, *T. Port,* Slg. 1998, I-1023 Rn. 76 ff.

[850] EuGH Rs. 34/80, *Authié,* Slg. 1981, 665 Rn. 23 (Dienstrecht); EuGH verb. Rs. C-89/85 u. a., *Ahlström Osakeyhtiö,* Slg. 1993, I-1307; EuG Rs. T-77/92, *Parker Pen,* Slg. 1994, II-549, 577 (Kartellrecht). Ferner EuG Rs. T-562/93, *Obst/Kommission,* Slg. 1995, II-723 Rn. 74 f.; EuGH Rs. T-30/90, *Zoder/Kommission,* Slg. 1991, II-207 Rn. 26 (Dienstrecht); *Gornig/Trüe* JZ 2000, 446, 456.

[851] EuGH verb. Rs. 124/76 u. 20/77, *Moulins et Huileries de Pont-à-Mousson u. a.,* Slg. 1977, 1795 Rn. 18.

[852] EuGH verb. Rs. 188–190/80, *Frankreich u. a./Kommission,* Slg. 1982, 2545 Rn. 21; *Streinz,* in: ders (Fn. 83), Art. 20 GR-Charta Rn. 11.

erscheint".[853] Bereits durch speziellere Diskriminierungsverbote erfasste Merkmale (Staatsangehörigkeit, Geschlecht, Alter) können nicht als objektive Gründe zur Rechtfertigung herangezogen werden (vgl. auch Art. 21 Abs. 1 Grundrechte-Charta).[854] Zwischen den Gründen und der vorgenommenen Differenzierung muss schließlich ein angemessenes Verhältnis bestehen (Verhältnismäßigkeitsprüfung).[855]

### b) Beurteilungs- und Ermessensspielräume beim innerstaatlichen Vollzug von Unionsrecht

Die unionsrechtliche Terminologie kennt keine dem deutschen Verwaltungsrecht vergleichbare Trennung zwischen Ermessen einerseits und unbestimmten Rechtsbegriffen mit Beurteilungsspielräumen andererseits. Für den Vollzug von Unionsvorschriften, die den Behörden Ermessens-, Abwägungs- oder Beurteilungsspielräume einräumen (z. B. durch Wendungen wie „berücksichtigen die zuständigen Behörden", „können die Mitgliedstaaten"), kann – in den Grenzen des Effektivitäts- und Nichtdiskriminierungsgrundsatzes – prinzipiell auf die Beurteilungs- und Ermessenskonzeption des innerstaatlichen Rechts (vgl. § 40 VwVfG) zurückgegriffen werden.[856] Hochkomplexe wirtschaftliche, technische oder medizinische (Prognose-)Entscheidungen können hiernach einen **Beurteilungsspielraum der zuständigen Fachbehörden** rechtfertigen, der von den Gerichten nur daraufhin überprüft werden muss, „ob deren Handeln einen offensichtlichen Irrtum oder Ermessensmissbrauch aufweist oder ob sie die Grenzen ihres Ermessensspielraums offensichtlich überschritten" haben.[857] 293

**Beispiel:** Bei der Abgrenzung von Lebens- und Arzneimitteln nach der sog. Nahrungsergänzungsmittel-RL (2002/46/EG) und der Novel-Food-VO (258/97) besteht häufig Streit über die naturwissenschaftliche Bewertung von Grenzwerten und Gesundheitsgefahren. In Ermangelung einer unionsrechtlichen Festlegung möchte deshalb das OVG Münster der zuständigen Behörde einen Beurteilungsspielraum zugestehen. Es handele sich insoweit „um ‚komplexe Beurteilungen', in Bezug auf welche der Gerichtshof im Arzneimittelrecht den Behörden der Gemeinschaft und daraus abgeleitet den nationalen Behörden einen Beurteilungsspielraum, ja sogar einen ‚weiten Ermessensspielraum' als gemeinschaftsrechtskonform zugestanden hat".[858]

Das Interesse der Union an der vollen Wirksamkeit seiner Rechts- und Finanzordnung sowie der Äquivalenzgrundsatz können im Ausnahmefall eine **„Ermessensreduzierung auf Null"** gebieten. So ist das in § 48 Abs. 2 VwVfG gewährte Rücknahmeermessen im Falle einer unionsrechtswidrig erteilten Beihilfebewilligung auf Null reduziert (→ Rn. 276). Innerstaatliche Vorschriften, die das Unionsinteresse aus Gründen der Billigkeit gefährden können, sind grundsätzlich unzulässig.[859] 294

---

[853] EuGH Rs. 139/77, *Denkavit,* Slg. 1978, 1317 Rn. 15.

[854] EuGH Rs. C-237/94, *O'Flynn,* Slg. 1996, I-2617 Rn. 19 f.; EuGH Rs. C-15/96, *Schöning-Kougebetopoulou,* Slg. 1998, I-47 Rn. 21; EuGH Rs. C-274/96, *Bickel u. Franz,* Slg. 1998, I-7637 Rn. 27; EuGH Rs. C-144/04, *Mangold,* Slg. 2005, I-9981 Rn. 75 ff. = DB 2005, 2638 mit Anm. *Nicolai;* EuGH Rs. C-388/07, *Age Concern England,* Slg. 2009, I-1569 = EuZW 2009, 340; zur Altersdiskriminierung auch *Richter/Bouchouaf* NVwZ 2006, 538.

[855] EuGH Rs. 114/76, *Bela-Mühle,* Slg. 1977, 1211 Rn. 7; EuGH Rs. 43/72, *Merkur,* Slg. 1973, 1055 Rn. 19; EuGH Rs. C-127/07, *Arcelor Atlantique und Lorraine u. a.,* Slg. 2008, I-9895 Rn. 46 ff.

[856] EuGH Rs. C-120/97, *Upjohn,* Slg. 1999, I-223 Rn. 34 f.; *Hatje* (Fn. 17), S. 318–323; *Öhlinger/Potacs* (Fn. 42), S. 143 f.

[857] EuGH Rs. C-120/97, *Upjohn,* Slg. 1999, I-223 Rn. 34 zum Widerruf einer Genehmigung für ein Arzneimittel.

[858] OVG Münster ZLR 2003, 585 mit Anm. *Streinz* ZLR 2003, 596. Dazu ferner die Schlussanträge von GA *Maduro* in der Rs. C-136/03, Slg. 2005, I-4759.

[859] *Öhlinger/Potacs* (Fn. 42), S. 132 f.

**Beispiel:** Das zuständige Landratsamt möchte einen überschuldeten Landwirt von der Zahlungsverpflichtung für Zusatzabgaben wegen Überschreitung der Milchquoten befreien. Für den Gerichtshof ist es mit den Zielen der Milchquotenregelung nicht vereinbar, dass ein Erzeuger deshalb von der Verpflichtung zur Zahlung der Zusatzabgabe befreit wird, „weil er sich in finanziellen Schwierigkeiten befindet, auch wenn er von der irrigen Annahme ausging, dass ihm später noch eine zusätzliche Quote zugeteilt werden würde. Befindet sich ein Betriebsinhaber tatsächlich in Schwierigkeiten, können die nationalen Behörden jedoch grundsätzlich die nationalen Vorschriften anwenden, nach denen die sofortige Einziehung des geschuldeten Betrags ausgesetzt oder Ratenzahlung gewährt werden kann.“[860]

### c) Fehlerfolgen und Bestandskraft von Verwaltungsakten

295 **aa) Nichtigkeit bei offensichtlicher Unionsrechtswidrigkeit.** Die Frage, ob deutsches Verwaltungshandeln wegen Verstoßes gegen das Unionsrecht nichtig oder aber aufzuheben ist, beantwortet sich in Ermangelung unionsrechtlicher Vorgaben nach **§ 44 Abs. 1 VwVfG** bzw. den gleichlautenden Vorschriften der Bundesländer.[861] Nur der offensichtliche Verstoß gegen Unionsrecht führt in entsprechender Anwendung des § 44 VwVfG zur **Nichtigkeit eines Verwaltungsaktes.** Die Lehre vom Anwendungsvorrang (→ Rn. 98) führt „nicht dazu, dass jeder Verstoß gegen Gemeinschaftsrecht als Nichtigkeitsgrund zu behandeln wäre“.[862]

296 **bb) Fallgestaltungen.** Von erheblicher praktischer Bedeutung ist deshalb die Frage nach den unionsrechtlichen **Grenzen der Bestandskraft** von innerstaatlichen Verwaltungsentscheidungen. Die Frage stellt sich zum einen in **Konstellationen,** in denen ein Begünstigter – z. B. ein Beihilfenempfänger – entgegen den unionsrechtlichen Vorgaben staatliche Leistungen oder andere Vorteile erhalten hat (→ Rn. 297 ff.). Zum anderen stellt sich die Frage der Bestandskraft in Fällen, in denen sich im Nachhinein die Unionsrechtswidrigkeit einer Belastung – z. B. eines Abgabenbescheides – herausstellt (→ Rn. 300 ff.).[863]

297 **cc) Bestandskraft begünstigender Entscheidungen.** Das Effektivitätsgebot verlangt grundsätzlich, dass die zuständigen Behörden **unionsrechtswidrige Leistungen** (z. B. Beihilfen) und andere begünstigende Verwaltungsentscheidungen, die unter Verstoß gegen das Unionsrecht erfolgt sind, wieder einziehen bzw. widerrufen.[864] Ziel ist die „Wiederherstellung der früheren Lage“.[865] Zwar findet die Rückforderung grundsätzlich nach Maßgabe der einschlägigen Widerrufsregelungen, namentlich § 49a VwVfG statt; „jedoch darf dessen Anwendung die gemeinschaftsrechtlich vorgeschriebene Rückforderung nicht praktisch unmöglich machen“[866] und bei der Anwendung einer Vorschrift wie der **§§ 48 ff. VwVfG,** „die die Rücknahme eines rechtswidrigen Verwaltungsakts von der Abwägung

[860] EuGH Rs. C-290/91, *Peter,* Slg. 1993, I-2981 Ls.

[861] BVerwG NJW 1978, 508; *Sachs,* in: S/B/S (Fn. 69), § 44 Rn. 8 ff.

[862] BVerwG NVwZ 2000, 1039 = DÖV 2000, 1004; dazu auch *Brenner/Huber* DVBl. 2001, 1021.

[863] Eingehend zum Ganzen *Kanitz/Wendel* EuZW 2008, 231; *Kremer* EuR 2007, 470; *Müller,* Die Aufhebung von Verwaltungsakten unter dem Einfluss des Gemeinschaftsrechts, 2000; *Nickel,* Das Spannungsverhältnis zwischen Europäischem Gemeinschaftsrecht u. den §§ 48–49a VwVfG, 1999; *Meesenburg,* Das Vertrauensschutzprinzip im europäischen Finanzverwaltungsrecht, 1998; *Lenze* VerwArch 97 (2006), 49 ff.

[864] Vgl. umfassend *Suerbaum* VerwArch 2000, 169; *Happe* NVwZ 2000, 26; weitere Nachweise unter Fn. 32 u. 725.

[865] EuGH Rs. C-24/95, *Alcan II,* Slg. 1997, I-1591 Rn. 23; EuGH Rs. C-348/93, *Kommission/Italien,* Slg. 1995, I-673 Rn. 26.

[866] EuGH Rs. C-24/95, *Alcan II,* Slg. 1997, I-1591 Rn. 24; EuGH Rs. C-142/87, *Belgien/Kommission,* Slg. 1990, I-959 Rn. 61; EuGH Rs. C-5/89, *Kommission/Deutschland,* Slg. 1990, I-3437 Rn. 12; EuGH verb. Rs. 205/82 bis 215/82, *Deutsche Milchkontor,* Slg. 1983, 2633 Rn. 22 = NJW 1984, 2024.

der verschiedenen widerstreitenden Interessen abhängig macht, muss das Interesse der Gemeinschaft in vollem Umfang berücksichtigt werden".[867]

Das **Vertrauen in die Bestandskraft** der begünstigenden Verwaltungsentscheidung wird dadurch erheblich eingeschränkt.[868] Zwar gehört der Schutz berechtigten Vertrauens zu den allgemeinen Rechtsgrundsätzen des Unionsrechts und bindet daher „auch die Mitgliedstaaten bei der Durchführung von Gemeinschaftsregelungen".[869] In die Unionsrechtskonformität einer **staatlichen Beihilfe** darf das begünstigende Unternehmen „jedoch grundsätzlich nur dann vertrauen, wenn diese unter Einhaltung des darin vorgesehenen Verfahrens gewährt wurde. Einem sorgfältigen Gewerbetreibenden ist es regelmäßig möglich, sich zu vergewissern, dass dieses Verfahren eingehalten wurde".[870] Auf einen Vertrauenstatbestand soll sich das begünstigte Unternehmen nur dann berufen können, wenn es sich bei der EU-Kommission vergewissert hatte, ob das Beihilfenverfahren in seiner Gesamtheit ordnungsgemäß verlaufen ist.[871] Auf die Ein-Jahres-Frist des § 48 Abs. 4 VwVfG kann sich das Unternehmen grundsätzlich ebenso wenig berufen, wie auf seine Gutgläubigkeit beim Wegfall der Bereicherung (§ 48 Abs. 2 Satz 2 VwVfG).[872] 298

Großzügiger ist die Rechtsprechung bei der Rückforderung **zu Unrecht gezahlter Unionsbeihilfen,** z. B. im Bereich der gemeinsamen Agrar- oder Strukturförderung. In Ermangelung sekundärrechtlicher Vorschriften steht das Unionsrecht einer verwaltungsrechtlichen Regelung grundsätzlich nicht entgegen, „die für den Ausschluss der Rückforderung zu Unrecht gezahlter Unionsbeihilfen, sofern der gute Glaube des Beihilfeempfängers nachgewiesen ist, auf Kriterien wie das sorgfaltswidrige Verhalten der nationalen Behörden und den Ablauf eines erheblichen Zeitraums seit der Zahlung der betreffenden Beihilfen abstellt, jedoch unter dem Vorbehalt, dass dafür die gleichen Voraussetzungen gelten wie für die Wiedereinziehung rein nationaler Geldleistungen und dass das Interesse der Gemeinschaft voll berücksichtigt wird".[873] Auch die Berufung auf den Wegfall der Bereicherung ist dem Empfänger nicht grundsätzlich abgeschnitten.[874] 299

**Beispiel:** Eine Behörde fordert den an eine private Stiftung gezahlten Zuschuss zurück, der aus Mitteln des Europäischen Fonds für regionale Entwicklung (EFRE) gewährt worden war. Die Rückzahlung soll erfolgen, da die Zuschüsse gegen Bedingungen verstieß, die die Kommission in einem an Deutschland gerichteten aber unveröffentlichten und der Stiftung nicht mitgeteilten Beschluss festgelegt hatte. Unter solchen Umständen stehe das Unionsrecht einer Anwendung des „Grundsatzes der Rechtssicherheit" zugunsten des Endbegünstigten nicht entgegen, „wenn dessen guter Glaube nachgewiesen ist. In einem solchen Fall kann der betroffene Mitgliedstaat für die nicht wieder eingezogenen Beträge haftbar gemacht werden, damit das Recht der Gemeinschaft auf Rückzahlung des Beihilfebetrags effektiv wird."[875]

---

[867] EuGH Rs. C-24/95, *Alcan II*, Slg. 1997, I-1591 Rn. 24; EuGH verb. Rs. C-383/06 bis C-385/06, *Vereniging Nationaal Overlegorgaan Sociale Werkvoorziening*, Slg. 2008, I-1561 Rn. 55 = EWS 2008, 153, 158.

[868] Kritisch deshalb *Sinnaeve* (Fn. 725), S. 198 ff.; *Schmidt-Kötters*, in: Heidenhain (Hrsg.), Handbuch des Beihilfenrechts, 2003, § 57 Rn. 105; fern liegend hingegen *Scholz* DÖV 1998, 161, 164; hiergegen schon *Winkler* DÖV 1999, 148.

[869] EuGH verb. Rs. C-80/99 bis C-82/99, *Flemmer u. a.*, Slg. 2001, I-7211 Rn. 59 = JZ 2002, 239 u. instruktiv EuGH verb. Rs. 205/82 bis 215/82, *Milchkontor*, Slg. 1983, 2633 Rn. 29 f.

[870] EuGH Rs. C-24/95, *Alcan II*, Slg. 1997, I-1591 Rn. 25; EuGH Rs. C-169/95, *Spanien/Kommission*, Slg. 1997, I-135 Rn. 51.

[871] *Quardt*, in: Heidenhain (Fn. 795), § 51 Rn. 11 m. w. N.

[872] EuGH Rs. C-24/95, *Alcan II*, Slg. 1997, I-1591 Rn. 27 ff.; BVerwGE 106, 328, 332 ff. = NJW 1998, 3278; BVerfG NJW 2000, 2015 mit Anm. *Lindner* BayVBl. 2000, 656; *Gündisch* NVwZ 2000, 125; a. A. noch BVerwGE 92, 81, 87 f.; OVG Koblenz NVwZ 1993, 82, 83; OVG Münster NVwZ 1993, 79, 81. Zum Ganzen auch *Sachs*, in: S/B/S (Fn. 69), § 48 Rn. 236 ff.

[873] EuGH Rs. C-366/95, *Steff-Houlberg Export*, Slg. 1998, I-2661 Rn. 36.

[874] EuGH Rs. C-298/96, *Oehlmühle Hamburg*, Slg. 1998, I-4767 Rn. 38.

[875] EuGH Rs. C-158/06, *ROM-projecten*, Slg. 2007, I-5103 Rn. 23 ff.

300 **dd) Rücknahme belastender Entscheidungen.** Für den umgekehrten Fall verlangt der EuGH in ständiger Rechtsprechung, „dass dem Einzelnen das **Recht auf Erstattung von Abgaben** zusteht, die ein Mitgliedstaat unter Verstoß gegen das Gemeinschaftsrecht erhoben hat," es sei denn, „dass die Abgabenlast in vollem Umfang von einem anderen als dem Abgabepflichtigen getragen wurde, und wenn die Erstattung an den Abgabepflichtigen zu dessen ungerechtfertigter Bereicherung führen würde".[876] Allerdings kann hier der Grundsatz der Rechtssicherheit zum Tragen kommen, der zu den im Unionsrecht anerkannten Grundsätzen gehört.[877]

301 Grundsätzlich gilt auch hier: Die Ausgestaltung des Verfahrens, insbesondere durch **„angemessene Ausschlussfristen"** des innerstaatlichen Rechts, bleibt zulässig, „sofern diese Verfahren nicht ungünstiger gestaltet werden als bei entsprechenden Klagen, die nur innerstaatliches Recht betreffen, und die Ausübung der durch die Gemeinschaftsrechtsordnung verliehenen Rechte durch sie nicht praktisch unmöglich gemacht oder übermäßig erschwert wird".[878] So hat der Gerichtshof entschieden, „dass nationale Vorschriften über angemessene Ausschlussfristen für die Rechtsverfolgung im Interesse der Rechtssicherheit mit dem Gemeinschaftsrecht vereinbar sind".[879]

302 Stellt sich im Nachhinein die Unionsrechtswidrigkeit eines Verwaltungsaktes heraus, so verlangt das Unionsrecht zwar „nicht, dass eine Verwaltungsbehörde grundsätzlich verpflichtet ist, eine **bestandskräftige Verwaltungsentscheidung** zurückzunehmen".[880] Das Unionsrecht verpflichtet jedoch die zuständige Verwaltungsbehörde auf einen entsprechenden Antrag hin, „eine bestandskräftige Verwaltungsentscheidung zu überprüfen", um der mittlerweile vom Gerichtshof vorgenommenen Auslegung einer Unionsvorschrift Rechnung zu tragen, wenn „besondere Umstände" vorliegen. Dies ist der Fall, „wenn

- die Behörde nach nationalem Recht befugt ist, diese Entscheidung zurückzunehmen,
- die Entscheidung infolge eines Urteils eines in letzter Instanz entscheidenden nationalen Gerichts bestandskräftig geworden ist,
- das Urteil, wie eine nach seinem Erlass ergangene Entscheidung des Gerichtshofes zeigt, auf einer unrichtigen Auslegung des Unionsrechts beruht, die erfolgt ist, ohne dass der Gerichtshof um Vorabentscheidung ersucht wurde, obwohl der Tatbestand des Artikels 267 Abs. 3 AEUV erfüllt war, und
- der Betroffene sich, unmittelbar nachdem er Kenntnis von der besagten Entscheidung des Gerichtshofes erlangt hat, an die Verwaltungsbehörde gewandt hat".[881]

---

[876] EuGH Rs. C-147/01, *Weber's Wine World,* Slg. 2003, I-11365 Rn. 93 f.; s. a. EuGH verb. Rs. C-397/98 u. C-410/98, *Metallgesellschaft u. a.,* Slg. 2001, I-1727 Rn. 96, EuGH Rs. C-62/00, *Marks & Spencer,* Slg. 2002, I-6325 Rn. 30.

[877] *Niedobitek* VerwArch 2001, 58.

[878] EuGH Rs. C-2/06, *Kemptner,* Slg. 2008, I-411 Rn. 57; EuGH Rs. C-188/95, *Fantask u. a.,* Slg. 1997, I-6783 Rn. 46 = EuZW 1998, 172 = NVwZ 1998, 833; weitergehend hingegen EuGH Rs. C-118/00, *Larsy,* Slg. 2001, I-5063 Rn. 51–53; dazu *Potacs* EuR 2004, 595, 600 f.

[879] EuGH Rs. C-326/96, *Levez,* Slg. 1998, I-7835 Rn. 19; EuGH Rs. C-261/05, *Palmisani,* Slg. 1997, I-4025 Rn. 28; EuGH Rs. C-188/95, *Fantask u. a.,* Slg. 1997, I-6783 Rn. 48 = EuZW 1998, 172 = NVwZ 1998, 833; EuGH verb. Rs. C-279/96 bis C-281/96, *Ansaldo Energia u. a.,* Slg. 1998, I-5025 Rn. 17 f.

[880] EuGH Rs. C-453/00, *Kühne & Heitz,* Slg. 2004, I-837 Rn. 24 = NVwZ 2004, 459; EuGH Rs. C-392/04, *i-21 Germany und Arcor,* Slg. 2006, I-8559 Rn. 51 = JZ 2007, 404, 405 m. Anm. *Ruffert* JZ 2007, 407; *Potacs* EuR 2004, 595; *Ruffert* JZ 2004, 620; *Urlesberger* ZfRV 2004, 99; *Frenz* DVBl. 2004, 375; *Krumm* IWB 2005, 681; *Palm* GewArch 2011, 424, 429 f.

[881] EuGH Rs. C-453/00, *Kühne & Heitz,* Slg. 2004, I-837 Rn. 28; EuGH Rs. C-392/04, *i-21 Germany und Arcor,* Slg. 2006, I-8559 Rn. 52 = JZ 2007, 404, 405 f. mit Anm. *Ruffert* JZ 2007, 407; vgl. hierzu auch *Ludwigs* NVwZ 2007, 549; zum Ganzen *Kremer* EuR 2007, 470.

Für die Durchbrechung der Bestandskraft kommt es hiernach, anders als noch in vorangegangenen Urteilen,[882] entscheidend auf die innerstaatlichen Verfahrensvorschriften über die **Wiederaufnahme des Verfahrens** – hier § 51 VwVfG – sowie darauf an, ob der Beschwerdeführer zumutbaren Rechtsschutz gegen die Verwaltungsentscheidung ergriffen hat.[883] Die Drei-Monats-Frist des § 51 Abs. 3 VwVfG dürfte noch angemessen sein.[884] 303

**ee) „Transnationale" Verwaltungsakte.** Besondere Probleme bereiten die Rechtsfolgen eines fehlerbehafteten **„transnationalen Verwaltungsaktes".**[885] Zahlreiche Richtlinien, Verordnungen sowie das in den Grundfreiheiten verankerte Herkunftslandprinzip sehen vor, dass Genehmigungen (z. B. Führerscheine), die von Behörden eines EU-Staates erteilt worden sind, von den Behörden der Partnerstaaten grundsätzlich wie eigene Hoheitsakte akzeptiert werden müssen **(Grundsatz der gegenseitigen Anerkennung).** Sieht das Unionsrecht keine Ausnahmetatbestände vor, so sind die Behörden des Partnerlandes auch zur Anerkennung rechtswidriger Verwaltungsakte verpflichtet. Mit den Rechtsbehelfen des innerstaatlichen Rechts sind sie nicht anfechtbar.[886] Die Anerkennungspflicht findet ihre Grenze, wenn „objektive Umstände" auf „offensichtliche Unrichtigkeiten" der in Frage stehenden Entscheidung schließen lassen.[887] 304

**ff) Unionsrechtlicher Folgenbeseitigungsanspruch.** Unabhängig vom unionsrechtlich vorgegebenen Staatshaftungsanspruch (→ Rn. 429 ff.) sind die innerstaatlichen Organe nach dem Grundsatz der loyalen Zusammenarbeit „verpflichtet, die rechtswidrigen Folgen eines Verstoßes gegen das Unionsrecht zu beheben".[888] Begrenzt durch den Grundsatz der mitgliedstaatlichen Verfahrensautonomie und die Bestandskraft von Verwaltungsakten obliegt diese **Folgenbeseitigungspflicht** „jeder Behörde des betreffenden Mitgliedstaats im Rahmen ihrer Zuständigkeiten".[889] Rechtsgrundlage sind, sofern keine speziellen Vorschriften eingreifen, der im deutschen Recht anerkannte Folgenbeseitigungsanspruch[890] sowie die §§ 48 ff. VwVfG. 305

**Beispiel:** Das zuständige Landratsamt hat es richtlinienwidrig unterlassen, eine Umweltverträglichkeitsprüfung für die Inbetriebnahme eines stillgelegten Steinbruchs durchzuführen. Es ist dann Sache der zuständigen Behörden oder Gerichte, „festzustellen, ob nach nationalem Recht die Möglichkeit be-

---

[882] EuGH Rs. C-224/97, *Ciola,* Slg. 1999, I-2517 Rn. 25 = EuZW 1999, 405 = NJW 1999, 2355 mit Anm. *Schilling* EuZW 1999, 407; EuGH Rs. C-118/00, *Larsy,* Slg. 2001, I-5063 Rn. 51–53.

[883] BVerwGE 121, 226, 233 f.; hierzu *Ludwigs* NVwZ 2007, 549, 551; vgl. ferner *Potacs* EuR 2004, 595; s. a. *Ruffert* JZ 2004, 620; zum Wiederaufgreifen nach § 51 VwVfG wegen Verstoßes gegen EG-Recht ferner BVerwG NVwZ 2011, 629, 632; BVerwG NJW 1978, 808; VG Saarlouis DVBl. 1974, 728 mit Anm. *Ehle.*

[884] Vgl. grundlegend EuGH Rs. C-2/06, *Kempter,* Slg. 2008, I-411 Rn. 54 ff. = NVwZ 2008, 870, 873; hierzu *Kanitz/Wendel* EuZW 2008, 231; *Kuntze,* in: Bergmann/Kenntner (Fn. 269), S. 133, 160.

[885] Dazu *Ruffert* Die Verwaltung 34 (2001), 453, 472 ff., 477 f.; *Neßler* NVwZ 1995, 863; *Happe,* Die grenzüberschreitenden Wirkung von nationalen Verwaltungsakten, 1987; *Schmidt-Aßmann* DVBl. 1993, 924.

[886] *Ruffert* Die Verwaltung 34 (2001), 453, 476; *Becker* DVBl. 2001, 855, 856 f.

[887] EuGH Rs. 130/88, *van de Bijl,* Slg. 1989, 3039 Rn. 25; zur Anerkennung von Führerscheinen: EuGH Rs. C-476/01, *Kapper,* Slg. 2004, I-5005 Rn. 48; EuGH verb. Rs. C-329/06 u. C-343/06, *Wiedemann,* Slg. 2008, I-4635 Rn. 50 = EuZW 2008, 472, 474; hierzu *Dauer* NJW 2008, 2381; ferner OVG Rheinland-Pfalz DVBl 2009, 190; *Winkelmüller* (Fn. 778), S. 216 f.

[888] EuGH Rs. C-41/11, *Inter-Environnement Wallonie und Terre wallonne,* noch nicht in d. amtl. Slg., Rn. 43; EuGH Rs. C-201/02, *Wells,* Slg. 2004, I-723 Rn. 64 = EWS 2004, 232, Rn. 64 = DVBl. 2004, 370 = NVwZ 2004, 593; ferner EuGH Rs. 6/60, *Humblet,* Slg. 1960, 1163, 1185; *P. Karpenstein/ U. Karpenstein,* in: G/H/N (Fn. 26), Stand: 2011, Art. 260 AEUV Rn. 13 ff.; u. OLG Köln EuZW 1991, 575, 576.

[889] EuGH Rs. C-201/02, *Wells,* Slg. 2004, I-723 Rn. 64; ferner EuGH Rs. C-8/88, *Deutschland/ Kommission,* Slg. 1990, I-2321 Rn. 13.

[890] Zum Umfang BVerwGE 69, 366, 370 f.; 80, 178, 179; 82, 76, 95; 94, 100, 119; NJW 2001, 1878, 1882; ferner *Maurer,* Allgemeines Verwaltungsrecht, 18. Aufl. 2011, § 30 Rn. 11 ff.

steht, eine bereits erteilte Genehmigung zurückzunehmen oder auszusetzen, um dieses Projekt einer Umweltverträglichkeitsprüfung gemäß den Anforderungen der Richtlinie 85/337 zu unterziehen, oder aber die Möglichkeit für den Einzelnen, wenn er dem zustimmt, Ersatz des ihm entstandenen Schadens zu verlangen".[891]

## IV. Verwaltungsgrundsätze beim „gemischten Vollzug" durch deutsche und europäische Behörden

306 Einige „Politiken" der EU zeichnen sich dadurch aus, dass innerstaatliche Behörden und Unionsorgane das Unionsrecht gemeinsam vollziehen. Bei diesem sog. „gemischten Vollzug" greifen die **Vollzugsbefugnisse von Mitgliedstaaten und Unionsorganen ineinander** und ergänzen sich. Dabei geht es einerseits um die Mitwirkung von Unionsorganen am mitgliedstaatlichen Vollzug, andererseits um die Mitwirkung nationaler Behörden an den Entscheidungen und Entscheidungsabläufen der Unionsorgane. Neben dem Beihilfenrecht ist seit 2003 prominentestes Beispiel das EU-Wettbewerbsrecht, das nach den Art. 104, 105 AEUV und der Kartellverordnung (EG) 1/2003 im Zusammenspiel von nationalen Kartellämtern und der Kommission zu vollziehen ist.[892] Kommt es bei diesem Zusammenspiel zu Rechtsproblemen oder Rechtsverstößen, können die Feststellung der Zurechnung und der Fehlerfolgen erhebliche Schwierigkeiten bereiten.

**Beispiel:** Ein Missbrauchsverfahren gegen ein marktbeherrschendes Unternehmen stützt die Kommission auf rechtswidrig erlangte Beweismittel eines deutschen Staatsanwaltes. Hiergegen erhebt das Unternehmen Nichtigkeitsklage (Art. 263 AEUV). Nach Auffassung des EuG unterliegt die Frage, „ob die Weitergabe von nach dem nationalen Strafrecht erlangten Erkenntnissen durch einen nationalen Staatsanwalt ... und deren anschließende Verwertung durch die Kommission rechtmäßig sind, ... grundsätzlich dem für die Ermittlungen der innerstaatlichen Behörden maßgebenden nationalen Recht."[893]

307 Beim gemischten Vollzug unterliegen die Unionsorgane den vorerwähnten primärrechtlichen und ggf. sekundärrechtlichen Bindungen (→ Rn. 242 ff.), während die deutschen Behörden dem innerstaatlichen Recht sowie den (ungeschriebenen) Verwaltungsgrundsätzen des indirekten Vollzugs unterliegen (→ Rn. 256 ff.). Nach dem Grundsatz der loyalen Zusammenarbeit bedarf es in diesen Konstellationen der **besonders vertrauensvollen und engen Kooperation** der zuständigen Stellen. Dies gilt etwa dann, wenn die Mitgliedstaaten bei der Durchsetzung von Kommissionsentscheidungen auf Schwierigkeiten stoßen; sie sind dann zur unverzüglichen Information der Kommission verpflichtet.[894] Umgekehrt sind die Unionsorgane verpflichtet, den mit Verstößen gegen Unionsrecht befassten Vollzugsbehörden oder Gerichten die erbetenen Informationen „unverzüglich zu übermitteln, sofern die Ablehnung einer solchen Übermittlung nicht aus zwingenden Gründen gerechtfertigt ist, die mit der Notwendigkeit im Zusammenhang stehen, Beeinträchtigungen der Funktionsfähigkeit und der Unabhängigkeit der Gemeinschaft zu verhindern oder deren Belange zu wahren".[895]

[891] EuGH Rs. C-201/02, *Wells,* Slg. 2004, I-723 Rn. 69 = DVBl. 2004, 370 = NVwZ 2004, 593.

[892] Vgl. nur *Lippert* DVBl. 2006, 492; *Röhl* DVBl. 2006, 1070, 1076.

[893] EuG Rs. T-50/00, *Dalmine,* Slg. 2004, II-2395 Rn. 86 u. Hinweis auf EuGH Rs. C-97/91, *Borelli,* Slg. 1992, I-6313 Rn. 9; EuG Rs. T-22/97, *Kesko,* Slg. 1999, II-3775 Rn. 83.

[894] EuGH Rs. 94/87, *Alcan I,* Slg. 1989, 175 Rn. 9; EuGH Rs. C-217/88, *„Tafelwein",* Slg. 1990, I-2879 Rn. 33 = EuZW 1990, 384.

[895] Vgl. EuGH Rs. C-275/00, *First u. Franex,* Slg. 2002, I-10943 Rn. 49; ähnlich EuGH Rs. C-2/88, *Zwartfeld,* Slg. 1990, I-3365 Rn. 17 ff.; EuGH Rs. C-234/89, *Delimitis,* Slg. 1991, I-935 Rn. 53; EuGH Rs. C-39/94, *SFEI u. a.,* Slg. 1996, I-3547 Rn. 50 = EuZW 1996, 564 mit Anm. *Sinnaeve* EuZW 1996, 569.

Besonders problematisch sind Konstellationen, in denen die Unionsorgane auf Grund fehlerhafter Informationen oder sonstiger Zuarbeit nationaler Behörden tätig werden. Solche **interdependenten Entscheidungsprozesse,** in denen die nationale Handlung den Inhalt der zu treffenden Unionsentscheidung bestimmt, finden sich z. B. im Agrarrecht oder bei der Gewährung von EU-Fördermitteln. Grundsätzlich gilt auch hier, dass sich etwaige Fehler im Rahmen einer Stellungnahme, die von den nationalen Behörden abgegeben wird, „ungeachtet der Tatsache, dass diese Stellungnahme die Kommission bindet, unter keinen Umständen auf die Gültigkeit der Entscheidung auswirken, mit der die Kommission den beantragten Zuschuss ablehnt" (Trennungsprinzip).[896] Sofern die Unionsorgane „in Bezug auf diese Maßnahme nur über ein eingeschränktes oder über gar kein Ermessen verfügen", kann diese vor dem EuGH/EuG nur auf „offensichtliche" Mitwirkungsfehler überprüft werden.[897] Deshalb ist es „**Sache der nationalen Gerichte,** gegebenenfalls im Anschluss an eine Vorlage an den Gerichtshof über die Rechtmäßigkeit der in Frage stehenden nationalen Handlung zu entscheiden, wobei sie dieselben Prüfungsmaßstäbe wie bei anderen endgültigen Handlungen anzuwenden haben, die von der betreffenden nationalen Behörde erlassen werden und Rechte Dritter verletzen können; eine entsprechende Klage ist somit zulässig, selbst wenn die innerstaatlichen Verfahrensvorschriften dies in einem solchen Fall nicht vorsehen".[898] 308

**Beispiel:** Auf Antrag und nach Spezifikation der Bundesregierung veröffentlicht die EU-Kommission im EU-Amtsblatt ein geographisches Gebiet („Spreewälder Gurken"), damit die dort angebauten Gurken unter die EU-Verordnung über geschützte geographische Angaben fallen. Ein außerhalb dieses Gebietes tätiger Fabrikant verlangt dessen Neufestsetzung. Da die Veröffentlichung der Kommission nur auf offensichtliche Ermessensfehler kontrolliert werden könne, ist es „Sache der nationalen Gerichte, über die Rechtmäßigkeit eines Antrags auf Eintragung einer Bezeichnung wie des hier in Rede stehenden zu entscheiden, wobei sie dieselben Prüfungsmaßstäbe wie bei anderen endgültigen Entscheidungen anzuwenden haben, die von der betreffenden nationalen Behörde erlassen werden und Rechte verletzen können, die Dritte aus dem Gemeinschaftsrecht ableiten; eine entsprechende Klage ist folglich als zulässig anzusehen, selbst wenn die innerstaatlichen Verfahrensvorschriften dies in einem solchen Fall nicht vorsehen".[899]

Zahlreiche praktische Probleme wirft das Zusammenwirken von nationalen und EU-Organen auch im **Naturschutzrecht** auf, namentlich bei der Anwendung der sog. Flora-Fauna-Habitat- (FFH-) sowie der sog. Vogelschutz-Richtlinie.[900] Beide Richtlinien verlangen die Ausweisung eines kohärenten ökologischen Netzes besonderer Schutzgebiete mit Hilfe der Mitgliedstaaten. Zwar kann hiernach gegen den erklärten Willen eines Mitgliedstaates ein Gebiet nicht ausgewiesen werden. Aus den Loyalitätspflichten der zuständigen Behörden und Gerichte folgt jedoch, dass u. U. „potenzielle" FFH-Gebiete ausgewiesen werden müssen, damit Regionen, welche die inhaltlichen Kriterien der Anhänge der FFH-Richtlinie erfüllen, und die außerdem geeignete Objekte für ein kohärentes ökologisches Netz sind, einstweilen nicht ohne den erforderlichen Schutz bleiben 309

---

[896] EuGH Rs. C-97/91, *Borelli,* Slg. 1992, I-6313 Ls. 2 zum Europäischen Ausrichtungs- u. Garantiefonds für die Landwirtschaft.

[897] EuGH Rs. C-269/99, *Carl Kühne,* Slg. 2001, I-9517 Rn. 59.

[898] EuGH Rs. C-97/91, *Borelli,* Slg. 1992, I-6313 Rn. 13 f.

[899] EuGH Rs. C-269/99, *Carl Kühne,* Slg. 2001, I-9517 Rn. 58.

[900] Vgl. BVerwGE 116, 254 = NVwZ 2002, 1243 = DVBl. 2002, 1486; BVerwG NVwZ 2001, 92; VGH München Vorlagebeschl. v. 19.4.2005, Az. 8 A 02.40040 u. a.; VG Lüneburg NVwZ 2001, 590; VG Frankfurt NVwZ 2001, 1188; VG Oldenburg NVwZ 2001, 349; VG Oldenburg NuR 2000, 295; OVG Münster NVwZ-RR 2000, 490 (zur Vogelschutzrichtlinie); VG Düsseldorf NVwZ 2001, 591; VG Frankfurt NVwZ 2001, 1188; VG Bremen AgrarR 2002, 402; aus der Literatur: *Kahl/Gärditz* NuR 2005, 555; *Gärditz* DVBl. 2010, 247; *Halama* NVwZ 2001, 506; *Ewer* NuR 2000, 361; *Vondung,* in: Bergmann/Kenntner (Fn. 269), S. 599, 628 ff.

(→ Rn. 73).[901] Andererseits soll in Ermangelung eines feststellungsfähigen Rechtsverhältnisses gegen die Auswahl einer im Sinne der FFH-Richtlinie schutzbedürftigen Fläche durch deutsche Behörden und deren Meldung an die EU-Kommission kein vorbeugender Rechtsschutz in Betracht kommen; rechtliche Konsequenzen dieses mehrstufigen Auswahlverfahrens sollen sich „erst mit der Aufnahme eines Gebietes in die Liste von Gebieten von gemeinschaftswichtiger Bedeutung der Europäischen Gemeinschaft nach Art. 4 Abs. 2 FFH-RL durch die Kommission" verbinden.[902]

## § 2 Welche Besonderheiten gelten im Verwaltungsprozess?

**Schrifttum:** *Brauhardt,* Zur Einschränkung des Zugangs zu den Gerichten durch Präklusionsregelungen, UPR 2010, 296; *Burgi,* Deutsche Verwaltungsgerichte als Gemeinschaftsgerichte, DVBl. 1995, 772; *ders.,* Verwaltungsprozess und Gemeinschaftsrecht, 1996; *Classen,* Die Europäisierung der Verwaltungsgerichtsbarkeit. Eine vergleichende Untersuchung zum deutschen, französischen und europäischen Verwaltungsprozeßrecht, 1996; *ders.,* Effektive und kohärente Justizgewährleistung im europäischen Rechtsschutzverbund, JZ 2006, 157; *Cremer,* Zum Rechtsschutz des Einzelnen gegen abgeleitetes Unionsrecht nach dem Vertrag von Lissabon, DÖV 2010, 58; *v. Danwitz,* Verwaltungsrechtliches System und Europäische Integration, 1996; *Dünchheim,* Die Einwirkungen des Europarechts auf die verwaltungsprozessuale Normabwehr-, Normerlaß- und Normergänzungsklage, DÖV 2004, 137; *ders.,* Verwaltungsprozeßrecht unter europäischem Einfluß, 2003; *Ehlers,* Die Europäisierung des Verwaltungsprozessrechts, DVBl. 2004, 1441; *Ekardt,* Verwaltungsgerichtliche Kontrolldichte unter europäischem und internationalem Einfluss, NuR 2006, 221; *Gellermann,* Verwaltungsprozeßrecht unter europäischem Einfluß, 2003; *Gärditz,* Europäisches Verwaltungsprozessrecht, JuS 2009, 385; *Götz,* Gemeinschaftsrechtliche Vorgaben für das Verwaltungsprozessrecht, DVBl. 2002, 1; *Haibach,* Vorläufiger Rechtsschutz im Spannungsfeld von Gemeinschaftsrecht und Grundgesetz, DÖV 1996, 60; *Halfmann,* Entwicklungen des Verwaltungsrechtsschutzes in Deutschland, Frankreich und Europa, VerwArch 91 (2000), 74; *Hauser,* Gemeinschaftsrecht im deutschen Verwaltungsprozess (3): Vorläufiger Rechtsschutz und Gemeinschaftsrecht, VBlBW 2000, 377; *P. M. Huber,* Die Europäisierung des verwaltungsrechtlichen Rechtsschutzes, BayVBl. 2001, 557; *S. Huber,* Kommunale Satzungen und ihre verwaltungsgerichtliche Überprüfung unter Einfluß von EG-Richtlinien, BayVBl. 1998, 587; *Jannasch,* Einwirkungen des Gemeinschaftsrechts auf den vorläufigen Rechtsschutz, NVwZ 1999, 495 ff.; *Kadelbach,* Gemeinschaftsrecht und (vorläufiger) verwaltungsgerichtlicher Rechtsschutz, KritV 1999, 378; *Kahl/Gärditz,* Rechtsschutz im europäischen Kontrollverbund am Beispiel der FFH-Gebietsfestsetzungen, NuR 2005, 555; *Kamann/Selmayr,* Das Risiko der Bestandskraft, NVwZ 1999, 1041; *Kenntner,* Gemeinschaftsrecht im deutschen Verwaltungsprozess (2): Das Europäische Rechtsschutzsystem, VBlBW 2000, 297; *Koenig,* Gemeinschaftsrechtliche Unzulässigkeit einstweiliger Regelungsanordnungen gem. § 123 I VwGO im mitgliedstaatlichen Vollzug einer gemeinsamen Marktorganisation, EuZW 1997, 206; *Kokott,* Europäisierung des Verwaltungsprozessrechts, Die Verwaltung 31 (1998), 335; *Kuntze,* Gemeinschaftsrecht im deutschen Verwaltungsprozess (4): Allgemeines Verwaltungsrecht, VBlBW 2001, 5; *Lecheler,* Isolierte Anfechtung von Verfahrensfehlern ohne materielle Beschwer kraft Europarechts? NVwZ 2005, 1156; *Lenz/Staeglich,* Kein Rechtsschutz gegen EG-Verordnungen? Europäische Rechtsschutzdefizite und ihr Ausgleich durch die Feststellungsklage nach § 43 I VwGO, NVwZ 2004, 1421; *Millgramm,* Verwaltungsgerichtsbarkeit – neutraler Rechtsschutz für den Bürger oder Reparaturbetrieb der Verwaltung?, DVBl 2008, 821; *Nettesheim,* Effektive Rechtsschutzgewährleistung im arbeitsteiligen System europäischen Rechtsschutzes, JZ 2002, 928; *Ohler/Weiß,* Einstweiliger Rechtsschutz vor nationalen Gerichten und Gemeinschaftsrecht, NJW 1997, 2221; *Pache/Burmeister,* Gemeinschaftsrecht in verwaltungsgerichtlichen Normenkontrollverfahren, NVwZ 1996, 979; *Rinze,* Gemeinschaftsrecht als Prüfungsmaßstab im Rahmen der Normenkontrolle nach § 47 VwGO,

[901] BVerwG DVBl. 1998, 589 = NVwZ 1998, 616 mit Anm. *Fisahn* ZUR 1998, 34–38 u. *Zeichner* NVwZ 1999, 32.

[902] OVG Münster NuR 2003, 706; OVG Bremen NuR 2005, 654. Siehe aber auch EuG Rs. T-117/05 R, *Rodenbröker/Kommission,* Slg. 2006, II-72 Rn. 56 = NuR 2005, 589 m. Anm. *Schlacke.* VG Schleswig NVwZ 2001, 348; VG Oldenburg NVwZ 2001, 349; *Vondung,* in: Bergmann/Kenntner (Fn. 269), S. 599, 643 ff.

NVwZ 1996, 458; *Sander,* Probleme des vorläufigen Rechtsschutzes gegen Gemeinschaftsrecht vor nationalen Gerichten, DVBl. 1998, 262; *Schoch,* Die Europäisierung des verwaltungsgerichtlichen vorläufigen Rechtsschutzes, DVBl. 1997, 289; *ders.,* Europäisierung der Verwaltungsrechtsordnung – einschließlich Verwaltungsverfahrensrecht und Rechtsschutz, VBlBW 1999, 241; *Schwarze,* Europäische Rahmenbedingungen für die Verwaltungsgerichtsbarkeit, NVwZ 2000, 241; *Steinbeiß-Winkelmann,* Europäisierung des Verwaltungsrechtsschutzes, NJW 2010, 1233; *Stern,* Die Einwirkungen des europäischen Gemeinschaftsrechts auf die Verwaltungsgerichtsbarkeit, JuS 1998, 769; *Streinz,* Primär- und Sekundärrechtsschutz im Öffentlichen Recht, VVDStRL 61 (2002), 300; *Thiele,* Das Rechtsschutzsystem nach dem Vertrag von Lissabon – (K)ein Schritt nach vorn?, EuR 2010, 30; *v. Stülpnagel,* Der einstweilige Rechtsschutz nach § 80 VwGO und die Durchführung von gemeinschaftsrechtlichen Verordnungen, DÖV 2001, 932; *Tonne,* Effektiver Rechtsschutz durch staatliche Gerichte als Forderung des Europäischen Gemeinschaftsrechts, 1997; *Wegener,* Gemeinwohl und Gemeinschaftsgerichtsbarkeit – Überlegungen zur gerichtlichen Verteidigung von Gemeininteresse im ius commune, ZEuS 1998, 183; *ders.,* Der Numerus Clausus der Klagearten – Eine Gefahr für die Effektivität des Rechtsschutzes im Gemeinschaftsrecht?, EuGRZ 2008, 354.

## I. Allgemeine unionsrechtliche Anforderungen an das Prozessrecht

Die Durchsetzung der unionsrechtlich verliehenen Rechte kann die Zulässigkeits- und Begründetheitsvoraussetzungen des deutschen Verwaltungsprozessrechts in ganz erheblichem Umfang modifizieren. Insbesondere obliegt nach dem Grundsatz der loyalen Zusammenarbeit den **innerstaatlichen Gerichten** eine **Mitwirkungspflicht,** „den Rechtsschutz zu gewährleisten, der sich für den Einzelnen aus der unmittelbaren Wirkung des Gemeinschaftsrechts ergibt".[903] In seinem Schutzgehalt etwas weiter gehend als Art. 19 Abs. 4 GG verlangt die unionsrechtliche Rechtsschutzgarantie, dass die nationalen Prozessordnungen „die Ausübung der durch die Gemeinschaftsrechtsordnung verliehenen Rechte **nicht praktisch unmöglich oder übermäßig erschweren**" dürfen.[904] 310

In Ermangelung einer speziellen unionsrechtlichen Vorschrift bleibt es zwar auch bei unionsrechtlich determinierten Sachverhalten beim Grundsatz der **Verfahrensautonomie.** Danach ist es grundsätzlich „Sache der internen Rechtsordnung jedes Mitgliedstaats, die Verfahrensmodalitäten der Klagen zu regeln, die den Schutz der dem Einzelnen aus der unmittelbaren Wirkung des Gemeinschaftsrechts erwachsenden Rechte gewährleisten sollen. Diese Modalitäten dürfen jedoch weder ungünstiger sein als bei entsprechenden Klagen, die innerstaatliches Recht betreffen, noch die Ausübung der durch die Gemeinschaftsrechtsordnung verliehenen Rechte praktisch unmöglich machen oder übermäßig erschweren".[905] 311

Ungeachtet der fehlenden Unionskompetenz für das Verwaltungsprozessrecht[906] ergeben sich aus der EuGH-Rechtsprechung **zahlreiche Einzelanforderungen an das nationale Prozessrecht.** Jeder einzelne Fall, „in dem sich die Frage stellt, ob eine nationale Verfahrensvorschrift die Anwendung des Gemeinschaftsrechts unmöglich macht oder übermäßig erschwert, ist unter Berücksichtigung der Stellung dieser Vorschrift im gesam- 312

[903] EuGH Rs. C-390/98, *Banks & Co. Ltd.,* Slg. 2001, I-6117 Rn. 121.

[904] EuGH Rs. C-312/93, *Peterbroeck,* Slg. 1995, I-4599 Rn. 12 = DVBl. 1996, 249 = EuZW 1996, 636; EuGH Rs. 33/76, *Rewe,* Slg. 1976, 1989 Rn. 5; EuGH Rs. 45/76, *Comet,* Slg. 1976, 2043 Rn. 12–16; EuGH Rs. 68/79, *Just,* Slg. 1980, 501 Rn. 25; EuGH Rs. 199/82, *San Giorgio,* Slg. 1983, 3595 Rn. 14; EuGH Rs. 104/86, *Kommission/Italien,* Slg. 1988, 1799 Rn. 7; EuGH Rs. 123/87 u. 330/87, *Jeunehomme u. EGI,* Slg. 1988, 4517 Rn. 17; EuGH Rs. C-96/91, *Kommission/Spanien,* Slg. 1992, I-3789 Rn. 12; EuGH Rs. C-55/06, *Arcor,* Slg. 2008, I-2931 Rn. 166.

[905] St. Rspr., vgl. nur EuGH Rs. C-390/98, *Banks & Co. Ltd.,* Slg. 2001, I-6117 Rn. 121; EuGH Rs. C-312/93, *Peterbroeck,* Slg. 1995, I-4599 Rn. 12; ferner EuGH Rs. C-231/96, *Edis,* Slg. 1998, I-4951 Rn. 19/34; EuGH Rs. C-260/96, *Spac,* Slg. 1998, I-4997 Rn. 18.

[906] Kritisch deshalb *Schoch,* in: Schmidt-Aßmann/Sellner (Fn. 376), S. 507, 512 f. m. w. N.; a. A. *Götz* DVBl. 2002, 1, 3.

ten Verfahren, des Verfahrensablaufs und der Besonderheiten des Verfahrens vor den verschiedenen nationalen Stellen zu prüfen. Dabei sind gegebenenfalls die Grundsätze zu berücksichtigen, die dem nationalen Rechtsschutzsystem zu Grunde liegen, wie z. B. der Schutz der Verteidigungsrechte, der Grundsatz der Rechtssicherheit und der ordnungsgemäße Ablauf des Verfahrens".[907] Im Kern geht es darum, die **praktische Wirksamkeit** des Unionsrechts einerseits und eine gewisse **Kohärenz** der mitgliedstaatlichen und unionsrechtlichen Rechtsschutzsysteme andererseits zu gewährleisten.[908] Der Grundsatz des effektiven Schutzes der durch das Unionsrecht verliehenen Rechte verlangt zwar nicht, „dass es in der Rechtsordnung eines Mitgliedstaats einen eigenständigen Rechtsbehelf gibt, der mit dem Hauptantrag auf die Prüfung der Vereinbarkeit nationaler Vorschriften mit dem Gemeinschaftsrecht gerichtet ist, wenn andere Rechtsbehelfe (...) die Prüfung dieser Vereinbarkeit als Vorfrage ermöglichen."[909] Hingegen ist es nicht ausreichend, „wenn der Einzelne gezwungen ist, sich Verwaltungs- oder Strafverfahren und den Sanktionen, die sich daraus ergeben können, auszusetzen, weil er andernfalls keinen Rechtsbehelf hätte, mit dem er einen Verstoß der betreffenden nationalen Bestimmungen gegen das Gemeinschaftsrecht rügen könnte."[910]

## II. Eröffnung des deutschen Verwaltungsrechtswegs

313 Praktische Schwierigkeiten bereitet zuweilen die Frage, ob es sich überhaupt um eine den deutschen Gerichten zugewiesene öffentlich-rechtliche Streitigkeit handelt. Dies kann in solchen Fällen zweifelhaft sein, in denen die deutschen Behörden einen **„transnationalen Verwaltungsakt"** (z. B. ein Prüfungszeugnis oder eine wirtschaftsrechtliche Erlaubnis) eines anderen EU-Staates lediglich anerkennen, ohne ihn mit eigenen Handlungsbeiträgen zu modifizieren (→ Rn. 192 f. u. 301).[911] Ob in diesen Fällen der deutsche Verwaltungsrechtsweg eröffnet ist, hängt davon ab, ob der innerstaatliche Handlungsbeitrag eigenständige Rechtswirkungen entfaltet (Trennungsprinzip).[912] Die Immunität des EU-Partnerstaates lässt es nicht zu, den deutschen Verwaltungsrechtsweg auf fremde Hoheitsakte zu erstrecken.[913]

314 In seltenen Fällen ist der Verwaltungsrechtsweg für Streitigkeiten gegeben, in denen **Unionsorgane beteiligt** sind. Zu solchen Fällen kann es kommen, wenn deutsche Behörden hoheitlich oder kraft öffentlich-rechtlichen Vertrags im Namen und für die Unionsorgane handeln. Hier ist zu beachten, dass auch solche Streitsachen, bei denen die EU Partei ist, den deutschen Gerichten nur dann entzogen sind, wenn eine ausdrückliche Zuständigkeit des Europäischen Gerichtshofes begründet ist.[914]

**Beispiel:** Die EU-Kommission fordert von einem Landwirt die Rückzahlung einer Entschädigungssumme, die sie auf Grund eines (unter Einschaltung einer deutschen Behörde geschlossenen und später gekündigten) Vergleichsvertrages gemäß einer von ihr erlassenen Entschädigungsverordnung gezahlt

---

907 EuGH Rs. 312/93, *Peterbroeck*, Slg. 1995, I-4599 Ls. 3.

908 Vgl. im Einzelnen auch *Ehlers* DVBl. 2004, 1414; *Gellermann*, in: Rengeling u. a. (Fn. 69), § 36 Rn. 21.

909 EuGH Rs. C-432/05, *Unibet*, Slg. 2007, I-2271 Rn. 65.

910 EuGH Rs. C-432/05, *Unibet*, Slg. 2007, I-2271 Ls. 3 und Rn. 64.

911 Vgl. *Neßler* NVwZ 1995, 863; *Becker* DVBl. 2001, 855; speziell zur transnationalen Wirkung von Ausfuhrgenehmigungen vgl. *Karpenstein/Sack*, in: Hohmann/John, Ausfuhrrecht, Teil 2, EG-Dual-Use-VO Art. 6 Rn. 11 ff.

912 *Royla*, Grenzüberschreitende Finanzaufsicht in der EG, 2000, S. 156 f., 166.

913 In diesem Sinne OVG Lüneburg, Urt. v. 7.6.2012, Az. 13 LB 56/10; *Ehlers* DVBl. 2004, 1441, 1443 f.

914 Vgl. *Erichsen/Frenz* Jura 1995, 422, 424; *Karpenstein*, in: G/H/N (Fn. 26), Stand: 2011, Art. 274 AEUV Rn. 1 ff.

hatte. In Ermangelung einer EuGH-Zuständigkeit – insbesondere geht es hier nicht um die Unionshaftung (Art. 340 AEUV) – ist nach der „Kehrseitentheorie" für die Abwicklung dieses öffentlich-rechtlichen Vertrags grundsätzlich der innerstaatliche Verwaltungsrechtsweg (§ 40 Abs. 1 VwGO) gegeben.[915]

Für die **Abgrenzung des Zivil- vom Verwaltungsrechtsweg** gibt das Unionsrecht keine Besonderheiten vor.[916] Nach der modifizierten Subjekttheorie kommt es darauf an, ob die auf das streitige Rechtsverhältnis anwendbare Vorschrift ausschließlich den Staat oder einen sonstigen Träger hoheitlicher Gewalt berechtigt oder verpflichtet.[917] Gründet sich ein nationaler Vollzugsakt auf eine Vorschrift des Unionsrechts, die allein staatliche Stellen zum Handeln ermächtigt oder leitet der Rechtsschutzsuchende seinen Anspruch aus Unionsvorschriften ab, deren Verpflichtungsadressat notwendig ein Träger von Staatsgewalt ist, so handelt es sich um eine öffentlich-rechtliche Streitigkeit i. S. v. § 40 VwGO.[918] 315

## III. Modifikationen der statthaften Klagearten

Im Einzelfall können die vorgenannten Grundsätze die **Anpassung der speziellen Sachurteilsvoraussetzungen** bestimmter Klagearten verlangen. Dies ist dann der Fall, wenn ohne diese Erweiterungen der unionsrechtlich gebotene Rechtsschutz übermäßig erschwert oder der Äquivalenzgrundsatz missachtet würde.[919] 316

### 1. Feststellungsklagen zur Überprüfung des Unionsrechts

Eine großzügige Auslegung des § 43 VwGO ist geboten, sofern nur im Wege einer **Feststellungsklage** geklärt werden kann, ob unmittelbar wirksames EU-Sekundärrecht mit den Unionsgrundrechten oder sonstigem Primärrecht in Einklang steht.[920] Dies folgt aus Art. 263 Abs. 4 AEUV, wonach Anfechtungsklagen (sog. „Nichtigkeitsklagen") von Unternehmen oder Bürgern gegen das EU-Recht nur dann zulässig sind, wenn sie entweder gegen sie selbst gerichtet sind (dies trifft idR nur auf Beschlüsse zu) oder sie unmittelbar und individuell betreffen (Art. 263 Abs. 4, 2. Alt. AEUV, insbes. Verordnungen oder Beschlüsse mit Drittwirkung).[921] Eine individuelle Betroffenheit nach Art. 263 Abs. 4, 2. Alt. AEUV liegt nach der sog. **„Plaumann-Formel"** des EuGH dann vor, wenn die natürlichen oder juristischen Personen „in ihrer Rechtsstellung wegen bestimmter persönlicher Eigenschaften oder auf Grund von Umständen betroffen sind, die sie aus dem Kreis aller übrigen Personen herausheben und sie in ähnlicher Weise individualisieren wie einen Adressaten".[922] Zwar verzichtet der Lissabon-Vertrag bei sog. „Rechtsakten mit Verord- 317

[915] OVG Münster NVwZ 2001, 691 mit Anm. *Mahn* LRE 40, 222.

[916] Vgl. etwa VGH München NVwZ 1999, 1124, 1125.

[917] GemSOBG NJW 1990, 1527.

[918] *Gellermann,* in: Rengeling u. a. (Fn. 69), § 36 Rn. 4; *Huber* BayVBl. 2001, 578.

[919] *Ehlers,* DVBl. 2004, 1441, 1445; *Götz* DVBl. 2002, 1; a. A. *Dörr,* in: Sodan/Ziekow (Fn. 383), Rn. 441.

[920] *Nettesheim* JZ 2002, 928, 933; *Lenz/Staeglich* NVwZ 2004, 1421, 1424 ff.; *Mayer* DVBl. 2004, 606, 613; *Gundel* VerwArch 92 (2001), 81, 105 ff.; *Schilling* EuGRZ 2000, 3, 18; s. a. *Paehlke-Gärtner* VBlBW 2000, 13, 14 ff. zum Grundrechtsschutz auf Grund des „Kooperationsverhältnisses" zwischen EuGH und BVerfG.

[921] EuGH Rs. C-50/00 P, *Unión de Pequenos Agricultores/Rat,* Slg. 2002, I-6677 Rn. 44 = NJW 2002, 2935 = EuZW 2002, 529 mit Anm. *Köngeter* NJW 2002, 2216; *Götz* DVBl. 2002, 1350; *Feddersen* EuZW 2002, 532; *Schneider* NJW 2002, 2927; *Braun* DÖV 2003, 58; *Lindner* NVwZ 2003, 569; *Ludewig* ELR 2002, 258 u. *Röhl* Jura 2003, 830; s. a. *Mayer* DVBl. 2004, 606; *Kahl/Gärditz* NuR 2005, 555, 560 f. u. *Schwarze* DVBl. 2002, 1297, 1299 ff.

[922] EuGH Rs. C-452/98, *Nederlandse Antillen/Rat,* Slg. 2001, I-8973 Rn. 60; EuGH Rs. 25/62,

nungscharakter" nunmehr auf die individuelle Betroffenheit und lässt es genügen, dass dieser Rechtsakt den Kläger unmittelbar betrifft und keine Durchführungsmaßnahmen nach sich zieht (Art. 263 Abs. 4, 3. Alt. AEUV). „Rechtsakte mit Verordnungscharakter" sollen allerdings nur solche sein, die ohne Mitwirkung von Rat und Parlament erlassen wurden, d. h. Rechtsakte, die keine „Gesetzgebungsakte" (Art. 289 AEUV) darstellen, sondern bloße Durchführungsakte der Kommission und von Agenturen sind.[923] Hiernach „sind die Zulässigkeitsvoraussetzungen für eine Nichtigkeitsklage gegen einen Gesetzgebungsakt nach wie vor restriktiver als bei einer Klage gegen einen Rechtsakt mit Verordnungscharakter."[924].

318 Zur Auffüllung der aus der Plaumann-Formel resultierenden **Rechtsschutzlücken** haben die nationalen Gerichte das innerstaatliche Prozessrecht „möglichst so auszulegen und anzuwenden, dass natürliche und juristische Personen die Rechtmäßigkeit jeder nationalen Entscheidung oder anderen Maßnahme, mit der eine Gemeinschaftshandlung allgemeiner Geltung auf sie angewandt wird, gerichtlich anfechten und sich dabei auf die Ungültigkeit dieser Handlung berufen können."[925] Gegebenenfalls verlangt das Verwerfungsmonopol (→ Rn. 21, 93), dem EuGH Vorlagefragen betreffend die Gültigkeit der Unionshandlung vorzulegen[926] (→ Rn. 378 ff.).

**Beispiel:** Zum Schutz des Seehechtbestandes sieht eine EU-Verordnung bestimmte Mindestmaschenöffnungen für Fangnetze vor. Da die betroffenen Fischer in dieser Verordnung nicht in ähnlicher Weise wie die Adressaten einer Einzelentscheidung individualisiert werden, kommt eine Nichtigkeitsklage nach Art. 263 Abs. 4 AEUV vor dem EuG nicht in Betracht.[927] Deshalb sind an das Vorliegen eines konkreten Rechtsverhältnisses (§ 43 Abs. 1 VwGO) und die Subsidiarität der Feststellungsklage (§ 43 Abs. 2 VwGO) geringere Anforderungen zu stellen, damit die Rechtmäßigkeit der EU-Verordnung im Wege einer Vorabentscheidung überprüft werden kann.

319 Umgekehrt kommen gegen eine Unionsvorschrift weder eine Feststellungsklage noch anderweitiger Rechtsschutz in Betracht, wenn der Kläger gegen diese Vorschrift Nichtigkeitsklage erheben konnte. Für die betroffenen Marktbeteiligten ist diese **Beschränkung des innerstaatlichen Rechtsschutzes** von erheblicher praktischer Bedeutung.[928] Nach den Grundsätzen der Bestandskraft und der Rechtssicherheit kann der Adressat eines Rechtsaktes der Unionsorgane, z. B. einer Beihilfenentscheidung, der diesen hätte anfechten können und die hierfür vorgesehene zweimonatige Ausschlussfrist hat verstreichen lassen, „nicht die Möglichkeit haben, vor den nationalen Gerichten anlässlich einer Klage gegen die von den nationalen Behörden getroffenen Maßnahmen zur Durchführung dieser Entscheidung deren Rechtmäßigkeit erneut in Frage [zu] stellen".[929] Könnte sich nämlich der Betroffene vor dem nationalen Gericht unter Berufung auf die Rechtswidrigkeit der Ent-

---

Plaumann, Slg. 1963, 213, 238; EuGH Rs. C-321/95 P, *Greenpeace Council u. a./Kommission,* Slg. 1998, I-1651 Rn. 7; EuG Rs. T-18/10, *Inuit Tapiriit Kanatami u. a.*, noch nicht in d. amtl. Slg, Rn. 88 ff. = EWS 2012, 90 m. Anm. *Gundel* EWS 2012, 65. 66 f.; EuG Rs. T-91/07, *WWF-UK/Rat,* Slg. 2008, II-81 m. Anm. *Markus* ZUR 2009, 194; *Cremer* DÖV 2010, 58, 60; EuGH Rs. C-362/06, *Sahlstedt u. a./Kommission,* Slg. 2009, I-2903 Rn. 26 = JZ 2009, 1065.

[923] EuG Rs. T-18/10, *Inuit Tapiriit Kanatami u. a.*, noch nicht in d. amtl. Slg, Rn. 56 = EuZW 2012, 395 mit kritischer Anm. *Everling* EuZW 2012, 376; *Gundel* EWS 2012, 65. 66 f.; vgl. auch *Thiele* EuR 2010, 30, 38 ff.

[924] EuG Rs. T-18/10, *Inuit Tapiriit Kanatami u. a.*, noch nicht in d. amtl. Slg, Rn. 50 = EuZW 2012, 395; a. A. *Everling* EuZW 2012, 376, 377 f.; *Schwarze,* in: ders. (Hrsg.), EU-Kommentar, 3. Aufl. 2012, Art. 263 AEUV Rn. 52.

[925] EuGH Rs. C-50/00 P, *Unión de Pequenos Agricultores/Rat,* Slg. 2002, I-6677 Rn. 42.

[926] *Lenz/Staeglich* NVwZ 2004, 1421, 1427 f.

[927] EuGH Rs. C-263/02 P, *Jégo Quéré,* Slg. 2004, I-3425 = NJW 2004, 2006 = DVBl. 2004, 820 mit Anm. *Lindner* BayVBl. 2005, 15 u. *Hamer* ELR 2004, 198.

[928] Vgl. etwa BGH EuZW 2004, 254; *Kamann/Selmayr* NVwZ 1999, 1041; *Pache* EuZW 1994, 615, 619 f.

[929] EuGH Rs. C-188/92, *Textilwerke Deggendorf I,* Slg. 1994, I-833 Rn. 17 = EuZW 1994, 250 =

scheidung deren Durchführung widersetzen (Inzidentrüge), „würde ihm damit die Möglichkeit geboten, die Bestandskraft, die die Entscheidung ihm gegenüber nach Ablauf der Klagefrist besitzt, zu umgehen".[930]

Die Klage ist in diesen Fällen unabhängig davon (teilweise) unzulässig, ob die **Bestandskraft des EU-Rechtsaktes** auf einem politisch motivierten Klageverzicht oder auf anderen Gründen beruht.[931] Im Sinne einer „Evidenztheorie"[932] kann die Bestandskraft eines EU-Rechtsaktes dem Betroffenen allerdings nur entgegengehalten werden, wenn er eine Nichtigkeitsklage nicht erhoben hat, „obwohl er dies zweifellos hätte tun können".[933] Ferner wird eine Klage ausnahmsweise als zulässig anzusehen sein, wenn der Kläger mit guten Gründen die Inexistenz der ihn individuell und unmittelbar betreffenden Unionsmaßnahme geltend macht, z. B. weil es sich um eine Entwurfsfassung handelt oder die Rechtswidrigkeit dermaßen evident und erheblich ist, dass der Rechtsakt nicht als existent anzusehen ist.[934] 320

**Beispiel:** Die EU-Kommission sah in dem durch § 3 AusglLeistG geregelten Flächenerwerbsprogramm rechtswidrige Beihilfen, soweit die gewährten Vorteile nicht auf den Ausgleich von enteignungsbedingten Vermögensschäden erstreckt sind.[935] In einem innerstaatlichen Verfahren können die von dieser Entscheidung betroffenen Grundstückserwerber nicht die Rechtswidrigkeit der Kommissionsentscheidung rügen, da „bereits bei Erlass der Kommissionsentscheidung Zahl und Identität der durch das Rückforderungsgebot betroffenen Beihilfenempfänger endgültig feststanden" und somit Nichtigkeitsklage gegen die Kommissionsentscheidung geboten war.[936]

## 2. Feststellungsklagen gegen die Unanwendbarkeit innerstaatlichen Rechts

Streitig ist, ob im Wege einer Feststellungsklage die **Unanwendbarkeit eines deutschen Normativaktes** wegen Verstoßes gegen Unionsrecht überprüft werden kann.[937] Das danach erforderliche konkrete Rechtsverhältnis ist grundsätzlich nicht gegeben, wenn mit der Feststellungsklage eine abstrakte Rechtsfrage, etwa die Gültigkeit oder Ungültigkeit einer Rechtsnorm um ihrer selbst willen angestrebt wird.[938] Gemäß dem unionsrechtlichen Äquivalenzgrundsatz dürfte nichts anderes in Fällen gelten, in denen sich der Kläger auf die Unanwendbarkeit einer staatlichen Vorschrift mit einer höherrangigen Norm des Unionsrechts beruft (→ Rn. 260). Nur wenn ohne die Zulassung der Feststellungsklage die Durchsetzung der durch die Unionsordnung gewährleisteten Rechte verhindert würde, darf abweichend von § 43 Abs. 1 VwGO auch eine abstrakte Rechtsfrage zum Klagegegenstand gemacht werden.[939] 321

DVBl. 1994, 1122; dazu auch *Gröpl* EuGRZ 1995, 583; EuGH Rs. C-441/05, *Roquette Frères,* Slg. 2007, I-1993 Rn. 35 ff.

[930] EuGH Rs. C-188/92, *Textilwerke Deggendorf I,* Slg. 1994, I-833 Rn. 18; s. a. EuGH Rs. C-178/95, *Wiljo,* Slg. 1997, I-585 Rn. 19 f.; EuGH Rs. C-239/99, *Nachi Europe GmbH,* Slg. 2001, I-1197 Rn. 30 m. w. N.

[931] BFHE 193, 204, 205 = NVwZ 2001, 715.

[932] *Kamann/Selmayr* NVwZ 1999, 1041, 1042 ff.

[933] EuGH Rs. C-188/92, *Textilwerke Deggendorf I,* Slg. 1994, I-833 Rn. 18.

[934] Vgl. EuGH Rs. C-137/92 P, *BASF/Kommission,* Slg. 1994 I-2555 Rn. 49 ff.; EuGH Rs. 15/85, *Consortio Cooperative d'Abruzzio/Kommission,* Slg. 1987, 1005 Rn. 10 ff.; dazu auch *Schärf* EuZW 2004, 333.

[935] ABl. 1999 L 107/21.

[936] BGH EuZW 2004, 694, 695.

[937] Dazu etwa BVerwGE 129, 199, 204 einerseits und BVerwGE 136, 54, 56 ff.; OVG Berlin-Brandenburg Urt. v. 20.10.2005, Az. OVG 12 B 3.05; VG Hamburg Urt. v. 15.3.2005, Az. 6 K 2340/02; *Fellenberg/Karpenstein* NVwZ 2006, 1133 andererseits, *Gellermann,* in: Rengeling u. a. (Fn. 69), § 36 Rn. 43 ff.

[938] Vgl. BVerwG DÖV 1983, 548, 549.

[939] In diese Richtung EuGH Rs. C-13/01, *Safatero,* Slg. 2003, I-8679 Rn. 54 f.; s. a. oben Rn. 139.

### 3. Normerlassklagen zur Durchsetzung des Unionsrechts

322 Eine Normergänzungs- oder **Normerlassklage**[940] ist nicht von vornherein ausgeschlossen, sofern der innerstaatliche Verordnungs- oder Satzungsgeber **eindeutige unionsrechtliche Vorgaben** oder EuGH-Urteile nicht rechtzeitig umgesetzt hat.[941] Die Normerlassklage beruht auf der allgemeinen Mitwirkungspflicht der nationalen Gerichte, die eine Weiterentwicklung inadäquater Rechtsbehelfe gebieten kann, „um diejenigen innerstaatlichen Rechtsvorschriften auszuschalten, die unter Umständen ein wenn auch nur vorübergehendes Hindernis für die volle Wirksamkeit der Gemeinschaftsnormen bilden".[942] Anstelle einer Normerlassklage dürfte allerdings in aller Regel die unmittelbare Berufung auf unmittelbar anwendbares Unionsrecht ausreichen. Die Nichterhebung einer Normerlassklage darf indes einem Geschädigten nicht entgegengehalten werden, sofern dieser einen unionsrechtlich begründeten Staatshaftungsanspruch (→ Rn. 424 ff.) geltend macht.[943]

### 4. Normenkontrollen zur Durchsetzung des Anwendungsvorrangs

323 Umstritten ist, ob im Wege der **abstrakten Normenkontrolle** die Überprüfung untergesetzlicher Vorschriften mit dem Unionsrecht geltend gemacht werden kann, obwohl das Oberverwaltungsgericht nach § 47 Abs. 1 VwGO lediglich über die „Gültigkeit", nicht über den – die Gültigkeit unberührt lassenden – Anwendungsvorrang entscheiden kann.[944] Nach zutreffender Ansicht steht der Äquivalenzgrundsatz einer Interpretation des § 47 VwGO entgegen, nach der bei der Überprüfung von Normen am Maßstab höherrangigen Rechts allein das Unionsrecht ausgeblendet wird. Der Ausspruch der Unanwendbarkeit ist als „Minus" zur Nichtigkeitserklärung anzusehen und kann daher im Wege des § 47 VwGO begehrt werden.[945]

## IV. Isolierte Geltendmachung von Verfahrensfehlern

324 Nach § 44a VwGO können **Rechtsbehelfe gegen behördliche Verfahrenshandlungen** grundsätzlich nur gleichzeitig mit den gegen die Sachentscheidung zulässigen Rechtsbehelfen geltend gemacht werden. Die daraus resultierende Sperrwirkung hat dann außer Betracht zu bleiben, wenn – wie z. B. eine Umweltverträglichkeitsprüfung[946] – die Verfahrenshandlungen kraft Unionsrechts selbstständig einklagbar sind.[947] Die Richtlinie 2003/35/EG über die Beteiligung der Öffentlichkeit und den Zugang zu Gerichten

---

[940] Allgemein BVerwG NVwZ 2002, 1505 = JuS 2003, 505 mit Anm. *Köller* JuS 2004, 189; BVerwGE 80, 335; BVerwG NVwZ 1990, 162; OVG Münster AgrarR 1998, 121; *Kopp/Schenke,* 14. Aufl. 2005, VwGO, § 47 Rn. 13 f.; *Hartmann* DÖV 1991, 62.

[941] *Triantafyllou* DÖV 1992, 564, 566; *Götz* DVBl. 2002, 1 f.; *Dünchheim* DÖV 2004, 137, 142 ff.

[942] EuGH Rs. C-213/89, *Factortame,* Slg. 1990, I-2433 Rn. 20 = DVBl. 1991, 861 = NJW 1991, 2271.

[943] BGH EuZW 2009, 865, 869; KG Berlin GRUR 2010, 64, 69; *Kadelbach* (Fn. 105), S. 402 f.

[944] Vgl. *Redeker/v. Oertzen,* VwGO, 15. Aufl. 2010, § 47 Rn. 20; *Gerhard,* in: S/S-A/P (Hrsg.), VwGO, § 47 Rn. 89; *Pache/Burmeister* NVwZ 1996, 979, 980; *Rinze* NVwZ 1996, 458; *Kadelbach* (Fn. 105), S. 394.

[945] So auch BVerwG NVwZ-RR 1995, 358, 359; VGH Mannheim VBlBW 1994, 361; *Gellermann,* in: Rengeling u. a. (Fn. 69), § 36 Rn. 47; *Ehlers* DVBl. 2004, 1441, 1445 für eine analoge Anwendung *Dünchheim* DÖV 2004, 137, 141 f.

[946] EuGH Rs. C-201/02, *Wells,* Slg. 2004, I-723 = DVBl. 2004, 370 = NVwZ 2004, 593.

[947] *Dörr,* in: Sodan/Ziekow (Fn. 383), Rn. 457 ff.; *Ziekow* NVwZ 2005, 263, 265; *Ehlers* DVBl. 2004, 1441, 1446; *Gellermann,* in: Rengeling u. a. (Fn. 69), § 36 Rn. 49; *Kadelbach* (Fn. 105), S. 416 ff. Zurückhaltend VGH München NVwZ-RR 2001, 373, 374; unzutreffend VG Stade NVwZ 1994, 201, 203.

schränkt die aus § 44a VwGO folgende Sperrwirkung im Umweltrecht erheblich ein.[948] Auf § 44a VwGO kann sich die innerstaatliche Behörde insbesondere dann nicht berufen, wenn sie im „gemischten Vollzug" eine nachfolgende Tätigkeit der Unionsorgane präjudiziert (→ Rn. 305 f.).

## V. Klagebefugnis

Nach der Rechtsprechung des EuGH ist es „**grundsätzlich Sache des nationalen Rechts,** die Klagebefugnis und das Rechtsschutzinteresse des Einzelnen zu bestimmen; doch verlangt das Unionsrecht, dass die nationalen Rechtsvorschriften das Recht auf einen effektiven gerichtlichen Rechtsschutz nicht beeinträchtigen".[949] 325

Nach § 42 Abs. 2 VwGO setzt die Klagebefugnis, „soweit gesetzlich nichts anderes bestimmt ist", voraus, dass der Kläger möglicherweise in seinen subjektiv-öffentlichen Rechten verletzt ist. Abweichend von der dazu entwickelten Schutznormlehre ist eine Vorschrift des Unionsrechts bereits dann einklagbar, wenn sie **unmittelbar anwendbar** ist und begünstigende Rechtsreflexe aufweist (→ Rn. 150). Nach der Rechtsprechung des EuGH ist allein entscheidend, ob sich der Einzelne auf diese Unionsvorschrift „berufen" kann (→ Rn. 143–153). Dieser unionsrechtskonformen Anerkennung subjektiver Rechte ist im Wege einer einschränkenden Auslegung der Schutznormtheorie oder unter Rückgriff auf die Öffnungsklausel des § 42 Abs. 2 Hs. 1 VwGO („anderweitige gesetzliche Bestimmung") Rechnung zu tragen.[950] 326

Einer unionsrechtskonformen Anerkennung der Klagebefugnis bedarf es auch dann, wenn eine Unionsvorschrift, z. B. eine Richtlinienbestimmung, auf die sich der Einzelne berufen kann, ordnungsgemäß in deutsches Recht transformiert worden ist.[951] Eine umzusetzende Unionsrechtsnorm fordert nämlich jedenfalls dann die innerstaatliche Begründung subjektiver und einklagbarer Rechte, wenn sie im Falle ihrer unmittelbaren Wirkung selbst solche Rechte begründen würde.[952] Zur Gewährleistung ihrer Einklagbarkeit bedarf es folglich einer unionsrechtskonformen **Auslegung des deutschen Umsetzungsgesetzes.** 327

## VI. Rechtsschutzfristen und Präklusionsvorschriften

Unter welchen Voraussetzungen die effektive Durchsetzung des Unionsrechts die Außerachtlassung der innerstaatlichen Klage- und Rechtsbehelfsfristen gebietet, ist umstritten (→ Rn. 101, Rn. 270 ff. u. Rn. 299 ff.). Grundsätzlich ist anerkannt, „dass die Festsetzung angemessener Ausschlussfristen für die Rechtsverfolgung im Interesse der Rechtssicherheit … mit dem Gemeinschaftsrecht vereinbar ist".[953] Jenseits des Beihilfenrechts, in dem eine 328

---

[948] RL 2003/35/EG v. 26.5.2003 über die Beteiligung der Öffentlichkeit bei der Ausarbeitung bestimmter umweltbezogener Pläne u. Programme u. zur Änderung der Richtlinien 85/337/EWG u. 96/61/EG des Rates in Bezug auf die Öffentlichkeitsbeteiligung u. den Zugang zu Gerichten (ABl. 2003 L 156/17); s. dazu *Ziekow* NVwZ 2005, 263 sowie o. Fn. 352.

[949] EuGH Rs. C-13/01, *Safalero,* Slg. 2003, I-8679 Rn. 50.

[950] *Schwarze* NVwZ 2000, 241, 248; *Classen,* Die Europäisierung der Verwaltungsgerichtsbarkeit, 1996, S. 79 f.; *Gellermann,* Verwaltungsprozeßrecht unter europäischem Einfluß, 2003, S. 79 ff.; *Kokott* (Fn. 339), S. 335, 348 ff. Ferner *v. Danwitz* DÖV 1996, 481, 488; *Schmidt-Aßmann* DVBl. 1993, 924, 933; *Pietzcker,* in: Festschrift für Redeker (Fn. 722), S. 486, 500.

[951] *Schwarze* NVwZ 2000, 241, 248.

[952] *Dörr,* in: Sodan/Ziekow (Fn. 383), Rn. 444. Vgl. auch BVerwGE 102, 282, 286 = NJW 1997, 753 (zu § 4 UIG).

[953] EuGH Rs. C-343/96, *Dilexport,* Slg. 1999, I-579 Rn. 25. Ferner EuGH Rs. 33/76, *Rewe,* Slg. 1976, 1989 Rn. 5; EuGH Rs. C-45/76, *Comet,* Slg. 1976, 2043 Rn. 17 f.; EuGH Rs. 61/79, *Denkavit italiana,* Slg. 1980, 1205 Rn. 23; vgl. auch EuGH Rs. C-261/95, *Palmisani,* Slg. 1997, I-4025 Rn. 28 =

„auf die Rechtskraft abzielende Vorschrift des nationalen Rechts" nicht angewendet werden darf, „soweit ihre Anwendung die Rückforderung einer unter Verstoß gegen das Gemeinschaftsrecht gewährten staatlichen Beihilfe behindert, deren Unvereinbarkeit ... durch eine ... Entscheidung der Kommission festgestellt worden ist"[954], sind nationale Rechtsbehelfsfristen daher auch im Falle **unionsrechtswidriger Urteile** beachtlich, wenn die Fristenregelungen so ausgestaltet sind, dass sie die Ausübung der unionsrechtlich gewährleisteten Rechte nicht praktisch unmöglich machen und wenn sie auf nationale und grenzüberschreitende Sachverhalte gleichermaßen Anwendung finden.[955] Auch **unionsrechtswidrige Urteile** sind hiernach „zur Gewährleistung des Rechtsfriedens und der Beständigkeit rechtlicher Beziehungen sowie einer geordneten Rechtspflege" anzuerkennen.[956] Die Rechtskraft findet nur dann eine Grenze, wenn eine nationale Bestimmung dazu führt, dass rechtskräftige aber unionsrechtswidrige Gerichtsentscheidungen auch für gleichartige aber vom nationalen Urteil nicht erfassten Sachverhalte Bindungswirkung entfalten sollen.[957]

**Beispiel:** Eine finanzgerichtliche Vorschrift sieht vor, dass die Rechtskraftwirkung eines finanzgerichtlichen Urteils nicht nur auf das im Verfahren betroffene Steuerjahr, sondern grundsätzlich auch auf andere, von den Feststellungen des Urteils nicht umfasste Steuerjahre bezieht. Der EuGH stellt hierzu fest, dass im Falle der Unionsrechtswidrigkeit des Urteils die Rechtskraft nur in Bezug auf das konkret im Verfahren betroffene Steuerjahr anzuerkennen sei. Denn eine Aufrechterhaltung auch im Hinblick auf vom Verfahren nicht umfasste Steuerjahre hätte zur Folge, dass sich die unrichtige Anwendung des Unionsrechts „für jeden neuen Veranlagungszeitraum wiederholte, ohne dass diese fehlerhafte Auslegung korrigiert werden könnte."[958]

**329** Angesichts der grundsätzlichen Anerkennung von Bestandskraftregelungen durch den Gerichtshof kommt abweichend von der – auf Grund „des besonderen Charakters der Richtlinien und in Anbetracht der konkreten Umstände dieser Rechtssache" gerechtfertigten[959] – Rechtssache „Emmott"[960] eine **Hemmung innerstaatlicher Klagefristen nur auf Grund besonderer Umstände,** d. h. dann in Betracht, wenn es dem Kläger/Antragsteller absolut unmöglich oder unzumutbar war, sich rechtzeitig auf eine nicht ordnungsgemäß umgesetzte Richtlinie zu berufen (→ Rn. 272).

**330** Nach anderen Maßstäben beurteilt sich die Frage, ob im Falle einer nach deutschem Fachplanungsrecht „präkludierten" Einwendung die Vereinbarkeit der Planungsentscheidung mit EU-Richtlinien von dem angerufenen Verwaltungsgericht geprüft werden muss (→ Rn. 42). Innerstaatliches Recht kann einer unmittelbaren Anwendung von Umweltrichtlinien prinzipiell nicht entgegengehalten werden. **Präklusionsvorschriften** wie z. B. § 10 Abs. 3 S. 5 BImSchG, § 17a Nr. 7 FStrG oder § 10 Abs. 6 LuftVG sind deshalb insoweit unanwendbar, wie sie den Einzelnen an einer Berufung auf nicht umgesetzte oder im Einzelfall missachtete EU-Richtlinien hindern.[961]

---

EuZW 1997, 538; EuGH Rs. C-90/94, *Haahr Petroleum Ltd.*, Slg. 1997, I-4085 Rn. 48; EuGH Rs. C-327/00, *Santex*, Slg. 2003, I-1877 Rn. 51 ff.

[954] EuGH Rs. C-119/05, *Lucchini*, Slg. 2007, I-6199 = EuZW 2007, 511 mit Anm. *Kremer* EuZW 2007, 726; *Hatje* EWS 2007, 402; *Germelmann* JZ 2008, 141; *Schweitzer*, in: Festschrift Bethge, 2009, S. 639 ff. Siehe auch *Poelzig* JZ 2007, 858, 861 f.

[955] EuGH Rs. C-234/04, *Kapferer*, Slg. 2006, I-2585 Rn. 22 = EuZW 2006, 241 m. Anm. *Schmidt-Westphal/Sander* EuZW 2006, 242 und *Ruffert* JZ 2006, 905. Für das Zivilrecht *Poelzig* JZ 2007, 858.

[956] EuGH Rs. C-234/04, *Kapferer*, Slg. 2006, I-2585 Rn. 20 = EuZW 2006, 241.

[957] EuGH Rs. C-2/08, *Fallimento Olimpiclub*, Slg. 2009, I-7501 m. Anm. *Germelmann* EuR 2010, 538.

[958] EuGH Rs. C-2/08, *Fallimento Olimpiclub*, Slg. 2009, I-7501 Rn. 30.

[959] EuGH Rs. C-90/94, *Haahr Petroleum Ltd.*, Slg. 1997, I-4085 Rn. 52.

[960] EuGH Rs. C-208/90, *Emmott*, Slg. 1991, I-4269 Rn. 23 f.

[961] Vgl. dazu *Brauhardt* UPR 2010, 296, 299 f.; *Kment* EuR 2006, 201; *Erbguth* UPR 2000, 81; *v. Danwitz* UPR 1996, 323.

Die Klage- und sonstigen **Rechtsbehelfsfristen** des deutschen Verwaltungsprozessrechts gelten als **angemessen.**[962] Der Gerichtshof hat bislang keine Einwände gegen die in der VwGO vorgesehenen Monatsfristen erhoben.[963] Allerdings hat er eine zweimonatige Präklusionsfrist des belgischen Rechts „auf Grund der Besonderheiten des fraglichen Verfahrens" für unanwendbar gehalten, da diese Frist *in concreto* dazu führte, dass überhaupt kein Gericht die Vereinbarkeit des zu Grunde liegenden Rechts mit Unionsrecht prüfen konnte.[964] 331

## VII. Vorgaben für die Verfahrensdauer

Die Durchsetzung unionsrechtlich verliehener Rechte darf durch eine lange Verfahrensdauer nicht übermäßig erschwert werden.[965] In Übereinstimmung mit der Rechtsprechung des EGMR hat nach Auffassung des EuGH „jedermann Anspruch auf einen fairen Prozess, insbesondere auf einen Prozess innerhalb einer angemessenen Frist".[966] Gegen eine unangemessen lange Verfahrensdauer muss eine **Beschwerdemöglichkeit** bestehen.[967] Da der VwGO eine Untätigkeits- oder Beschleunigungsbeschwerde fremd sein soll,[968] erscheint es geboten, zumindest die in §§ 198 bis 201 GVG neu eingeführte Verzögerungsrüge unionsrechtskonform dahingehend auszulegen, dass unangemessen langen Verfahrensdauern abzuhelfen ist. 332

Die **Angemessenheit einer Verfahrensdauer** ist nach den Umständen des Einzelfalls, „insbesondere nach den Interessen, die in dem Rechtsstreit für den Betroffenen auf dem Spiel stehen, nach der Komplexität der Rechtssache sowie nach dem Verhalten des Klägers und dem der zuständigen Behörden, zu beurteilen".[969] 333

## VIII. Unionsrechtliche Modifikationen der Kontrolldichte

Im Rahmen der Begründetheitsprüfung verlangt das Unionsrecht grundsätzlich **keine weitergehende Kontrollintensität als die Unionsgerichte** ihrem eigenen Rechtsschutzauftrag zu Grunde legen. Räumt das Unionsrecht den innerstaatlichen Behörden einen Beurteilungsspielraum oder Ermessen ein – der Gerichtshof spricht hier i. d. R. einheitlich von „Ermessen" –, kommen folglich die zu § 40 VwVfG entwickelten Grundsätze zur Anwendung. Entscheidend ist, dass es das innerstaatliche Prozessrecht dem mit einer 334

[962] *Ehlers* DVBl. 2004, 1441, 1446; *Dörr,* in: Sodan/Ziekow (Fn. 383) Rn. 462; *Stern* JuS 1998, 679, 683.

[963] EuGH Rs. 33/76, *Rewe,* Slg. 1976, 1989 Rn. 5. S. a. EuGH Rs. 45/76, *Comet,* Slg. 1976, 2043 Rn. 17 f.

[964] EuGH Rs. C-312/93, *Peterbroeck,* Slg. 1995, I-4599 Rn. 21 = DVBl. 1996, 249 = EuZW 1996, 636.

[965] Vgl. dazu auch *Ziekow* DÖV 1998, 941; *Schlette* EuGRZ 1999, 369; *Lansnicker/Schwirtzek* NJW 2001, 1969; *Redeker* NJW 2003, 488; *Bien/Guillaumont* EuGRZ 2004, 451.

[966] EuGH Rs. C-185/95 P, *Baustahlgewebe GmbH,* Slg. 1998, I-8417 Rn. 21 mit Anm. *Streinz* JuS 1999, 597.

[967] EGMR EuGRZ 2012, 514, 516; EGMR NJW 2001, 2694 = EuGRZ 2004, 484 mit Anm. *Meyer-Ladewig* NJW 2001, 2679; s. a. *Gundel* DVBl. 2004, 17, 19 ff.; *Britz* DÖV 2004, 245; *Vorwerk* JZ 2004, 553; *Pache* EuR 2004, 393, 409 f.; *ders.* NVwZ 2001, 1342, 1345 f.; *Steinbeiß-Winkelmann* NJW 2008, 1783.

[968] BVerwG NVwZ 2003, 869; a. A. BayVGH NVwZ 2000, 693. Offen gelassen von BVerfG NVwZ 2004, 471.

[969] EuGH Rs. C-185/95 P, *Baustahlgewebe GmbH,* Slg. 1998, I-8417 Rn. 29 u. Hinweis auf EGMR, *Erkner u. Hofauer,* Serie A Nr. 117, § 66; EGMR, *Kemmache,* Serie A Nr. 218, § 60; EGMR, *Phocas/Frankreich, Rec* 1996-II, 546 § 71; EGMR, *Garyfallou AEBE/Griechenland, Rec* 1997-V, 1821 § 39; EGMR EuGRZ 2004, 150 § 48.

Klage gegen eine behördliche Entscheidung befassten Gericht „ermöglichen muss, im Rahmen der Überprüfung der Rechtmäßigkeit dieser Entscheidung die maßgebenden Grundsätze und Vorschriften des Gemeinschaftsrechts tatsächlich anzuwenden".[970]

335 Insbesondere im Kartellrecht und in anderen Bereichen des „gemischten Vollzugs" (→ Rn. 303 ff.) kann die **Vorgreiflichkeit von Kommissionsentscheidungen** zu einer „noch engeren Anbindung der nationalen Gerichte an die Entscheidungen der Kommission"[971] führen.[972] Schon während der wettbewerbsrechtlichen Prüfung sollen die nationalen Gerichte Beschlüsse und Urteile „vermeiden", die Entscheidungen zuwiderlaufen, die die Kommission zur Anwendung des Wettbewerbsrechts zu treffen beabsichtigt.[973] Sind die betreffenden Vereinbarungen oder Verhaltensweisen eines Unternehmens bereits Gegenstand einer Kommissionsentscheidung gewesen, dürfen die nationalen Gerichte „keine Entscheidungen erlassen, die dieser zuwider laufen, selbst wenn sie im Widerspruch zu der Entscheidung eines erstinstanzlichen nationalen Gerichts steht".[974] Bis zur abschließenden Entscheidung über die Gültigkeit der Kommissionsentscheidung durch die Unionsgerichte ist zu prüfen, „ob vorläufige Maßnahmen zu erlassen sind, um die Interessen der Beteiligten bis zu seiner abschließenden Entscheidung zu schützen".[975]

336 Ein etwas weiter gezogener Spielraum dürfte den innerstaatlichen Gerichten hingegen jenseits des Kartellrechts zustehen. So hindert zum Beispiel eine an den Mitgliedstaat gerichtete **beihilfenrechtliche Rückforderungsentscheidung** der Kommission „die nationalen Gerichte nicht daran, den Vollzug des Rückzahlungsverlangens … bis zur Entscheidung des Gerichts erster Instanz in der Hauptsache auszusetzen oder dem Gerichtshof gemäß Artikel 234 EG [Art. 267 AEUV] eine Frage zur Vorabentscheidung vorzulegen".[976]

337 Zu ungeschriebenen Modifikationen der Begründetheitsprüfung und der Kontrolldichte kann auch die **Beachtung des Unionsinteresses** führen. Insbesondere müssen die Gerichte bei der Durchsetzung der unionsrechtlich gebotenen Rückforderung einer zu Unrecht gewährten Beihilfe das Interesse der Union an einheitlichen Wettbewerbsvoraussetzungen und ihrem finanziellen Gleichgewicht vollumfänglich berücksichtigen.[977] Zwar steht das Unionsinteresse der Anwendung solcher nationaler Rechtsvorschriften nicht entgegen, die beim Ausschluss der Rückforderung zu Unrecht empfangener Beihilfen auf Fristen oder Kriterien wie den Vertrauensschutz bzw. den Wegfall der Bereicherung abstellen.[978] In jedem Falle ist aber das Verfahrensrecht bei der Prüfung der Rücknahmevoraussetzungen so auszulegen, „dass die gemeinschaftsrechtlich vorgeschriebene Rückforderung nicht praktisch unmöglich und das Gemeinschaftsinteresse voll berücksichtigt wird".[979]

338 Im Rahmen der materiellen Prüfung haben die innerstaatlichen Gerichte auch die – eigentlich unverbindlichen – **Empfehlungen und Stellungnahmen der Unionsorgane** zu

---

[970] EuGH Rs. C-120/97, *Upjohn,* Slg. 1999, I-223 Rn. 36; *Classen* (Fn. 871), S. 172 ff.; *Gärditz* NVwZ 2009, 1005 1007 f.; *v. Danwitz,* Europäisches Verwaltungsrecht, 2008, S. 591 f.

[971] So OVG Münster NVwZ 2002, 612 (Widerruf einer arzneimittelrechtlichen Zulassung).

[972] *Bornkamm* ZWeR 2003, 73; *Bartels* ZfRV 2002, 83; *Kamann/Horstkotte* WuW 2001, 458; *Malferrari* EuR 2001, 605.

[973] EuGH Rs. C-234/89, *Delimitis,* Slg. 1991, I-935 Rn. 47.

[974] EuGH Rs. C-344/98, *Masterfoods,* Slg. 2000, I-11 369 Rn. 52 = NJW 2001, 1265 = EuZW 2001, 113 = DVBl. 2001, 271 mit Anm. *Geiger* EuZW 2001, 116.

[975] EuGH Rs. C-344/98, *Masterfoods,* Slg. 2000, I-11 369 Rn. 58.

[976] EuG Rs. T-181/02 R, *Neue Erba Lautex,* Slg. 2002, II-5081 Rn. 107. S. a. BVerfG v. 23.11.2011, Az 1 BvR 2682/11, wonach die nationalen Gerichte an die beihilfenrechtliche Eröffnungsentscheidung der Kommission nicht gebunden seien.

[977] BVerwG NJW 1984, 2024.

[978] EuGH Rs. C-265/78, *Ferwerda BV/Produktschap,* Slg. 1980, 617 Rn. 21; BVerwG NJW 1988, 1477.

[979] EuGH C-5/89, *Kommission/Deutschland,* Slg. 1990, I-3437 Rn. 19 = NVwZ 1990, 1161.

berücksichtigen.[980] Eine Rechtspflicht zur Berücksichtigung besteht namentlich dann, wenn die Empfehlungen, Mitteilungen oder Stellungnahmen „Aufschluss über die Auslegung zu ihrer Durchführung erlassener nationaler Vorschriften geben oder wenn sie verbindliche Gemeinschaftsvorschriften ergänzen sollen".[981] Insbesondere im Wettbewerbsrecht verlangt die Pflicht zur Loyalität, dass sich die innerstaatlichen Gerichte auch mit den unverbindlichen Bewertungen der EU-Kommission auseinander zu setzen haben und davon nur bei Vorliegen guter Gründe abweichen dürfen.[982] Ihrerseits ist grundsätzlich auch die Kommission an die von ihr selbst veröffentlichten Leitlinien und Mitteilungen gebunden,[983] so dass dies die Ausübung ihres „Ermessens beschränkt und nicht von diesen Normen abweichen kann, ohne dass dies gegebenenfalls wegen eines Verstoßes gegen allgemeine Rechtsgrundsätze wie die Grundsätze der Gleichbehandlung, der Rechtssicherheit oder des Vertrauensschutzes geahndet würde."[984]

Der Grundsatz, dass die Verwaltungsgerichte bei der Anwendung des Unionsrechts die 339
zum deutschen Verfassungs- und Verwaltungsrecht entwickelte Kontrolldichtekonzeption zu Grunde legen dürfen (→ Rn. 334), wird auch dann durchbrochen, wenn **Beschränkungen der Grundfreiheiten** zu rechtfertigen sind. Sind im Rahmen der Begründetheit einer Klage Rechtfertigungsgründe (z. B. „zwingende Gründe des Umweltschutzes" oder „öffentliche Sicherheit") oder deren Grenzen (z. B. Verhältnismäßigkeit oder Bestimmtheit) zu prüfen, haben die Verwaltungsgerichte die vom EuGH entwickelte Kontrolldichte zu Grunde zu legen. Danach werden, anders als bei der Grundrechtsprüfung, dem parlamentarischen Gesetzgeber keine weitergehenden Gestaltungsspielräume als der Exekutive eingeräumt (→ Rn. 231). Andererseits ist eine Reduzierung der Kontrolldichte geboten, sofern „angesichts der bei der wissenschaftlichen Beurteilung bestehenden Unsicherheiten"[985] Gesundheitsgefahren plausibel gemacht werden oder ohne die in Rede stehenden Einschränkungen die öffentliche Sicherheit bedroht sein könnte.[986]

Ebenso wie im Verwaltungsverfahren (→ Rn. 258, 265 ff., 290) kann der Effektivitäts- 340
grundsatz auch vor Gericht zu einer **Modifikation der materiellen Beweislast** führen.[987] Nicht mit dem Unionsrecht vereinbar wären zum Beispiel Beweislastregeln, „die es praktisch unmöglich oder übermäßig schwierig machen, die Erstattung von unter Verstoß gegen das Gemeinschaftsrecht erhobenen Abgaben zu erreichen".[988] Dies ist insbesondere bei Vermutungen der Fall, „die dem Abgabenpflichtigen die Beweislast dafür auferlegen, dass die ohne Rechtsgrund gezahlten Abgaben nicht auf andere abgewälzt worden sind, oder bei besonderen Beschränkungen hinsichtlich der Form der zu erbringenden Beweise, wie dem Ausschluss aller Beweismittel außer dem Urkundenbeweis".[989] Auch die Klage eines beweisbelasteten Wettbewerbers, dass sein Konkurrent öffentliche Zuschüsse erhält,

---

980 EuGH Rs. C-322/99, *Grimaldi*, Slg. 1989, I-4407 Ls. 3.

981 EuGH Rs. C-207/01, *Altair Chimica SpA*, Slg. 2003, I-8875 Rn. 41; EuGH Rs. C-188/91, *Deutsche Shell*, Slg. 1993, I-363 Rn. 18; VGH Mannheim Urt. v. 5.7.2001, Az. 2 S 2898/98 = LRE 42, 114, 129. Einschränkend OVG Berlin Beschl. v. 14.4.2000, Az. 4 SN 7.99.

982 Vgl. OLG München Beschl. v. 1.8.2002, WuW/E DE-R, 991, 993; *Schweda* WuW 2004, 1133.

983 EuG Rs. T-73/04, *Carbone Lorraine/Kommission*, Slg. 2008, II-2661 Rn. 71; EuGH verb. Rs. C-189/02 P u. a., *Dansk Roerindustrie/Kommission*, Slg. 2005, I-5425 Rn. 211; *Schwarze* EuR 2011, 3, 7 ff.

984 EuG Rs. T-374/04, *Deutschland/Kommission*, Slg. 2007, II-4431 Rn. 111 m. w. N.

985 EuGH Rs. 174/82, *Sandoz*, Slg. 1984, 2445 Rn. 17.

986 EuGH Rs. C-83/94, *Leifer*, Slg. 1995, I-3231 Rn. 35; EuGH Rs. C-273/97, *Sirdar*, Slg. 1999, I-7403 Rn. 27; EuGH Rs. C-293/93, *Houtwipper*, Slg. 1994, I-4249 Rn. 22. *Becker*, in: Schwarze (Fn. 15), Art. 30 EGV Rn. 75 f.

987 *Gellermann*, in: Rengeling u. a. (Fn. 69), § 36 Rn. 50.

988 EuGH Rs. 199/82, *San Giorgio*, Slg. 1983, 3595 Rn. 14.

989 EuGH Rs. 199/82, *San Giorgio*, Slg. 1983, 3595 Rn. 14; EuGH Rs. C-343/96, *Dilexport*, Slg. 1999, I-579 Ls. 4.

die über das hinausgehen, was dieser Erfüllung seiner gemeinwirtschaftlichen Verpflichtungen benötigt, steht mit dem beihilfenrechtlichen Durchführungsverbot (Art. 108 Abs. 3 AEUV) nur im Einklang, wenn die zuständigen Gerichte alle ihnen „nach dem nationalen Recht zu Gebote stehenden Verfahrensmaßnahmen ausschöpfen, darunter die Anordnung der erforderlichen Beweiserhebungen, einschließlich der Vorlage von Urkunden oder Schriftstücken durch eine Partei oder einen Dritten."[990]

341 Noch nicht hinreichend geklärt ist, ob Eingriffe in unionsrechtlich begründete Rechtspositionen neben einer gerichtlichen Rechtmäßigkeits- auch einer **Zweckmäßigkeitskontrolle** unterliegen. Ausdrücklich hat dies der Gerichtshof bislang nur für freizügigkeitsbeschränkende Maßnahmen gefordert. Danach fordert der effektive Rechtsschutz von den Gerichten die „sichere Garantie einer erschöpfenden Prüfung der Zweckmäßigkeit der beabsichtigten Maßnahme".[991]

342 Die für die **Gerichtsentscheidung maßgebliche Sach- und Rechtslage** bestimmt sich grundsätzlich nach den zum deutschen Verwaltungsprozessrecht entwickelten Voraussetzungen.[992] Ausnahmen sind jedoch geboten, wenn die Nichtberücksichtigung neuer Tatsachen den effektiven Rechtsschutz der Unionsbürger übermäßig erschweren würde.[993] So ist inzwischen anerkannt, dass für die gerichtliche Überprüfung der Rechtmäßigkeit von Ausweisungen freizügigkeitsberechtigter Unionsbürger und Angehöriger assoziierter Staaten (Türkei) in tatsächlicher und rechtlicher Hinsicht „der Zeitpunkt der letzten mündlichen Verhandlung oder Entscheidung des Tatsachengerichts maßgeblich" ist.[994]

## IX. Vorläufiger Rechtsschutz

343 Praktisch bedeutsam sind die im Verfahren des vorläufigen Rechtsschutzes (insbes. gem. §§ 80, 80a, 123 VwGO) zu beachtenden Modifikationen. Diese Modifikationen betreffen sowohl die **Abwehr sekundärrechtlicher Maßnahmen** der Unionsorgane als auch die **Durchsetzung des Unionsrechts.**[995] Sie „sollen den nationalen Richter an einem zu weitgehenden vorläufigen Rechtsschutz gegen den Vollzug sekundären Gemeinschaftsrechts hindern und schränken insoweit die Rechtsschutzmöglichkeiten des Bürgers ein".[996] Dass nicht jeder Zweifel eines mitgliedstaatlichen Gerichts an der Gültigkeit einer Unionsrechtsvorschrift für den Erlass vollzugshemmender Maßnahmen genügt (→ Rn. 349), findet indes seine Entsprechung „in den besonders strengen Anforderungen, die auch im innerstaatlichen Bereich für die Aussetzung des Vollzugs von Gesetzen durch das Bundesverfassungsgericht gelten" und wurde deshalb vom BVerfG gebilligt.[997]

---

[990] EuGH Rs. C-526/04, *Laboratoires Boiron,* Slg. 2006, I-7529 Rn. 55, 57 = EWS 2006, 467; *v. Papp* EWS 2009, 216, 221.

[991] EuGH Rs. C-136/03, *Dörr u. Ünal,* Slg. 2005, I-4759 Rn. 47 = EuGRZ 2005, 319, in diesem Sinne ferner EuGH Rs. 222/84, *Johnston,* Slg. 1986, 1651, Rn. 17 = DVBl. 1987, 227; EuGH Rs. 222/86, *Heylens u. a.,* Slg. 1987, 4097, Rn. 14 f.; EuGH verb. Rs. C-482/01 u. C-493/01, *Orfanopoulos,* Slg. 2004, I-5257 Rn. 110 = DVBl. 2004, 876.

[992] S. dazu *Schmidt,* in: Eyermann (Hrsg.), VwGO, 11. Aufl., § 80 Rn. 2.

[993] EuGH verb. Rs. C-482/01 u. C-493/01, *Orfanopoulos* Slg. 2004, I-5257; s. a. Rs. C-120/97, *Upjohn,* Slg. 1999, I-223 Rn. 40 ff.

[994] BVerwG NVwZ 2005, 220, 222 = DVBl. 2005, 122 = BayVBl. 2005, 184; a. A. noch VGH Mannheim VBlBW 2003, 289.

[995] Vgl. im Ganzen *Brinker* NJW 1996, 2851; *Ohler/Weiß* NJW 1997, 2221; *Jannasch* NVwZ 1999, 495; *Kadelbach* KritV 1999, 378; *Sandner* DVBl. 1998, 262; *Haibach* DÖV 1996, 60; *Schoch* DVBl. 1997, 289; *Stern* JuS 1998, 769, 775; *Triantafyllou* NVwZ 1992, 129.

[996] OVG Koblenz NVwZ 2004, 363 = NuR 2004, 116; kritisch zur EuGH-Rechtsprechung *Schoch* DVBl. 1997, 289; *Koenig* EuZW 1997, 206; *v. Danwitz* (Fn. 339), S. 301 ff.; *ders.* DVBl. 1998, 421, 426 f. *Tomuschat,* in: Festschrift für Redeker (Fn. 722), S. 273, 288 f.

[997] BVerfG Beschl. v. 27.7.2004, Az. 1 BvR 1542/04 = StoffR 2004, 243 (Ls.).

Das Unionsinteresse verlangt grundsätzlich die sofortige Vollziehung der auf EU-Recht gestützten Verwaltungsakte (→ Rn. 275). Da andererseits die Gewährleistung einstweiligen Rechtsschutzes vom Unionsrecht anerkannt[998] und zur Durchsetzung des Unionsrechts sogar gefordert wird[999], schließt es das **Verwerfungsmonopol des EuGH** (→ Rn. 21 u. 93) nicht grundsätzlich aus, „dass das nationale Gericht die Vollziehung eines nationalen Verwaltungsakts aussetzen kann, wenn dieser auf einer Gemeinschaftsverordnung beruht, deren Rechtmäßigkeit bestritten wird und deren Ungültigkeit nur der Gerichtshof feststellen kann".[1000] Nach Maßgabe der nachfolgend aufgeführten Voraussetzungen besteht diese Befugnis nicht nur für die Aussetzung der sofortigen Vollziehung (§§ 80, 80a VwGO), sondern ist auch „beim Erlass jeder Maßnahme des vorläufigen Rechtsschutzes zu beachten, einschließlich einer positiven Anordnung, die die Verordnung, deren Gültigkeit bestritten wird, zu Gunsten des Bürgers vorläufig unanwendbar wird" (§ 123 VwGO).[1001] 344

Zur Aussetzung der Vollziehung eines auf EU-Recht beruhenden Verwaltungsaktes oder zum Erlass einstweiliger Anordnungen, mit denen die Durchführung einer Unionsvorschrift vorläufig gehindert wird, ist das nationale Gericht nur nach Maßgabe der folgenden **vier Mindest-Voraussetzungen** berechtigt. Diese Voraussetzungen liegen vor, wenn das Gericht 345

- „erhebliche Zweifel an der Gültigkeit der Handlung der Gemeinschaft hat und diese Gültigkeitsfrage, sofern der Gerichtshof mit ihr noch nicht befasst ist, diesem selbst vorlegt,
- wenn die Entscheidung dringlich in dem Sinne ist, dass die einstweiligen Anordnungen erforderlich sind, um zu vermeiden, dass die beantragende Partei einen schweren und nicht wieder gutzumachenden Schaden erleidet,
- wenn es das Interesse der Gemeinschaft angemessen berücksichtigt und
- wenn es bei der Prüfung aller dieser Voraussetzungen die Entscheidungen des Gerichtshofes oder des Gerichts erster Instanz über die Rechtmäßigkeit der Verordnung oder einen Beschluss im Verfahren des vorläufigen Rechtsschutzes betreffend gleichartige einstweilige Anordnungen auf Gemeinschaftsebene beachtet."[1002]

Der **gegenständliche Anwendungsbereich** der vom EuGH verlangten Modifikationen ist weit. Der Prüfung der vorgenannten vier Mindest-Voraussetzungen bedarf es unabhängig davon, ob sich die Zweifel auf eine EU-Verordnung, eine unmittelbar anwendbare EU-Richtlinie oder auf eine Einzelentscheidung der Kommission[1003] beziehen.[1004] Sie 346

---

[998] Art. 278 AEUV lautet: „Klagen bei dem Gerichtshof haben keine aufschiebende Wirkung. Der Gerichtshof kann jedoch, wenn er dies den Umständen nach für nötig hält, die Durchführung der angefochtenen Handlung aussetzen." Art. 279 AEUV lautet: „Der Gerichtshof kann in den bei ihm anhängigen Sachen die erforderlichen einstweiligen Anordnungen treffen."

[999] EuGH Rs. C-213/89, *Factortame,* Slg. 1990, I-2433 Rn. 21 = NJW 1991, 2271 = EuZW 1990, 356 = DVBl. 1991, 861. Siehe auch *Cahn* ZEuP 1998, 974; *Müller* WRP 2002, 1037; *Öhlinger/Potacs* (Fn. 42), S. 114 ff.

[1000] EuGH verb. Rs. C-143/88 u. C-92/89, *Zuckerfabrik Süderdithmarschen,* Slg. 1991, I-415 Ls. 1 = DVBl. 1991, 480 = EuZW 1991, 313.

[1001] EuGH Rs. C-465/93, *Atlanta,* Slg. 1995, I-3781 Rn. 33.

[1002] EuGH Rs. C-68/95, *T. Port,* Slg. 1996, I-6065 Rn. 48 = JZ 1997, 458 mit Anm. *Koenig/Zeiss* JZ 1997, 461; ferner EuGH verb. Rs. C-143/88 u. C-92/89, *Zuckerfabrik Süderdithmarschen,* Slg. 1991, I-415 = DVBl. 1991, 480 = EuZW 1991, 313; EuGH verb. Rs. C-453/03 u. a., *ABNA u. a.,* Slg. 2005, I-10423 Rn. 103 ff. = EWS 2006, 73, 80 f. m. Anm. *Gundel* EWS 2006, 65; vgl. auch *Schilling* EuZW 1991, 310 u. *Jannasch* NVwZ 1999, 495; ferner EuGH Rs. C-465/93, *Atlanta,* Slg. 1995, I-3781 Rn. 51; Rs. C-17/98, *Emesa Sugar,* Slg. 2000, I-675 Rn. 73.

[1003] Vgl. hierzu nochmals einschränkend EuGH Rs. C-232/05, *Kommission/Frankreich,* Slg. 2006, I-10071 Rn. 55 ff.

[1004] BVerfG StoffR 2004, 243; OVG Münster NVwZ 2002, 612; OVG Münster NJW 1996, 3291 mit Anm. *Krell* ZLR 1996, 1; OVG Berlin-Brandenburg NVwZ 2006, 104.

kommen sogar dann zur Anwendung, wenn es um die Abwehr von Rechtsverletzungen geht, die auf **transformierten Unionsvorschriften** beruhen.[1005]

**Beispiel:** Ein Schweinezüchter begehrt im Wege der einstweiligen Anordnung die Feststellung, dass das auf einer EU-Richtlinie beruhende Impfverbot gem. § 2 der Verordnung zum Schutz gegen die Maul- und Klauenseuche (MKS-VO) vorläufig nicht beachtet werden muss. In diesem Falle hat das Verwaltungsgericht die vom EuGH aufgestellten Maßstäbe zu beachten, da „die Frage der Wirksamkeit oder Nichtigkeit des § 2 MKS-VO nicht isoliert nach nationalem Recht betrachtet werden kann", sondern die „Feststellung eines Verstoßes der Richtlinie gegen höherrangiges Recht" voraussetzt.[1006]

347 Die vorgenannten Voraussetzungen finden keine Anwendung, wenn sich der Beschwerdeführer auf die **Unionsrechtswidrigkeit des nationalen Rechts** beruft.[1007] In derartigen Fällen soll nicht der Vollzug des EU-Rechts ausgesetzt werden, sondern die Anwendung potentiell unionsrechtswidrigen nationalen Rechts. Der Gerichtshof führt hierzu aus, dass „für den Erlass vorläufiger Maßnahmen (...) die durch das vom zuständigen Gericht anzuwendende nationale Recht festgelegten Kriterien [gelten], sofern diese Kriterien weder weniger günstig ausgestaltet sind als die für entsprechende innerstaatliche Klagen noch die Ausübung der durch die Gemeinschaftsrechtsordnung verliehenen Rechte praktisch unmöglich machen oder übermäßig erschweren."[1008] Die zu § 80 VwGO und zu § 123 VwGO entwickelten Rechtsschutzvoraussetzungen sind daher uneingeschränkt anwendbar.[1009]

348 Der Anwendung der oben dargelegten, vom Gerichtshof entwickelten Beurteilungsmaßstäbe bedarf es nach h. L. auch dann nicht, wenn und insoweit es nicht um die Gültigkeit des dem Vollzugsakt zu Grunde liegenden EU-Sekundärrechts, sondern um rein **innerstaatlich zu beurteilende Rechtswidrigkeitsgründe,** z. B. um Verfahrensfehler geht. Die vom Gerichtshof vorgegebenen Prüfungskriterien sind hiernach grundsätzlich nicht auf Fallkonstellationen anzuwenden, in denen geltend gemacht wird, eine Rechtsvorschrift der Union sei fehlerhaft angewendet worden.[1010]

349 Seine **erheblichen Zweifel an der Gültigkeit** der in Rede stehenden Unionsvorschrift hat das Rechtsschutz gewährende Gericht zu begründen. Dabei muss es den Umfang des Ermessensspielraums berücksichtigen, der den Unionsorganen auf dem Sektor der Wirtschaftsverwaltung, namentlich im Außenwirtschafts- und im Agrarrecht, zukommt.[1011] Haben andere Gerichte – auch diejenigen anderer Mitgliedstaaten – Zweifel an der Gültigkeit der betreffenden Unionsvorschrift zum Ausdruck gebracht, „ist die dazu vertretene Auffassung ... auch für die Gerichte der Bundesrepublik Deutschland bedeutsam". Eine „nur formale" Berücksichtigung der anderweitig geäußerten Zweifel ist mit dem Gebot effektiven Rechtsschutzes nicht vereinbar.[1012]

350 Den Zweifeln an der Gültigkeit einer Unionsvorschrift kann ein pflichtwidriges **Untätigbleiben der Unionsorgane** nicht gleichgestellt werden. Der EU-Vertrag „sieht keine

---

[1005] OVG Münster Beschl. v. 29.6.2004, Az. 20 B 1057/04; bestätigt durch BVerfG StoffR 2004, 243. Ebenso VG Sigmaringen Beschl. v. 23.4.2001, Az. 4 K 469/01.

[1006] VG Sigmaringen Beschl. v. 23.4.2001, Az. 4 K 469/01.

[1007] So VG Koblenz AbfallR 2003, 260; *Griller,* in: A/H/K (Hrsg.), Gemeinschaftsrecht u. Wirtschaftsrecht, 2000, S. 27, 89.

[1008] EuGH Rs. C-432/05, *Unibet,* Slg. 2007, I-2271 Rn. 83.

[1009] OVG Koblenz NVwZ 2004, 363; ebenso (für Österreich) *Öhlinger/Potacs* (Fn. 42), S. 150 f.

[1010] *Jannasch* NVwZ 1999, 495, 497; *Öhlinger/Potacs* (Fn. 42), S. 148 f.; *Huber* BayVBl. 2001, 583; *Gellermann,* in: Rengeling u. a. (Fn. 69), § 36 Rn. 79; *Potacs,* in: Holoubek/Lang (Hrsg.), Das EuGH-Verfahren in Steuersachen, 2000, S. 265, 279. A. A. OVG Berlin-Brandenburg NVwZ 2006, 104, 105 f.; *Vcelouch* ÖJZ 1997, 728; *Schima,* Das Vorabentscheidungsverfahren vor dem EuGH, 1997, S. 46; *Keppert,* Der Einfluß des Europarechts auf die nationale Gewährung vorläufigen Rechtsschutzes im Bereich des Abgabenrechts, in: Heidinger/Bruckner (Hrsg.), Steuern in Österreich, 1998, S. 183, 200.

[1011] EuGH C-465/93, *Atlanta,* Slg. 1995, I-3781 Rn. 36 f. Dazu auch *Gellermann,* in: Rengeling u. a. (Fn. 69), § 36 Rn. 77.

[1012] BVerfG Beschl. v. 27.7.2004, 1 BvR 1542/04 = StoffR 2004, 243.

Möglichkeit für ein nationales Gericht vor, den Gerichtshof im Wege der Vorlage zu ersuchen, durch Vorabentscheidung die Untätigkeit eines Organs festzustellen; daher sind die nationalen Gerichte nicht befugt, vorläufige Maßnahmen zu erlassen, bis das Organ tätig geworden ist".[1013] Die daraus entstehende Rechtsschutzlücke – z. B. bei der sog. Bananenmarktordnung – kann der Betroffene nur im Wege einer Untätigkeitsklage einschließlich einer einstweiligen Anordnung gegen das Unionsorgan zu schließen suchen, „wenn der Rechtsakt im Falle seines Erlasses an ihn gerichtet wäre oder ihn zumindest unmittelbar und individuell betreffen würde".[1014]

Kann das Verwaltungsgericht seine „erheblichen Zweifel" begründen, hat es dem EuGH dieselben gem. Art. 267 AEUV vorzulegen. Sowohl dem Unionsinteresse als auch dem effektiven Rechtsschutz entspricht es, wenn das Vorlagegericht seine Fragen mit einem **Antrag auf beschleunigtes Vorabentscheidungsverfahren** gem. Art. 105 der EuGH-Verfahrensordnung verbindet (→ Rn. 412 f.). Teilt der Gerichtshof die Zweifel an der Gültigkeit der Unionsnorm nicht, so bedarf es gem. § 80 Abs. 7 VwGO der Aufhebung oder Abänderung der vorläufigen Entscheidung. 351

Die **Dringlichkeit einer vorläufigen Entscheidung** setzt voraus, dass der vom Antragsteller geltend gemachte Schaden entstehen kann, „bevor der Gerichtshof über die Gültigkeit der Gemeinschaftshandlung hat entscheiden können."[1015] Im Verfahren nach Art. 278, 279 AEUV, das die Maßstäbe für den verwaltungsgerichtlichen Eilrechtsschutz vorgibt (→ Rn. 312), ist der Antragsteller „dafür beweispflichtig, dass er die Entscheidung im Verfahren zur Hauptsache nicht abwarten kann, ohne einen derartigen Schaden zu erleiden".[1016] Hat der Antragsteller seine „Verpflichtung verletzt, die einer Partei obliegt, die sich auf die Dringlichkeit von einstweiligen Anordnungen beruft," kann dies gegen die Gewährung vorläufigen Rechtsschutzes sprechen.[1017] 352

Der vom EuGH verlangte **schwere und nicht wieder gut zu machende Schaden** setzt grundsätzlich mehr voraus als einen rein finanziellen Schaden. Ein rein finanzieller Schaden kann nur „unter besonderen Umständen als nicht oder nur schwer wieder gut zu machen angesehen werden, da er Gegenstand eines späteren finanziellen Ausgleichs sein kann".[1018] Daraus folgt, dass ein Schaden als irreparabel anzusehen ist, wenn „in außergewöhnlichen Situationen" Ersatz in Geld den Geschädigten „nicht wieder in die Lage versetzen kann, in der er sich vor Eintritt des Schadens befand".[1019] Ansonsten kann von „besonderen Umständen" prinzipiell nur ausgegangen werden, sofern sich eine Marktteilnehmerin ohne einstweiligen Rechtsschutz „in einer Situation befände, die ihre Existenz gefährden könnte".[1020] Hätten die Marktbeteiligten auf die neue Rechtslage „angemessen reagieren" können, schließt dies einstweiligen Rechtsschutz grundsätzlich aus.[1021] Hingegen können „Beeinträchtigungen der Umwelt und der Gesundheit ihrer 353

---

[1013] EuGH Rs. C-68/95, *T. Port,* Slg. 1996, I-6065 Rn. 53.

[1014] EuGH Rs. C-68/95, *T. Port,* Slg. 1996, I-6065 Rn. 58. Kritisch dazu *Dörr,* in: Sodan/Ziekow (Fn. 383), Rn. 483; *Ohler/Weiß* NJW 1997, 2221; *Jannasch* NVwZ 1999, 495, 499 f. S. a. EuGH Rs. C-107/91, *ENU/Kommission,* Slg. 1993, I-599 Ls. 1. Zum Bananenmarktstreit z. B. *Besse* JuS 1996, 396.

[1015] EuGH verb. Rs. C-143 u. C-92/89, *Zuckerfabrik Süderdithmarschen,* Slg. 1991, I-415 Rn. 29.

[1016] EuG Rs. T-53/01 R, *Poste Italiane/Kommission,* Slg. 2001, II-1479 Rn. 10; EuG Rs. T-73/98 R, *Prayon-Rupel/Kommission,* Slg. 1998, II-2769 Rn. 36.

[1017] Vgl. EuGH Rs. C-87/94 R, *Kommission/Belgien,* Slg. 1994, I-1395 Rn. 42.

[1018] EuG Rs. T-53/01 R, *Poste Italiane/Kommission,* Slg. 2001, II-1479 Rn. 19; EuGH Rs. C-213/91 R, *Abertal u. a./Kommission,* Slg. 1991, I-5109 Rn. 24; EuG Rs. T-70 R, *Alpharma/Rat,* Slg. 1999, II-2027 Rn. 128.

[1019] EuGH Rs. C-195/90 R, *Kommission/Deutschland,* Slg. 1990, I-3351 Rn. 38.

[1020] EuG Rs. T-53/01 R, *Poste Italiane/Kommission,* Slg. 2001, II-1479 Rn. 20; EuG Rs. T-11/99 R, *van Parys u. a./Kommission,* Slg. 1999, II-1355 Rn. 62.

[1021] Vgl. EuG Rs. T-228/95 R, *Lehrfreund/Rat u. Kommission,* Slg. 1996, II-113 Rn. 65.

Natur häufig nicht rückwirkend beseitigt werden".[1022] Das „unmittelbare Bevorstehen des Schadens muss nicht mit absoluter Sicherheit nachgewiesen werden, sondern es genügt – insbesondere dann, wenn die Entstehung des Schadens vom Eintritt einer Reihe von Faktoren abhängt –, dass sie mit einem hinreichenden Grad von Wahrscheinlichkeit vorhersehbar ist".[1023]

354 Die **Berücksichtigung des Unionsinteresses** ist grundlegende Voraussetzung für die Gewährung vorläufigen Rechtsschutzes. Das angerufene Gericht muss sorgfältig prüfen, ob der fraglichen Unionsvorschrift nicht „jede praktische Wirksamkeit genommen wird, wenn sie nicht sofort angewandt wird".[1024] Wenn die Aussetzung der Vollziehung oder die einstweilige Anordnung „ein finanzielles Risiko für die Gemeinschaft darstellt, muss das nationale Gericht im Übrigen die Möglichkeit haben, vom Antragsteller hinreichende Sicherheiten zu verlangen".[1025] Die Beachtung der unionsrechtlich gewährleisteten Grundrechte ist bei der vorzunehmenden Abwägung selbstverständlich nicht ausgeschlossen.[1026]

355 Die **Beachtung einschlägiger EuGH-Entscheidungen** verlangt, dass das Verwaltungsgericht keinen vorläufigen Rechtsschutz gewähren darf – oder entsprechende Maßnahmen nach § 80 Abs. 7 VwGO aufheben muss – sofern bereits eine Nichtigkeitsklage gegen die fragliche Unionsvorschrift abgewiesen wurde oder die Prüfung einer Vorabscheidungsfrage nichts ergeben hat, was die Gültigkeit dieser Unionsvorschrift beeinträchtigen könnte.[1027] Allerdings darf einem Eilantrag (z. B. nach § 80 Abs. 5 oder § 123 VwGO) stattgegeben werden, sofern in den vorangegangenen Vorabentscheidungsfragen „andere Rechtswidrigkeitsgründe geltend gemacht worden sind als die Nichtigkeits- oder Rechtswidrigkeitsgründe, die der Gerichtshof in seinem Urteil zurückgewiesen hat".[1028]

356 Denkbar ist auch der Fall, in dem ein nationales Gericht der Auffassung ist, eine einstweilige Anordnung nach § 123 VwGO zur Durchsetzung unionsrechtlich gewährter subjektiver Rechte würde die Hauptsache vorwegnehmen und sei daher unzulässig. Die Auslegung einer Unionsvorschrift kann jedoch im Einzelfall ein nationales Gericht dazu zwingen, bei dargelegter Dringlichkeit die durch sie gewährten subjektiven Rechte im Wege einer einstweiligen Anordnung durchzusetzen, auch wenn hierdurch die Hauptsache vorweggenommen wird.[1029]

## X. Rechtsmittel vor nationalen Gerichten

357 Ungeklärte unionsrechtliche Fragen können die Eröffnung eines innerstaatlichen Rechtsmittelverfahrens (Berufung, Revision) gebieten.[1030] Zwar ist die revisionsgerichtliche Kontrolle auf die Verletzung revisiblen Bundesrechts beschränkt. Allgemein anerkannt ist aber, dass im Rechtsmittelverfahren das **Unionsrecht dem Bundesrecht gleich**

---

[1022] EuGH Rs. C-320/03 R, *Kommission/Österreich,* Slg. 2003, I-11656 Rn. 92 = EuZW 2004, 177 mit Anm. *Schroeder* EuZW 2004, 180. S. aber auch EuGH Rs. C-296/02 R, *Österreich/Kommission,* Slg. 2002, I-9159 Rn. 90 ff.

[1023] EuG Rs. T-53/01 R, *Poste Italiane/Kommission,* Slg. 2001, II-1479 Rn. 11; EuG Rs. T-237/99 R, *BP Nederland u. a./Kommission,* Slg. 2000, II-3849 Rn. 49.

[1024] EuGH verb. Rs. C-143/88 u. C-92/89, *Zuckerfabrik Süderdithmarschen,* Slg. 1991, I-415 Rn. 32 = DVBl. 1991, 480 = EuZW 1991, 313.

[1025] EuGH verb. Rs. C-143/88 u. C-92/89, *Zuckerfabrik Süderdithmarschen,* Slg. 1991, I-415 Rn. 32 f.

[1026] *Hatje* (Fn. 17), S. 331 f.

[1027] EuGH Rs. C-465/93, *Atlanta,* Slg. 1995, I-3761 Rn. 46.

[1028] EuGH Rs. C-465/93, *Atlanta,* Slg. 1995, I-3761 Rn. 46.

[1029] VGH Kassel NVwZ 2006, 1081; VG Frankfurt a. M. NVwZ 2007, 239.

[1030] Eingehend *Mutke* DVBl. 1987, 403.

**zu achten** ist, auch wenn es nach der Zuständigkeitsverteilung des Grundgesetzes von den deutschen Bundesländern umzusetzen ist.[1031]

Die Zulassung eines Rechtsmittels kann auf Unionsrecht gestützt werden, wenn die Rechtssache **grundsätzliche Bedeutung** hat (Grundsatzberufung bzw. -revision). Die Revision wegen grundsätzlicher Bedeutung ist hiernach zuzulassen, wenn nicht ausgeschlossen werden kann, dass in einem zukünftigen Revisionsverfahren auf Grund der **Vorlagepflicht letztinstanzlicher Gerichte** voraussichtlich „eine Vorabentscheidung des Europäischen Gerichtshofes einzuholen sein wird, außer wenn hinreichende Gründe vorliegen, die die Einholung der Vorabentscheidung entbehrlich erscheinen lassen".[1032] Ist also das richtige Verständnis einer Unionsvorschrift für den Ausgang des Rechtsstreits erheblich und haben die Gerichte bislang von einer Vorlage an den EuGH abgesehen, sind Berufung oder Revision grundsätzlich zuzulassen. Von einer Vorlage und damit von einem Rechtsmittel kann normalerweise nur dann abgesehen werden, wenn gemäß der sog. „acte claire"-Doktrin (→ Rn. 380) die unionsrechtliche Rechtslage derart offenkundig ist, dass kein Raum für vernünftige Zweifel an der Entscheidung der gestellten Frage verbleibt oder die maßgebliche Rechtsfrage bereits durch eine gesicherte Rechtsprechung des Europäischen Gerichtshofes geklärt ist.[1033] Grundsätzliche Bedeutung hat im Regelfall ein Rechtsstreit allerdings auch dann, wenn bereits ein paralleles Vorabentscheidungsverfahren oder ein Vertragsverletzungsverfahren der EU-Kommission anhängig ist.[1034] 358

Berufung und Revision können darüber hinaus auf einen unionsrechtlich bedingten **Verfahrensfehler** gestützt werden. Die Missachtung einer dem Gericht obliegenden Vorlageverpflichtung stellt einen Zulassungsgrund jedenfalls dann dar, wenn die Nichtvorlage an den EuGH willkürlich erfolgt ist.[1035] In diesem Fall wird nämlich der Rechtssuchende seinem gesetzlichen Richter entzogen, weil der EuGH im Falle einer zwingenden Vorlagepflicht gesetzlicher Richter im Sinne des Art. 101 Abs. 1 Satz 2 GG ist (→ Rn. 386 ff.).[1036] Allerdings ist die Nichtzulassungsbeschwerde (z. B. nach § 133 VwGO) als Rechtsmittel im Sinne des Art. 267 Abs. 3 AEUV anerkannt.[1037] Deshalb ist ein Gericht, gegen dessen Entscheidungen eine solche Beschwerde in Betracht kommt, grundsätzlich nicht zur Vorlage an den EuGH verpflichtet. 359

## § 3 Wie verläuft und wie erzwingt man ein Vorabentscheidungsverfahren?

**Schrifttum:** *App,* Vorlage an den EuGH in deutschen Gerichtsverfahren, DZWiR 2002, 232; *Bergmann,* Vorabentscheidungsverfahren nach dem EU-Reformvertrag von Lissabon, ZAR 2011, 41; *Bode/Ehle,* Die Ausweitung des Prüfungsumfangs im Vorabentscheidungsverfahren durch den EuGH, EWS 2001, 55; *Britz,* Verfassungsrechtliche Effektivierung des Vorabentscheidungsverfahrens, NJW 2012, 1313; *Ehricke,* Die Bindungswirkung von Urteilen des EuGH im Vorabentscheidungsverfahren

[1031] Vgl. BVerfGE 82, 159, 196; BVerfG NVwZ 1993, 883, 884; *Gellermann,* in: Rengeling u. a. (Fn. 69), § 36 Rn. 54; *Redeker/v. Oertzen,* VwGO, 15. Aufl. 2010, § 137 Rn. 4.

[1032] BVerwG NJW 1988, 664 u. Hinweis auf BVerwG 3 B 12.84 (bei Buchholz 451.90 Nr. 58) sowie BVerwG 3 B 104.85. S. a. *Mutke* DVBl. 1987, 403; *Nachbaur* JZ 1992, 355; *Gellermann,* in: Rengeling u. a. (Fn. 69), § 36 Rn. 56.

[1033] EuGH Rs. 283/81, *C. I. L. F. I. T.,* Slg. 1982, 3415 Rn. 14 = DVBl. 1983, 267 = NJW 1983, 1257 *Gellermann,* in: Rengeling u. a. (Fn. 69), § 36 Rn. 56.

[1034] *Moench/Sander,* in: Rengeling (Hrsg.), Handbuch zum europäischen Umweltrecht, 2. Aufl. 2003, Band 1, § 46 Rn. 94; *Gellermann,* in: Rengeling u. a. (Fn. 69), § 36 Rn. 56.

[1035] Vgl. z. B. BVerwG NJW 1987, 601; BFH NJW 1987, 3096; *Glaesner* EuR 1990, 143, 149.

[1036] BVerfG NJW 2001, 1267; BVerfG NJW 1992, 678; BVerwG NVwZ 1992, 360.

[1037] BVerfGE 82, 149, 196; BVerwG NJW 1987, 601; BVerwG NVwZ 1992, 770.

nach deutschem Zivilprozeßrecht und nach Gemeinschaftsrecht, 1997; *Fastenrath,* Der Europäische Gerichtshof als gesetzlicher Richter, in: Festschrift für Ress, 2005, S. 461; *Foerster,* Vorabentscheidungsersuchen nach Art. 267 AEUV und Anhängigkeit derselben Rechtsfrage am EuGH; *Forsthoff,* Die Beschränkung der zeitlichen Wirkung von Urteilen des EuGH – Überlegungen zum Fall „Meilicke“, DStR 2005, 1840; *Füßer/Höher,* Das „parallele Vorabentscheidungsverfahren“: Zulässigkeit und Grenzen der Beweiserhebung während eines Verfahrens gemäß Art. 234 EGV, EuR 2001, 784; *Groh,* Auslegung des Gemeinschaftsrechts und Vorlagepflicht nach Art. 234 EGV, EuZW 2002, 460; *ders.,* Die Auslegungsbefugnis des EuGH im Vorabentscheidungsverfahren, 2005; *Haensle,* Der Willkürmaßstab bei der Garantie des gesetzlichen Richters bei Nichtvorlagen – bewährter Maßstab oder gemeinschaftsrechtliche Notwendigkeit einer Neuausrichtung?, DVBl. 2011, 811; *Hirsch,* Das Vorabentscheidungsverfahren, in: Festschrift für Rodríguez Iglesias 2003, 601; *Jann,* Das Vorabentscheidungsverfahren: Grundfragen, Verfahrensablauf und aktuelle Entwicklungen, in: Holoubek/Lang (Hrsg.), Das EuGH-Verfahren in Steuersachen, 2000, S. 13; *Kadelbach,* Die Wirkung von im Vorabentscheidungsverfahren ergangenen Urteilen, in: Holoubek/Lang (Hrsg.), Das EuGH-Verfahren in Steuersachen, 2000, S. 119; *Kerwer/Weth,* Zur Bindungswirkung der Vorabentscheidungen des EuGH, in: Festschrift für 50 Jahre BAG 2004, S. 1383; *Koenig/Engelmann,* Vorwirkungen des EG-Rechtsschutzes durch ein anhängiges Vorabentscheidungsverfahren, EWS 2002, 353; *Kokott/Henze,* Die Beschränkung der zeitlichen Wirkung von EuGH-Urteilen in Steuersachen, NJW 2006, 177; *dies.,* Der Anwalt vor dem Europäischen Gerichtshof, AnwBl 2007, 309; *Malferrari,* Zurückweisung von Vorabentscheidungsersuchen durch den EuGH, 2003; *Oexle,* Einwirkungen des EG-Vorabentscheidungsverfahrens auf das nationale Verfahrensrecht, NVwZ 2002, 1328; *Piepenbrock,* Vorlagen an den EuGH nach Art. 267 AEUV im Privatrecht, EuR 2011, 317; *Rabe,* Vorlagepflicht und gesetzlicher Richter, in: Festschrift für Redeker, 1993, S. 201; *Rennert,* Effektivität des Rechtsschutzes und Vorabentscheidungsverfahren – Die Perspektive der nationalen Gerichtsbarkeit, EuGRZ 2008, 385; *Rodríguez Iglesias,* Der EuGH und die Gerichte der Mitgliedstaaten – Komponenten der richterlichen Gewalt in der Europäischen Union, NJW 2000, 1889; *Roth,* Verfassungsgerichtliche Kontrolle der Vorlagepflicht an den EuGH, NVwZ 2009, 345; *Schilling,* Die Kontrolle von Nichtvorlagen letztinstanzlicher Gerichte an den EuGH – Überlegungen aus Anlass von EGMR, Ullens de Schooten, EuGRZ 2012, 133; *Schima,* Das Vorabentscheidungsverfahren vor dem EuGH, 2. Aufl., 2004; *Schröder,* Die Vorlagepflicht zum EuGH aus europarechtlicher und nationaler Perspektive, EuR 2011, 808; *Sensburg,* Die Vorlagepflicht an den EuGH: Eine einheitliche Rechtsprechung des BVerfG, NVwZ 2001, 1259; *Skouris,* Stellung und Bedeutung des Vorabentscheidungsverfahrens im europäischen Rechtsschutzsystem, EuGRZ 2008, 343; *Sladic,* Anmerkungen zum beschleunigten Verfahren im EG-Prozessrecht, EuZW 2005, 712; *Warnke,* Die Vorlagepflicht nach Art. 234 III EGV in der Rechtsprechungspraxis des BVerfG, 2004; *Wägenbaur,* Stolpersteine des Vorabentscheidungsverfahrens, EuZW 2000, 37; *Wiedmann,* Zeitlos wie ungeklärt: Die Beschränkung der zeitlichen Wirkung von Urteilen des EuGH im Vorabentscheidungsverfahren nach Art. 234 EG, EuZW 2007, 692.

## I. Ziele des Vorabentscheidungsverfahrens

360 Anders als das Verfahren der konkreten Normenkontrolle (Art. 100 GG) ist das in Art. 267 AEUV (ex-Art. 234 EGV) vorgesehene Vorabentscheidungsverfahren (auch Vorlageverfahren genannt) „ein **Instrument der Zusammenarbeit** zwischen dem Gerichtshof und den nationalen Gerichten, mit Hilfe dessen ersterer letzteren die Kriterien für die Auslegung des Gemeinschaftsrechts an die Hand gibt, die sie für die Entscheidung der bei ihnen anhängigen Rechtsstreitigkeiten benötigen“.[1038]

361 Zwar eröffnet das Vorabentscheidungsverfahren **„keinen Rechtsbehelf für die Parteien** eines bei einem innerstaatlichen Gericht anhängigen Rechtsstreits“.[1039] Mit Blick auf sein Verwerfungsmonopol hat andererseits der Gerichtshof klargestellt, dass der unionsrechtlich gewährleistete Rechtsschutz „in den Fällen, in denen die verwaltungsmäßige Durch-

[1038] EuGH verb. Rs. 297/88 u. 197/89, *Dzodzi,* Slg. 1990, I-3763 Rn. 33. Zum „Kooperationsverhältnis“ auch GA *Alber,* Schlussanträge in EuGH Rs. C-340/99, *TNT Traco,* Slg. 2001, I-4109 Rn. 34; *Schima,* Das Vorabentscheidungsverfahren vor dem EuGH, 2. Aufl. 2004, S. 5 ff. u. *Hubertus* DVBl. 1994, 674.

[1039] EuGH Rs. 283/81, *C. I. L. F. I. T.,* Slg. 1982, 3415 Rn. 9 = NJW 1983, 1257.

führung einer Gemeinschaftsentscheidung nationalen Behörden obliegt, das Recht der Bürger (umfasst), vor dem nationalen Gericht die Rechtmäßigkeit dieser Entscheidung inzident zu bestreiten und zu beantragen, den Gerichtshof mit Vorlagefragen zur Prüfung der Gültigkeit dieser Entscheidung zu befassen".[1040] In bestimmten Fällen besteht daher ein Anspruch auf Durchführung eines Vorabentscheidungsverfahrens (→ Rn. 378 ff.).[1041] Deshalb darf eine nationale Regelung „nicht die dem vorlegenden Gericht (...) eingeräumte Befugnis einschränken, den Gerichtshof anzurufen, wenn es meint, dass eine bei ihm anhängige Rechtssache Fragen nach der Auslegung gemeinschaftsrechtlicher Bestimmungen aufwirft, die eine Entscheidung des Gerichtshofs erfordern."[1042] Insbesondere es „einem erstinstanzlichen Gericht in dem Fall, dass es nach Aufhebung eines von ihm erlassenen Urteils durch ein höchstrichterliches Gericht ein zweites Mal mit einer Rechtssache befasst ist, unbenommen, den Gerichtshof nach Art. 234 EG anzurufen, auch wenn eine innerstaatliche Rechtsnorm besteht, die die Gerichte an die rechtliche Beurteilung eines übergeordneten Gerichts bindet."[1043]

## II. Zulässigkeit und Inhalt des Vorabentscheidungsverfahrens

### 1. Gegenstand der Vorabentscheidungsfragen

Vorlagen an den EuGH können sowohl die Auslegung wie auch die Gültigkeit des Unionsrechts betreffen. **Auslegungsfragen** können sich auf sämtliche Quellen des EU-Rechts beziehen. Dies umfasst sowohl das Primärrecht einschließlich seiner allgemeinen Rechtsgrundsätze und der Beitrittsverträge, ferner das Sekundärrecht, unverbindliche Empfehlungen und Stellungnahmen[1044] sowie die völkerrechtlichen Abkommen der Union als „integrierenden Bestandteil"[1045] der Unionsrechtsordnung. 362

**Gültigkeitsfragen** betreffen das von den Unionsorganen gesetzte Sekundärrecht, nicht aber die Gültigkeit des nationalen Rechts. Das Vorabentscheidungsverfahren „ermächtigt den Gerichtshof weder, den Vertrag auf einen Einzelfall anzuwenden, noch ... über die Vereinbarkeit einer innerstaatlichen Maßnahme mit dem Vertrag zu entscheiden".[1046] Da der EuGH von den Feststellungen des vorlegenden Gerichts auszugehen hat,[1047] gehört es nicht zu seinen Aufgaben, „im Rahmen eines Vorabentscheidungsersuchens über die **Auslegung nationaler Vorschriften** zu befinden und zu entscheiden, ob deren Auslegung durch das vorlegende Gericht richtig ist".[1048] Wird der EuGH gleichwohl um eine Entscheidung über die Gültigkeit des innerstaatlichen Rechts ersucht, kann er im Wege der Umformulierung der Frage allerdings aus einer „unvollkommen gefassten Frage des staatlichen Gerichts die Fragen herausschälen, welche die Auslegung des Vertrages betreffen".[1049] 363

---

[1040] EuGH Rs. C-6/99, *Greenpeace France,* Slg. 2000, I-1651 Rn. 54 = EuZW 2000, 437 = NVwZ 2001, 61; s. dazu auch *Oexle* NVwZ 2002, 1228 u. *Kamann* NVwZ 2001, 44.

[1041] Eingehend: *Thomy,* Individualrechtschutz durch das Vorabentscheidungsverfahren, S. 46 ff., 102 ff.

[1042] EuGH Rs. C-210/06, *Cartesio,* Slg. 2008, I-9641 Rn. 93.

[1043] EuGH Rs. C-210/06, *Cartesio,* Slg. 2008, I-9641 Rn. 94.

[1044] EuGH Rs. C-188/91, *Deutsche Shell,* Slg. 1993, I-363 Rn. 18.

[1045] EuGH Rs. 181/73, *Haegemann,* Slg. 1974, 449 Rn. 2/6.

[1046] EuGH Rs. 6/64, *Costa/E. N. E. L.,* Slg. 1964, 1251, 1268 = NJW 1964, 2371.

[1047] EuGH Rs. C-475/99, *Ambulanz Glöckner,* Slg. 2001, I-8089 Rn. 10.

[1048] EuGH Rs. C-136/03, *Dörr u. Ünal* = EuGRZ 2005, 319; EuGH Rs. C-58/98, *Corsten,* Slg. 2000, I-7919 Rn. 24; *Borchardt* (Fn. 705), Rn. 493.

[1049] EuGH Rs. 6/64, *Costa/E. N. E. L.,* Slg. 1964, 1251, 1268; EuGH Rs. C-224/01, *Köbler,* Slg. 2003, I-10239 Rn. 60 = NJW 2003, 3539; *Schima* (Fn. 1044), S. 91 f.

**Beispiel:** Ein Landgericht legt dem Gerichtshof die Frage vor, ob das deutsche Soldatengesetz gegen die Gleichberechtigungsrichtlinie verstoße, weil nach diesem Gesetz Frauen grundsätzlich vom Dienst an der Waffe ausgeschlossen sind. Der Gerichtshof hält diese Frage als Auslegungsfrage für zulässig, da das vorlegende Gericht „im wesentlichen" wissen wolle, „ob die Richtlinie der Anwendung nationaler Bestimmungen entgegensteht, die wie die des deutschen Rechts Frauen vom Dienst mit der Waffe ausschließen und ihnen nur den Zugang zum Sanitäts- und Militärmusikdienst erlauben".[1050]

364 Ausnahmsweise kann das Vorabentscheidungsverfahren auch das innerstaatliche Recht betreffen. Dies ist dann der Fall, wenn das Unionsrecht „den fraglichen Sachverhalt nicht unmittelbar regelt, aber der nationale Gesetzgeber bei der Umsetzung der Bestimmungen einer Richtlinie in nationales Recht beschlossen hat, **rein innerstaatliche Sachverhalte** und Sachverhalte, die unter die Richtlinie fallen, gleich zu behandeln".[1051] Sachverhalte, die vom Unionsrecht nicht berührt werden, sind demnach einer Vorabentscheidung zugänglich, wenn das deutsche Recht auf unionsrechtliche Vorschriften Bezug nimmt oder inhaltsgleiche Regelungen treffen wollte (→ Rn. 80).

**Beispiel:** Das Handelsbilanzrecht (§§ 238 ff. HGB) setzt diverse EU-Richtlinien um. Der sog. Maßgeblichkeitsgrundsatz des Steuerrechts (§ 5 Abs. 1 EStG) verweist für die steuerliche Gewinnermittlung maßgeblich auf das Handelsbilanzrecht. Auf Grund dieser Verweisung bejaht der EuGH seine Auslegungsbefugnis auch für § 5 Abs. 1 EStG, obwohl der Maßgeblichkeitsgrundsatz eine unionsrechtlich nicht determinierte Regelung ist.[1052]

365 Die **Unionsgrundrechte** und andere rechtsstaatliche Grundsätze sind beim innerstaatlichen Vollzug des Unionsrechts zu beachten (→ Rn. 279 ff.). Fragen zu deren Tragweite können daher dem Gerichtshof vorgelegt werden, wenn die nationale Rechtsvorschrift in das Unionsrecht um- oder durchsetzt (vgl. Art. 51 Abs. 1 Grundrechte-Charta). In diesem Fall sind dem vorlegenden Gericht „alle Auslegungskriterien an die Hand zu geben, die es benötigt, um die Vereinbarkeit dieser Regelung mit den Grundrechten beurteilen zu können".[1053] Dagegen besitzt der EuGH „diese Zuständigkeit nicht hinsichtlich einer nationalen Regelung, die nicht in den Bereich des Gemeinschaftsrechts fällt".[1054]

**Beispiel:** Ein deutscher Staatsangehöriger ist von einem deutschen Schwurgericht wegen Mordes zu lebenslanger Haft verurteilt worden. Die lebenslange Haftstrafe hält der Verurteilte „als Unionsbürger" für menschenrechtswidrig, außerdem hindere sie ihn an der Ausübung seiner Grundfreiheiten. Die vom Revisionsgericht dem EuGH vorgelegten Fragen zur Auslegung der Unionsgrundrechte wies der Gerichtshof zurück, weil „die rein hypothetische Aussicht" auf die Ausübung des Freizügigkeitsrechts „keinen Bezug zum Gemeinschaftsrecht herstellt, der eng genug wäre, um die Anwendung der Gemeinschaftsbestimmungen zu rechtfertigen".[1055]

## 2. Vorlageberechtigte Gerichte

366 Alle innerstaatlichen **„Gerichte"** sind vorlageberechtigt. Unter einem Gericht versteht der Gerichtshof ein Organ, „das im Rahmen eines Verfahrens zu entscheiden [hat], das auf eine Entscheidung mit Rechtsprechungscharakter abzielt".[1056] Die Abgrenzung zu anderen

---

[1050] EuGH Rs. C-285/98, *Tanja Kreil*, Slg. 2000, I-69 Rn. 10 = EuZW 2000, 209 mit Anm. *Stahn* EuGRZ 2000, 121 u. *Götz* JZ 2000, 413.

[1051] EuGH Rs. C-28/95, *Leur Bloem*, Slg. 1997, I-4161 Rn. 34 = EuZW 1997, 658; EuGH Rs. C-306/99, *BIAO*, Slg. 2003, I-1 Rn. 88 ff. = JZ 2003, 413; ähnlich auch EuGH Rs. C-53/96, *Hermès*, Slg. 1998, I-3603 Rn. 32 f.; *Middeke*, in: Rengeling u. a. (Fn. 69), § 10 Rn. 29.

[1052] Vgl. EuGH Rs. C-306/99, *BIAO*, Slg. 2003, I-1 Rn. 88 ff. = JZ 2003, 413.

[1053] EuGH Rs. C-159/90, *Grogan*, Slg. 1991, I-4685 Rn. 31 = EuZW 1993, 35 = NJW 1993, 776; EuGH Rs. C-260/89, *ERT*, Slg. 1991, I-2925 Rn. 42 = EuZW 1991, 507.

[1054] EuGH Rs. C-159/90, *Grogan*, Slg. 1991, I-4685 Rn. 31. S. a. BVerfGE 104, 214 = NJW 2002, 885 = DVBl. 2002, 192.

[1055] EuGH Rs. C-299/95, *Kremzow*, Slg. 1997, I-2629 Rn. 16 = BayVBl. 1998, 19.

[1056] EuGH Rs. C-111/94, *Job Centre*, Slg. 1995, I-3361 Rn. 9 = EuZW 1996, 47 mit Anm. *Abele* EuZW 1996, 48.

Organen oder Einrichtungen bestimmt der EuGH dabei anhand einer Reihe von Gesichtspunkten, „wie gesetzliche Grundlage der Einrichtung, ständiger Charakter, obligatorische Gerichtsbarkeit, streitiges Verfahren, Anwendung von Rechtsnormen durch diese Einrichtung sowie deren Unabhängigkeit".[1057]

Diesen Kriterien genügt zum Beispiel der „Vergabeüberwachungsausschuss",[1058] nicht aber ein Gericht der freiwilligen Gerichtsbarkeit, dessen Entscheidungen üblicherweise von den Verwaltungsbehörden wahrgenommen werden.[1059] **Private Schiedsgerichte** (vgl. §§ 1025 ff. ZPO) sind ebenfalls nicht vorlageberechtigt, da „die öffentliche Gewalt in die Entscheidung, den Weg der Schiedsgerichtsbarkeit zu wählen, nicht einbezogen ist".[1060] 367

## 3. Entscheidungserheblichkeit

Die Vorlagefrage muss entscheidungserheblich sein. Grundsätzlich ist es **„allein Sache des nationalen Gerichts,** das mit dem Rechtsstreit befasst ist und für die zu erlassende gerichtliche Entscheidung die Verantwortung zu tragen hat, im Hinblick auf die Besonderheiten der Rechtssache sowohl die Erforderlichkeit einer Vorabentscheidung für den Erlass seines Urteils als auch die Erheblichkeit der dem Gerichtshof vorzulegenden Fragen zu beurteilen. Daher ist der Gerichtshof grundsätzlich gehalten, über die ihm vorgelegte Frage zu befinden, wenn diese die Auslegung des Unionsrechts betrifft."[1061] Zulässig sind zum Beispiel Vorlagefragen betreffend die Grundfreiheiten auch dann, wenn der Ausgangssachverhalt keine grenzüberschreitenden Bezüge aufweist, da das innerstaatliche Recht nach den Grundsätzen der Inländerdiskriminierung (→ Rn. 164 ff.) eine Gleichstellung rein interner Sachverhalte mit grenzüberschreitenden Sachverhalten verlangen kann.[1062] 368

Nur in Ausnahmefällen obliegt es dem Gerichtshof, „zur Prüfung seiner eigenen Zuständigkeit die Umstände zu untersuchen, unter denen er von dem innerstaatlichen Gericht angerufen wird".[1063] Ein solcher Ausnahmefall liegt vor, wenn „offensichtlich ist, dass die von einem nationalen Gericht erbetene Auslegung des Unionsrechts in keinem Zusammenhang mit der Realität oder dem Gegenstand des Ausgangsrechtsstreits steht, wenn das **Problem hypothetischer Natur** ist oder wenn der Gerichtshof nicht über die tatsächlichen oder rechtlichen Angaben verfügt, die für eine zweckdienliche Beantwortung der ihm vorgelegten Fragen erforderlich sind".[1064] 369

---

[1057] EuGH Rs. C-195/98, *Österreichischer Gewerkschaftsbund,* Slg. 2000, I-10497 Rn. 24; EuGH verb. Rs. C-110/98 bis C-147/98, *Gabalfrisa u. a.,* Slg. 2000, I-1577 Rn. 33; EuGH Rs. C-393/92, *Almelo,* Slg. 1994, I-1477 Rn. 21 = EuZW 1994, 408 mit Anm. *Rapp-Jung* EuZW 1994, 464.

[1058] EuGH Rs. C-54/96, *Dorsch Consult,* Slg. 1997, I-4961 Rn. 38.

[1059] Vgl. EuGH Rs. C-111/94, *Job Centre,* Slg. 1995, I-3361 Rn. 11; *Ehricke,* in: Streinz (Fn. 83), Art. 267 AEUV Rn. 31.

[1060] EuGH Rs. 102/81, *Nordsee,* Slg. 1982, 1095 Rn. 12 = NJW 1982, 1207 mit Anm. *Hepting* EuR 1982, 315.

[1061] EuGH Rs. C-484/10, *Ascafor,* noch nicht in d. amtl. Slg., Rn. 32; EuGH Rs. C-379/98, *PreussenElektra,* Slg. 2001, I-2099 Rn. 38 = EuZW 2001, 242 = NVwZ 2001, 665; ferner EuGH Rs. 83/78, *Pigs Marketing Board,* Slg. 1978, 2347 Rn. 25 = NJW 1979, 1093; EuGH Rs. C-186/90, *Durighello,* Slg. 1991, I-5773 Rn. 8; EuGH Rs. C-415/93, *Bosman,* Slg. 1995, I-4921 Rn. 59 = JZ 1996, 248.

[1062] EuGH Rs. C-448/98 *Grimont,* Slg. 2000, I-10 663 Rn. 23 = EuZW 2001, 158.

[1063] EuGH Rs. C-472/99, *Clean Car,* Slg. 2001, I-9687 Rn. 14 = EuGRZ 2002, 50 = EuZW 2002, 95.

[1064] EuGH Rs. C-126/10, *Foggia,* noch nicht in d. amtl. Slg., Rn. 26; EuGH Rs. C-291/96, *Grado u. Bashir,* Slg. 1997, I-5531 Rn. 12 = EuGRZ 1997, 566 f. = EuZW 1998, 220; EuGH Rs. C-415/93, *Bosman,* Slg. 1995, I-4921 Rn. 61 = NJW 1996, 505; EuGH Rs. C-472/99, *Clean Car,* Slg. 2001, I-9687 Rn. 14 = EuGRZ 2002, 50 = EuZW 2002, 95; EuGH verb. Rs. C-515/99, 519 bis 524/99 u. 526 bis

**Beispiel:** Das Landgericht Hannover legte dem EuGH einen umfangreichen Fragenkatalog zur Vereinbarkeit der „Lehre von der verdeckten Sacheinlage“ mit einer Richtlinie zur Koordinierung des Unionsrechts vor. Aus den dem Gerichtshof vorgelegten Akten ergab sich jedoch nicht, „ob die Voraussetzungen für die Anwendung dieser Lehre im Ausgangsverfahren erfüllt sind“. Die gestellten Fragen erschienen dem Gerichtshof deshalb wegen ihrer „hypothetischen Natur“ unzulässig.[1065]

## 4. Form und Inhalt der Vorlageentscheidung

370 Rechtsform und **Begründung der Vorlagefragen** richten sich in erster Linie nach den Prozessordnungen des nationalen Rechts.[1066] Dem Gerichtshof ist jedoch eine „sachdienliche Auslegung des Gemeinschaftsrechts“ nur dann möglich, „wenn das nationale Gericht den tatsächlichen und rechtlichen Rahmen der gestellten Fragen umreißt oder zumindest die tatsächlichen Annahmen erläutert, auf denen diese Fragen beruhen“.[1067] Es ist also „unerlässlich, dass das vorlegende Gericht die Gründe darlegt, aus denen es eine Beantwortung seiner Fragen als für die Entscheidung des Rechtsstreits erforderlich ansieht“.[1068] Nur unter dieser Voraussetzung ist es möglich, dass die Mitgliedstaaten und die sonstigen Verfahrensbeteiligten von der ihnen in der EuGH-Satzung eingeräumten Möglichkeit zur Stellungnahme Gebrauch machen.[1069] Als „zweckmäßig“ erachtet es der Gerichtshof, dass „das nationale Gericht vor der Vorlage den Sachverhalt und die ausschließlich nach nationalem Recht zu beurteilenden Fragen klärt“.[1070]

371 In seinen „**Hinweisen zur Vorlage von Vorabentscheidungsersuchen** durch die innerstaatlichen Gerichte“ ersucht der EuGH die Gerichte darum, die Vorlage „so klar und genau wie möglich“ abzufassen.[1071] Die Vorlage sollte „knapp, aber so umfassend begründet werden, dass der Gerichtshof, wie auch die Stellen, denen sie zu übermitteln ist (Mitgliedstaaten, Kommission sowie ggf. Rat und Europäisches Parlament), den tatsächlichen und rechtlichen Rahmen des Ausgangsverfahrens richtig erfassen können“. Die Vorlage soll daher enthalten:

- eine Schilderung des Sachverhalts, dessen Kenntnis für das Verständnis der rechtlichen Bedeutung des Ausgangsverfahrens unerlässlich ist;
- eine Darstellung der eventuell einschlägigen rechtlichen Gesichtspunkte;
- eine Darstellung der Gründe, die das innerstaatliche Gericht zur Vorlage der Frage veranlasst haben;
- ggf. eine Darstellung des Vorbringens der Parteien.

372 Ferner sollen die Akten sowie etwaige für das Verständnis des Rechtsstreits nötige **Unterlagen** vorgelegt sowie die einschlägigen innerstaatlichen Rechtsvorschriften im

540/99, *Reisch u. a.,* Slg. 2002, I-2157 Rn. 25 = EuZW 2002, 249 = NVwZ 2002, 707. Zum Ganzen auch *Schima* (Fn. 1044), S. 75 ff.

[1065] EuGH Rs. C-83/91, *Meilicke,* Slg. 1992, I-4871 Rn. 34 = EuZW 1992, 546.

[1066] EuGH Rs. 13/61, *De Geus,* Slg. 1962, 97, 110; *Schima* (Fn. 1044), S. 85 f.

[1067] EuGH Rs. C-101/96, *Italia Testa,* Slg. 1996, 3081 Rn. 4; EuGH Rs. C-307/95, *Max Mara,* Slg. 1995, I-5083 Rn. 5; EuGH Rs. C-458/93, *Saddik,* Slg. 1995, I-511 Rn. 13.

[1068] EuGH Rs. C-111/01, *Ganter Electronic,* Slg. 2003, I-4207 Rn. 37 = EuZW 2003, 542; ferner EuGH verb. Rs. 98/85, 162/85 u. 258/85, *Bertini u. a.,* Slg. 1986, 1885 Rn. 6; EuGH Rs. C-343/90, *Lourenço Dias,* Slg. 1992, I-4673 Rn. 19.

[1069] EuGH Rs. C-116/00, *Claude Laguillaumie,* Slg. 2000, I-4979 Rn. 14; EuGH Rs. C-422/98, *Colonia Versicherung,* Slg. 1999, I-1279 Rn. 5; *Borchardt,* in: Lenz/Borchardt (Fn. 26), Art. 267 AEUV Rn. 31.

[1070] EuGH Rs. C-111/01, *Ganter Electronic,* Slg. 2003, I-4207 Rn. 37 = EuZW 2003, 542; EuGH verb. Rs. 36/80 u. 71/80, *Irish Creamery Milk Suppliers Association u. a.,* Slg. 1981, 735 Rn. 6 = NJW 1981, 1890.

[1071] Gerichtshof der Europäischen Union, Hinweise zur Vorlage von Vorabentscheidungsersuchen durch die innerstaatlichen Gerichte: Abrufbar unter http://eur-lex.europa.eu/LexUriServ/LexUriServ.do?uri=OJ:C:2011:160:0001:0005:DE:PDF.

Wortlaut mitgeteilt werden. Anders als der Vorlagebeschluss werden diese Akten und die zusätzlichen Unterlagen jedoch nicht in die Amtssprachen der Mitgliedstaaten bzw. in die Arbeitssprache des Gerichtshofes übersetzt.

Das Recht zur Vorlage hängt nicht vom prozessualen Stadium oder der Verfahrensart 373
des Ausgangsrechtsstreits ab. Deshalb sind die Gerichte zum Beispiel auch, sofern sie den vorgenannten Anforderungen Rechnung tragen, im Prozesskostenhilfeverfahren oder im Verfahren des vorläufigen Rechtsschutzes zur Vorlage berechtigt.[1072] Allerdings sollte die Vorlage „erst in einem **Stadium des innerstaatlichen Verfahrens** ergehen, in dem das Gericht in der Lage ist, den tatsächlichen und rechtlichen Rahmen des Problems, und sei es auch nur hypothetisch, zu bestimmen und darzulegen".[1073]

Die **Unzulässigkeit der Ausgangsklage** berührt nicht die Zulässigkeit des Vorabent- 374
scheidungsverfahrens. Es ist nicht Sache des Gerichtshofes, zu prüfen, „ob die Vorlageentscheidung den nationalen Vorschriften über die Gerichtsorganisation und das gerichtliche Verfahren entspricht".[1074] Nur wenn das innerstaatliche Verfahren auf Grund verfahrensbeendender Erklärungen eingestellt ist oder sich die Ausgangsklage bereits erledigt hat, besteht für den EuGH „kein Anlass, die Vorabentscheidungsfrage zu beantworten".[1075]

Hält das innerstaatliche Gericht eine Vorlage für erforderlich, wird das Verfahren in 375
analoger Anwendung des § 94 VwGO bzw. § 148 ZPO ausgesetzt. Ebenso kommt eine analoge Anwendung der **innerstaatlichen Aussetzungsvorschriften** in Betracht, wenn das Gericht nicht selbst/erneut vorlegen will, sondern die Beantwortung in einem parallelen Vorabentscheidungs-[1076] oder Vertragsverletzungsverfahren[1077] abgewartet werden soll. Dabei ist umstritten, ob mit Blick auf das rechtliche Gehör (Art. 103 Abs. 1 GG) eine vorherige **Anhörung** der Beteiligten erforderlich ist.[1078]

Die Vorlagefragen sowie die relevanten Akten sind **per Einschreiben** unmittelbar dem 376
Gerichtshof **zu übermitteln** (Kanzlei des Gerichtshofes der Europäischen Union, L-2925 Luxemburg). Bis zur Verkündung des Urteils bleibt die Kanzlei des Gerichtshofes in Verbindung mit dem innerstaatlichen Gericht und übermittelt ihm in Kopie die anfallenden Verfahrensschriftstücke (z. B. schriftliche Erklärungen der Parteien; Sitzungsbericht und Schlussanträge des Generalanwalts). Im Sinne des angestrebten Kooperationsverhältnisses begrüßt es der Gerichtshof, wenn ihn das innerstaatliche Gericht „im weiteren darüber informiert, wie es die Vorabentscheidung im Ausgangsverfahren berücksichtigt hat, und wenn es ihm gegebenenfalls seine Endentscheidung zusendet".[1079]

---

[1072] Vgl. EuGH Rs. C-77/95, *Züchner/Handelskrankenkasse Bremen,* Slg. 1996, I-5689 Rn. 2; Rs. 107/76, *Hoffmann-La Roche/Centrafarm,* Slg. 1977, 957 Rn. 4 = NJW 1977, 1585; EuGH verb. Rs. 35 u. 36/82, *Morson u. a.,* Slg. 1982, 3723 Rn. 6 ff. = DVBl. 1983, 744 = NJW 1983, 2751; *Ehricke,* in: Streinz (Fn. 83), Art. 267 AEUV Rn. 38 f.

[1073] Gerichtshof der EU (Fn. 1066).

[1074] EuGH Rs. C-143/99, *Adria-Wien Pipeline,* Slg. 2001, I-8365 Rn. 19 = DVBl. 2002, 186 = NVwZ 2002, 842 mit Anm. *Sutter* EuZW 2002, 215. S. a. EuGH Rs. 65/81, *Reina,* Slg. 1982, 33 Rn. 7 = DVBl. 1982, 254; EuGH Rs. C-10/92, *Balocchi,* Slg. 1993, I-5105 Rn. 16; EuGH Rs. C-39/94, *SFEI u. a.,* Slg. 1996, I-3547 Rn. 24 = EuZW 1996, 564.

[1075] EuGH Rs. C-314/96, *Ourdia Djabali,* Slg. 1998, I-1149 Rn. 22; vgl. auch EuGH Rs. 338/85, *Pardini,* Slg. 1988, 2041 Rn. 11 = DVBl. 1989, 608; EuGH verb. Rs. C-422 bis C-424/93, *Teresa Zabala Erasun,* Slg. 1995, I-1567 Rn. 30 = EuZW 1995, 619 = NJW 1996, 447; Rs. C-291/96, *Grado u. Bashir,* Slg. 1997, I-5531 Rn. 12 = EuGRZ 1997, 566 = EuZW 1998, 220.

[1076] Vgl. etwa LG Bonn EuZW 1996, 159, 160; VGH Mannheim NVwZ-RR 2002, 236.

[1077] BVerwGE 112, 166 = NVwZ 2001, 319; *Middeke,* in: Rengeling (Fn. 69), § 10 Rn. 72.

[1078] Bejahend: *Hüßtege,* in: Beck'sches Richterhandbuch, 1999, Kap. I, Rn. 13; *Middeke,* in: Rengeling (Fn. 69), § 10 Rn. 72; s. a. *Schima* (Fn. 1033), S. 95 ff.

[1079] Gerichtshof der EU (Fn. 1066).

377 Art. 267 AEUV schließt nicht aus, dass gegen Entscheidungen, mit denen ein nationales Gericht den Gerichtshof um eine Vorabentscheidung ersucht, „die normalen Rechtsmittel des innerstaatlichen Rechts gegeben sind".[1080] Der Gerichtshof ist an eine Vorlageentscheidung folglich nur gebunden, soweit diese nicht „auf Grund eines im nationalen Recht eventuell vorgesehenen Rechtsbehelfs aufgehoben worden ist".[1081] Nach deutschem Verfahrensrecht kommt als **Rechtsmittel gegen ein Vorabentscheidungsverfahren** die Beschwerde gegen den gerichtlichen Aussetzungsbeschluss in Betracht.[1082] Ein solcher Aussetzungsbeschluss ist in der Beschwerdeinstanz unter anderem dann aufzuheben, „wenn das Ausgangsgericht auf Grund einer offensichtlich grob fehlerhaften materiell-rechtlichen Beurteilung des Streitstoffs zur Annahme der Vorgreiflichkeit gelangt ist. Gleiches hat für den Fall zu gelten, dass das Ausgangsgericht seine Überzeugung erkennbar fehlerhaft nicht aus dem Gesamtergebnis des Verfahrens gewonnen hat oder ein Aufklärungsmangel vorliegt".[1083]

## III. Vorlagepflicht

### 1. Vorlagepflicht letztinstanzlicher Gerichte

378 Ein **letztinstanzliches Gericht,** d. h. ein Gericht, „dessen Entscheidungen selbst nicht mehr mit Rechtsmitteln des innerstaatlichen Rechts angefochten werden können" ist zur Vorlage an den EuGH **verpflichtet** (Art. 267 Abs. 3 AEUV). Diese Verpflichtung soll insbesondere verhindern, „dass sich in einem Mitgliedstaat eine nationale Rechtsprechung herausbildet, die nicht mit den Vorschriften des Gemeinschaftsrechts in Einklang steht".[1084]

379 Im Sinne einer **„konkreten Betrachtungsweise"** sind zur Vorlage verpflichtet sowohl „alle obersten Gerichte" als auch „alle Gerichte, deren Entscheidungen nicht mehr mit Rechtsmitteln angegriffen werden können".[1085] Der Umstand, dass eine solche Anfechtung „nur nach vorheriger Zulassungserklärung durch das oberste Gericht in der Sache geprüft werden kann, führt nicht dazu, dass den Parteien das Rechtsmittel entzogen wird".[1086] Es kommt demnach darauf an, ob ein ordentlicher Rechtsbehelf gegen die angegriffene Entscheidung zu Gebote steht; hierzu zählen auch die Beschwerde gegen die Nichtzulassung von Berufung und Revision,[1087] nicht aber die Verfassungsbeschwerde und andere Wieder-

---

[1080] EuGH Rs. 146/73, *Rheinmühlen,* Slg. 1974, 139 Rn. 3.

[1081] EuGH Rs. 65/81, *Reina,* Slg. 1982, 33 Rn. 7 = DVBl. 1982, 254; ebenso EuGH Rs. 127/73, *BRT,* Slg. 1974, 51 Rn. 7/9 = EuR 1974, 345.

[1082] Vgl. *Pfeiffer* NJW 1994, 1996, 1997; *Schima* (Fn. 1033), S. 52 f.; *Kenntner,* in: Bergmann/Kenntner (Fn. 273), S. 63, 85 f.; *Middeke,* in: Rengeling (Fn. 69), § 10 Rn. 79–81.

[1083] VGH Mannheim InfAuslR 2000, 168, Ls. 2; ebenso *Middeke,* in: Rengeling (Fn. 69), § 10 Rn. 79.

[1084] EuGH Rs. C-337/95, *Parfums Christian Dior,* Slg. 1997, I-6013 Rn. 25 = EuZW 1998, 22 = EWS 1998, 25; EuGH Rs. C-99/00, *Lyckerskog,* Slg. 2002, I-4839 Rn. 14 = EuZW 2002, 476; EuGH Rs. 107/76, *Hoffmann-La Roche/Centrafarm,* Slg. 1977, 957 Rn. 5 = NJW 1977, 1585; EuGH Rs. C-461/03, *Gaston Schul Douane-expediteur,* Slg. 2005, I-10513 Rn. 15 ff.

[1085] EuGH Rs. C-99/00, *Lyckerskog,* Slg. 2002, I-4839, Rn. 15 = EuZW 2002, 476. Für eine „konkrete Betrachtung" auch *Gaitanides,* in: v. d. Groeben/Schwarze (Fn. 15), Art. 234 EGV Rn. 63; *Schwarze,* in: ders. (Fn. 15), Art. 234 EGV Rn. 41; *Middeke,* in: Rengeling (Fn. 69), § 10 Rn. 57 f.; *Hofstötter* ELR 2002, 249, 252.

[1086] EuGH Rs. C-99/00, *Lyckerskog,* Slg. 2002, I-4839 Rn. 16.; vgl. ferner EuGH Rs. C-210/06, *Cartesio,* Slg. 2008, I-9641 Rn. 75 ff.

[1087] BVerwG NVwZ-RR 1998, 752, 754; BVerwG NVwZ 1993, 770 = EuZW 1993, 263; BVerwG NJW 1987, 1134; OVG Münster NVwZ-RR 2003, 616; OVG Münster NVwZ 2000, 1069; Bayer. LSG Urt. v. 12.2.2003, Az. L 12 KA 44/01 = GesR 2003, 316, 317; s. a. *Mutke* DVBl. 1987, 403, 404 f.

aufnahmeersuchen.[1088] Unabhängig davon, ob das Oberverwaltungsgericht die Revision zulässt, ist es folglich zu einer Vorlage nicht verpflichtet.[1089]

**Beispiel:** Ein Hundehalter klagt gegen eine Hundesteuersatzung, nach der seine aus Irland importierten Kampfhunde einer erhöhten Besteuerung unterliegen. Darin liege eine versteckte steuerliche Diskriminierung. Ohne die Revision zuzulassen, wies die Berufungsinstanz diesen Verstoß zurück, weil das Unionsrecht es den Mitgliedstaaten nicht verbiete, „für bestimmte Arten von Erzeugnissen differenzierende Steuerregelungen zu schaffen, wenn dies legitimen wirtschaftlichen oder sozialen Zwecken dient".[1090] Dass das Berufungsgericht, „obwohl es Gemeinschaftsrecht auszulegen hatte, sowohl von der Einholung einer Vorabentscheidung des Europäischen Gerichtshofs als auch von der Zulassung der Revision abgesehen hat", begründet nach Auffassung des Revisionsgerichts keinen Verfahrensmangel.[1091]

Nicht jede Frage über die Auslegung des Unionsrechts verpflichtet die letztinstanzlichen Gerichte zur Vorlage an den EuGH. Eine erste **Ausnahme** von der Vorlagepflicht ist anerkannt, „wenn die gestellte Frage tatsächlich bereits in einem **gleichgelagerten Fall** Gegenstand einer Vorabentscheidung gewesen ist".[1092] Eine zweite Ausnahme von der Vorlagepflicht ist vorgesehen, „wenn bereits eine **gesicherte Rechtsprechung** des Gerichtshofes vorliegt, durch die die betreffende Rechtsfrage gelöst ist".[1093] Die deutschen Gerichte machen von dieser Ausnahme dankbaren Gebrauch.[1094] So soll eine Vorlagepflicht „auch bei divergierender Auslegung von EG-Recht durch Oberlandesgerichte" jedenfalls dann nicht bestehen, „wenn der Europäische Gerichtshof die Rechtsfrage bereits entschieden hat, auch wenn die in den entschiedenen Verfahren strittigen Fragen nicht vollkommen identisch sind".[1095] 380

In Anlehnung an die sog. **„Acte-Clair-Doktrin"** des französischen Conseil d'État lässt der Gerichtshof eine dritte Ausnahme dann zu, wenn die richtige Anwendung des Unionsrechts „derart offenkundig [ist], dass keinerlei Raum für einen vernünftigen Zweifel an der Entscheidung der gestellten Frage bleibt".[1096] Von dieser **Offenkundigkeit** ist jedoch nur dann auszugehen, wenn das Gericht davon überzeugt ist, „dass auch für die Gerichte der übrigen Mitgliedstaaten und den Gerichtshof die gleiche Gewissheit bestünde".[1097] Dies wiederum ist „unter Berücksichtigung der Eigenheiten des Gemeinschaftsrechts und der besonderen Schwierigkeiten seiner Auslegung zu beurteilen".[1098] Obwohl die Auslegung des Rechts der Union keineswegs immer „offenkundig" ist, machen die letztinstanzlichen Gerichte in Deutschland von dieser „Acte-Clair-Doktrin" sehr häufig Gebrauch.[1099] 381

Eine vierte Ausnahme von der Vorlagepflicht ist für **Verfahren des vorläufigen Rechtsschutzes** anerkannt. In „summarischen und eilbedürftigen Verfahren, ... welche die Gewährung vorläufigen Rechtsschutzes zum Gegenstand haben", können letztinstanzliche Gerichte von einer Vorlage absehen.[1100] Voraussetzung ist allerdings, dass „in einem 382

---

[1088] *Schwarze,* in: ders. (Fn. 15), Art. 234 EGV Rn. 41.

[1089] Vgl. BFH Beschl. v. 5.5.2004, Az. XI B 107/03; BFH BFH/NV 2004, 68; BSG Beschl. v. 25.8.2004, Az. B 10 KG 3/03 B. A. A. offenbar VG Göttingen LRE 35, 214.

[1090] OVG Münster NVwZ 2005, 606.

[1091] BVerwG NVwZ 2005, 598.

[1092] EuGH verb. Rs. 28 bis 30/62, *Da Costa,* Slg. 1963, 63, 81 = JZ 1964, 226.

[1093] EuGH Rs. 283/81, *C. I. L. F. I. T.,* Slg. 1982, 3415 Rn. 14 = NJW 1983, 1257.

[1094] Vgl. nur BFHE 189, 223; BVerwG NJW 1988, 2195; KG Berlin wistra 2002, 193.

[1095] BayOLGSt 1989, 108, Ls. 1.

[1096] EuGH Rs. 283/81, *C. I. L. F. I. T.,* Slg. 1982, 3415 Rn. 15 = NJW 1983, 1257 mit Anm. *Millarg* EuR 1983, 163.

[1097] EuGH Rs. 283/81, *C. I. L. F. I. T.,* Slg. 1982, 3415 Rn. 16.

[1098] EuGH Rs. 283/81, *C. I. L. F. I. T.,* Slg. 1982, 3415 Rn. 17. Zur autonomen Auslegung des Gemeinschaftsrechts s. o. Rn. 104 ff.

[1099] Vgl. etwa BGH NJW 1990, 982; BVerwGE 78, 192; BVerwG NJW 1996, 2945.

[1100] EuGH Rs. 107/76, *Hoffmann-La Roche/Centrafarm,* Slg. 1977, 958 Rn. 5 = NJW 1977, 1585; EuGH verb. Rs. 35 u. 36/82, *Morson u. a.*, Slg. 1982, 3723 Rn. 8 f. = NJW 1983, 2751.

ordentlichen Verfahren zur Hauptsache eine erneute Prüfung jeder im summarischen Verfahren nur vorläufig entschiedenen Rechtsfrage möglich ist, gleichgültig, ob dieses Verfahren unter allen Umständen oder nur auf Betreiben der unterlegenen Partei eingeleitet werden muss".[1101] Als ein ordentliches Verfahren der Hauptsache ist auch ein Verfahren „vor den Gerichten eines anderen Gerichtszweigs" anzusehen.[1102] Die Vorlagepflicht entfällt allerdings auch im Verfahren des vorläufigen Rechtsschutzes dann **nicht,** wenn nicht die Auslegung, sondern die **Gültigkeit** eines Unionsrechtsaktes in Rede steht (→ Rn. 341 ff.). Hier darf ein nationales Gericht zwar bei „erheblichen Zweifeln an der Gültigkeit" einen Unionsrechtsakt einstweilen außer Anwendung lassen.[1103] Gleichzeitig muss aber in demselben Eilverfahren – und nicht erst im Verfahren der Hauptsache – „die Frage dieser Gültigkeit, sofern der Gerichtshof mit ihr noch nicht befasst ist, diesem selbst vorgelegt"[1104] werden.

## 2. Vorlagepflicht der Instanzgerichte

**383** Andere als letztinstanzliche Gerichte „können" bei Zweifeln über die Auslegung von Unionsrecht vorlegen (Art. 267 Abs. 2 AEUV). Während die deutsche Finanzgerichtsbarkeit diese Befugnis als frei und deshalb nicht überprüfbar erachtet,[1105] haben die Instanzgerichte nach Auffassung des BVerwG und des Bundessozialgerichts eine **Ermessensentscheidung** zu treffen, die daraufhin überprüft werden kann, ob Ermessensfehler oder eine Ermessensreduzierung auf Null vorliegen.[1106]

**384** Eine solche Ermessensreduzierung auf Null liegt vor, wenn die Zweifel des Gerichts die **Gültigkeit** eines Unionsrechtsakts betreffen. In diesem Fall besteht eine Vorlagepflicht unabhängig vom Instanzenzug. Denn das Verwerfungsmonopol des Gerichtshofes (→ Rn. 21 und 93) verlangt, „dass die Befugnis zur Feststellung der Ungültigkeit dieser Handlung, wenn sie vor einem nationalen Gericht geltend gemacht wird, ebenfalls dem Gerichtshof vorbehalten bleibt".[1107] Diese Vorlagepflicht hinsichtlich der Gültigkeit eines Unionsrechtsaktes besteht, wie ausgeführt, auch im Verfahren des vorläufigen Rechtsschutzes.[1108]

**385** Stellt sich im Hauptsacheverfahren eine **Auslegungsfrage,** so kommt eine Ermessensreduzierung in Betracht, wenn im vorangegangenen Eilverfahren allein aus Gründen der Dringlichkeit von einer Vorlage abgesehen wurde oder wenn das Instanzgericht von einer Prüfung anhand des GG wegen der vermeintlich zwingenden EU-Vorgaben absehen will.[1109] Von einer Ermessensreduzierung des unterinstanzlichen Gerichts dürfte ferner dann auszugehen sein, wenn die letzte Instanz bereits – z. B. in Parallelverfahren – zu erkennen gegeben hat, dass sie ihrer Vorlagepflicht unter Verletzung des Willkürverbotes nicht nachkommen wird.

---

[1101] EuGH Rs. 107/76, *Hoffmann-La Roche/Centrafarm,* Slg. 1977, 958 Rn. 5; *Schima* (Fn. 1044), S. 63 f.

[1102] EuGH verb. Rs. 35 u. 36/82, *Morson u. a.,* Slg. 1982, 3723 Rn. 10 = NJW 1983, 2751.

[1103] EuGH Rs. C-143/88 u. C-92/89, *Zuckerfabrik Süderdithmarschen,* Slg. 1991, I-415 Rn. 33.

[1104] EuGH Rs. C-143/88 u. C-92/89, *Zuckerfabrik Süderdithmarschen,* Slg. 1991, I-415 Rn. 33.

[1105] BFHE 180, 231.

[1106] BVerwG NVwZ 1993, 770; BSG DBlR 3719a; BSG Beschl. v. 25.8.2004, Az. B 10 KG 3/03 B.

[1107] EuGH Rs. 314/85, *Foto-Frost,* Slg. 1987, 4199 Rn. 17 = NJW 1988, 1451; s. a. EuGH Rs. C-344/04, *International Air Transport Assocation,* Slg. 2006, I-403 Rn. 31 f.

[1108] S. o. Rn. 322 ff.

[1109] EuGH Rs. 107/76, *Hoffmann-La Roche/Centrafarm,* Slg. 1977, 958 Rn. 5 = NJW 1977, 1585; *Schima* (Fn. 1033), S. 64 f.; BVerfG NJW 2012, 45, 47: „Auch Instanzgerichte sind … zu einer Klärung unionsrechtlicher Fragen durch eine Vorabentscheidung verpflichtet, wenn unklar ist, … inwieweit das Unionsrecht einen Umsetzungsspielraum … sofern Anlass zur Vorlage des nationalen Umsetzungsrechts … nach Art. 100 Abs. 1 GG besteht".

## 3. Durchsetzung der Vorlagepflicht

Der Europäische Gerichtshof ist gesetzlicher Richter im Sinne von Art. 101 Abs. 1 Satz 2 GG. Verletzt ein Gericht seine Vorlagepflicht an den EuGH, so entzieht es dem Grundrechtsberechtigten seinen gesetzlichen Richter. Eine hiergegen erhobene **Verfassungsbeschwerde** zum BVerfG oder eine Menschenrechtsbeschwerde zum EGMR ist jedoch nur begründet, wenn die Verletzung der Vorlagepflicht auf **Willkür** beruht, d. h. „in offensichtlich unhaltbarer Weise gehandhabt worden ist".[1110] 386

Das Absehen von einer EuGH-Vorlage in Fällen, in denen zu einer entscheidungserheblichen Frage des Unionsrechts Rechtsprechung des Europäischen Gerichtshofs noch nicht vorliegt, stellt folglich „nur dann einen Verstoß gegen Art. 101 Abs. 1 Satz 2 GG dar, wenn das letztinstanzliche Hauptsachegericht den ihm in solchen Fällen zukommenden Beurteilungsrahmen in unvertretbarer Weise überschritten hat".[1111] Zur Frage, wann die Vorlagepflicht willkürlich verletzt worden ist, hat das Bundesverfassungsgericht **Fallgruppen** entwickelt.[1112] Danach wird die Vorlagepflicht „insbesondere in solchen Fällen unhaltbar gehandhabt, in denen ein letztinstanzliches Gericht seine Vorlageverpflichtung grundsätzlich verkennt"[1113] oder von der einschlägigen EuGH-Rechtsprechung bewusst abweicht.[1114] Gleiches gilt, „wenn zu einer entscheidungserheblichen Frage des Unionsrechts einschlägige Rechtsprechung des Europäischen Gerichtshofs noch nicht vorliegt oder wenn eine vorliegende Rechtsprechung die entscheidungserhebliche Frage möglicherweise noch nicht erschöpfend beantwortet hat".[1115] Auch wenn eine Fortentwicklung der EuGH-Rechtsprechung „nicht nur als entfernte Möglichkeit" erscheint, kommt eine Verletzung von Art. 101 Abs. 1 Satz 2 GG in Betracht. In den zuletzt genannten Fällen muss allerdings jeweils hinzukommen, dass das letztinstanzliche Gericht „den ihm in solchen Fällen notwendig zukommenden Beurteilungsspielraum in unvertretbarer Weise überschritten hat. Dies kann insbesondere dann der Fall sein, wenn mögliche Gegenauffassungen zu der entscheidungserheblichen Frage des Gemeinschaftsrechts gegenüber der vom Gericht vertretenen Meinung eindeutig vorzuziehen sind."[1116] Hieraus entsteht erheblicher Begründungsaufwand für letztinstanzliche Gerichte, die eine unionsrechtlich relevante Frage ohne Vorlage an den EuGH „durchentscheiden" wollen.[1117] 387

**Beispiel:** Das BVerwG hat die inhaltlichen Widersprüche zwischen der Richtlinie zur Gleichbehandlung einerseits sowie der Richtlinie zur Ausbildung zur Allgemeinmedizin andererseits nach den Grundsätzen der Priorität und der Spezialität gelöst, ohne sich zu vergewissern, ob diese Auslegungsgrundsätze vom EuGH anerkannt sind. Dies, so das BVerfG, sei eine „offensichtlich unhaltbare" Handhabung der Vorlagepflicht, da das BVerwG „die von ihm selbst erkannte und aufgeworfene Problematik der Richtlinienkollision in einer im europäischen Rechtsraum nicht vertretbaren Weise,

---

[1110] BVerfG NJW 2012, 598, 599; BVerfG NJW 2011, 288; BVerfG EuGRZ 2010, 247, 249; BVerfG NJW 2010, 3422, 3427 f.; BVerfGE 82, 159, 195 = NVwZ 1991, 53; vgl. instruktiv zur jüngeren Rspr. des BVerfG *Britz* NJW 2012, 1313; *Bäcker* NJW 2011, 270; s. a. BVerfG NJW 2008, 209, 212 m. Anm. *Fastenrath* NJW 2009, 272; BVerfG EuZW 2008, 679; BFH EuZW 2007, 551; ähnlich zu Art. 6 EMRK: EGMR v. 20.9.2011, Rs. 3989/07 und 38353/07, *Ullens de Schooten und Rezabek*, dazu *Schilling* EuGRZ 2012, 133, 136 ff.; EGMR v. 13.6.2002, Rs. 43454/98, *Bakker/Österreich*, dazu *Breuer* BayVBl. 2003, 586, 588. Vgl. auch *Haensle* DVBl. 2011, 811.

[1111] BVerfG NVwZ 1999, 293.

[1112] BVerfG NJW 2012, 598, 599; BVerfG EuGRZ 2010, 247, 249; BVerfG NJW 2008, 209, 211 ff.; dazu etwa *Bergmann* EuGRZ 2004, 620; *Sensburg* NJW 2001, 1259; *Füßer* DVBl. 2001, 1574; kritisch *Roth* NVwZ 2009, 345.

[1113] BVerfG NJW 2001, 1267 = EuGRZ 2001, 150 = EuZW 2001, 255 mit Anm. *Voßkuhle* JZ 2001, 924; *Füßer* DVBl. 2001, 1574; *Nowak* NVwZ 2002, 688.

[1114] BVerfGE 75, 223.

[1115] BVerfG NJW 2001, 1267; BVerfG NVwZ 1999, 293.

[1116] BVerfG NJW 2001, 1267.

[1117] Vgl. BVerfG JZ 2007, 87 m. Anm. *Paefgen* JZ 2007, 88; *Nowak* NVwZ 2002, 688, 689.

nämlich allein nach nationalen Maßstäben ohne jede Auseinandersetzung mit der europäischen Judikatur, beantwortet" habe.[1118]

388 Neben der Verfassungsbeschwerde kommen **Staatshaftungsansprüche** wegen Verletzung der Vorlagepflicht in Betracht.[1119] Nach der EuGH-Rechtsprechung kann ein Unionsbürger unter bestimmten Voraussetzungen auch dann Staatshaftungsansprüche geltend machen, „wenn seine Rechte durch einen Verstoß gegen das Gemeinschaftsrecht verletzt werden, der einer Entscheidung eines letztinstanzlichen Gerichts eines Mitgliedstaats zuzurechnen ist".[1120] Die bloße Verletzung der Vorlagepflicht genügt dabei allerdings nicht, da Art. 267 AEUV gerade kein Recht der Parteien vorsieht, eine Vorlage zu erzwingen und daher für sich genommen keine individuellen Rechte vermittelt. Jedoch ist mit der Verletzung der Vorlagepflicht in aller Regel die Verletzung einer materiellen unionsrechtlichen Norm verbunden, die dann zum Anknüpfungspunkt des Staatshaftungsanspruchs gemacht werden kann.[1121]

389 Wegen Verletzung der Vorlagepflicht kann schließlich eine **Beschwerde bei der EU-Kommission** mit dem Ziel eingereicht werden, dass diese ein Vertragsverletzungsverfahren gegen die Bundesrepublik einleitet (→ Rn. 415). Aus Respekt vor der richterlichen Unabhängigkeit hat sich die EU-Kommission in der Vergangenheit allerdings kaum bereit gefunden, wegen Verletzung der Vorlagepflicht ein Vertragsverletzungsverfahren gegen einzelne Mitgliedstaaten einzuleiten.[1122]

## IV. Verfahren vor dem Gerichtshof der Europäischen Union

390 Über den Eingang eines Vorlageersuchens unterrichtet eine kurze Mitteilung im Amtsblatt der EU (Teil C). Der Vorlagebeschluss wird sodann den Parteien des Ausgangsverfahrens sowie den Regierungen sämtlicher EU-Staaten und der EU-Kommission zur **Abgabe einer Stellungnahme** zugestellt. Federführend für die Stellungnahmen der deutschen Bundesregierung ist gegenwärtig das Bundeswirtschaftsministerium. Andere EU-Organe wie der Rat oder das Parlament können beteiligt werden, sofern es um deren Rechtshandlungen geht. Normalerweise geben nur die unmittelbar am Ausgang des Rechtsstreits interessierten Regierungen sowie der Juristische Dienst der EU-Kommission eine Stellungnahme ab.

### 1. Schriftliches Verfahren

391 Nach Zustellung des Vorabentscheidungsersuchens können die Beteiligten binnen einer nicht verlängerbaren Frist von **zwei Monaten zzgl. einer pauschalen „Entfernungsfrist" von zehn Tagen** schriftsätzlich Stellung nehmen (Art. 20 Abs. 2 EuGH-Satzung). Diese Stellungnahmen werden vom Übersetzungsdienst des EuGH in die Arbeitssprache des Berichterstatters (meist französisch) übersetzt. Sie sind entscheidend für den Ausgang vieler Verfahren, da auf ihrer Grundlage das Votum des Berichterstatters erstellt wird. Die Erarbeitung der schriftlichen Stellungnahme erfordert Sorgfalt und Erfahrung.

392 Für den deutschen Juristen zeichnet sich das schriftliche Verfahren vor dem EuGH zunächst durch eine ungewöhnliche **Formstrenge** aus. Satzung, Verfahrensordnung, die Dienstanweisungen der Kanzlei des Gerichtshofes sowie die vom Gerichtshof veröffent-

[1118] BVerfG NJW 2001, 1267.

[1119] *Beul* EuZW 1996, 748; *Schima* (Fn. 1033), S. 70 f.; *Öhlinger/Potacs* (Fn. 42), S. 168 f.

[1120] EuGH Rs. C-224/01, *Köbler*, Slg. 2003, I-10 239 Rn. 33 = DVBl. 2003, 1516 = NJW 2003, 3539. S. dazu u. Rn. 421 ff.

[1121] S. hierzu *Wegener* EuR 2004, 89.

[1122] Vgl. *Schima* (Fn. 1033), S. 67; *Karpenstein*, in: G/H/N (Fn. 26), Stand: 2011, Art. 258 AEUV Rn. 70.

lichten „Praktischen Anweisungen“ und „Hinweise für Prozessvertreter“ sind strikt zu beachten. Schriftsätze und andere Stellungnahmen, die weder von der Satzung und der Verfahrensordnung noch von der Kanzlei des Gerichtshofes ausdrücklich zugelassen sind, werden regelmäßig nicht zu den Akten genommen.

**Zweck der schriftlichen Stellungnahme** ist es, dem Gerichtshof Antworten auf die 393
gestellten Vorlagefragen vorzuschlagen und diese „knapp aber vollständig“ zu begründen.[1123] Der EuGH legt schon wegen des Übersetzungserfordernisses Wert auf eine „gedrängte, klare und genau formulierte“ Stellungnahme, bei der „Wiederholungen strikt zu vermeiden“ sind.[1124] Ist der Sinn eines Textes schon in der Originalsprache doppeldeutig, so werden diese Unklarheiten in der Übersetzung noch verstärkt. Eine Möglichkeit, auf die (den anderen Beteiligten erst nach ihrer Übersetzung zugestellten) schriftlichen Erklärungen der anderen Parteien zu reagieren, besteht nicht. Deshalb sollten die voraussichtlichen Gegenargumente der anderen Beteiligten bereits vorweggenommen werden.

In **formaler Hinsicht** sind die Absätze des Schriftsatzes mit durchlaufenden Randnum- 394
mern und die einzelnen Abschnitte mit aussagekräftigen Überschriften zu versehen. Die an die Kanzlei des Gerichtshofes gerichtete und mit einem Rubrum zu versehende Stellungnahme verlangt – soweit nicht schon durch das vorlegende Gericht geschehen – zunächst eine kurze Darstellung des relevanten Sachverhaltes und der einschlägigen Vorschriften des nationalen Rechts. Die sodann folgenden Rechtsausführungen müssen in erster Linie unionsrechtlicher Natur sein und sollten daher mit Fundstellennachweisen zur Rechtsprechung des Gerichtshofes oder die Schlussanträge des Generalanwaltes versehen sein. Abschließend folgen die Vorschläge für die Antworten des Gerichtshofes.

Nach Art. 37 der Verfahrensordnung des Gerichtshofes sind mit der Stellungnahme 395
**Urkunden** einzureichen, auf die sich ein Beteiligter beruft. Diese Urkunden werden nicht automatisch, sondern nur auf ausdrückliche Anweisung des Berichterstatters übersetzt. Urkunden, die außerhalb der Verfahrensfristen – auch in der mündlichen Verhandlung – überreicht werden, werden nur berücksichtigt, sofern außergewöhnliche Umstände vorliegen und die übrigen Beteiligten zustimmen. Bei längeren Urkunden sollten nur die relevanten Auszüge beigefügt und eine vollständige Kopie bei der Kanzlei des Gerichtshofes hinterlegt werden. Der Gerichtshof teilt den übrigen Beteiligten mit, ob Urkunden bei der Kanzlei eingesehen werden können.

## 2. Die mündliche Verhandlung

Von der Durchführung einer mündlichen Verhandlung kann ausnahmsweise abgesehen 396
werden, wenn keiner der Beteiligten beantragt hat, gehört zu werden oder sich der EuGH „für ausreichend unterrichtet hält“ (vgl. Art. 76 VerfO-EuGH). Ansonsten legt der Berichterstatter zur **Vorbereitung der mündlichen Verhandlung** seinem Richterkollegium einen schriftlichen Vorbericht einschließlich seines Votums vor. In diesem internen Bericht werden dem Gerichtshof in Abstimmung mit dem Generalanwalt die vom Gerichtshof zu treffenden Verfahrensmaßnahmen und/oder vorbereitenden Maßnahmen vorgeschlagen. Im Einzelfall werden bestimmte Beteiligte aufgefordert, unzureichend behandelte Fragen zu vertiefen.

Zwei bis drei Wochen vor der mündlichen Verhandlung erhalten die Beteiligten einen 397
**Sitzungsbericht** des Berichterstatters zugestellt. Dieser umfasst eine gedrängte Darlegung des tatsächlichen und rechtlichen Rahmens des Rechtsstreits sowie des Vorbringens der Beteiligten. Weist der Sitzungsbericht Fehler auf, so können die Prozessvertreter die ihnen zwingend erscheinenden Änderungen vorschlagen und diese Änderungen in knapper

[1123] Europäischer Gerichtshof, Hinweise für Prozessvertreter (Stand: Februar 2009), S. 17; s. a. *Schima* (Fn. 1044), S. 140 ff.

[1124] Europäischer Gerichtshof, Hinweise für Prozessvertreter (Stand: Februar 2009), S. 17.

Form begründen. Wenngleich diese Änderungsvorschläge noch zu Beginn der mündlichen Verhandlung geäußert werden können, sollten sie sofort nach Eingang des Sitzungsberichts in schriftlicher Form an die Kanzlei des Gerichtshofes gesandt werden. Der Berichterstatter entscheidet, ob der Sitzungsbericht geändert wird.[1125]

398 Der EuGH verhandelt je nach Bedeutung und Schwierigkeit des Falles in unterschiedlicher **Kammerbesetzung.** Zumeist handelt es sich um Kammern mit drei oder fünf Richtern, denen der jeweilige Präsident vorsitzt. Die mit elf Richtern besetzte „Große Kammer" verhandelt nur dann, wenn ausnahmsweise ein beteiligter Mitgliedstaat oder ein Unionsorgan dies beantragt.[1126]

399 Die mündliche Verhandlung besteht im wesentlichen aus den zeitlich strikt begrenzten **Plädoyers** der Prozessbevollmächtigten. Fünfzehn Minuten sollte dieses Plädoyer normalerweise nicht überschreiten.[1127] Es dient im Vorabentscheidungsverfahren in erster Linie dazu, den wesentlichen Argumenten der anderen schriftlichen Stellungnahmen entgegen zu treten. Daneben sollten die wichtigsten Punkte der schriftlichen Stellungnahme noch einmal hervorgehoben oder ggf. neue Argumente vorgetragen werden, die sich nach dem Schluss des schriftlichen Verfahrens ergeben.[1128]

400 Den Erfordernissen der **Simultanübersetzung** ist unbedingt Rechnung zu tragen. Es müssen einfache Formulierungen und kurze Sätze gebildet werden. Das Plädoyer ist langsam und deutlich vorzutragen. Der Gerichtshof empfiehlt, Redemanuskripte den Dolmetschern des Gerichtshofes zu deren Vorbereitung kurz vor der mündlichen Verhandlung per Telefax (Fax: 0 03 52 43 03 36 97) zu übersenden.[1129] Unmittelbar bevor die Prozessbevollmächtigten zu einer kurzen Vorstellung in das Beratungszimmer der Richter gebeten werden, besteht darüber hinaus die Möglichkeit, etwaige Redemanuskripte den Dolmetschern informell zur Verfügung zu stellen.

401 Rückfragen der Richter oder des Generalanwaltes in der mündlichen Verhandlung sind die Regel, ein „Rechtsgespräch" wie vor deutschen Gerichten oder dem EuG findet vor dem EuGH allerdings nur selten statt. Eine Beweisaufnahme im eigentlichen Sinne wird im Rahmen des Vorabentscheidungsverfahrens nicht durchgeführt, da die **Sachverhaltsaufklärung** allein in die Kompetenz des vorlegenden Gerichts fällt. Allerdings gewährt Art. 104 § 5 VerfO-EuGH dem Gerichtshof das Recht, insofern Auskünfte vom nationalen Gericht zu verlangen, als dies der Klarstellung von Zweifelsfragen dient.

## 3. Die Entscheidung des EuGH

402 Die Vorabentscheidung des EuGH erfolgt grundsätzlich durch **Urteil** (Art. 103 § 1 iVm Art. 63 ff. VerfO-EuGH). Beschlüsse ergehen nur ausnahmsweise bei offensichtlicher Unzulässigkeit oder wenn die Beantwortung der Frage keinen Raum für vernünftige Zweifel lässt bzw. sie klar aus der Rechtsprechung des Gerichtshofes abgeleitet werden kann (vgl. Art. 92 und Art. 104 § 3 der VerfO-EuGH).[1130] Das Urteil wird dem vorlegenden Gericht zugestellt; die Parteien des Ausgangsverfahrens, die idR mehrere Wochen zuvor von der Kanzlei des Gerichtshofes über den Termin der Verkündung unterrichtet werden, erhalten Ausfertigungen.

[1125] Europäischer Gerichtshof, Hinweise für Prozessvertreter (Stand: Februar 2009), S. 20.

[1126] Ausführlich *Schima* (Fn. 1033), S. 120 ff.; *Karpenstein,* in G/H/N (Fn. 26), Stand: 2011, Art. 251 AEUV Rn. 7 ff.

[1127] Vgl. Europäischer Gerichtshof, Hinweise für Prozessvertreter (Stand: Februar 2009), S. 21 f.

[1128] *Schima* (Fn. 1033), S. 152 f.; Europäischer Gerichtshof, Hinweise für Prozessvertreter (Stand: Februar 2009), S. 20.

[1129] Europäischer Gerichtshof, Hinweise für Prozessvertreter (Stand: Februar 2009), S. 21.

[1130] Vgl. z. B. EuGH Rs. C-297/03, *Sozialhilfeverband Rohrbach,* Slg. 2005, I-4305; EuGH Rs. C-518/99, *Gaillard,* Slg. 2001, I-2771 = EuR 2001, 563 = EWS 2001, 451.

Das Verfahren ist grundsätzlich **kostenfrei.** Über die durch die Vorlage beim EuGH entstandenen außergerichtlichen Kosten der Parteien (Anwaltskosten und Auslagen) entscheidet allein das Gericht des Ausgangsverfahrens (vgl. Art. 104 § 6 VerfO-EuGH). Welche Kosten den einzelnen Parteien dabei entstanden sind, richtet sich – in den Grenzen des Effektivitäts- und des Äquivalenzgebotes – nach den Kostenordnungen des nationalen Prozessrechts.[1131] Das Rechtsanwaltsvergütungsgesetz trägt dem in **§ 38 RVG** Rechnung. 403

## V. Wirkungen des Vorabentscheidungsurteils

Entgegen verbreiteter Auffassung[1132] entfaltet das Vorabentscheidungsurteil **keine „Vorwirkungen"** in dem Sinne, dass die innerstaatlichen Gerichte bereits vor Erlass der EuGH-Entscheidung einem Vereitelungsgebot unterliegen. Zwar müssen die nationalen Gerichte und Behörden für die Durchsetzung des unionsrechtlich gewährleisteten Rechtsschutzsystems und damit auch für die praktische Wirksamkeit des Vorabentscheidungsverfahrens Sorge tragen. Es ist jedoch in einem innerstaatlichen Hauptsache- oder Eilverfahren „lediglich die Möglichkeit zu berücksichtigen", dass der Gerichtshof die Unvereinbarkeit des innerstaatlichen Rechts mit Unionsrecht oder die Ungültigkeit sekundären Unionsrechts mit primärem EU-Recht feststellt.[1133] 404

Nach Zustellung des Vorabentscheidungsurteils wird – sofern keine verfahrensbeendende Erklärung abgegeben wird – das Ausgangsverfahren wieder aufgenommen. Die Rechtswirkungen eines Vorabentscheidungsurteils sind nicht ausdrücklich geregelt. Es wird insoweit unterschieden zwischen den **Wirkungen auf das Ausgangsverfahren** und denjenigen Wirkungen, die über das Ausgangsverfahren hinausreichen.[1134] 405

Aus dem Zweck des Verfahrens, die einheitliche Anwendung des Unionsrechts zu sichern, folgt, dass das vorlegende Gericht und die anderen mit der Sache befassten Instanzgerichte „an die vom Gerichtshof vorgenommene Auslegung gebunden sind".[1135] Der Urteilstenor ist „im Lichte der Entscheidungsgründe zu verstehen".[1136] Diese **„inter partes**-Wirkung" des im Vorabentscheidungsverfahren ergangenen Urteils schließt allerdings nicht aus, „dass das nationale Gericht, an das dieses Urteil gerichtet ist, eine **erneute Anrufung des Gerichtshofes** vor der Entscheidung des Ausgangsgangsrechtsstreits für erforderlich hält. Nach ständiger Rechtsprechung ist eine solche Vorlage gerechtfertigt, wenn das nationale Gericht beim Verständnis oder der Anwendung des Urteils Schwierigkeiten hat, wenn es dem Gerichtshof eine neue Rechtsfrage stellt oder wenn es ihm neue Gesichtspunkte unterbreitet, die ihn dazu veranlassen könnten, eine bereits gestellte Frage abweichend zu beantworten."[1137] 406

**Beispiel:** Ein deutscher Arbeitgeber weigerte sich, einem regelmäßig zum Urlaubsende „krank" geschriebenen Wanderarbeitnehmer Arbeitsentgelt fortzuzahlen. Das in Italien ausgestellte ärztliche Attest sei ernstlichen Bedenken ausgesetzt. In einem ersten Vorabentscheidungsurteil meinte der EuGH, dass der Arbeitgeber an die ärztlichen Feststellungen gebunden sei.[1138] Nach nochmaliger Vorlage schränkte der Gerichtshof ein, dass es dem Arbeitgeber nicht verwehrt sei, Nachweise zu

---

1131 Vgl. etwa EuGH Rs. C-472/99, *Clean Car*, Slg. 2001, I-9687 Rn. 23 = EuGRZ 2002, 50 = EuZW 2002, 95; *Schima* (Fn. 1033), S. 160 f.

1132 *Koenig/Engelmann* EWS 2002, 353.

1133 OVG Koblenz NVwZ 2004, 363.

1134 *K/P/S*, EU-/EG-Prozeßrecht, 3. Aufl. 2007, Rn. 858 ff.; *Schima* (Fn. 1044), S. 96 ff.; *Middeke*, in: Rengeling (Fn. 69), § 10 Rn. 87 ff.

1135 EuGH Rs. 29/68, *Milch-, Fett- u. Eierkontor*, Slg. 1969, 165 Rn. 3; ebenso BVerfGE 75, 223, 244; s. a. *Ehricke*, in: Streinz (Fn. 83) Art. 267 AEUV Rn. 68; *K/P/S* (Fn. 1172), Rn. 858.

1136 EuGH Rs. 1/77, *Bosch/HZA Hildesheim*, Slg. 1977, 1473 Rn. 2 f.

1137 EuGH Rs. 69/85, *Wünsche III*, Slg. 1986, 947 Rn. 15.

1138 EuGH Rs. C-45/90, *Paletta I*, Slg. 1992, I-3423 Rn. 28 = NJW 1992, 2687 = EuZW 1992, 480 erbringen, „anhand deren das nationale Gericht gegebenenfalls feststellen kann, dass der Arbeitnehmer missbräuchlich oder betrügerisch eine ... Arbeitsunfähigkeit gemeldet habe".[1139]

407 Stellt das Vorabentscheidungsurteil die **Ungültigkeit einer Organhandlung** der EU fest, so stellt dies, „obwohl sein unmittelbarer Adressat nur das Gericht ist, das den Gerichtshof angerufen hat, für jedes andere Gericht einen ausreichenden Grund dafür dar, diese Handlung bei den von ihm zu erlassenden Entscheidungen als ungültig anzusehen".[1140] Erneute Vorlagefragen sind danach nur noch zulässig, wenn Unklarheiten über die Gründe, den Umfang und die Folgen der Ungültigkeitserklärung bestehen.[1141]

408 Stellt der Gerichtshof dagegen die **Gültigkeit einer Organhandlung** fest, dann gilt die Bindungswirkung erga omnes nicht. Denn bei der Vorabentscheidung über die Gültigkeit eines Rechtsaktes erklärt der EuGH regelmäßig nur, „dass die Prüfung der vorgelegten Frage nichts ergeben hat, was die Gültigkeit [des angegriffenen Rechtsaktes] beeinträchtigen könnte".[1142] Es können daher neue, bislang nicht berücksichtigte Gesichtspunkte, in einem anderen Ausgangsverfahren zu einer anderen Beurteilung führen und damit eine erneute Vorlage rechtfertigen.

409 Für andere Gerichte entfalten **Auslegungsurteile** eine nur eingeschränkte erga-omnes-Wirkung. Ein Vorabentscheidungsurteil erläutert, in welchem Sinn und mit welcher Tragweite eine unionsrechtliche Vorschrift seit ihrem In-Kraft-Treten zu verstehen und anzuwenden ist oder gewesen wäre.[1143] Daraus folgt, „dass die Gerichte die Vorschriften in dieser Auslegung auch auf Rechtsverhältnisse, die vor Erlass des auf das Ersuchen um Auslegung ergangenen Urteils entstanden sind, anwenden können und müssen, wenn alle sonstigen Voraussetzungen für die Anrufung der zuständigen Gerichte in einem die Anwendung dieser Vorschriften betreffenden Streit vorliegen".[1144] Weicht ein Gericht von der Rechtsprechung des EuGH ab, so liefert sie der unterliegenden Partei einen Rechtsmittelgrund (→ Rn. 372 ff.). Das letztinstanzliche Gericht wäre, sofern es von der Entscheidung des EuGH abweichen wollte, zur Vorlage verpflichtet. Für unterinstanzliche Gerichte gelten diese Grundsätze nicht.[1145]

410 Praktische Probleme können die **zeitlichen Wirkungen** eines Vorabentscheidungsurteils bereiten. Ein Urteil des Gerichtshofes, mit dem im Vorabentscheidungsverfahren eine Unionshandlung für ungültig erklärt wird, „besitzt grundsätzlich ebenso wie ein Nichtigkeitsurteil Rückwirkung".[1146] Macht der Gerichtshof von seiner Befugnis Gebrauch, die Wirkungen der Feststellung der Ungültigkeit einer Unionsverordnung im Vorabentschei-

---

mit kritischer Anm. *Junker* EuZW 1994, 2527; *Heinze* BB 1996, 1830; *Gaul* NZA 1993, 865; ferner *Borchardt* KrV 1993, 332.

[1139] EuGH Rs. C-206/94, *Paletta II*, Slg. 1996, I-2357 Rn. 25 = NJW 1996, 1881 = EuZW 1996, 375 mit Anm. *Schlachter* EuZW 1996, 377 u. *Abele* NZA 1996, 631.

[1140] EuGH Rs. 66/80, *International Chemical Corporation*, Slg. 1981, 1191 Rn. 14 = NJW 1982, 1205.

[1141] *K/P/S* (Fn. 1172), Rn. 858; *Middeke*, in: Rengeling (Fn. 69), § 10 Rn. 90.

[1142] Vgl. u. a. EuGH Rs. C-26/96, *Rotexchemie*, Slg. 1997, I-2817 Rn. 25 = EuZW 1998, 509; Rs. C-114/96, *Kieffer u. Thill*, Slg. 1997, I-3629 Rn. 39 = EuZW 1997, 662 = EWS 1997, 350; s. hierzu auch *K/P/S* (Fn. 1172), Rn. 860; *Gaitanides*, in: Schwarze (Fn. 15), Art. 234 EGV Rn. 91.

[1143] EuGH verb. Rs. C-10/97 bis 22/97, *IN. CO. GE.*, Slg. 1998, I-6307 Rn. 23 = NJW 1999, 201 = EuZW 1998, 719. Ferner EuGH Rs. 61/79, *Denkavit*, Slg. 1980, 1205 Rn. 15; Rs. C-188/95, *Fantask u. a.*, Slg. 1997, I-6783 Rn. 37 = EuZW 1998, 172 = NVwZ 1998, 833.

[1144] EuGH verb. Rs. C-453/02 u. 462/02, *Linneweber* = DB 2005, 430 mit Anm. *Zugmaier* DStR 2005, 375 u. *Thym* EuZW 2005, 212. Ferner EuGH verb. Rs. C-10/97 bis C-22/97, *IN. CO. GE.*, Slg. 1998, I-6307 Rn. 23 = NJW 1999, 201 = EuZW 1998, 719; EuGH Rs. 61/79, *Denkavit*, Slg. 1980, 1205 Rn. 16; EuGH Rs. C-188/95, *Fantask u. a.*, Slg. 1997, I-6783 Rn. 37.

[1145] *Gaitanides*, in: Schwarze (Fn. 15), Art. 234 EGV Rn. 92; *Schwarze*, in: ders. (Fn. 15), Art. 234 EGV Rn. 66; *Ehricke*, in: Streinz (Fn. 83), Art. 234 EGV Rn. 67.

[1146] EuGH Rs. C-228/92, *Roquettes Frères*, Slg. 1994, I-1445 Rn. 17 = EuZW 1994, 570 = NVwZ 1995, 366; vgl. hierzu *Kokott/Henze* NJW 2006, 177; *Wiedmann* EuZW 2007, 692.

dungsverfahren zeitlich zu begrenzen, kann er zugleich bestimmen, „ob eine Ausnahme von dieser Begrenzung der zeitlichen Wirkung seines Urteils zu Gunsten der Partei des Ausgangsverfahrens vorgesehen werden kann, die die Klage vor dem nationalen Gericht gegen die nationale Maßnahme zur Durchführung der Verordnung erhoben hat".[1147]

Auch die vom EuGH erlassenen **Auslegungsurteile wirken ex tunc.**[1148] Nur ausnahms- 411
weise sieht sich der Gerichtshof nach dem der Unionsrechtsordnung „innewohnenden allgemeinen Grundsatz der Rechtssicherheit" veranlasst, „mit Wirkung für die Betroffenen die Möglichkeit zu beschränken, sich auf die Auslegung einer Bestimmung durch den Gerichtshof zu berufen, um in gutem Glauben begründete Rechtsverhältnisse in Frage zu stellen".[1149] Auch erhebliche finanzielle Konsequenzen für den betroffenen Mitgliedstaat sollen allerdings eine zeitliche Begrenzung der Urteilswirkungen nicht rechtfertigen können.[1150] Das BVerfG befürwortet in solchen „Konstellationen der rückwirkenden Nichtanwendbarkeit eines Gesetzes infolge einer Entscheidung des Gerichtshofes ... **innerstaatlich eine Entscheidung** dafür, ... dass ein Betroffener auf die gesetzliche Regelung vertraut und in diesem Vertrauen Dispositionen getroffen hat".[1151]

## VI. Beschleunigtes Verfahren

Bedingt durch den hohen Übersetzungsaufwand sowie die Notwendigkeit einer münd- 412
lichen Verhandlung dauert ein Vorabentscheidungsverfahren einschließlich der Schlussanträge des Generalanwalts durchschnittlich 20 bis 24 Monate. Nach Art. 105 VerfO-EuGH kann jedoch der Präsident des EuGH auf Antrag des nationalen Ausgangsgerichts und auf Vorschlag des Berichterstatters nach Anhörung des Generalanwaltes beschließen, dass das Vorabentscheidungsersuchen in einem beschleunigten Verfahren verhandelt wird. In diesem Fall kann sofort Termin zur mündlichen Verhandlung anberaumt, die **Äußerungsfrist für die Beteiligten auf mindestens 15 Tage verkürzt** und die Beteiligten können aufgefordert werden, sich in ihren Schriftsätzen auf die wesentlichen von der Vorlagefrage aufgeworfenen Rechtsfragen zu beschränken.[1152]

Voraussetzung für die Durchführung des beschleunigten Verfahrens ist die **außerge-** 413
**wöhnliche Dringlichkeit** der Entscheidung über die vorgelegte Frage. Im Vorlagebeschluss ist deshalb die ganz und gar außergewöhnliche Eilbedürftigkeit konkret darzulegen. Bei der Anerkennung der „außergewöhnlichen Dringlichkeit" ist der EuGH sehr zurückhaltend.[1153] Die wiederholte Befassung des Vorlagegerichts mit ein und derselben Frage begründet noch keine außergewöhnliche Dringlichkeit.[1154] Im Verfahren der öffentlichen Auftragsvergabe erkennt der EuGH die außergewöhnliche Dringlichkeit nicht einmal dann an, wenn ohne eine rasche Entscheidung vollendete Tatsachen geschaffen

[1147] EuGH Rs. C-228/92, *Roquettes Frères,* Slg. 1994, I-1445 Rn. 25.

[1148] EuGH verb. Rs. C-10/97 bis 22/97, *IN. CO. GE.,* Slg. 1998, I-6307 Rn. 23 = NJW 1999, 201 = EuZW 1998, 719; EuGH Rs. 61/79, *Denkavit,* Slg. 1980, 1205 Rn. 16; EuGH Rs. C-188/95, *Fantask u. a.,* Slg. 1997, I-6783 Rn. 37.

[1149] EuGH verb. Rs. C-453/02 u. C-462/02, *Linneweber* = DB 2005, 430 = DStR 2005, 371; EuGH Rs. C-104/98, *Buchner u. a.,* Slg. 2000, I-3627 Rn. 39 = EuGRZ 2000, 220; s. a. *Forsthoff* DStR 2005, 1840.

[1150] EuGH verb. Rs. C-453/02 u. C-462/02, *Linneweber* = DB 2005, 430 = DStR 2005, 371.

[1151] BVerfG NJW 2010, 3422, Ls. 2; dazu *Karpenstein/Johann* NJW 2010, 3405.

[1152] Dazu *Sladic* EuZW 2005, 712, 714 f.; *Hackspiel,* in: Rengeling (Fn. 69), § 26 Rn. 14 f.

[1153] Vgl. EuGH Rs. C-189/01, *Jippes,* Slg. 2001, I-5689 Rn. 44 f. = NVwZ 2001, 1145 = EuZW 2001, 728; EuGH Rs. C-314/01, *Siemens u. ARGE Telekom & Partner* = NVwZ 2004, 967 mit Anm. *Boesen* NVwZ 2004, 919; EuGH Rs. C-315/01, *GAT,* Slg. 2003, I-6351 Rn. 19/23 = NVwZ 2003, 1106 = EuZW 2003, 603; *Sladic* EuZW 2005, 712, 714; *Schwarze* 2002, 1297, 1306.

[1154] EuGH Rs. C-315/01, *GAT,* Slg. 2003, I-6351 Rn. 23 f.

würden.[1155] Eine außergewöhnliche Dringlichkeit ist allerdings bei Gefahren für die Gesundheit von Menschen und Tieren und vergleichbare Rechtsgüter anzunehmen.

**Beispiel:** Unter Berufung auf die Ungültigkeit des unionsrechtlich vorgegebenen Impf-Verbots möchte ein Landwirt gerichtlich die Impfung seiner Tiere gegen Maul- und Klauenseuche (MKS) durchsetzen. Das vorlegende Gericht begründet seinen Antrag nach Art. 105 VerfO-EuGH u. a. mit der Zahl der Ausbrüche von MKS, die rasche Ausbreitung der Seuche und die Ungewissheit des weiteren Verlaufs sowie unter Hinweis auf die Zahl der zu tötenden Tiere. In Anerkennung der außergewöhnlichen Dringlichkeit hat der EuGH die Vorlagefrage binnen 10 Wochen entschieden.[1156]

414 Neben dem beschleunigten Verfahren ist auch das **Eilvorlageverfahren** nach § 107 VerfO-EuGH von Bedeutung. Dieses sieht für Vorlagefragen, die den Fünften Titel des Dritten Teils des AEUV („Raum der Freiheit, der Sicherheit und des Rechts") betreffen, die Möglichkeit einer Verfahrensverkürzung vor. Es gibt dem nationalen Richter damit insbesondere in Haft-, Auslieferungs-, Visa- oder Asylfragen die Möglichkeit, eine zügigere Entscheidung des EuGH herbeizuführen.[1157]

## § 4 Wie wehrt man sich gegen Unionsrechtsverstöße?

**Schrifttum:** *Albin,* Die Vollzugskontrolle des europäischen Umweltrechts, 1999; *Armbrüster/Kämmerer,* Verjährung von Staatshaftungsansprüchen wegen fehlerhafter Richtlinienumsetzung, NJW 2009, 3601; *Beljin,* Staatshaftung im Gemeinschaftsrecht, 2000; *Böhm,* Voraussetzungen einer Staatshaftung bei Verstößen gegen primäres Gemeinschaftsrecht, JZ 1997, 53; *Bröhmer,* Die Weiterentwicklung des europäischen Staatshaftungsrechts, JuS 1997, 117; *Burger,* Zur Passivlegitimation im europäischen Staatshaftungsrecht, DVBl 2012, 207; *v. Danwitz,* Die gemeinschaftsrechtliche Staatshaftung der Mitgliedstaaten, DVBl. 1997, 1; *Deckert,* Zur Haftung des Mitgliedstaates bei Verstößen seiner Organe gegen Europäisches Gemeinschaftsrecht, EuR 1997, 203; *Derpa,* Scherereien am Rhein – von Beamten, Politikern und Binnenschiffern, JA 2002, 401; *Detterbeck,* Haftung der Europäischen Gemeinschaft und gemeinschaftsrechtlicher Staatshaftungsanspruch, AöR 125 (2000), 202; *Dörr,* Der gemeinschaftsrechtliche Staatshaftungsanspruch in der Rechtsprechung des Bundesgerichtshofs, DVBl 2006, 598; *Ehlers,* Die Weiterentwicklung des Staatshaftungsrechts durch das europäische Gemeinschaftsrecht, JZ 1996, 776; *Fischer,* Zur Durchsetzbarkeit des gemeinschaftlichen Diskriminierungsverbots vor nationalen Gerichten, EuZW 2009, 208; *Geiger,* Der gemeinschaftsrechtliche Grundsatz der Staatshaftung, 1997; *Grzeszick,* Subjektive Gemeinschaftsrechte als Grundlage des europäischen Staatshaftungsrechts, EuR 1998, 417; *Guckelberger,* Verjährung von Staatshaftungsansprüchen wegen Unionsrechtsverstößen, EuR 2011, 75; *Gundel,* Die Bestimmung des richtigen Anspruchsgegners der Staatshaftung für Verstöße gegen Gemeinschaftsrecht, DVBl. 2001, 95; *Hatje,* Die Haftung der Mitgliedstaaten bei Verstößen des Gesetzgebers gegen Europäisches Gemeinschaftsrecht, EuR 1997, 297; *Held/Wegener,* Die Haftung der Mitgliedstaaten für die Verletzung von EG-Recht durch nationale Gerichte, Jura 2004, 479; *Herdegen/Rensmann,* Die neuen Konturen der gemeinschaftsrechtlichen Staatshaftung, ZHR 161 (1997), 522; *Hermes,* Der Grundsatz der Staatshaftung für Gemeinschaftsrechtsverletzungen, Die Verwaltung 31 (1998), 371; *Kadelbach/Petersen,* Die gemeinschaftsrechtliche Haftung für Verletzungen von Grundfreiheiten aus Anlaß privaten Handelns, EuGRZ 2002, 213; *Kenntner,* Ein Dreizack für die offene Flanke: Die neue EuGH-Rechtsprechung zur judikativen Gemeinschaftsrechtsverletzung, EuZW 2005, 235; *Kischel,* Gemeinschaftsrechtliche Staatshaftung zwischen Europarecht und nationaler Rechtsverordnung, EuR 2005, 441; *Kling,* Die Haftung der Mitgliedstaaten der EG bei Verstößen gegen das Gemeinschaftsrecht, Jura 2005, 298; *Kremer,* Staatshaftung für Verstöße gegen Gemeinschaftsrecht durch letztinstanzliche Gerichte, NJW 2004, 480; *ders.,* Der Ersatz von Gesundheitsschäden bei der Staatshaftung wegen nicht fristgerechter Umsetzung von Grenzwertrichtlinien, Jura 2000, 237; *Lohse,* Menschenrechtskonvention und richtlinienwidrige Mehrwertsteuererhebung,

[1155] Vgl. EuGH Rs. C-424/01, *CS Communications & Systems Austria GmbH,* Slg. 2003, I-3249 Rn. 19f. = VergabeR 2003, 649 mit Anm. *Mantler* VergabeR 2003, 653.

[1156] Vgl. EuGH Rs. C-189/01, *Jippes,* Slg. 2001, I-5689 Rn. 71ff. = NVwZ 2001, 1145 = EuZW 2001, 728.

[1157] Vgl. *Lumma* EuGRZ 2008, 381; *Dörr* EuGRZ 2008, 349.

UR 2003, 182; *Maurer,* Staatshaftung im europäischen Kontext, in: Festschrift für Boujong, 1996, 591; *Middendorf,* Vertrauensschutz zwischen Amtshaftung und Gemeinschaftsrecht, ZfZ 2003, 40; *Radermacher,* Gemeinschaftsrechtliche Staatshaftung für höchstrichterliche Entscheidungen, NVwZ 2004, 1415; *Sänger,* Staatshaftung wegen Verletzung europäischen Gemeinschaftsrechts, JuS 1997, 895; *Säuberlich,* Staatliche Haftung unter europäischem Einfluss – Die Pflicht zur gemeinschaftsrechtskonformen Auslegung des Amtshaftungsanspruchs bei legislativem Unrecht, EuR 2004, 954; *Schoch,* Effektuierung des Sekundärrechtsschutzes – Zur Überwindung des Entwicklungsrückstands des deutschen Staatshaftungsrechts, Die Verwaltung 34 (2001), 261; *ders.,* Staatshaftung wegen Verstoßes gegen Europäisches Gemeinschaftsrecht, Jura 2002, 837; *Schwarzenegger,* Staatshaftung, gemeinschaftsrechtliche Vorgaben und ihre Auswirkungen auf nationales Recht, 2001; *Seltenreich,* Die Francovich-Rechtsprechung des EuGH und ihre Auswirkungen auf das deutsche Staatshaftungsrecht, 1997; *Sobotta,* Die Verregelung der Vertragsverletzungsbeschwerde, ZUR 2008, 72; *Terhechte,* Zum Amtshaftungsanspruch bei Organisationsmängeln innerhalb der Dritten Gewalt, DVBl 2007, 1134; *Weber,* Neue Konturen des gemeinschaftsrechtlichen Staatshaftungsanspruchs nach der Entscheidung des EuGH in der Rechtssache Konle, NVwZ 2001, 287; *Wegener,* Staatshaftung für die Verletzung von Gemeinschaftsrecht durch nationale Gerichte?, EuR 2002, 785; *Wolf,* Die Staatshaftung der Bundesrepublik Deutschland und der Französischen Republik für Verstöße gegen das Europäische Gemeinschaftsrecht, 1999.

Das Unionsrecht, z. B. das EU-Umwelt- und Beihilfenrecht, leidet an vielfältigen **Umsetzungs- und Vollzugsdefiziten.**[1158] Solche Defizite reichen von der fehlerhaften Umsetzung von Richtlinien über die Weigerung einzelner Behörden, unmittelbar anwendbares Unionsrecht zu Grunde zu legen bis hin zu einem gewissen Unwillen mancher Gerichte, den fünf grundlegenden Anforderungen des Unionsrechts (→ Rn. 26 ff.) Rechnung zu tragen. 415

## I. Keine unmittelbare Anrufung des EuGH

Möchten sich die Betroffenen gegen derartige Unionsrechtsverstöße zur Wehr setzen, ist ihnen die **unmittelbare Anrufung des EuGH versperrt.** Der EU-Vertrag stellt dem Einzelnen keinen Rechtsweg zur Verfügung, mit dem er sich gegen mitgliedstaatliche Verletzungen des Unionsrechts wehren kann. Direktklagen, die darauf gerichtet sind, nationale Gesetze, Verwaltungs- oder Gerichtsentscheidungen für unionsrechtswidrig zu erklären, sind **offensichtlich unzulässig** und werden den Mitgliedstaaten nicht einmal zugestellt.[1159] Da sich viele Staatsorgane oftmals erst auf Grund eines EuGH-Urteils zu einer Änderung unionsrechtswidriger Normen, einer EU-widrigen Verwaltungspraxis oder Rechtsprechung bereit finden, sind deshalb aus anwaltlicher Sicht andere Möglichkeiten zu prüfen, den EuGH mit der verfahrensgegenständlichen Frage zu befassen. 416

## II. Verwaltungsgerichtlicher Rechtsschutz

Primär in Betracht zu ziehen ist verwaltungsgerichtlicher Rechtsschutz gegen die in Rede stehenden Hoheitsakte. Die Voraussetzungen an die Zulässigkeit und Begründetheit unterliegen gewissen Erleichterungen (→ Rn. 316 ff.). **Taktisches Ziel** muss es sein, schon das Instanzgericht möglichst frühzeitig zu einem Vorabentscheidungsverfahren zu bewegen (→ Rn. 360 ff.). 417

---

[1158] *Bauer,* Die Durchsetzung des europäischen Umweltrechts in Deutschland, 2011, S. 43 ff.; *Albin,* Die Vollzugskontrolle des europäischen Umweltrechts, 1999, S. 73 ff.; *Lübbe-Wolff* (Hrsg.), Der Vollzug des europäischen Umweltrechts, 1995.

[1159] Vgl. EuGH Rs. C-396/03 P, *Killinger/Bundesrepublik Deutschland u. Rat u. Kommission* = EWS 2005, 375.

## III. Beschwerde bei der EU-Kommission

### 1. Zweck der Kommissionsbeschwerde

418 Parallel oder alternativ zum verwaltungsgerichtlichen Rechtsschutz ist eine Beschwerde bei der EU-Kommission wegen Verletzung des Unionsrechts zu erwägen. Sie ist auf die Einleitung und Durchführung eines **Vertragsverletzungsverfahrens** gegen den Mitgliedstaat gerichtet, dessen Behörden, Gerichte oder Legislativorgane den gerügten Unionsrechtsverstoß zu verantworten haben. Da eine solche Kommissionsbeschwerde **vom Unionsrecht nicht vorgesehen ist,** gibt es keinen Anspruch auf deren Durchführung. Für den Praktiker kommt eine Kommissionsbeschwerde (Vertragsverletzungsbeschwerde) insbesondere dann in Betracht, wenn das unionsrechtswidrige Handeln oder Unterlassen rechtskräftig oder aus anderen Gründen unanfechtbar ist. Für „einfache" Fälle, die es aus einer fehlerhaften Anwendung des Binnenmarktrechts durch Behörden entstehen, gibt es daneben das Online-Netzwerk „Solvit", das Beschwerden von Bürgern und Unternehmen binnen 10 Wochen erledigen kann.[1160]

### 2. Anforderungen an eine Kommissionsbeschwerde

419 Eine Beschwerde kann von jedermann eingeleitet werden, der der Ansicht ist, dass eine innerstaatliche Maßnahme gegen das Unionsrecht verstößt. Ein individuelles Interesse, ein besonderer Handlungsbedarf oder eine eigene Betroffenheit brauchen nicht dargelegt zu werden. Die Kommission hat für Beschwerden ein (unverbindliches) **Standardformular** veröffentlicht, welches der Einreichung einer Beschwerde wegen Verletzung des EU-Rechts zu Grunde gelegt werden kann.[1161] Im Übrigen ist eine Kommissionsbeschwerde form- und kostenlos.[1162]

420 Die Kommissionsdienststellen gehen einer Beschwerde nur dann nach, wenn diese die unionsrechtswidrigen Handlungen oder Unterlassungen der innerstaatlichen Organe konkret bezeichnet. Zu den **zulässigen Verfahrensgegenständen** gehört z. B. eine unionsrechtswidrige Verwaltungspraxis, Einzelmaßnahmen von Behörden sowie – unter engen Voraussetzungen – auch Fehlurteile der innerstaatlichen Gerichte. Letzteres ist dann der Fall, wenn der unionsrechtswidrigen Rechtsprechung eine Rechtslage oder eine Behördenpraxis zu Grunde liegt, die ohne Eingriff in die richterliche Unabhängigkeit geändert werden kann.[1163] Gegen Maßnahmen der Unionsorgane oder Hoheitsakte von Drittstaaten kommt eine Kommissionsbeschwerde nicht in Betracht.

421 Anzuraten ist im Rahmen der Kommissionsbeschwerde eine kurze Sachverhaltsschilderung – ggf. auch in englischer oder französischer Sprache – sowie eine Schilderung der bereits unternommenen und noch erwogenen Schritte. Gegebenenfalls sind geeignete **Belege und Beweismittel** (interne Behördenerlasse etc.) zum Nachweis des Verstoßes anzugeben und beizufügen. Die Vertraulichkeit wird auf Wunsch gewährleistet. Die Kommissionsbeschwerde kann bei der Vertretung der Europäischen Kommission in Berlin

---

[1160] www.europa.eu/solvit.

[1161] https://webgate.ec.europa.eu/solvit/application/index.cfm?method=webform.homeform&language=de.

[1162] Vgl. näher die Mitteilung der Kommission über die Beziehungen zum Beschwerdeführer bei Verstößen gegen das Gemeinschaftsrecht, ABl. 2002 C-166/3; *Sobotta* ZUR 2008, 72, 74; *Borchardt,* in: Lenz/Borchardt (Fn. 26), Art. 258 AEUV Rn. 12; *Ehricke,* in: Streinz (Fn. 83), Art. 258 AEUV Rn. 15.

[1163] *P. Karpenstein/U. Karpenstein,* in: G/H/N (Fn. 26), Stand: 2011, Art. 258 AEUV Rn. 69 ff.; *Ehricke,* in: Streinz (Fn. 83), Art. 258 AEUV Rn. 9; s. a. EuGH Rs. C-129/00, *Kommission/Italien,* Slg. 2003, I-14637 = EuZW 2004, 151 mit Anm. *Meier* EuZW 2004, 335 u. *Breuer* EuZW 2004, 199.

(Unter den Linden 78, 10117 Berlin) oder dem Generalsekretariat der EU-Kommission in Brüssel (Rue de la Loi 200, B-1049 Brüssel) eingereicht werden. Sie sollte die Anregung enthalten, ein Vertragsverletzungsverfahren wegen Verletzung bestimmter unionsrechtlicher Vorschriften einzuleiten.

## 3. Verfahren nach Einreichung der Kommissionsbeschwerde

Das Verfahren der **Kommissionsbeschwerde ist langwierig.** Nach Eintragung der Beschwerde beim Generalsekretariat der Kommission wird jeder für zulässig befundenen Beschwerde ein Aktenzeichen zugeteilt. Der Beschwerdeführer erhält üblicherweise binnen zwei bis drei Monaten eine Empfangsbestätigung mit diesem Aktenzeichen. Dieses ist fortan bei jedem weiteren Schriftwechsel anzugeben. Die Zuteilung eines solchen Aktenzeichens besagt noch nicht, dass ein Vertragsverletzungsverfahren gegen den betreffenden Mitgliedstaat eingeleitet wird. 422

Die Kommission ist nach ihrem eigenen Bekunden darum bemüht, **binnen zwölf Monaten** nach Eintragung der Beschwerde beim Generalsekretariat in der Sache zu entscheiden (Einleitung eines Vertragsverletzungsverfahrens oder Einstellung der Untersuchung). In der Praxis benötigt die Kommission, sofern die Beschwerde sich in ihren Generaldirektionen nicht bereits verloren hat, erheblich länger. Der Beschwerdeführer sollte sich nicht scheuen, bei den zuständigen Dienststellen auf eine zügige Bearbeitung der Beschwerde zu drängen. Es besteht insbesondere die Möglichkeit, ein Gespräch mit den Kommissionsbediensteten zu führen. Dies ist vor allem dann anzuraten, wenn Verletzungen des freien Warenverkehrs (Art. 34 AEUV) in Rede stehen, für die ein besonderes „Frühwarnsystem" entwickelt wurde.[1164] 423

Der Beschwerdeführer wird von der zuständigen Generaldirektion der Kommission informiert, wenn diese beabsichtigt, das Beschwerdeverfahren einzustellen. Rechtsmittel gegen die Einstellung stehen dem Beschwerdeführer außerhalb des Beihilfen- und Kartellrechts nicht zu Gebote. Eine Pflicht zur Einleitung eines Vertragsverletzungsverfahrens lehnt die Rechtsprechung ab.[1165] Allerdings kann hiergegen – oder gegen eine völlige Untätigkeit der EU-Kommission – binnen einer Frist von zwei Jahren **Beschwerde beim Europäischen Bürgerbeauftragten** eingereicht werden.[1166] Diese Beschwerde setzt ebenfalls keine unmittelbare Betroffenheit voraus. Ein elektronisches Beschwerdeformular ist auf der Homepage des Bürgerbeauftragten abrufbar.[1167] Ihrerseits sind die Entscheidungen des Bürgerbeauftragten nur unter engen Voraussetzungen justiziabel.[1168] 424

Beabsichtigen die Kommissionsdienststellen hingegen, ein **Vertragsverletzungsverfahren** einzuleiten, wird der Beschwerdeführer über den Stand des Verfahrens auf dem Laufenden gehalten. Ein solches Vertragsverletzungsverfahren nimmt bis zu einer etwaigen Verurteilung des Mitgliedstaates ca. zwei bis drei Jahre in Anspruch. In diesem Falle tritt die Kommission regelmäßig zunächst in einen informellen Konsultationsprozess mit dem Mitgliedstaat ein. Bleibt dieser aus Sicht der Kommission erfolglos, wird dem Mitgliedstaat formell ein **erstes Mahnschreiben** zugestellt (Art. 258 Abs. 1 AEUV). Darin wird der Zentralregierung regelmäßig eine Frist von zwei Monaten gesetzt, mit der diese auf die Vorhaltungen reagieren kann. 425

---

[1164] VO (EG) 2679/98 über das Funktionieren des Binnenmarktes im Zusammenhang mit dem freien Warenverkehr zwischen den Mitgliedstaaten, ABl. 1998, L 337/8; dazu *Hauschild* EuZW 1999, 236.

[1165] EuGH Rs. 247/87, *Star Fruit/Kommission,* Slg. 1989, 291 Rn. 12; a. A. *Ehricke,* in: Streinz (Fn. 83), Art. 258 AEUV Rn. 30.

[1166] Vgl. ABl. 2002 C-166/6; *Huber,* in: Streinz (Fn. 83), Art. 228 AEUV Rn. 26 ff.

[1167] www.europarl.eu.int/ombudsman/form/de/form2.htm.

[1168] EuG Rs. T-209/00, *Frank Lamberts/Europäischer Bürgerbeauftragter,* Slg. 2002, II-2203; dazu *Epiney* NVwZ 2004, 555, 557.

426 Ändert sich an der Auffassung der Kommission durch die Durchführung des Mahnverfahrens nichts, so übersendet sie dem Mitgliedstaat eine **mit Gründen versehene Stellungnahme,** in der sie dem Mitgliedstaat eine zweimonatige Frist zur Herstellung eines unionsrechtskonformen Zustandes setzt. In der Praxis ist es üblich, dass diese Frist auf Antrag der Regierung verlängert wird. Die begründete Stellungnahme muss eine detaillierte und zusammenhängende Darlegung der Gründe enthalten, die nach Auffassung der Kommission einen EU-Rechtsverstoß begründen.[1169]

427 Der Zeitpunkt und der Inhalt der **Klage** liegen im Ermessen der Kommission. Die Kommission, vertreten durch ihren Juristischen Dienst, beantragt die Feststellung, dass der Mitgliedstaat durch bestimmte Organe gegen Vorschriften des EU-Rechts verstoßen hat. Die Regierung wird vom EuGH zu einer Klagebeantwortung aufgefordert, an die sich ein weiterer Schriftsatzwechsel anschließt. Von der Klageeinreichung bis zum Feststellungsurteil vergehen – einschl. der mündlichen Verhandlung und der Schlussanträge des Generalanwalts – regelmäßig zwei Jahre.

428 In der Regel endet das Vertragsverletzungsverfahren mit einem **Feststellungsurteil,** in dem der Europäische Gerichtshof feststellt, durch welche Maßnahmen die Organe des Mitgliedstaates gegen das Unionsrecht verstoßen haben. Die innerstaatlichen Organe sind gehalten, unverzüglich die sich für die Zukunft hieraus ergebenden Folgerungen zu ziehen, indem sie z. B. die Gesetze ändern oder die rechtswidrige Verwaltungspraxis durch wirksame und verbindliche Maßnahmen ersetzen.[1170] Kommt der Mitgliedstaat diesen Verpflichtungen nicht nach, so kann ein **zweites Vertragsverletzungsverfahren** eingeleitet werden, an dessen Ende der EuGH den Mitgliedstaat zur Zahlung von Pauschalbeträgen oder Zwangsgeldern in Millionenhöhe an den EU-Haushalt verurteilt.[1171]

## IV. Staatshaftung für Verletzungen des Unionsrechts

### 1. Anspruchsgrundlage

429 Einzelpersonen oder Unternehmen, denen aus einer offensichtlichen Verletzung des Unionsrechts ein Schaden erwächst, können nach der sog. **„Francovich-Doktrin“** des EuGH einen Staatshaftungsanspruch vor den ordentlichen Gerichten geltend machen. Dieser Staatshaftungsanspruch beruht auf richterlicher Rechtsfortbildung. Er dient „nicht der Abschreckung oder als Sanktion“,[1172] sondern stellt „die notwendige Ergänzung der unmittelbaren Wirkung dar, die den Unionsvorschriften zukommt, auf deren Verletzung der entstandene Schaden beruht“.[1173] Die volle Wirksamkeit des Unionsrechts wäre beeinträchtigt, „wenn der Einzelne nicht die Möglichkeit hätte, für den Fall eine Entschädigung zu erlangen, dass seine Rechte durch einen Verstoß gegen das Gemeinschaftsrecht verletzt werden, der einem Mitgliedstaat zuzurechnen ist.“[1174]

---

[1169] EuGH Rs. 247/83, *Kommission/Italien,* Slg. 1985, 1077 Rn. 21; Rs. C-247/89, *Kommission/Portugal,* Slg. 1991, I-3659 Rn. 22; *Burgi,* in: Rengeling (Fn. 69), § 6 Rn. 18.

[1170] *Ehricke,* in: Streinz (Fn. 83), Art. 260 AEUV Rn. 6 ff.; *Karpenstein,* in: G/H/N (Fn. 26), Stand: 2011, Art. 260 AEUV Rn. 9 ff.

[1171] Vgl. etwa EuGH Rs. C-387/97, *Kommission/Griechenland,* Slg. 2000, I-5047 = EuZW 2000, 531 = DVBl. 2000, 1270 mit Anm. *Karpenstein* EuZW 2000, 537; *Heidig* EuR 2000, 782; EuGH Rs. C-304/02, *Kommission/Frankreich,* Slg. 2005, I-6263 mit Anm. *Gruber* ELR 2005, 334; *Karpenstein,* in: G/H/N, (Fn. 26), Stand: 2011, Art. 260 AEUV Rn. 1 ff.; *Gaitanides,* in: v. d. Groeben/Schwarze (Fn. 15), Art. 228 EGV Rn. 11 ff.

[1172] EuGH Rs. C-470/03, *A. G. M.-COS.MET,* Slg. 2007, I-2749 Rn. 88.

[1173] EuGH verb. Rs. C-46/93 u. C-48/93, *Brasserie du pêcheur u. Factortame,* Slg. 1996, I-1029 Rn. 22 = DVBl. 1996, 427 = NJW 1996, 1267 mit Anm. *Streinz* EuZW 1996, 201; *Meier* NVwZ 1996, 660; *Ehlers* JZ 1996, 776; *Bröhmer* JuS 1997, 117.

[1174] EuGH verb. Rs. C-6/90 u. C-9/90, *Francovich,* Slg. 1991, 5357 Rn. 33 = DVBl. 1992, 1017 =

Der unionsrechtliche Staatshaftungsanspruch findet zwar seine Grundlage unmittelbar im Unionsrecht,[1175] die Gerichte haben jedoch „die Folgen des verursachten Schadens **im Rahmen des nationalen Haftungsrechts** zu beheben, wobei die im nationalen Schadensersatzrecht festgelegten Voraussetzungen nicht ungünstiger sein dürfen als bei ähnlichen Rechtsbehelfen, die nur nationales Recht betreffen, und nicht so ausgestaltet sein dürfen, dass sie die Erlangung der Entschädigung praktisch unmöglich machen oder übermäßig erschweren".[1176] 430

Seine **praktische Bedeutung** liegt in dem Umstand begründet, dass der unionsrechtliche Staatshaftungsanspruch – anders als das Amtshaftungsrecht gem. § 839 BGB, Art. 34 GG[1177] – nicht nur auf die Exekutive, sondern auch auf Unionsrechtsverstöße der Parlamente und der Gerichte Anwendung findet. Da haftungsauslösend sowohl ein Handeln als auch ein Unterlassen sein kann, kann es insbesondere bei unzureichender Richtlinien-Umsetzung zu beträchtlichen Haftungssummen kommen.[1178] Gleiches gilt für den Fall, dass Privatpersonen massiv und ungestört die Bürger anderer Mitgliedstaaten an der Inanspruchnahme ihrer Grundfreiheiten hindern (→ Rn. 140). 431

**Beispiel:** Im Zuge einer genehmigten Demonstration wird ein Verkehrsknotenpunkt zwischen Deutschland und Österreich blockiert. Ein geschädigtes Transportunternehmen klagt beim LG München auf Schadensersatz. Die bayerischen Behörden hätten zu wenig unternommen, um den freien Warenverkehr zu gewährleisten. Die in der Untätigkeit liegende Beschränkung des freien Warenverkehrs ist nach Auffassung des EuGH haftungsbegründend, wenn die (grundsätzlich zulässige) Berufung auf die Versammlungsfreiheit offensichtlich in keinem Verhältnis zu den Beschränkungen der Grundfreiheiten steht.[1179]

## 2. Unionsrechtlich vorgegebene Haftungsvoraussetzungen

Nach ständiger Rechtsprechung sieht das Unionsrecht einen Staatshaftungsanspruch vor, „sofern **drei Voraussetzungen** erfüllt sind, nämlich dass die Rechtsnorm, gegen die verstoßen worden ist, bezweckt, dem einzelnen Rechte zu verleihen, dass der Verstoß hinreichend qualifiziert ist und schließlich dass zwischen dem Verstoß gegen die dem Staat obliegende Verpflichtung und dem den geschädigten Personen entstandenen Schaden ein unmittelbarer Kausalzusammenhang besteht".[1180] Diese Voraussetzungen sind „je nach Fallgestaltung zu beurteilen".[1181] Sie dürfen sich „nicht ohne besonderen Grund von den Voraussetzungen unterscheiden, die für die Haftung der Gemeinschaft unter vergleich- 432

NJW 1992, 165 mit (überwiegend kritischer) Anm. *Dänzer-Vanotti* RIW 1992, 733; *Karl* RIW 1992, 440; *Schlemmer-Schulte/Ukrow* EuR 1992, 82; *Gellermann* EuR 1994, 342.

1175 EuGH Rs. C-224/01, *Köbler,* Slg. 2003, I-10239 Rn. 58 = DVBl. 2003, 1516 = NJW 2003, 3539.

1176 EuGH verb. Rs. C-9/90 u. C-6/90, *Francovich,* Slg. 1991, I-5357 Rn. 41; verb. EuGH Rs. C-46/93 u. C-48/93, *Brasserie du pêcheur u. Factortame,* Slg. 1996, I-1029 Rn. 67; EuGH Rs. C-5/94, *Hedley Lomas,* Slg. 1996, I-2553 Rn. 31 = EuZW 1996, 435; EuGH Rs. C-224/01, *Köbler,* Slg. 2003, I-10239 Rn. 58; EuGH Rs. C-118/08, *Transportes Urbanos y Servicios Generales,* Slg. 2010, I-635 Rn. 31; vgl. ferner EuGH Rs. C-354/04, *Gestoras Pro Amnistía u. a./Rat,* Slg. 2007, I-1579 Rn. 56.

1177 Vgl. nur BGHZ 102, 350, 367; dagegen *Schenke/Guttenberg* DÖV 1991, 945, 949 f.; *Hermes* Die Verwaltung 31 (1998), 371, 394 f.

1178 Vgl. z. B. OLG Köln Urt. v. 2.6.2005, Az. 7 U 29/04 (Haftung des Bundes gegenüber dänischen Schweinezüchtern i. H. v. ca. 143 Mio. Euro); LG Bonn Urt. v. 16.4.1999, Az. 1 O 186/98 (Haftung des Bundes wegen Verletzung der Einlagensicherungsrichtlinie); s. a. *Ehlers* JZ 1996, 776, 779; *Meier* NVwZ 1996, 660, 661; *v. Danwitz* DVBl. 1997, 1.

1179 EuGH Rs. C-112/00, *Schmidberger,* Slg. 2003, I-5659 = NJW 2003, 3185 = EuZW 2003, 592; dazu *Mann* EuGRZ 2004, 125; *Lindner* JuS 2005, 302; vgl. auch EuGH Rs. C-265/95, *Kommission/Frankreich,* Slg. 1997, I-6959 = EuZW 1998, 84 = NJW 1998, 1931.

1180 EuGH verb. Rs. C-46/93 u. C-48/93, *Brasserie du pêcheur u. Factortame,* Slg. 1996, I-1029 Rn. 51.

1181 EuGH verb. Rs. C-178/94, C-179/94, C-188/94, C-189/94 u. C-190/94, *Dillenkofer,* Slg. 1996, I-4845 Rn. 24 = DVBl. 1997, 111 = NJW 1996, 3141 mit Anm. *Papier* EWiR 1996, 1027.

baren Umständen gelten",[1182] weshalb die zur Unionshaftung nach Art. 340 Abs. 2 AEUV ergangene Judikatur[1183] ergänzend heranzuziehen ist.[1184]

433 Ob die Voraussetzungen für die Haftung der Mitgliedstaaten für einen Verstoß gegen das Unionsrecht in einem konkreten Fall vorliegen, hat grundsätzlich **das innerstaatliche Gericht** zu würdigen.[1185] Dennoch entspricht es der Praxis des Gerichtshofes, die Voraussetzungen für die Haftung des Mitgliedstaates im konkreten Fall zu prüfen, wenn er – z. B. in einem Vorlage- oder Vertragsverletzungsverfahren – über alle dazu erforderlichen Angaben verfügt.[1186]

### a) Verleihung von Rechten an Einzelne

434 Haftungsbegründend wirkt nur der Verstoß gegen eine Norm, die dem Einzelnen ein Recht zu verleihen bezweckt. **Individuelle Rechte** können dem Einzelnen durch unmittelbar wirksame Bestimmungen des primären (insbes. durch Grundfreiheiten) und des sekundären (Verordnungen, Richtlinien, Entscheidungen) Unionsrechts verliehen werden. Daher kann der Verstoß gegen jede unmittelbar wirksame Unionsvorschrift einschließlich eines von der EU abgeschlossenen **Vertrages mit Drittstaaten** eine Haftung zur Folge haben.[1187]

**Beispiel:** Eine Vorschrift der BundesartenschutzVO verbot die Einfuhr von Süßwasserkrebsen aus Nicht-EU-Staaten, um der Gefahr einer Verfälschung der heimischen Fauna vorzubeugen. Importeure aus der Türkei und aus Kenia verklagen die Bundesregierung unter Berufung auf die Assoziierungs- und „AKP-Abkommen" auf Ersatz des entgangenen Gewinns. Da die in diesen Abkommen enthaltenen Freiverkehrsklauseln den Grundsätzen des freien Warenverkehrs innerhalb der EU entlehnt sind (Art. 34, 36 AEUV), enthalten sie „klare und eindeutige Regelungen ... die dem Einzelnen Rechte verleihen, auf die er sich vor den nationalen Gerichten unmittelbar berufen kann".[1188]

435 Es genügt, dass die betreffende Norm auf die **zukünftige Verleihung** individueller Rechte gerichtet ist. Bei nicht umgesetzten Richtlinien ist demnach zu fragen, ob die jeweilige Unionsvorschrift im Falle ihrer ordnungsgemäßen Umsetzung nicht lediglich die öffentliche Gewalt verpflichten, sondern zugleich einklagbare individuelle Rechte gewähren würde.[1189]

436 Praktische Probleme bereitet die Frage, unter welchen Voraussetzungen eine im Allgemeininteresse erlassene Vorschrift auch darauf gerichtet ist, dem Einzelnen Rechte zu verleihen. Dies ist insbesondere bei Binnenmarktrichtlinien der Fall, die ausweislich ihrer Erwägungsgründe neben der Harmonisierung der Rechts- und Verwaltungsvorschriften auch darauf gerichtet sind, die im Geschäftsverkehr tätigen Privatsubjekte vor einem unlauteren Verhalten Dritter zu schützen (z. B. handelsrechtliche Publizitätspflichten).[1190] Bloße

[1182] EuGH Rs. C-46/93 u. C-48/93, *Brasserie du pêcheur u. Factortame,* Slg. 1996, I-1029 Rn. 42.

[1183] Zu dieser Rechtsprechung: *v. Bogdandy,* in: G/H/N (Fn. 26), Stand: 2011, Art. 340 AEUV Rn. 27 ff.

[1184] Zur Kohärenz der Haftungssysteme vgl. *Schwarze,* Europäisches Verwaltungsrecht, 2. erweit. Aufl. 2005, S. LXVII bis LXX.

[1185] EuGH Rs. C-392/93, *British Telecommunications,* Slg. 1996, I-1631 Rn. 41 = EuZW 1996, 274; EuGH verb. Rs. C-283/94, C-291/94 u. C-292/94, *Denkavit u. a.,* Slg. 1996, I-5063 Rn. 49.

[1186] EuGH Rs. C-392/93, *British Telecommunications,* Slg. 1996, I-1631 Rn. 41 ff.; EuGH verb. Rs. C-283/94, C-291/94 u. C-292/94, *Denkavit u. a.,* Slg. 1996, I-5063 Rn. 49 ff.; EuGH Rs. C-224/01, *Köbler,* Slg. 2003, I-10239 Rn. 101 ff.

[1187] *v. Bogdandy/Jacob,* in G/H/N (Fn. 26), Stand: 2011, Art. 340 AEUV Rn. 152; vgl. zur Notwendigkeit der hinreichenden Bestimmtheit und Unbedingtheit der verliehenen Rechte LG Berlin, Urt. v. 28.11.2007, Az. 23 O 256/07, S. 4 ff.; KG Berlin NVwZ 2009, 1445.

[1188] OLG Köln Urt. v. 26.11.1998, Az. 7 U 55/96.

[1189] KG Berlin GRUR 2010, 64, 67; *Wurm,* in: Staudinger, BGB, § 839 Rn. 535; *Kling* Jura 2005, 298, 302; *Gellermann,* in: Streinz (Fn. 83), Art. 340 Rn. 45.

[1190] Vgl. dazu etwa LG Berlin EuZW 2001, 511 mit Anm. *Leible* EWS 2001, 563 f.; ferner *Nassall* WM 1999, 657; *Hirte* ZIP 2001, 1638; zuletzt BGH Beschl. v. 24.11.2005, Az. III ZR 4/05.

**Aufsichtspflichten** der innerstaatlichen Behörden, die lediglich als Annex der allgemeinen Umsetzungsverpflichtungen fungieren, können grundsätzlich keine Rechte verleihen.[1191]

**Beispiel:** Nach dem Konkurs einer Bank berufen sich die geschädigten Sparer auf die Verletzung der – in mehreren EU-Richtlinien vorgesehenen – Aufsichtspflichten durch die zuständigen Behörden. Diese Aufsichtspflichten sollen den Binnenmarkt im Bankensektor verwirklichen, dienen aber ausweislich der Erwägungsgründe der Richtlinie auch dem Schutz der Einleger. Da es primär um die gegenseitige Anerkennung der Zulassung und der Bankenaufsichtssysteme geht, ergibt sich allerdings aus den Richtlinien nicht, „dass sie Rechte zu Gunsten der Einleger für den Fall schaffen sollen, dass ihre Einlagen auf Grund einer unzureichenden Aufsicht der zuständigen nationalen Behörden nicht verfügbar sind".[1192]

Weitere Probleme wirft die Verleihung subjektiver Rechte im Bereich des abschließend 437
**harmonisierten Sekundärrechts** auf. Es wird die Auffassung vertreten, dass die Berufung auf – Rechte verleihende – Grundfreiheiten ausgeschlossen sei, sofern die innerstaatlichen Behörden gegen Binnenmarktrichtlinien verstoßen, die ihrerseits keine unmittelbaren Rechte begründen sollen.[1193] Hingegen steht es nach der Rechtsprechung des Gerichtshofs einem Staatshaftungsanspruch nicht entgegen, wenn eine Grundfreiheit durch Sekundärrecht weiter konkretisiert und nur Letzteres verletzt wird.

**Beispiel:** Dänische Schweinezüchter verklagen die Bundesrepublik auf Schadensersatz, da diese unter Verstoß gegen eine EU-Frischfleischrichtlinie spezifische Kontrollen für die Bestimmung des Geschlechtsgeruchs von Eberfleisch verlangt hatte. Folge war ein faktisches Importverbot für nicht kastrierte Schweine aus Dänemark. Nach Auffassung des EuGH können die Kläger aufgrund fehlerhafter Umsetzung der Richtlinie, die der Präzisierung und Konkretisierung der Warenverkehrsfreiheit dient, einen Schadensersatzanspruch unmittelbar aus der Verletzung von Art. 34 AEUV herleiten.[1194]

### b) Hinreichend qualifizierter Verstoß

Ein Verstoß gegen das Unionsrecht ist nur haftungsbegründend, wenn er „hinreichend 438
qualifiziert" ist, d. h. die individualschützende Unionsvorschrift **„offenkundig und erheblich"** verletzt.[1195] In Anlehnung an die Haftung der Union nach Art. 340 Abs. 2 AEUV und das Staatshaftungsrecht vieler Mitgliedstaaten hat diese Voraussetzung eine haftungsbegrenzende Funktion.[1196] Zu den Gesichtspunkten, die das zuständige Gericht gegebenenfalls zu berücksichtigen hat, gehören nach der Rechtsprechung unter anderem

- „das Maß an Klarheit und Genauigkeit der verletzten Vorschrift;
- der Umfang des Ermessensspielraums, den die verletzte Vorschrift den nationalen oder Gemeinschaftsbehörden belässt;
- die Frage, ob der Verstoß vorsätzlich oder nicht vorsätzlich begangen oder der Schaden vorsätzlich oder nicht vorsätzlich zugefügt wurde;

---

[1191] Vgl. LG Berlin Urt. v. 19.7.2005, Az. 9 O 60/05.

[1192] EuGH Rs. C-222/02, *Paul u. a.*, Slg. 2004, I-9425 Rn. 40 = NJW 2004, 3479 = EuZW 2004, 689 = DVBl. 2005, 43 mit Anm. *Häde* EuZW 2005, 39. S. dazu BGH NJW 2005, 742 = EuZW 2005, 186 mit Anm. *v. Danwitz* JZ 2005, 727 u. BGH ZIP 2005, 1168 = WM 2005, 1362.

[1193] *Giesberts/Eickelberg* EuZW 2005, 231.

[1194] EuGH Rs. C-445/06, *Danske Slagterier*, Slg. 2009, I-2119 Rn. 20 ff.; vgl. auch LG Bonn Urt. v. 30.1.2004, Az. 1 O 459/00; OLG Köln Urt. v. 2.6.2005, Az. 7 U 29/04.

[1195] EuGH verb. Rs. C-46/93 u. C-48/93, *Brasserie du pêcheur u. Factortame*, Slg. 1996, I-1029 Rn. 55; EuGH Rs. C-392/93, *British Telecommunications plc.*, Slg. 1996, I-1631 Rn. 42 = EuZW 1996, 274; EuGH Rs. C-524/04, *Test Claimants in the Thin Cap Group Litigation*, Slg. 2007, I-2107 Rn. 118 ff.; BGH NJW 2009, 2534; hierzu *Koenig* EWS 2009, 249; BGH UPR 2011, 222; *Kling* Jura 2005, 298, 302 f.; *Dörr* WM 2010, 961, 964 ff.

[1196] Vgl. EuGH Rs. C-424/97, *Haim*, Slg. 2000, I-5123 Rn. 38 f. = DVBl. 2000, 1272 = NVwZ 2001, 903; Rs. C-46/93 u. C-48/93, *Brasserie du pêcheur u. Factortame*, Slg. 1996, I-1029 Rn. 55. Siehe auch *Hermes* Die Verwaltung 31 (1998), 371, 376.

- die Entschuldbarkeit oder Unentschuldbarkeit eines etwaigen Rechtsirrtums
- und der Umstand, dass die Verhaltensweisen eines Gemeinschaftsorgans möglicherweise dazu beigetragen haben, dass nationale Maßnahmen oder Praktiken in gemeinschaftsrechtswidriger Weise unterlassen, eingeführt oder aufrechterhalten wurden".[1197]

**Beispiel:** Ein Medikamentenhersteller beantragt zwecks Vertriebs eines von ihm entwickelten und in Deutschland bereits zugelassenen Produkts eine Genehmigung auf gegenseitige Anerkennung der Zulassung bei der zuständigen britischen Behörde gemäß der Richtlinie 2001/83. Diese Richtlinie sieht ein Anerkennungsverfahren vor, das durchlaufen werden muss, bevor ein Mitgliedstaat die Anerkennung eines in einem anderen Mitgliedstaat zugelassenen Arzneimittels verweigern kann. Lehnt die britische Behörde die Anerkennung des deutschen Produkts ab, ohne das vorgeschriebene Verfahren durchzuführen, stellt dies einen hinreichend qualifizierten Verstoß gegen Unionsrecht dar, da das Verfahren als solches zwingend ist und den Mitgliedstaaten insofern kein Ermessensspielraum zusteht.[1198]

439 Ein Verstoß gegen das Unionsrecht ist auch dann qualifiziert, wenn trotz eines Vertragsverletzungs- oder Vorabentscheidungsurteils oder einer **„gefestigten einschlägigen Rechtsprechung des Gerichtshofes"** keine unverzüglichen Maßnahmen ergriffen wurden, um das innerstaatliche Recht anzupassen.[1199] Gleiches gilt, wenn das Unionsrecht die betreffende Frage ausdrücklich regelt, die betreffende Frage durch die Rechtsprechung des EuGH bereits einmal beantwortet worden war oder ihre Beantwortung „auf der Hand" lag.[1200]

440 Trifft ein Mitgliedstaat innerhalb der in einer Richtlinie festgesetzten Frist keinerlei Maßnahmen, obwohl dies zur Erreichung des durch diese Richtlinie vorgeschriebenen Zieles erforderlich wäre, „so überschreitet er offenkundig und erheblich die Grenzen, die der Ausübung seiner Befugnisse gesetzt sind".[1201] Ohne Rücksicht auf die Gründe, die zur Verzögerung geführt haben, ist daher die **Versäumung der Umsetzungsfrist** stets als hinreichend qualifiziert anzusehen.[1202]

**Beispiel:** Deutschland hatte die Richtlinie über Pauschalreisen nicht rechtzeitig umgesetzt. Die Richtlinie sieht u. a. den Schutz von Urlaubern im Falle eines Konkurses des Reiseveranstalters vor. Urlauber, die wegen der Insolvenz ihrer Veranstalter auf eigene Kosten die Heimkehr antreten mussten, erhielten von der beklagten Bundesregierung insolvenzbedingten Schadensersatz wegen offenkundiger Verletzung der Umsetzungspflicht.[1203]

441 Bei einer (nur) **unzulänglichen Umsetzung von Unionsrecht** liegen die Anforderungen an die Offenkundigkeit und Erheblichkeit der Rechtsverletzung höher. Dahinter steht die Erwägung, „dass die Wahrnehmung gesetzgeberischer Tätigkeit selbst dann, wenn die Rechtmäßigkeit der Rechtsakte gerichtlicher Kontrolle unterliegt, nicht jedes Mal durch die Möglichkeit von Schadensersatzklagen behindert werden darf".[1204] Deshalb ist in der-

---

[1197] EuGH verb. Rs. C-46/93 u. C-48/93, *Brasserie du pêcheur u. Factortame,* Slg. 1996, I-1029 Rn. 56; Rs. C-5/94, *Hedley Lomas,* Slg. 1996, I-2553 Rn. 28 = EuZW 1996, 435; EuGH Rs. C-470/03, *AGM-COS.MET,* Slg. 2007, I-2749 Rn. 77 ff.

[1198] EuGH Rs. C-452/06, *Synthon,* Slg. 2008, I-7681 Rn. 37 ff.; vgl. ferner EuGH Rs. C-470/03, *AGM-COS.MET,* Slg. 2007, I-2749 Rn. 80 ff.

[1199] EuGH verb. Rs. C-46/93 u. C-48/93, *Brasserie du pêcheur u. Factortame,* Slg. 1996, I-1029 Rn. 57.

[1200] EuGH Rs. C-224/01, *Köbler,* Slg. 2003, I-10 239 Rn. 122.

[1201] EuGH verb. Rs. C-178/94, C-179/94, C-188/94, C-189/94 u. C-190/94, *Dillenkofer,* Slg. 1996, I-4845 Rn. 26 = DVBl. 1997, 111 = NJW 1996, 3141.

[1202] KG Berlin GRUR 2010, 64, 68 f.; *Hermes* Die Verwaltung (31) 1998, 371, 376.

[1203] Vgl. EuGH verb. Rs. C-178/94, C-179/94, C-188/94, C-189/94 u. C-190/94, *Dillenkofer,* Slg. 1996, I-4845; dazu OLG Köln VersR 1998, 1547 = RIW 1998, 970; OLG Köln NJW-RR 1998, 169 = EuZW 1998, 95.

[1204] EuGH Rs. C-46/93 u. C-48/93, *Brasserie du pêcheur u. Factortame,* Slg. 1996, I-1029 Rn. 45; EuGH Rs. C-392/93, *British Telecommunications,* Slg. 1996, I-1631 Rn. 40; BGH NJW 2011, 772, 773; OLG Köln, Urt. v. 16.7.2009, Az. 7 U 205/08, S. 5 ff.; *Hermes* Die Verwaltung 31 (1998), 371, 395 f.

artigen Fällen zu prüfen, ob die von den zuständigen Organen gewählte Auslegung der umzusetzenden EU-Vorschriften „auch von anderen Mitgliedstaaten befürwortet worden ist“[1205] und nicht „in einem offenkundigen Widerspruch zu Wortlaut und Zielsetzung der Richtlinie“ stand.[1206] Die mitgliedstaatliche Auslegung muss also, sofern das Unionsrecht gewisse Ermessensspielräume belässt,[1207] eine gewisse Plausibilität für sich beanspruchen können.[1208] Dies wird, in Anlehnung an die Rechtsprechung zum Verschuldensbegriff des § 839 BGB,[1209] regelmäßig dann der Fall sein, wenn ein innerstaatliches Kollegialgericht einen Unionsrechtsverstoß zuvor bereits verneint oder die Regierungen anderer Mitgliedstaaten vor dem EuGH die Rechtsposition der Bundesregierung geteilt haben.[1210]

Der Staatshaftungsanspruch ist unabhängig davon, ob den staatlichen Amtsträger „ein **Verschulden** (Vorsatz oder Fahrlässigkeit) trifft, das über den hinreichend qualifizierten Verstoß gegen das Gemeinschaftsrecht hinausgeht“.[1211] Ebenso wenig kann sich ein Mitgliedstaat darauf berufen, dass die Umsetzungsfrist zu kurz gewesen sei. Ein solcher Umstand kann es nach Ansicht des EuGH nämlich „nicht rechtfertigen, dass eine Richtlinie nicht innerhalb der vorgeschriebenen Frist umgesetzt wird“.[1212] 442

Anders als das deutsche Recht (§ 839 Abs. 2 BGB) kennt der unionsrechtlich begründete Staatshaftungsanspruch **kein Richterprivileg.** Allerdings sind bei der Haftung für judikatives Unrecht „die Besonderheit der richterlichen Funktion sowie die berechtigten Belange der Rechtssicherheit zu berücksichtigen“.[1213] Bund und Länder haften nur für letztinstanzliche Gerichtsentscheidungen; es ist zumindest ein „offenkundiger“ Verstoß erforderlich.[1214] Dabei sind „alle Gesichtspunkte des Einzelfalls zu berücksichtigen“, u. a. „das Maß an Klarheit und Präzision der verletzten Vorschrift, die Vorsätzlichkeit des Verstoßes, die Entschuldbarkeit des Rechtsirrtums, gegebenenfalls die Stellungnahme eines Unionsorgans sowie die **Verletzung der Vorlagepflicht** nach Art. 234 Abs. 3 EGV [Art. 267 Abs. 3 AEUV] durch das in Rede stehende Gericht“.[1215] Die Rechtskraft des schadensauslösenden Urteils soll durch die Entschädigung nicht in Frage gestellt sein, da 443

1205 EuGH Rs. C-392/93, *British Telecommunications plc.*, Slg. 1996, I-1631 Rn. 43 = EuZW 1996, 274; KG Berlin GRUR 2010, 64, 69 ff.

1206 EuGH Rs. C-392/93, *British Telecommunications plc.*, Slg. 1996, I-1631 Rn. 43; vgl. auch LG Bonn, Urt. v. 27.10.2008, Az. 1 O 467/07, S. 7 ff.

1207 EuGH verb. Rs. C-178/94 u. a., *Dillenkofer*, Slg. 1996, I-4845 Rn. 25; EuGH verb. Rs. C-283, 291 u. 293/94, *Denkavit Int. u. a.*, Slg. 1996, I-5063 Rn. 51 f.; EuGH Rs. C-278/05, *Robins u. a.*, Slg. 2007, I-1053 Rn. 70 ff.; BGH NJW 2011, 772; KG Berlin, Urt. v. 1.6.2007, Az. 9 U 41/06, S. 8 ff.

1208 BGH NJW 1997, 123, 125 f. = EuZW 1996, 761 mit Anm. *Hatje* EuR 1997, 297 u. *Pache* JR 1997, 328; ferner LG Stade NVwZ 1999, Beilage Nr. 4, 39; OLG Celle BauR 2000, 932.

1209 BGH NVwZ-RR 2005, 152; BGHZ 97, 977, 107; *Wurm*, in: Staudinger (Fn. 1098), § 839 Rn. 216 m. w. N.

1210 BFH DStR 2005, 1313, 1315; LG Berlin Urt. v. 19.7.2005, Az. 9 O 60/05. S. a. EuGH Rs. C-46/93 u. C-48/93, *Brasserie du pêcheur u. Factortame*, Slg. 1996, I-1029 Rn. 63.

1211 EuGH Rs. C-46/93 u. C-48/93, *Brasserie du pêcheur u. Factortame*, Slg. 1996, I-1029 Rn. 80; vgl. auch EuGH Rs. C-173/03, *Traghetti del Mediterraneo*, Slg. 2006, I-5177 Rn. 30 ff. = JZ 2006, 1173 m. Anm. *Haratsch* JZ 2006, 1176.

1212 EuGH verb. Rs. C-178/94, C-179/94, C-188/94, C-189/94 u. C-190/94, *Dillenkofer*, Slg. 1996, I-4845 Rn. 53.

1213 EuGH Rs. C-224/01, *Köbler*, Slg. 2003, I-10239 Rn. 53 = DVBl. 2003, 1516 = NJW 2003, 3539 mit Anm. *v. Danwitz* JZ 2004, 301; EuGH Rs. C-137/03, *Traghetti del Mediterraneo*, Slg. 2006, I-5177 Rn. 32; *Kremer* NJW 2004, 480; s. a. BGH NJW 2005, 747 = EuZW 2005, 30; *Kenntner* EuZW 2005, 235, 237; *Wegener* EuR 2004, 84; *Krieger* JuS 2003, 855; *Gundel* EWS 2004, 8; *Hakenberg* DRiZ 2004, 113; *Radermacher* NVwZ 2004, 1415.

1214 EuGH Rs. C-137/03, *Traghetti del Mediterraneo*, Slg. 2006, I-5177 Rn. 32; vgl. auch *Kluth* DVBl. 2004, 393, 398 f.; *Frenz/Götzkes* EuR 2009, 622, 624 f.

1215 EuGH Rs. C-224/01, *Köbler*, Slg. 2003, I-10239 Rn. 55; vgl. auch LG Karlsruhe, Urt. v. 25.11.2008, Az. 2 O 387/08, S. 9 ff.

die Unionsrechtsordnung lediglich eine Entschädigung, „nicht aber die Abänderung der schadensbegründenden Gerichtsentscheidung" verlange.[1216]

#### c) Unmittelbarer Kausalzusammenhang zwischen Schaden und Unionsrechtsverletzung

444 Schließlich muss zwischen dem Schaden und dem Verstoß ein „unmittelbarer Kausalzusammenhang"[1217] bestehen. Bei dieser Tatbestandsvoraussetzung sind die im Rahmen der außervertraglichen Haftung der Union nach Art. 340 Abs. 2 AEUV entwickelten Rechtsgrundsätze entsprechend heranzuziehen (→ Rn. 427). Der EuGH versteht den unmittelbaren Kausalzusammenhang im Sinne einer objektiven Vorhersehbarkeit.[1218] Es gilt der **Adäquanzmaßstab,** d. h. Kausalität liegt nicht vor, wenn der Eintritt des Schadens als Folge der Handlung völlig unwahrscheinlich war.[1219] An der unmittelbaren Kausalität fehlt es insbesondere dann, wenn der Schaden auch bei pflichtgemäßem Verhalten des Mitgliedstaates eingetreten wäre.[1220] Gleiches gilt, wenn zwar die rechtzeitige Umsetzung einer Richtlinie versäumt wurde, die zuständigen Behörden aber unmittelbar die Vorschriften dieser Richtlinie angewendet haben.[1221]

### 3. Zusätzliche Haftungsvoraussetzungen und -folgen nach deutschem Staatshaftungsrecht

445 Soweit es auf dem betreffenden Gebiet keine Unionsrechtsvorschriften gibt, ist es – wie dargelegt (→ Rn. 425) – „**Sache der nationalen Rechtsordnung jedes Mitgliedstaates,** die Kriterien festzulegen, anhand derer die Art und der Umfang der Entschädigung bestimmt werden kann"[1222] wobei wiederum „die im Schadensersatzrecht der einzelnen Mitgliedstaaten festgelegten materiellen und formellen Voraussetzungen nicht ungünstiger sein dürfen als bei ähnlichen Klagen, die nur nationales Recht betreffen (Grundsatz der Gleichwertigkeit), und nicht so ausgestaltet sein dürfen, dass sie es praktisch unmöglich machen oder übermäßig erschweren, die Entschädigung zu erlangen (Grundsatz der Effektivität)."[1223]

#### a) Ersatzfähige Schäden

446 Für welche **Schäden** Ersatz verlangt werden kann, beurteilt sich primär nach den Vorschriften des innerstaatlichen Zivilrechts. Der EuGH fordert lediglich, dass der Ersatz der Schäden, die dem Einzelnen durch Verstöße gegen das Unionsrecht entstanden sind, gegenüber dem erlittenen Schaden „angemessen sein muss, so dass ein **effektiver Schutz der Rechte des Einzelnen** gewährleistet ist".[1224] Gehaftet wird nach Maßgabe der vorerwähnten Voraussetzungen auch für Schäden, „die vor einem den Gemeinschaftsrechtsverstoß feststellenden EuGH-Urteil entstanden sind".[1225]

---

[1216] EuGH Rs. C-224/01, *Köbler,* Slg. 2003, I-10239 Rn. 39.

[1217] EuGH Rs. C-5/94, *Hedley Lomas,* Slg. 1996, I-2553 Rn. 32.

[1218] *v. Bogdandy/Jacob,* in: G/H/N (Fn. 26), Stand: 2011, Art. 340 AEUV Rn. 179 ff.; *Kling* Jura 2005, 298, 303.

[1219] BGHZ 134, 30, 40; *Wolf* (Fn. 294), S. 143 f., 178; *Koenig/Haratsch,* Gemeinschaftsrecht, 3. Aufl. 2004, Rn. 485.

[1220] EuGH Rs. C-46/93 u. C-48/93, *Brasserie du pêcheur u. Factortame,* Slg. 1996, I-1029; *Koenig/Haratsch* (Fn. 1128), Rn. 485.

[1221] EuGH Rs. C-319/96, *Brinkmann Tabakfabriken,* Slg. 1998, I-5255 Rn. 29 = EuZW 1998, 658.

[1222] EuGH Rs. C-46/93 u. C-48/93, *Brasserie du pêcheur u. Factortame,* Slg. 1996, I-1029 Rn. 83.

[1223] EuGH Rs. C-261/95, *Palmisani,* Slg. 1997, I-4025 Rn. 27 = EuZW 1997, 538 u. Hinweis auf EuGH verb. Rs. C-9/90 u. C-6/90, *Francovich,* Slg. 1991, I-5357 Rn. 41 ff.

[1224] EuGH Rs. C-46/93 u. C-48/93, *Brasserie du pêcheur u. Factortame,* Slg. 1996, I-1029 Rn. 82.

[1225] EuGH Rs. C-46/93 u. C-48/93, *Brasserie du pêcheur u. Factortame,* Slg. 1996, I-1029 Rn. 94.

Zum Schadensersatz gehört auch der **Ersatz des entgangenen Gewinns.**[1226] Insbesondere bei Rechtsstreitigkeiten wirtschaftlicher oder kommerzieller Natur wäre nämlich ein „vollständiger Ausschluss des Ersatzes des entgangenen Gewinns geeignet, den Ersatz des Schadens tatsächlich unmöglich zu machen".[1227] Nach allgemeinen Grundsätzen des Unionsrechts ist allerdings Ersatz entgangenen Gewinns nur im **Schutzbereich der verletzten Norm** zu leisten.[1228] 447

## b) Vorrang des Primärrechtsschutzes

Der Vorrang des Primärrechtsschutzes (§ 839 Abs. 3 BGB) dürfte mit gewissen Modifikationen auch auf den unionsrechtlich begründeten Staatshaftungsanspruch Anwendung finden.[1229] Der Vorrang des Primärrechtsschutzes soll einem den Rechtsordnungen der Mitgliedstaaten gemeinsamen Grundsatz entsprechen, wonach sich der Geschädigte **„in angemessener Form um die Begrenzung des Schadensumfangs bemühen"** muss, „wenn er nicht Gefahr laufen will, den Schaden selbst tragen zu müssen".[1230] Daraus folgt, dass das Unionsrecht „der Anwendung einer nationalen Regelung wie in § 839 Abs. 3 BGB dann nicht entgegensteht, wenn der Gebrauch des fraglichen Rechtsmittels dem Geschädigten zumutbar ist", was „anhand aller Umstände" zu prüfen ist.[1231] Andererseits darf der Vorrang des Primärrechtsschutzes, sofern sich der Geschädigte unmittelbar auf das Unionsrecht berufen kann, nicht dazu führen, dass die Einhaltung des Unionsrechts „systematisch auf den Einzelnen" verlagert wird.[1232] So soll nach der Rechtsprechung des EuGH die Effektivität des Unionsrechts „übermäßig erschwert" sein, wenn eine auf EU-Recht gestützte Erstattungs- oder Schadensersatzklage „bereits deswegen abgewiesen oder die erhobenen Ansprüche gekürzt werden müssten, weil die Betroffenen es unterlassen hatten, einen ihnen nach nationalem Recht nicht zustehenden Steuervorteil zu beantragen, um mittels Rechtsbehelfen unter Berufung auf den Vorrang und die unmittelbare Wirkung des Gemeinschaftsrechts gegen die Ablehnung durch die Steuerbehörden vorzugehen".[1233] Gegen den Effektivitätsgrundsatz würde es insbesondere dann verstoßen, wenn ein Geschädigter trotz eines Abhängigkeitsverhältnisses oder einer „Position der Schwäche" zunächst eine förmliche Überprüfung der ihm ohnehin vorenthaltenen Rechtspositionen beantragen müsste. 448

**Beispiel:** Wegen permanenter Überschreitung der in der EU-Arbeitszeitrichtlinie festgelegten Höchstarbeitszeiten verlangt ein Feuerwehrmann von seinem (öffentlichen) Arbeitgeber Schadensersatz. Einen vorherigen Antrag auf Einhaltung der Arbeitszeiten hat der EuGH für entbehrlich gehalten: Aufgrund seiner „schwächeren Position" im Arbeitsverhältnis könne der Arbeitnehmer „davon abgeschreckt werden, seine Rechte gegenüber seinem Arbeitgeber ausdrücklich geltend zu machen, da die Ein-

---

[1226] EuGH Rs. C-470/03, *AGM-COS.MET*, Slg. 2007, I-2749 Rn. 95; EuGH Rs. C-46/93 u. C-48/93, *Brasserie du pêcheur u. Factortame*, Slg. 1996, I-1029 Rn. 87; OLG Köln Urt. v. 26.11.1998, Az. 7 U 55/96; *Borchardt* (Fn. 705), Rn. 404.

[1227] EuGH Rs. C-46/93 u. C-48/93, *Brasserie du pêcheur u. Factortame*, Slg. 1996, I-1029 Rn. 87; EuGH Rs. C-470/03, *AGM-COS.MET*, Slg. 2007, I-2749 Rn. 94 ff. = EuZW 2007, 480, 485.

[1228] EuGH Rs. 74/74, *CNTA*, Slg. 1975, 533 Rn. 38 ff.; s. a. *Kischel* EuR 2005, 441, 453; BGH Beschl. v. 24.11.2005, III ZR 4/05.

[1229] BGH NJW 2004, 1241, 1242; OLG Köln Urt. v. 2.6.2005, Az. 7 U 29/04, UA, S. 19. *v. Bogdandy/Jacob*, in G/H/N (Fn. 26), Stand: 2011, Art. 340 AEUV Rn. 184 ff.; *Detterbeck* AöR 125 (2000), 202, 246. Ebenso *Berg*, in: Schwarze (Fn. 15), Art. 288 EGV Rn. 93; *Ehlers* JZ 1996, 776, 779 ff.; a. A. *Epiney* NVwZ 2011, 976, 978.

[1230] EuGH Rs. C-46/93 u. C-48/93, *Brasserie du pêcheur u. Factortame*, Slg. 1996, I-1029 Rn. 85; BGH NJW 2004, 1241.

[1231] EuGH Rs. C-445/06, *Danske Slagterier*, Slg. 2009, I-2119 Rn. 64.

[1232] EuGH Rs. C-429/09, *Fuß*, noch nicht in der amtl. Slg., Ls. 3 = NZA 2011, 53.

[1233] EuGH Rs. C-397/98, *Metallgesellschaft Ltd.*, Slg. 2001, I-1727 Rn. 106.

forderung dieser Rechte ihn Maßnahmen des Arbeitgebers aussetzen könnte, die sich zu seinem Nachteil auf das Arbeitsverhältnis auswirken können."[1234]

449 Daraus kann gefolgert werden, dass der Betroffene zwar grundsätzlich alle ihm zur Verfügung stehenden Rechtsschutzmöglichkeiten ausschöpfen muss, um den Schaden abzuwenden.[1235] Etwas anderes gilt allerdings dann, wenn (a) der Schaden auch bei Inanspruchnahme eines solchen Rechtsmittels, eingetreten wäre, (b) dessen Inanspruchnahme **im Einzelfall unzumutbar** war oder wenn (c) die vorherige Geltendmachung einer unmittelbar wirksamen EU-Vorschrift nur dazu führen würde, dass die Anwendung des Unionsrechts von vorherigen Anträgen abhängig gemacht wird.

450 Der **Begriff des Rechtsmittels** im Sinne von § 839 Abs. 3 BGB umfasst alle zumutbaren Rechtsbehelfe, die sich unmittelbar gegen die schädigende Amtshandlung oder Unterlassung selbst richten und ihre Beseitigung oder Berichtigung bezwecken und ermöglichen.[1236] Namentlich fallen hierunter verwaltungsgerichtliche Leistungsklagen, das Widerspruchsverfahren sowie Anträge im einstweiligen Rechtsschutzverfahren.[1237] Auch die Feststellungsklage gegen den Normgeber, gerichtet auf die Unanwendbarkeit des unionsrechtswidrigen innerstaatlichen Rechtsaktes, kann zumutbar sein,[1238] ebenso die Einlegung einstweiligen Rechtsschutzes.[1239] Allerdings kann unter Umständen die Einleitung einer Beschwerde bei der EU-Kommission (→ Rn. 413 ff.) ausreichend sein, sofern anderweitiger Rechtsschutz voraussichtlich nicht zum Erfolg geführt hätte.[1240]

451 Für die Kausalität zwischen der **Nichteinlegung eines Rechtsmittels** und dem Schadenseintritt sind die beklagten staatlichen Organe beweispflichtig.[1241] Es kommt nicht auf die tatsächliche Rechtslage, sondern auf die Rechtspraxis im betreffenden Zeitraum an. Lässt sich nicht mit Sicherheit feststellen, dass ein zur Verfügung stehendes Rechtsmittel Erfolg gehabt hätte, können sich die beklagten Staatsorgane nicht auf § 839 Abs. 3 BGB berufen.[1242]

**Beispiel:** Die zuständigen Behörden erhoben Gebühren für Untersuchungen, deren Unionsrechtswidrigkeit sich erst Jahre später herausstellte. Die Klägerin hatte hiergegen lediglich Widerspruch, nicht aber Eilrechtsschutz beantragt. Dies kann nach Auffassung des BGH ihrem Staatshaftungsanspruch nicht entgegengehalten werden. Zum Zeitpunkt der Anordnung der sofortigen Vollziehung habe die Klägerin nicht davon ausgehen können, dass ein Eilantrag nach § 80 Abs. 5 VwGO zum Erfolg geführt hätte.[1243]

### c) Mitverschulden

452 Auch ein **mitwirkendes Verschulden des Geschädigten** ist zu berücksichtigen. Das Gericht „kann"[1244] bei der Bestimmung des ersatzfähigen Schadens prüfen, „ob sich der Geschädigte in angemessener Form um die Verhinderung des Schadenseintritts oder um die Begrenzung des Schadensumfangs bemüht hat und ob er insbesondere rechtzeitig von

[1234] EuGH Rs. C-429/09, *Fuß*, noch nicht in der amtl. Slg., Ls. 3 = NZA 2011, 53.

[1235] EuGH Rs. C-46/93 u. C-48/93, *Brasserie du pêcheur u. Factortame*, Slg. 1996, I-1029 Rn. 84; *Streinz* VVDStRL 61 (2001), 300, 351.

[1236] BGHZ 153, 198 ff.; vgl. auch BGHZ 123, 1, 7; BGHZ 137, 11, 23.

[1237] *Papier*, in: MüKoBGB, 4. Aufl., 2001, § 839 Rn. 331.

[1238] *v. Bogdandy/Jacob*, in G/H/N (Fn. 26), Stand: 2011, Art. 340 AEUV Rn. 184 ff.; *Ehlers* JZ 1996, 776, 780 f.; *Streinz* EuZW 1996, 201, 204; a. A. wohl *Gellermann* EuR 1994, 342, 357.

[1239] BGH NJW 2004, 1241, 1242 = DVBl. 2004, 192.

[1240] Vgl. dazu OLG Köln Urt. v. 2.6.2005, Az. 7 U 29/04.

[1241] BGH NJW 2004, 1241.

[1242] BGH NJW 2004, 1241, 1242.

[1243] BGH NJW 2004, 1241, 1242.

[1244] EuGH Rs. C-46/93 u. C-48/93, *Brasserie du pêcheur u. Factortame*, Slg. 1996, I-1029 Rn. 84; *Ehlers* JZ 1996, 776, 779 sieht diese Prüfung durch die nationalen Gerichte als zwingend an.

allen ihm zur Verfügung stehenden Rechtsschutzmöglichkeiten Gebrauch gemacht hat".[1245] Hat der Geschädigte die Einlegung von Rechtsmitteln unterlassen und damit seine Schadensminderungspflicht verletzt, so kann das nationale Recht vorsehen, dass der Geschädigte sich dies als zurechenbares Verhalten an der Schadensentstehung anrechnen lassen muss, mit der Folge, dass er den Schaden – je nach nationaler Regelung – entweder teilweise oder vollständig selbst tragen muss.[1246] Der Gerichtshof hat in diesem Zusammenhang festgestellt, dass eine Regelung wie die des § 838 Abs. 3 BGB, wonach kein Schadensersatz verlangt werden kann, wenn der Kläger es vorsätzlich oder fahrlässig unterlassen hat, den Schaden durch Gebrauch eines Rechtsmittels abzuwehren, mit dem Unionsrecht vereinbar ist, wenn die Einlegung des Rechtsmittels zumutbar war.[1247] Die **Beweislast für das Mitverschulden** des Geschädigten gem. § 254 BGB trägt der Ersatzpflichtige,[1248] regelmäßig also der jeweilige Mitgliedstaat oder die verklagten Gebietskörperschaften.

### d) Verjährung

In den Grenzen des Effizienzgebotes und des Äquivalenzgrundsatzes richtet sich die **Verjährung des Ersatzanspruchs** nach nationalem Recht.[1249] Deshalb gilt für Staatshaftungsansprüche grundsätzlich die regelmäßige Verjährungsfrist von drei Jahren (§ 195 BGB).[1250] Die Verjährung beginnt gem. § 199 Abs. 1 BGB mit dem Schluss des Jahres, in dem der Anspruch entstanden ist, und der Gläubiger von den den Anspruch begründenden Umständen und der Person des Schuldners Kenntnis erlangt hat oder ohne grobe Fahrlässigkeit hätte erlangen müssen. Der Amtshaftungsanspruch entsteht, wenn alle Tatbestandsmerkmale des § 839 BGB erfüllt sind, insbesondere muss auch der Schaden eingetreten sein.[1251] Die (analoge) Heranziehung der innerstaatlichen Verjährungsfrist darf allerdings lediglich das Ergebnis von Einzelbeurteilungen sein, „die unter Berücksichtigung des gesamten tatsächlichen und rechtlichen Zusammenhangs der jeweiligen Rechtssache vorgenommen wurden".[1252] Die Verjährung wird auch nicht durch ein von der Kommission eingeleiteten Vertragsverletzungsverfahren gehemmt.[1253] 453

---

[1245] EuGH Rs. C-46/93 u. C-48/93, *Brasserie du pêcheur u. Factortame,* Slg. 1996, I-1029 Rn. 84; s. auch OLG Köln VersR 2001, 990, 991; LG Bonn WM 2000, 618, 620: „Im Falle der Nichtumsetzung einer Richtlinie stellt es kein Mitverschulden dar, wenn der Geschädigte in Kenntnis mangelnder richtlinienkonformer Absicherung Einlagen bei einer Bank tätigt."

[1246] EuGH Rs. C-46/93 u. C-48/93, *Brasserie du pêcheur u. Factortame,* Slg. 1996, I-1029 Rn. 84.

[1247] EuGH Rs. C-445/06, *Danske Slagterier,* Slg. 2009, I-2119 Rn. 58 ff. = EWS 2009, 176, 181 f. m. Anm. *Würtenberger* EWS 2009, 182.

[1248] Palandt/*Heinrichs* BGB, 64. Aufl. 2005, § 254 Rn. 82.

[1249] EuGH Rs. C-261/95, *Palmisani,* Slg. 1997, I-4025 Rn. 27 = EuZW 1997, 538; EuGH Rs. C-445/06, *Danske Slagterier,* Slg. 2009, I-2119 Rn. 48 = EWS 2009, 176, 180; *Gellermann,* in: Streinz (Fn. 83), Art. 340 AEUV Rn. 60; *v. Bogdandy/Jacob,* in: G/H/N (Fn. 26), Stand: 2011, Art. 340 AEUV Rn. 187; nach anderer Auffassung – s. *Detterbeck* AöR 125 (2001), 202, 249 m. w. N. – richtet sich die Verjährung nach Art. 46 EuGH-Satzung (analog). Hiernach verjährt der gegen die Gemeinschaft gerichtete Ersatzanspruch binnen fünf Jahren nach Eintritt des schädigenden Ereignisses; zusammenfassend *Armbrüster/Kämmerer* NJW 2009, 3601.

[1250] EuGH Rs. C-445/06, *Danske Slagterier,* Slg. 2009, I-2119 Rn. 48 = EWS 2009, 176, 180; BGH EuZW 2009, 865; *Schlick* NJW 2009, 3487, 3495; *Armbrüster/Kämmerer* NJW 2009, 3601.

[1251] *Papier,* in: MüKoBGB (Fn. 1143), § 839 Rn. 358a.

[1252] EuGH Rs. C-473/00, *Cofidis,* Slg. 2002, I-10875 Rn. 37 = EuZW 2003, 27 = NJW 2003, 275.

[1253] EuGH Rs. C-445/06, *Danske Slagterier,* Slg. 2009, I-2119 Rn. 36 ff.

## 4. Durchsetzung vor den ordentlichen Gerichten

### a) Zuständige Gerichte

454 Die Bestimmung des zuständigen Gerichts obliegt den **innerstaatlichen Gerichtsverfassungen und Prozessordnungen.**[1254] Das Unionsrecht verlangt lediglich, dass die Mitgliedstaaten den Betroffenen „einen geeigneten Rechtsweg“ zur Verfügung stellen; denn die Staatshaftung „darf nicht durch das Fehlen eines zuständigen Gerichts verhindert werden“.[1255] In der Bundesrepublik Deutschland richtet sich die Zuständigkeit nach § 71 Abs. 2 Nr. 1 GVG.

### b) Richtiger Beklagter

455 Ebenfalls **nach innerstaatlichem Recht** bestimmt sich, gegen welchen Hoheitsträger sich der Schadensersatzanspruch richtet. Als EU-Mitgliedstaat muss die Bundesrepublik lediglich „sicherstellen“, dass dem Einzelnen der Schaden ersetzt wird, „gleichgültig, welche staatliche Stelle diesen Verstoß begangen hat und welche Stelle nach dem Recht des betreffenden Mitgliedstaats diesen Schadensersatz grundsätzlich zu leisten hat“.[1256] Dies gilt unabhängig davon, dass in der Bundesrepublik Deutschland „bestimmte Gesetzgebungs- oder Verwaltungsaufgaben dezentralisiert von Gebietskörperschaften mit einer gewissen Autonomie oder von anderen öffentlich-rechtlichen Einrichtungen, die vom Staat rechtlich verschieden sind, wahrgenommen werden“.[1257]

456 Der **Bund ist Anspruchsgegner** eines unionsrechtlichen Staatshaftungsanspruchs, wenn ihn „zugleich die Verantwortlichkeit nach Art. 34 Satz 1 GG trifft“.[1258] Dies ist insbesondere bei der Nichtumsetzung von Richtlinien der Fall, für die der Bund nach Art. 72 bis Art. 75 GG ausschließlich zuständig ist. In Vollzugsfragen kommt es jeweils, ebenso wie nach § 839 BGB i. V. m. Art. 34 GG darauf an, „wer den fehlsam handelnden Amtsträger mit der Durchführung der **Aufgabe betraut** hat; ob die konkrete Aufgabe, bei deren Wahrnehmung die Amtspflichtverletzung vorgekommen ist, in den Aufgabenkreis dieser (Anstellungs-)Körperschaft fällt, bleibt dagegen grundsätzlich unbeachtlich“.[1259] Eine kumulative Haftung des Bundes in Fällen, in denen der Schaden sowohl auf dessen unzureichender Richtlinienumsetzung als auch auf dem fehlerhaften Vollzug eines Bundeslandes beruht, ist unionsrechtlich nicht geboten.[1260]

457 Hingegen kommen die **Bundesländer als Anspruchgegner** in Betracht, sofern sie nach der grundgesetzlichen Zuständigkeitsverteilung das Unionsrecht fehlerhaft vollziehen (Art. 83 GG) oder in ihrem Kompetenzbereich unzureichend umsetzen (Art. 70, 72 GG). Unionsrechtlich kann sich die in Anspruch genommene Gebietskörperschaft ihrer Haftung nicht mit der Begründung entziehen, ihr hätten „nicht die erforderlichen Befugnisse, Kenntnisse oder Mittel zur Verfügung gestanden“.[1261] Die Bundesländer wären nämlich ihrer Verantwortung „für eigene Verstöße gegen gemeinschaftsrechtliche

[1254] EuGH Rs. C-224/01, *Köbler*, Slg. 2003, I-10239 Rn. 50 = DVBl. 2003, 1516 mit Anm. *v. Danwitz* JZ 2004, 301.

[1255] EuGH Rs. C-224/01, *Köbler*, Slg. 2003, I-10239 Rn. 45.

[1256] EuGH Rs. C-302/97, *Konle*, Slg. 1999, I-3099 Rn. 62 = NVwZ 2000, 303 = EuZW 1999, 635; *Gundel* DVBl. 2001, 95, 97; *Weber* NVwZ 2001, 287, 288; *Gellermann*, in: Streinz (Fn. 83), Art. 340 AEUV Rn. 54.

[1257] EuGH Rs. C-424/97, *Haim*, Slg. 2000, I-5123 Rn. 31 = NVwZ 2001, 903 = EuZW 2000, 733.

[1258] BGH DVBl. 2005, 371 = DÖV 2005, 384.

[1259] BGH DVBl. 2005, 371 = DÖV 2005, 384; vgl. auch BGHZ 99, 326, 330.

[1260] BGH DVBl. 2005, 371; s. a. *v. Bogdandy*, in: G/H/N (Fn. 26), Stand: 2011, Art. 340 AEUV Rn. 189; *Trüe* EuR 1996, 179, 194 f.

[1261] EuGH Rs. C-424/97, *Haim*, Slg. 2000, I-5123 Rn. 28.

Regeln enthoben, wenn die finanziellen Folgen ausschließlich und endgültig beim Bund anfielen".[1262]

## 5. Verhältnis zu innerstaatlichen Staatshaftungsansprüchen

Der unionsrechtlich begründete Staatshaftungsanspruch tritt **selbstständig neben nationale Anspruchsgrundlagen.**[1263] Unmittelbar auf § 839 BGB i. V. m. Art. 34 GG kann sich der Geschädigte deshalb zum Beispiel dann berufen, wenn nicht die verletzte EU-Norm, sondern eine innerstaatliche Vorschrift subjektive Rechte begründet oder aber kein „qualifizierter", sondern „nur" ein fahrlässiger Verstoß gegen Unionsvorschriften vorliegt.[1264] Gleiches gilt für andere Anspruchsgrundlagen des innerstaatlichen Staatshaftungsrechts. 458

**Beispiel:** Zur effektiven Durchsetzung des von der EU verhängten Jugoslawien-Embargos wird es einem deutschen Busunternehmen untersagt, jugoslawische Gastarbeiter bis zur serbischen Grenze zu befördern (sog. „gebrochener Verkehr"). Dieses Beförderungsverbot ist nach Auffassung des Busunternehmens vom EU-Embargo nicht gedeckt. Da das Jugoslawien-Embargo keine subjektiven Rechte gewähren möchte, kann das Unternehmen seine Staatshaftungsansprüche lediglich auf § 839 BGB i. V. m. Art. 34 GG sowie u. U. auf einen enteignungsgleichen Eingriff stützen.[1265]

[1262] BVerwGE 116, 234, 242 = DVBl. 2002, 1053 mit Anm. *Winkler* DVBl. 2003, 79; s. a. *Mankowski,* in: Rengeling u. a. (Fn. 69), § 37 Rn. 120.

[1263] EuGH Rs. C-46/93 u. C-48/93, *Brasserie du pêcheur u. Factortame,* Slg. 1996, I-1029 Rn. 67; Rs. C-5/94, *Hedley Lomas,* Slg. 1996, I-2553 Rn. 31; EuGH Rs. C-224/01, *Köbler,* Slg. 2003, I-10239 Rn. 58.

[1264] A. A. offenbar OLG Köln Urt. v. 26.11.1998, Az. 7 U 55/96 (Überlagerung durch den gemeinschaftsrechtlichen Anspruch).

[1265] Vgl. OLG Köln Vorlagebeschl. v. 21.8.2003, Az. 7 U 132/02; s. a. LG Bonn Urt. v. 4.9.2002, Az. 1 O 90/01 u. die Schlussanträge von GA *Jacobs* in der Rs. C-371/03, *Aulinger,* Slg. 2006, I-2207 Rn. 31 ff.

# Sachverzeichnis

Die Zahlen beziehen sich auf Randnummern